Demokratischer Neubeginn im Altkreis Lübbecke

- Zur Entstehung und Entwicklung der politischen Parteien nach 1945 -

Verlag Uhle & Kleimann

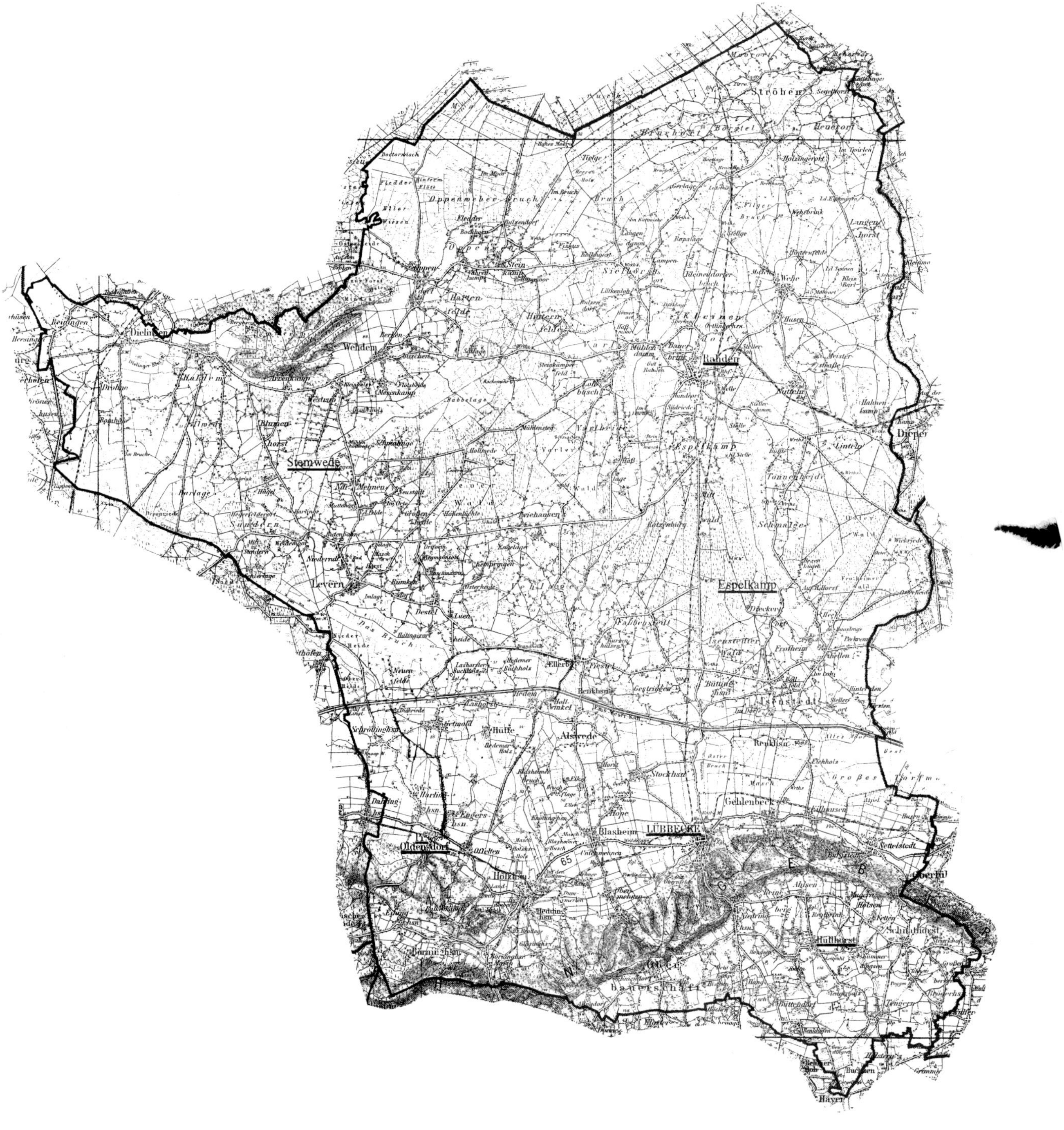
Stemwede
Rahden
Espelkamp
LÜBBECKE
Hüllhorst
Ströhen
Dielingen
Wehdem
Levern
Alswede
Blasheim
Gehlenbeck
Isenstedt
Tonnenheide
Lintorf
Holzhsn
Hedding
Schnathorst
Tengern
Hayn

Inhaltsverzeichnis

Herausgeber:	Dirk Möllering, Volkshochschule Altkreis Lübbecke
Autoren und Mitarbeiter:	Dieter Besserer, Rudolf Bolte, Dr. Susanne v. Garrel, Erich Holzmüller, Werner Kirchhoff, Gerd Milkereit, Heinz Redecker, Dr. Ruby Simon, Reinhold Spönemann, Gerhard Wetzel, Reinhold Wöstehoff
Endkorrektur:	Gerhard Wetzel
Einband + Gestaltung:	Elke Sawatzki

ISBN 3-922657-69-9

Satz und Druck: Uhle & Kleimann

Die Volkshochschule Altkreis Lübbecke

hat sich seit Beginn des Jahres 1985 im Rahmen der politischen Bildung und in Form von Arbeitskreisen und vielbeachteten Ausstellungen eingehend mit dem Alltag in den ersten Nachkriegsjahren beschäftigt, nachdem wir uns immer wieder auch mit den Erscheinungsformen des Nationalsozialismus im heimischen Bereich auseinandergesetzt haben und weiter auseinandersetzen werden.

Die Arbeit über die Zeit nach 1945 hat gezeigt, daß der 8. Mai 1945 nicht nur Ende, Befreiung, Zusammenbruch und Katastrophe war, sondern auch Anfang und Neubeginn, wenngleich verbunden mit gewaltigen Problemen und Anstrengungen, Sorgen und Nöten, wie z. B. der Wohnungsnot, der Ernährungslage, von Flucht und Vertreibung oder der Suche nach Angehörigen. Es war eine Zeit der Weichenstellungen, die grundlegend bis heute geblieben sind, wie der Neubeginn des politischen Lebens und die Neugestaltung des Verwaltungsaufbaus in unseren Städten und Gemeinden.

Wir haben uns überlegt, diese politische Neuordnung für unseren heimischen Raum, die Städte und Gemeinden im Altkreis Lübbecke, zu beleuchten, um eine Dokumentation des demokratischen Neubeginns zu erstellen; eine Maßnahme, die dann auch von der Landeszentrale für politische Bildung als besonders förderungswürdig herausgestellt wurde.

Die Wiederbegründung der SPD, die Gründung der Union, der Neubeginn der Liberalen, das Entstehen anderer Parteien ... dieses waren Stichworte unserer „Spurensuche“ in der jüngsten Geschichte unseres Heimatraumes.

Die Volkshochschule richtete in den einzelnen VHS-Schulorten Arbeitskreise ein, deren Mitglieder Dokumente sichten und der Öffentlichkeit wieder zugänglich machen, Zeitzeugen befragen und wichtige kommunalpolitische Diskussionspunkte aus diesen Jahren wieder aufgreifen sollten. Eine Fülle von Dokumenten – für die sechs Städte und Gemeinden sind es wohl Tausende von Aktenseiten, Presseberichten und Fotos – wurde wieder zu Tage gefördert und viele in dieser Dokumentation unter der Überschrift »Demokratischer Neubeginn im Altkreis Lübbecke – Zur Entstehung und Entwicklung der politischen Parteien nach 1945 –« verarbeitet und zusammengestellt.

Die Volkshochschule Altkreis Lübbecke hofft, durch dieses Werk einen Beitrag zum Erhalt von zahlreichen Akten, Schriften, Zeitungsberichten oder Fotos zu leisten, die der Nachwelt die schwierige Situation der damaligen Zeit vor Augen führen und gleichzeitig die Aufbauleistung unserer Vätergeneration dokumentieren.

Zum anderen haben wir mit der Aufarbeitung von „Geschichte vor Ort“ hier einen Trend aufgegriffen, der sich allenthalben bemerkbar macht: die Aufmerksamkeit ist auf Alltagsgeschichte gerichtet. So will auch dieses Werk nicht die Geschichte der großen Strukturen und historischen Persönlichkeiten aufzeigen, sondern Gegebenheiten des Alltags im heimischen Raum sowie die Situation des „kleinen Mannes“ wieder aufleben lassen. Es geht uns also nicht darum, ein Werk mit hohem wissenschaftlichen Anspruch vorzulegen. Wir wollen vielmehr historisch Interessierten, die einen Zugang zur Geschichte suchen, Impuls und Möglichkeit geben, selbst der Geschichte nachzugehen, „Spuren“ in ihrem unmittelbaren Wohn- und Lebensumfeld aufzudecken. Vielleicht kann diese Beschäftigung mit der Geschichte „von unten“, des „Alltags“, mit ihren Vergleichsmöglichkeiten für die eigene Lebenserwartung eine neue Betroffenheit erzeugen.

Wenn wir also den Spuren der jüngsten Vergangenheit nachgehen, wenn wir uns mit der Heimatgeschichte beschäftigen, wollen wir durch diese Form der politischen Bildung dem Einzelnen bei seiner Suche nach lokaler Identität helfen und des weiteren auch gleichzeitig erreichen, daß Heimatbewußtsein und Heimatliebe bzw. die Identifikation mit unseren Städten und Gemeinden gefördert werden.

Im September 1988

Dirk Möllering,
Leiter der Volkshochschule Altkreis Lübbecke

Viele haben einen Beitrag zur Erstellung dieser Schrift geleistet, sei es durch Mitarbeit in den Arbeitskreisen, mündliche Berichte aus damaliger Zeit, Zurverfügungstellung von Dokumenten, sei es durch materielle Hilfestellung. Allen gilt unser Dank. Danken darf ich insbesondere den Autoren und Arbeitskreisleitern, die dieses Werk bis zur Drucklegung begleitet haben: den VHS-Dozenten Dieter Besserer, Rudolf Bolte, Dr. Susanne v. Garrel, Erich Holzmüller, Werner Kirchhoff, Gerd Milkereit, Heinz Redecker, Dr. Ruby Simon, Reinhold Spönemann, Gerhard Wetzel und Reinhold Wöstehoff.

I. Das Ende war ein Neubeginn

von Dr. Susanne von Garrel

„Deutschland hat den Krieg so geführt", sagte General de Gaulle, *„daß der Kampf materiell, politisch und moralisch ein totaler Kampf war. Der Sieg mußte daher ein totaler Sieg sein ... Insofern sind der Staat, die Macht und die Doktrin, ist das Deutsche Reich zerstört."* Die Kapitulation, die Generalfeldmarschall Keitel für die deutsche Wehrmacht am 8. Mai 1945 unterzeichnen muß, ist daher bedingungslos. Im Sprachgebrauch hat sich mit diesem Datum und Ereignis das Wort vom „Zusammenbruch 1945" eingebürgert.

Gemeint ist damit sicher die militärische Niederlage, aber es scheint beinahe mitzuklingen darin ein Bedauern, als sei hier etwas zusammengebrochen, was viele hätten lieber erhalten wollen. Die Soldaten an der Front, die Menschen in den Lagern, die Juden in den Kellern Berlins, die Familien, die ohne Vater im alltäglichen Erleiden von Hunger, Mangel, Bombenangriffen lange müde geworden waren und entmutigt: Für sie und alle anderen Verfolgten und Bedrohten bedeutete der „Zusammenbruch" etwas ganz anderes: Frieden; das Ende des Krieges, das Ende der Angst, den Neubeginn des Lebens.

Bundespräsident Richard von Weizsäcker stellte dies in seiner Rede zum 8. Mai 1945, am 40. Jahrestag 1985, für die ganze deutsche Nation nachdrücklich und offiziell heraus:
„Der 8. Mai 1945 war ein Tag der Befreiung. Er hat uns alle befreit von dem menschenverachtenden System der nationalsozialistischen Gewaltherrschaft." Deutlich wird dieses Urteil begleitet von der Schuldzuweisung für all jenes Elend, das Krieg und Kriegsende für die Deutschen bringt: *„Aber wir dürfen nicht im Ende des Krieges die Ursache für Flucht, Vertreibung und Unfreiheit sehen. Sie liegt vielmehr in seinem Anfang und im Beginn jener Gewaltherrschaft, die zum Krieg führt. Wir dürfen den 8. Mai 1945 nicht vom 30. Januar 1933 trennen."*

In Erinnerung rief von Weizsäcker aber auch die Problematik der Situation des Jahres 1945 für Deutschland: *„Niemand wird um dieser Befreiung willen vergessen, welche schweren Leiden für viele Menschen mit dem 8. Mai erst begannen und danach folgten."* Flucht und Vertreibung von Millionen Menschen, Verlust der Heimat, Rückkehr in ein zerbombtes Land mit zerstörter Infrastruktur, die Städte in Trümmern, ebenso die Ideale: Heil geblieben war bei denen, die überlebt hatten, nur der Lebenswille.

Politisch wurde dies begleitet von der Tatsache, daß die Alliierten offiziell nicht als Befreier, sondern als Sieger kamen.

In der berühmten Direktive JCS 1067 an den Oberbefehlshaber der USA über die Ziele der Militärregierung in Deutschland vom 26. April 1945 heißt es u. a.: *„Deutschland wird nicht besetzt zum Zwecke seiner Befreiung, sondern als ein besiegter Feindstaat."* Die gemeinsame Absicht der Siegermächte wird dabei deutlich formuliert: *„Das Hauptziel der Alliierten ist es, Deutschland daran zu hindern, je wieder eine Bedrohung des Weltfriedens zu werden..."*

US-Oberbefehlshaber General Eisenhower dachte an dieser Stelle weiter und stellte Überlegungen an, wie dieses Ziel zu erreichen sei. Am 12. Juni 1945 sagte er in einer Rede in London dazu: *„Deutschland wird nie wieder zu dem Zustand zurückkehren, den die*

Deutschen selbst als ‚normal' empfinden ... Rußland, Großbritannien und die Vereinigten Staaten sind zweifellos entschlossen, es Deutschland für alle Zeiten unmöglich zu machen, wieder Krieg zu führen, und damit ergeben sich zwangsläufig Vorsichtsmaßregeln, die Deutschland aus der Reihe der großen Industriestaaten ausschalten."

Solche „Vorsichtsmaßregeln" gewannen dann Gestalt z. B. im berüchtigten Plan des US-Unterstaatssekretärs Morgenthau, aus Deutschland einen großen Bauernhof zu machen, ein Agrarland, zersiedelt und ohne Industrie. Einig waren sich die Alliierten auf ihren Konferenzen in den Kriegsjahren (Teheran 1943, Jalta Februar 1945) nur über die Form der Besetzung Deutschlands: Aufteilung in vier Besatzungszonen und Einrichtung eines gemeinsamen alliierten Kontrollrates. Und einig wurde man sich darüber, daß die Deutschen für den Krieg bezahlen sollten: Milliarden Dollar Reparationen und Industriedemontage in großem Ausmaß. Über das politische Vorgehen in Deutschland bestand dagegen kein genauer Plan.

Die Russen haben in ihrer Zone abmontiert, was abmontiert werden konnte; bis in die fünfziger Jahre hinein fuhren Züge in Richtung Osten, vollgepackt mit Industrieanlagen und Industrieprodukten. – Heute stellt die DDR in ihrem „Museum für Deutsche Geschichte" im ehemaligen Zeughaus Unter den Linden stolz den ersten Garnanzug aus, der in der DDR produziert wurde – und auch dort geblieben ist; Herstellungsdatum: Nach 1950. Die „Ostzone" blutet materiell aus; politisch wird der NS-Einheitsstaat allmählich abgelöst durch den kommunistische Einparteienstaat. Die „Befreiung" 1945 bringt für diesen Teil Deutschlands weder Freiheit noch Demokratie, Wohlstand erst recht nicht.

In den Westzonen endet die Demontage dagegen bald: 1947.

Die Bevölkerung leidet unvorstellbare Not, die nach 1945 eher noch zunimmt. Von 4,2 Mio Flüchtlingen 1945 steigt deren Zahl auf 9,7 Mio 1946, 1947 sind es mehr als 12 Mio, die meisten müssen in der amerikanischen und der britischen Zone eingegliedert werden. Dort herrscht Hunger, katastrophal bis zu Hungerödemen und Unterernährung eines Großteils der Bevölkerung. Dazu der Mangel an Wohnraum, die Beschlagnahme von Wohnraum durch die Alliierten und für die Flüchtlinge, die kommen. Im Hungerwinter 1946 gibt es bei eisiger Kälte dann noch zu wenig Heizmaterial. – Die Selbstmordquote steigt drastisch. Dabei bleiben die Zuteilungen der Alliierten gering: 900 Kalorien pro Kopf gibt es in der französischen Zone, 1050 in der englischen. Zum Leben braucht ein Erwachsener 2300 Kalorien pro Tag. In England und Frankreich, wo die Bevölkerung selbst durch den Kriegsgegner schwer gelitten hat, wollen viele in ihrer eigenen Not nicht mit jenen teilen, die ihnen zuvor so viel Leid zugefügt haben.

In Deutschland blüht der Schwarzmarkt und die städtische Bevölkerung begibt sich auf Hamsterfahrten im großen Stil: Die Züge werden gestürmt, zu jeder Stunde, in jede Richtung. Ungeplant wird alles Brauchbare, alles Eßbare gehamstert. In den Nachkriegsjahren befördert die Bahn 80% ihrer Fahrgäste als Hamsterfahrer.

Schmuggel und Mundraub großen Ausmaßes erwuchsen aus purer Not. Vor allem im Ruhrgebiet und im Rheinland war dies besonders der Fall. Allein auf dem Kölner Güterbahnhof verschwanden pro Tag 1800 Zentner Kohlen, und die Leute holzten ganze

In den zerstörten Städten herrschte große Wohnungsnot.

Chausseen und Parkanlagen ab, um Heizmaterial zu gewinnen. Kardinal Frings äußerte sich 1946 zum Diebstahl in einer berühmt gewordenen Predigt: *„Wir leben in Zeiten, da in der Not der einzelne das wird nehmen dürfen, was er zur Erhaltung seines Lebens und seiner Gesundheit notwendig hat, wenn er es auf andere Weise durch seine Arbeit oder auf Bitten nicht erlangen kann."* „Fringsen" hieß fortan die mit illegalen Mitteln betriebene Lebenssicherung. Auf dem Land wechselten Teppiche, Schmuck, Porzellan und Silber ihren Besitzer gegen Butter, Mehl, Speck und Schinken. Mancher Flüchtling mußte mühsam und mit Lebenserinnerung behafteten Besitz auf diese Weise eintauschen.

Heimkehrer und Flüchtlinge an der Autobahn nahe Helmstedt 1945/46.

Im Sommer 1945 schreiben die Alliierten auf der Potsdamer Konferenz die Entwicklung Deutschlands für die nächsten Jahre fest. Dabei holt die UdSSR viele Zugeständnisse heraus, auch besonders in Bezug auf die „Umsiedlung" der deutschen Bevölkerung aus den ehemaligen Ostgebieten, die mit einem beschönigenden Ausdruck nun die Entrechtung, Verfolgung und brutale Vertreibung von Millionen durch die Zustimmung der Westalliierten absegnete. Von den über 2 Millionen Menschen, die auf der Flucht umkamen, in den Osten verschleppt wurden oder einfach vermißt blieben, war nicht die Rede. Die schwere Krankheit Roosevelts und damit die Schwäche der amerikanischen Position insgesamt werden häufig für die vielen Zugeständnisse der USA an die Russen verantwortlich gemacht. Arbeiteten die Alliierten unmittelbar nach der Besetzung mit der Methode, unbelastete Deutsche, oft solche, die vor 1933 verantwortliche Positionen inne hatten (wie z.B. Adenauer) in Funktionen einzusetzen, so entwickelte sich im Verlauf des Jahres 1945 die Überlegung, die Deutschen langsam an demokratische Verfahrensweisen dadurch heranzuführen, daß sie selbst wieder am politischen Leben beteiligt wurden.

Neben der völligen Abrüstung Deutschlands und der Vernichtung des Nationalsozialismus (Nürnberger Prozeß, Entnazifizierung) war die Demokratisierung des gesellschaftlichen und politischen Lebens der dritte und zentrale Punkt, auf den sich die Alliierten hatten einigen können. Angesichts der Tatsache, daß die Deutschen zwölf Jahre Massenpropaganda und Indoktrination hinter sich hatten, mußte Demokratie bis in die kleinsten, formalen Details überhaupt oft erst erlernt werden. So ist z. B. aus dem Altkreis Lübbecke ein „Kleines Versammlungs-ABC" der SPD erhalten, das erläutert, was eigentlich eine demokratische Versammlung ist und wie ihr Ablauf mit demokratischen Abstimmungen zu regeln ist.

Die Alliierten kontrollieren die Medien: Rundfunk und Zeitungen. Was durch deutsche Journalisten berichtet wurde, mußte erst abgesegnet werden darauf, ob es die demokratischen Vorgaben erfüllte.

Das Potsdamer Abkommen vom 2. August 1945 sah nun vor, daß *„in ganz Deutschland alle demokratischen Parteien zu erlauben und zu fördern seien, mit der Einräumung des Rechtes, Versammlungen einzuberufen und öffentliche Diskussionen durchzuführen".* In der britischen Besatzungszone wird dies durch die Verordnung Nr. 12 vom 15. September 1945 umgesetzt, die die Bildung von Parteien gestattet, *„um die Entfaltung eines demokratischen Geistes in Deutschland zu fördern und die spätere Abhaltung von Wahlen vorzubereiten".* Anders als in den anderen Zonen erlauben die Engländer von Anbeginn die Bildung von Parteien auf Zonenebene.

Die Gründung demokratischer Parteien und ihre Arbeit bildete in den Plänen der (West-)Alliierten, wie dann tatsächlich geschehen, den Kern der politisch-demokratischen Wiederaufbauarbeit. Die Arbeit der Parteien bezeichnet zugleich den Beginn eigenverantwortlicher politischer Arbeit durch die Deutschen selbst und legt den Kern für die spätere Übernahme politischer Verantwortung im eigenen Land. Dabei war allen Beteiligten klar, daß nicht nur der äußere Aufbau alle Kraft erfordern würde, sondern daß eine ebenso schwere Aufgabe darin bestand, neben den Trümmern auf den Straßen die geistigen Trümmer der NS-Ideologie aus den Köpfen der Menschen zu räumen. Besonders bei den Jugendlichen, die die totale Erfassung durch den NS-Staat in seinen verschiedenen Jugendorganisationen hinter sich hatten, schien dies zuerst schwer. Die SPD kann schnell an die Organisationsstrukturen von vor 1933 anknüpfen und bildet sich von unten durch Ortsverbände neu. Schon im Herbst 1945 bilden sich die alten SPD-Bezirke Mittelrhein, Niederrhein, westliches und östliches Westfalen wieder.

Dr. Kurt Schumacher wird Vorsitzender der SPD und gibt im Oktober 1945 in Hannover die Richtlinie aus, daß eine Verschmelzung mit der KPD nicht in Betracht komme. Dies aber war das erklärte Ziel der KPD, die sofort wieder eine funktionstüchtige Organisation aufbaute und bereits zum 1. Mai 1945 in Düsseldorf KPD-Flugblätter verteilt. In der Ostzone gelang dann schnell die zwangsweise Vereinigung der KPD und SPD zur SED. Diejenigen, die in der Ost-SPD dagegen Widerstand leisteten, wurden z. T. in die alten Konzentrationslager abtransportiert. Im Westen wurde die Lage teilweise falsch eingeschätzt. So berichtet Erich Mende in seinen Memoiren, daß sich erstaunlicherweise gerade Willy Brandt 1947 in Berlin für ein Zusammengehen der SPD mit der KPD eingesetzt habe.

Für die CDU bilden die Kölner Leitsätze vom 26. Juni 1945 die erste programmatische Basis der neuen Partei, die im Juni/Juli 1945 an zahlreichen Orten, oft durch Kreisverbände als eine konfessionsübergreifende Partei gegründet wird. Am 2. September 1945 wird der westfälische Landesverband gegründet. Am 5. Februar 1946 wird Konrad Adenauer der Vorsitzende der CDU in der britischen Zone. Die Gründungsphase zeigt die CDU noch stark von christlich-sozialistischen Ideen geprägt. Unter ihrem Vorsitzenden Karl Arnold trat z. B. die Düsseldorfer CDU nachdrücklich für eine gemeinwirtschaftliche Wirtschaftsordnung ein. – In den ländlichen Gegenden Westfalens, wie dem Altkreis Lübbecke, dagegen hatte die CDU wesentlich konservativere Züge und war, bevor die FDP bis hierher griff, die erklärte Partei der Bauern.

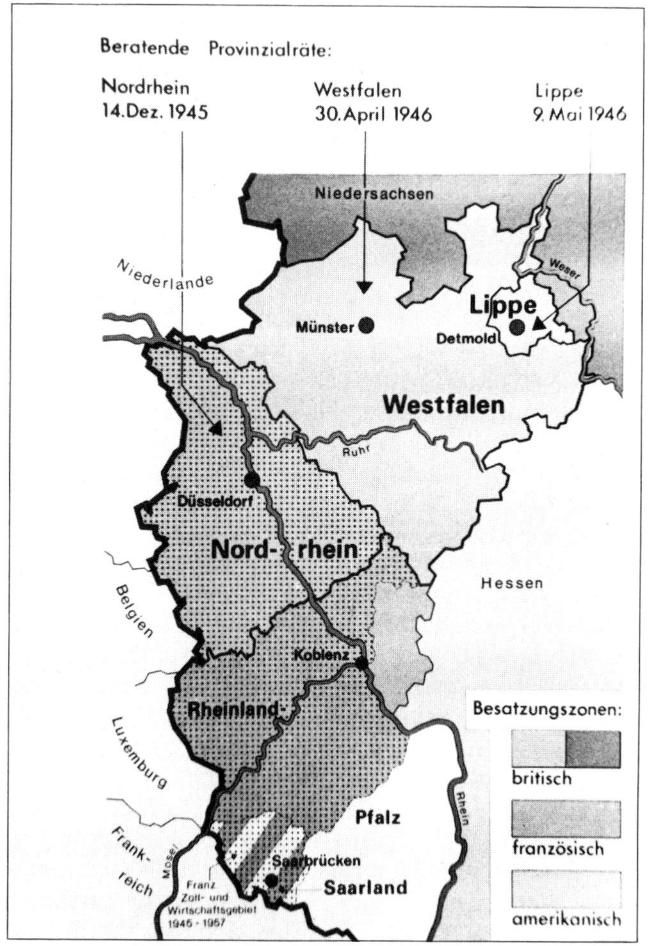

Während Schumacher und die SPD eine Vereinigung der Landeshälften Nordrhein und Westfalen ablehnen, weil ihnen ein solches Land zu gewichtig gegenüber den anderen erschien und möglicherweise die spätere Wiedervereinigung hindern könnte, trat die CDU mit Adenauer für die Gründung des neuen Landes Nordrhein-Westfalen ein.

Über die Gründung der FDP am 8. Januar 1946 im Hotel »Zur Post« in Opladen ist ein detaillierter Bericht des ersten Geschäftsführers Erich Mende erhalten, der bezeugt, welches Gewicht der deutschnationale Standpunkt hatte. Im Zusammengehen mit den Mitgliedern der früheren Demokratischen Partei vor allem gewann die FDP dann ihr Profil als liberale Partei, die besonders den Mittelstand und die Bauern vertrat und klassische liberale Forderungen in ihrem Programm festschrieb. – Dieser Gründung des Landesverbandes und der Zonenpartei ging im Herbst 1945 bereits die Bildung voneinander unabhängiger liberaler Gruppierungen vor allem in Hagen und Wuppertal voran. Die FDP ist damit die letzte der drei dann in Nordrhein-Westfalen staatstragenden Parteien, die ins politische Leben eintritt; sie braucht am längsten, um eine das ganze Land überspannende Organisationsstruktur zu entwickeln.

Das alte Zentrum schließlich wird am 14. Oktober 1945 in Soest neubegründet unter dem alten Generalsekretär Dr. Hamacher. Ebenso wie der BHE (Bund der Heimatvertriebenen und Entrechteten), der die Flüchtlingsinteressen vertrat, wurde das Zentrum dann weitgehend von der CDU aufgesogen. Mit der Verordnung Nr. 46 vom 23. August 1946 verfügt die britische Militärregierung die Bildung selbständiger Länder anstelle der früheren preußischen Provinzen in der britischen Zone. Dies war die Geburtsstunde des Landes NRW. Dies geschieht gegen den Widerstand der Franzosen, die, lange vor der deutsch-französischen Aussöhnung, das Ruhrgebiet internationalisieren wollten.

Der erste aus 211 Mitgliedern bestehende Landtag war nicht gewählt, sondern die Parteien schlugen nach britischen Vorgaben Abgeordnete vor; die Prozentsätze richteten sich dabei nach den Ergebnissen der letzten Weimarer Wahlen 1932. Mit der Bildung der Regierung wurde der Oberpräsident Dr. Amelunxen beauftragt, der die erste Kabinettssitzung am 28. August 1946 abhielt. Im November 1946 erhielt der Landtag die Gesetzgebungshoheit durch die Verordnung Nr. 57 über die Befugnisse der Länder in der britischen Zone. Vollständig wurde das Land Nordrhein-Westfalen durch Lippe am 21. Januar 1947. Landespräsident Drake gab NRW den Zuschlag vor Niedersachsen. Dafür erhielt Detmold anstelle von Minden den Sitz der Bezirksregierung. Dies ist der Rahmen, in dem von nun an die Parteien ihre politische Arbeit leisten.

Eingegliedert wird das Land NRW in ein System von Bundesländern, die im Bund unter starker Betonung der föderalistischen Eigenständigkeit zusammenwirken. Gegen jeden Zentralismus hatten sich die Franzosen gewandt, um den neuen Staat politisch schwach zu halten. Die Entwicklung hat dann gezeigt, daß trotz erklärter Nachteile (z. B. Kulturhoheit der Länder) die politische Arbeit, insbesondere die der Parteien, hierdurch befruchtet wurde: Der Zwang, sich in den Ländern häufig demokratischen Wahlen zu stellen, erwies sich als wirsames Regulativ, um Wählerinteressen deutlich zu machen; die Orientierung auf die Probleme des jeweiligen Bundeslandes fördert die Landespolitik nachhaltig. Bundestag und

Bundesrat stehen sich gegenseitig als Regulative gegenüber. – Politische Allmacht scheint damit ausgeschlossen.

Beginnt der politische Wiederaufbau durch die Parteien noch unter der Aufsicht und Reglementierung der Siegermächte im besetzten Feindesland, so wandelt sich die Situation schnell: Aus dem Feind von gestern wird durch das Heraufziehen des Kalten Krieges für die Westalliierten und besonders die USA der wertvolle Verbündete auf dem Kontinent. In seiner Rede vom 6. September 1946 in Stuttgart vollzieht US-Außenminister Byrnes diese Wende: *„Das amerikanische Volk wünscht, dem deutschen Volk die Regierung Deutschlands zurückzugeben. Das amerikanische Volk will dem deutschen Volk helfen, seinen Weg zurückzufinden zu einem ehrenvollen Platz unter den freien und friedlichen Nationen der Welt."* – General Clay in Berlin, der Marshall-Plan, die CARE-Pakete bezeichnen signifikant die US-Unterstützung des Wiederaufbaus und den Beginn der deutsch-amerikanischen Freundschaft. Die Luftbrücke bei der Blockade Berlins 1948 ist die erste Nagelprobe dieser Beziehungen.

Die folgenden Jahre in Deutschland mit Währungsreform und Ludwig Erhard sind durch den wirtschaftlichen Wiederaufbau geprägt. Politisch ebnen sie den Weg zur Gründung der Bundesrepublik Deutschland und zur Verabschiedung des Grundgesetzes am 8. Mai 1949. Vorbereitet wurde dies durch den Parlamentarischen Rat, den die Parteien mit ihren Vertretern beschickten. Daß nur vier Jahre nach Kriegsende ein demokratischer Staat in Deutschland gegründet wurde, nicht nach Vorschrift der Siegermächte, sondern als Ergebnis politischer Beratungen und politischer Willensbildung der Deutschen selber, dokumentiert wirkungsvoll den Erfolg der politischen Arbeit der Parteien und ihren wesentlichen Beitrag zum Aufbau einer funktionierenden Demokratie, die durch die Arbeit ihrer Parteien auch die radikalen Ränder des politischen Spektrums integriert, ebenso wie die Millionen Flüchtlinge.

Bundespräsident von Weizsäcker resümiert: *„An Stelle der Unfreiheit haben wir die demokratische Freiheit gesetzt."* Blicken wir auf die hier kurz skizzierte Entwicklung, so beurteilt von Weizsäcker das Jahr 1945 treffend: *„Aber wir haben allen Grund, den 8. Mai 1945 als das Ende eines Irrweges deutscher Geschichte zu erkennen, das den Keim der Hoffnung auf eine bessere Zukunft barg."* Der Bundespräsident schließt mit der gültig bleibenden Mahnung an Politiker und Parteien:

> *„Ehren wir die Freiheit.*
> *Arbeiten wir für den Frieden.*
> *Halten wir uns an das Recht."*

Das Ende war ein Neubeginn – auch in unseren Städten und Gemeinden im Altkreis Lübbecke

So erlebte man es in Preußisch Oldendorf

von Dieter Besserer und Rudolf Bolte

Im Frühjahr 1945 standen im Osten die Truppen der Roten Armee an der Oder, um auf die Reichshauptstadt vorzudringen; im Westen war nach dem Scheitern der Ardennenoffensive eine zusammenhängende Front nur schwer zu erkennen. Unter dem Druck dieser militärischen Tatsachen wurden auch in den Städten und Gemeinden die NSDAP und Verwaltung vor außergewöhnliche Aufgaben gestellt. Ähnlich wie in den Nachbargemeinden mußte die Partei auch in Preuß. Oldendorf den Volkssturm organisieren, d.h. sich um die Verteidigung kümmern. Solche Aktionen erscheinen uns aus der heutigen Sicht als unverständlich. Ein Foto zeigt an einem Beispiel aber, wie ernst auch scheinbar sinnlose Arbeiten verrichtet wurden. Es wird eine Panzersperre auf der Bahnhofstraße – heute Rathausstraße – in Preußisch Oldendorf gebaut. Die Verwaltung hatte für viele hunderte Evakuierte und Flüchtlinge Wohnräume zu beschaffen. Es mußten Soldaten, Stäbe und rückwärtige Dienste untergebracht werden. In Preußisch Oldendorf wurden die Villa Stramann und das Hotel Kappelmann für das Luftgaukommando Münster beschlagnahmt. Schulen und Turnhallen sind zu Quartieren und Lagern für Mensch und Material umfunktioniert worden.

Aber auch in dieser von Befehlen und Aufrufen gekennzeichneten Zeit wurde in unseren Gemeinden noch Kommunales beraten und beschlossen – wenn auch nach dem damaligen Verständnis die Arbeit eines Rates darin bestand, Anordnungen umzusetzen und zu befolgen. Kein leichtes Amt in dieser von Kriegswirren und deren Folgen gekennzeichneten Zeit.

März 1945: Bau einer Panzersperre in Preuß. Oldendorf, Bahnhofstraße (jetzt Rathausstraße), Haus Dunker (jetzt Rullmann).

Ratsherren
Pr. Oldendorf

Anwesend
unter dem Vorsitze des
Amtsbürgermeisters
Hohmeyer

1. II Beigeordn. Bergmeyer
2. Ratsherr Nolte
3. " Riemeyer
4. " Tegtmeyer

v. g. u.

gez: Unterschriften

Verhandelt!
Pr. Oldendorf, den 12. 3. 1945

Es wurde folgendes verhandelt. Es wurde davon Mitteilung gemacht, daß für 1945 Haushaltsanschläge nicht auf zustellen sind. Diejenigen für 1944 gelten auch für 1945.

Eine Berichtigung des Anschlages für 1944 haben ergeben, daß mit einem Fehlbetrag von rund 13 500 RM zu rechnen sei.

Dieser Betrag müssen von den Rücklagen abgehoben werden, um einen Ausgleich des Haushaltsanschlages herbei zu führen.

g. w. o.

Der Amtsbürgermeister
gez: Hohmeyer

Wenn auch aus dieser Zeit viele Unterlagen und Dokumente verlorengegangen sind, konnten wir uns aus den erhaltenen Protokollbüchern unserer Gemeinden ein Bild über Ratssitzungen im Frühjahr 1945 machen. Ein Protokoll aus der Sitzung am 12. März 1945 in Preußisch Oldendorf zeigt, daß für das Haushaltsjahr 1945 kein Etat verabschiedet wurde. War man so realistisch, das Ende des 3. Reiches schon zuzugeben? Hierbei ist anzumerken, daß der Leiter der NSDAP-Ortsgruppe dem Rat angehörte und sicher ein gewichtiges Wort mitzureden hatte. Eine Ratssitzung nach diesem Termin ist uns nicht bekannt.

Es hat in den drei Wochen nach dieser Ratssitzung für Partei und Rat noch viel Arbeit gegeben. In dieser für unsere Heimat so schlimmen Zeit, in der für ein verbrecherisches Regime viele Millionen Menschen ihr Leben gelassen hatten, galt es, Schlimmes zu verhindern. Wenn auch im Radio und in der Presse noch vom Endsieg gesprochen und geschrieben wurde, war bei uns die Angst groß, daß es auch in unserer Stadt zu Kampfhandlungen kommen würde; denn der Befehl lautete: „Verteidigung". Aber Bürger wie der Möbelkaufmann H. Venghaus konnten den Kreisleiter Meiring und den Ortsgruppenleiter Riemeyer überzeugen, daß eine Verteidigung sinnlos sei.

Der gleichen Meinung war auch der Kommandant des Lufttanklagers, ein Offizier namens Vaut.

So waren am 3. April 1945 die Männer des Volkssturms und der Hitlerjugend, die zur Verteidigung der Panzersperren aufgeboten wurden, kaum bei ihren Familien, als der Ruf „Sie kommen!" durch den Ort ging.

Preußisch Oldendorf ist durch die Panzer der 6. britischen Luftlande-Division besetzt worden, die auf der Reichsstraße 65 vorrückten. An diesem 3. April endete in Preußisch Oldendorf die Macht der NSDAP.

Für einen längeren Zeitraum wurden nun unsere Gemeinden durch Verordnungen der britischen Militärbehörden verwaltet. Dies geschah durch nicht nationalsozialistisch vorbelastete Verwaltungsbeamte.

Am 12. Dezember 1945 trat ein von der Militärregierung in Lübbecke ernannter Gemeindeausschuß zusammen. In Preuß. Oldendorf hatte Bürgermeister Hohmeyer den Vorsitz.

Und so sah es in Hüllhorst aus

von Erich Holzmüller

Wie andernorts, so haben auch die Einwohner der Gemeinde Hüllhorst den Ausgang des Zweiten Weltkrieges sehr unterschiedlich erfahren und aufgenommen: Für die einen war das verlustreiche Kriegsende die totale Niederlage des Deutschen Volkes und damit ein überaus schmerzliches Erlebnis, für die anderen hingegen bedeutete der Einmarsch der Alliierten die lang herbeigesehnte Befreiung von der nationalsozialistischen Gewaltherrschaft und damit die Möglichkeit eines demokratischen Neuanfangs. Viele schwankten auch zwischen den beiden Einstellungen, je nach persönlicher Lage, alle anderen suchten zunächst nach einer Neuorientierung, denn die Kapitulation des „Tausendjährigen Reiches" bedeutete eine gewaltige Irritation hinsichtlich der weiteren Zukunft.

Die Ehemänner und Söhne in den Familien waren zumeist noch nicht zurückgekehrt, ihr Aufenthalt war unbekannt, ihr Leben oftmals ungewiß. So waren die Herzen der meisten Menschen weiterhin bedrückt, obwohl die Waffen schwiegen.

In den Tagen um das Osterfest 1945 waren die Alliierten in der Gemeinde eingerückt. Der Hauptlehrer

Stohlmann hat die Ereignisse täglich aufgezeichnet und sie in der Hüllhorster Dorf- und Schulchronik festgehalten. Es war die Zeit, in der vom Volkssturm Panzersperren gebaut worden waren, um dem Feinde Einhalt zu gebieten. Deutsche Soldaten hielten sich im Wiehengebirge versteckt, gelegentlich sprachen sie in den Häusern vor, um Zivilkleidung zu erbitten. Amtsbürgermeister Dr. Heuvemann war mit weißer Fahne den einrückenden Fahrzeugen entgegengegangen. In den Schulen wurden Führer-Bildnisse und Hakenkreuze entfernt. Die Ortsgruppenleiter der NSDAP wurden inhaftiert. Am 6. April 1945 war es westlich von Horst's Höhe zu einer Schießerei gekommen. Der Bergwald des Wiehengebirges wurde durchkämmt. Das Getöse der Feuerwaffen wirkte auf die Einwohner stark deprimierend. Russische Kriegsgefangene wanderten in großer Zahl durch die Dörfer. Sie tranken die Milch aus den Milchkannen, die von den Bauern für die Molkerei an die Straße gestellt waren. Auf allen Straßenzügen fuhren die Militärfahrzeuge der Besatzungsmächte. Die siegreichen Soldaten erhoben ihre Gewehre gegen das Standbild des Hüllhorster Kriegerdenkmals. Für die Nachtstunden verhängten die neuen Befehlshaber ein Ausgehverbot, ab 20.30 Uhr hatten sich alle im Haus aufzuhalten.

Nach dem Zusammenbruch der nationalsozialistischen Herrschaft am 8. Mai 1945 kam der demokratische Neuanfang nur zögernd in Gang. Das alte Amt Hüllhorst bestand aus neun selbständigen Gemeinden mit jeweils einem Bürgermeister an der Spitze. Es waren dies die Gemeinden Ahlsen-Reineberg (760 Einwohner, m. 330, w. 430), Bröderhausen (460 Einwohner, m. 204, w. 256), Büttendorf 823 Einwohner, m. 380, w. 443), Holsen (1.012 Einwohner, m. 422, w. 590), Huchzen (125 Einwohner, m. 59, w. 66), Hüllhorst (1.380 Einwohner, m. 620, w. 760), Oberbauerschaft (1.843 Einwohner, m. 810, w. 1.033), Schnathorst (1.501 Einwohner, m. 662, w. 839), Tengern (1.355 Einwohner, m. 598, w. 757). (Daten nach der Volkszählung vom Oktober 1946)

Das Amt Hüllhorst mit seinen bei Kriegsende gut 9.000 Einwohnern hatte seinen Verwaltungssitz im Ortsteil Hüllhorst. Vielen Einwohnern wird das alte Verwaltungsgebäude mit seinem Anbau (das „Amt“) noch in Erinnerung sein. Das Wirtschaftsamt war in die Lehrerwohnung im Obergeschoß der Hüllhorster Schule ausgelagert. An der Spitze der Verwaltung stand weiterhin der bisherige Amtsbürgermeister Dr. Heuvemann.

Das Bezugscheinwesen und die Rationierung der Lebensmittel durch Ausgabe von Lebensmittel- und Kleiderkarten wurde zunächst beibehalten. Große Sorge bereitete auch die Versorgung der Bevölkerung mit Heizstoffen. In aller Regel war in den Häusern noch die Ofenheizung üblich, nur vereinzelt gab es schon zentrale Koksheizung. Öl- und Gasheizung kannte man nicht. Bei der Knappheit der Brennstoffe war es kein Wunder, daß in Löhne durchfahrende Kohlenzüge geplündert wurden. Im Wiehengebirge gab es die Möglichkeit, Brennholz zu schlagen. Bei Förster Finke im Obernfelder Forsthaus (oberhalb der Brauerei Barre) war dazu ein Berechtigungsschein zu holen. Auch im waldreichen Kreise Höxter konnte zur Selbstversorgung von unseren Bürgern Brennholz durch Eigenleistung gewonnen werden.

Was die Wasserversorgung betraf, so hatten nahezu alle Häuser noch die Wasserpumpe mit dem Pumpenschwengel, das Wasser wurde aus den hauseigenen Brunnen gewonnen. Es war schon eine Besonderheit, wenn in einem Hause ein Boiler mit elektrischer Pumpe und entsprechendem Leitungsnetz vorhanden war, so daß das Wasser aus Wasserhähnen entnommen werden konnte.

Das alte Hüllhorster Rathaus.

Der Straßen- und Wegebau lag ganz und gar im argen. Während der Kriegsjahre hatte es keinen Ausbau von Wegen und Straßen gegeben. Viele Häuser waren nur über grasbewachsene Feldwege zu erreichen, deren Grasnutzung die Ziegenhalter wertschätzten.

Das gängige Verkehrsmittel war das Fahrrad, und man konnte froh sein, eine halbwegs verläßliche Bereifung dafür zu haben. Der überörtliche Verkehr wurde über die Kraftomnibusse der Deutschen Reichspost abgewickelt, deren Fahrzeuge oft im Berufsverkehr hoffnungslos überbesetzt waren. Zielbahnhof der Postlinie war Löhne in Westfalen.

Das bedrückendste Problem aber war die Wohnungsnot. Hatten zum Ende des Krieges hin schon viele Evakuierte bei uns Aufnahme gefunden, so galt es jetzt, den zahlreichen Vertriebenen und Flüchtlingen Wohnraum zu gewähren. Einzelne Räume im Hause mußten diesen schwer geprüften Menschen überlassen werden, was oft mit großem Verständnis geschah, gelegentlich aber auch zu Problemen führte.

Ihren Broterwerb erzielten die meisten Einwohner der Gemeinde Hüllhorst in der Landwirtschaft oder in der Zigarrenindustrie, vereinzelt fuhren auch Pendler nach Lübbecke und Löhne oder Herford. Das alte Handwerk hatte gleichfalls einen hohen Stellenwert. Die örtlichen Schmiede, Schneider, Bäcker, Schuhmacher, Klempner und Maurer beschäftigten zahlreiche Männer. Viele Frauen gingen als Wickelmacher oder Roller in der Zigarrenherstellung auf die „Buden". Große Besorgnis kam auf, als die Tabaksteuer eines Tages erhöht werden sollte.

Zur Winterzeit kam die Hand- und Spanndienstordnung zur Anwendung, wenn es darum ging, die völlig verschneiten Straßen freizuschaufeln, in Hüllhorst z. B. „Auf dem Esch". Räumfahrzeuge waren noch unbekannt. Auch im Straßenbau mußten die Bürger Eigenleistungen erbringen.

Für die ärztliche Versorgung der Bevölkerung gab es in der Gemeinde Hüllhorst nur einen einzigen Arzt: Dr. med. Dollereder in Schnathorst. Von Lübbecke aus wurde auch gern Dr. Müller in Anspruch genommen, der sich auf Horst's Höhe bei Gastwirt Sölter durch Flaggensignal anhalten ließ, wenn zwischenzeitlich eine weitere Arztanforderung in Lübbecke über Telefon eingetroffen war. Telefonanschluß besaßen nur ganz wenige Einwohner, von Behörden und Pfarrämtern einmal abgesehen.

Die tierärztliche Versorgung leistete der Schnathorster Tierarzt Dr. Thümmler. In allen Gemeinden gab es eigene Schulen, in Bröderhausen sogar eine einklassige Volksschule. Die Schulgebäude waren allesamt veraltet und wiesen einen gewaltigen Reparaturstau auf, dem später durch Erweiterungs-und Neubauten abgeholfen wurde.

Die alte Volksschule Hüllhorst, gegenüber der Amtsverwaltung, gebaut 1912. Im Dacherker war das Wirtschaftsamt untergebracht.

Kirchlich gab es drei evangelische Gemeinden: Schnathorst (Pastor Balke), Hüllhorst (Pastor Wellmer), Pfarrstelle Oberbauerschaft (Pastor Multhaupt). In vielen Fällen hatte den Pfarrern das schwere Amt der Überbringung von Todesnachrichten während der Kriegszeit oblegen, das sie mit großem Einfühlungsvermögen wahrnahmen. Die evangelischen Gotteshäuser standen den evakuierten und vertriebenen katholischen Priestern für Andachten und Messen zur Verfügung.

Industriebetriebe waren außer in der Zigarrenindustrie (Filialen) nicht vorhanden. In Holsen-Kümmerdingsen bestand die alte Ziegelei Meyer, in Tengern die Ziegelei Kracht.

Der „Schwarze Markt" trieb seine Blüten. Naturalien wurden gegen Naturalien oder andere Gegenstände getauscht und waren auch nur auf diese Weise erhältlich. Das Wanderkino zog in die Dörfer ein. Wöchentlich einmal wurden in den Sälen Filme und Wochenschauen gezeigt, so z. B. im Gasthaus Eggstein in Hüllhorst.

Die Inhaber öffentlicher Ämter wurden allesamt einem Entnazifizierungsverfahren unterworfen.

In den Schulen begann die „Reeducation" zu demokratischen Grundsätzen, in Absage zum Führerprinzip. Die Bemühungen eines Neuanfangs waren auf allen Gebieten durch Schwierigkeiten gekennzeichnet. Langsam erblühte das Vereinsleben (Sportvereine, Gesangvereine, Kirchenchöre) wieder.

Nachbarschaft und Nachbarschaftshilfe wurden wie selbstverständlich gepflegt und gewährt. Neben dem Radio, das noch nicht einmal alle Einwohner besaßen, gab es nur die Tageszeitungen, und auch diese erst mit einiger Verzögerung.

Nach anfänglicher Ratlosigkeit erwuchs in der Bevölkerung jedoch der Wille zu einem Neubeginn. Wie dieser Anfang in der Meinungsbildung durch die Gründung oder Wiederbegründung politischer Parteien begünstigt und gefördert wurde, wird an anderer Stelle gezeigt.

Ganz anders war der Neubeginn in Espelkamp

von Dr. Ruby Simon

Für die Stadt Espelkamp ergibt sich im Blick auf einen demokratischen Neubeginn nach 1945 eine besondere Situation insofern, als die Stadt damals noch gar nicht existierte und niemand mit ihrer Entstehung rechnen konnte. Es gab die seit 1910 selbständige Bauerschaft Espelkamp. Ihr benachbart und teilweise auf ihrem Gelände wurde 1938/39 eine Munitionsanstalt errichtet und während des Krieges als Depot betrieben. Aufgrund der Potsdamer Beschlüsse sollte sie als militärische Anlage gesprengt werden.

Außerhalb des Stacheldrahtzaunes, der die seit April 1945 von den Briten besetzte „Muna" (Munitionsanstalt) hermetisch abschloß, befanden sich die Barackensiedlungen Hedrichsdorf und Kolonie. In die Koloniebaracken wurden, nachdem die Deutschen die „Muna" vor dem Einmarsch der Briten geräumt hatten, Evakuierte und Vertriebene aus den deutschen Ostgebieten eingewiesen.

Schließlich gab es die jahrhundertealten Nachbargemeinden, die erst durch die Gebietsreform zu Stadtteilen Espelkamps wurden. Bis dahin gehörten sie zu drei verschiedenen Ämtern: Schmalge wie Espelkamp zum Amt Rahden, Frotheim und Isenstedt zum Amt Gehlenbeck; Alswede, Gestringen, Fiestel, Fabbenstedt und Vehlage zum Amt Alswede.

Als einer der letzten deutschen Soldaten, der Feuer-

Bäuerliche Tradition in den Espelkamper Nachbargemeinden.

werker Wilhelm Döding aus Gehlenbeck, das Gelände der „Muna“ kurz vor dem Einmarsch der Briten in den ersten Apriltagen 1945 verließ, ahnten nur wenige im Lübbecker Land, in welcher Gefahr die gesamte Bevölkerung gestanden hatte. Nach einem Geheimbefehl Hitlers, der erst bei Annäherung des Feindes geöffnet werden durfte, sollte dann die „Muna“ mit dem tonnenweise gelagerten Sprengstoff in die Luft gejagt werden. In einer Krisensitzung, an der, so Döding, Landrat von Borries, Oberstleutnant Heitmann, Major Küppers (der Kommandant der „Muna“) und der stellvertretende NSDAP-Kreisleiter teilnahmen, wurde beschlossen, diesen Befehl mit dem Codewort »Sprühteufel« nicht auszuführen und die bereits angebrachten Sprengladungen nicht zu zünden. So blieben unzählige Menschen von einer Katastrophe verschont. Wie groß man sie sich vorgestellt und mit dem Befehl in Kauf genommen hatte, geht aus der Tatsache hervor, daß eine Evakuierung bis in den Harz für die Bevölkerung der umliegenden Orte vorgesehen war.

Von Parteipolitik konnte unter den ersten strengen Besatzungsverordnungen 1945 noch keine Rede sein. In den SPD-Ortsvereinen Isenstedt, Frotheim, Alswede und Rahden (zu dem die Espelkamper Sozialdemokraten gehörten) gab es vielleicht heimliche Verbindungen als die SPD verboten war. Aber das läßt sich nicht belegen und ist auch nicht wahrscheinlich. Man hatte damals andere Sorgen. Auch kommunalpolitisch konnte kaum etwas geschehen. Aus den Protokollbüchern der Gemeinden ergibt sich, daß die letzten Sitzungen im Spätsommer 1944 stattgefunden hatten und die ersten mit den von der Militärregierung aufgrund von Vorschlagslisten eingesetzten Gemeinderäten im Dezember 1945.

Umso weniger kam ein irgendwie gearteter politischer Anfang für die Vertriebenen infrage, die in den Koloniebaracken wohnten. Die „Muna" selbst war von Briten besetzt, und nur ihre Bediensteten durften offiziell durch die streng bewachten Tore.

Inoffiziell waren Dorfbewohner aus der ganzen Umgebung wie Flüchtlinge zwischen Räumung und Besetzung und auch später nachts heimlich auf dem Gelände, um vor der geplanten Sprengung noch möglichst viel Wertvolles zu „organisieren", und wertvoll war damals alles, vom Fensterrahmen bis zum Nagel.

Die Evakuierten und Vertriebenen in der Kolonie – im Volksmund der Nachbarn sprach man damals von „Klein-Moskau" – wurden ihrerseits verwaltet mit einer strengen Lagerordnung, Ausgangszeiten, Arbeitsverpflichtungen und Strafanordnungen. An Selbstverwaltung oder gar Parteiarbeit war nicht zu denken, es ging ums nackte Überleben von Tag zu Tag.

Heimkehrer bauen Munahallen zu Wohnungen aus.

Ende und Neubeginn in der alten Kreisstadt Lübbecke

von Dr. Susanne von Garrel

Die Stadt Lübbecke wurde auf Beschluß des Rates am 3. April 1945 kampflos an die Engländer übergeben.

Die englischen Militärbehörden übernahmen sofort die Verwaltung und verfügten einschneidende Maßnahmen: Strenge Ausgangssperren wurden verhängt; alle Waffen und Munition, aber auch alle Radios und Fotoapparate mußten auf dem Rathaus abgegeben werden (aus diesem Grunde sind aus dieser Zeit so gut wie keine Fotos aufzufinden).

Bereits in den ersten Tagen wurden NS-Funktionsträger verhaftet, soweit man ihrer habhaft werden konnte. Die kommunale Selbstverwaltung ging an die Engländer über, die die ersten, sich rasch abwechselnden Bürgermeister ernannten.

Lübbecke hatte das große Glück, den Krieg ohne Zerstörungen zu überstehen. Vielleicht war dies auch der Grund für die Briten, diese intakte, überschaubare Kreisstadt auszuwählen, um hier mit ihrer Kontrollkommission das militärische Verwaltungszentrum ihrer Zone zu installieren.

Für die Stadt Lübbecke bedeutete dies im Jahr 1945 tiefgreifende Veränderungen und große Probleme: 251 Häuser mit insgesamt 432 Wohnungen wurden beschlagnahmt als Wohnraum für die Alliierten. Dazu wurde fast die ganze Innenstadt zu einer exterritorialen Zone, weil alle wesentlichen Verwaltungsgebäude der städtischen Infrastruktur an die Engländer gingen: Post, Bahnhof, das Finanzamt an der Kaiserstraße, Kreishaus und drei Schulen; daneben wurden aber auch Gebäude wie die Sparkasse und Gebäude der Krankenkassen und Handwerker beschlagnahmt.

Die unmittelbare Folge war eine enorme Wohnungsnot, die noch erheblich durch den Zustrom von Flüchtlingen vergrößert wurde. Die sehr schlechte Versorgungslage verschlimmerte die Lebenssituation vollends. Die Stadtchronik vermerkt, daß die Rationen teilweise so gering wurden, daß niemand mehr allein davon leben konnte: 250 g Fett und 400 g Fleisch pro Monat waren zu wenig. Die städtischen Bediensteten, die in Geld bezahlt wurden, das nur noch eine ganz geringe Kaufkraft hatte, waren in dem allgemein einsetzenden „Organisieren" und Tauschen dadurch am schlechtesten gestellt. Heutige Vergleiche zeigen, daß die Zuteilungen in der britischen Zone in dieser Zeit noch unter denen der „Ostzone" lagen.

Die Behebung dieser schlechten Versorgungslage über die bloße Verwaltung des Mangels hinaus wurde daher zu einer Hauptaufgabe der kommunalen Politik der Nachkriegsjahre.

Daneben stellte sich vorrangig das Problem, die Wohnungsnot durch Ausbaumaßnahmen zu beheben und auch den privaten Wohnungsbau in Gang zu setzen.

Nach der Wahl des ersten frei gewählten Stadtrates am 17. Oktober 1948 konnte diese Aufgabe in eigener Verantwortung wirkungsvoll angegangen werden.

Das dritte große Problem, das sich für die Stadt Lübbecke mit dem Kriegsende stellte, war die wachsende Zahl an Flüchtlingen, die aufgenommen werden mußten. Die selbstverständliche Solidarität mit denen, die alles verloren hatten, wurde oft zu einer schwierigen Übung überall dort, wo ohnehin beengte Wohnverhältnisse und geringe Verteilungsmengen an Lebensmitteln noch einmal geteilt werden mußten. Und was all jene Menschen, die damals nach Lübbecke kamen, über die reine materielle Not hinaus bewegt haben mag, kann man heute nur mehr erahnen, wenn man etwa eine Ankündigung für einen

„Schlesischen Abend“ aus dem Jahr 1946 liest mit der Unterzeile „Zwei Stunden Heimat“.

Das politische Leben lebte schnell wieder auf. Noch in den Gefangenenlagern, so berichteten uns Zeitzeugen, habe man besprochen, wie es zu Hause weitergehen könnte. In Gehlenbeck z. B. trafen sich noch im Sommer 1945 bei zugezogenen Vorhängen alte SPD-Mitglieder aus der Zeit vor 1945 wieder.

Ganz langsam normalisierte sich das Leben. Jeden Monat kamen jahrelang noch Kriegsgefangene heim, bis 1950 waren es 437, vermißt blieben 216. Der 1946 wiederaufgenommene Schulbetrieb an der Wittekindschule ermöglichte 1950 die erste Abnahme der Reifeprüfung. Ein Thema, das sich den 26 Abiturienten fünf Jahre nach Kriegsende und Terror im Abituraufsatz Deutsch stellte, war Goethes »Iphigenie auf Tauris« und ihr „Verdirb' uns, wenn du darfst!“.

Fast die ganze Lübbecker Innenstadt wurde zu einer Art exterritorialen Zone erklärt und eingezäunt.

Der Landrat
Ernährungsamt

Lübbecke, den 21. Juni 1945

An alle Vollselbstversorger- und Teilselbstversorger-Haushalte sowie an alle Normalverbraucher-Haushalte im Kreise Lübbecke

Auf Befehl der Militärregierung haben Sie sofort anzugeben, was Sie an Lebensmitteln über einen Zeitraum von 14 Tagen hinaus im Besitz haben. Sie haben den nachstehenden Vordruck gewissenhaft auszufüllen und an den Gemeindebürgermeister (Kartenstelle) binnen 2 Tagen zurückzugeben. Wer diesem Befehl nicht nachkommt, hat schwere Bestrafung durch das Mil. Gov.-Gericht zu gewärtigen. Ich bemerke dazu folgendes:

1. Für Vollselbstversorger und Teilselbstversorger in Fleisch und Schlachtfetten: Bei Fleisch, Fleischwaren und Fetten ist die tatsächlich vorhandene Gewichtsmenge anzugeben. Der zuständige Rationssatz für 14 Tage ist abzuziehen (je Person 1300 g, Kinder bis zu 6 Jahren 650 g).
2. Nährmittel stehen den über 6 Jahre alten Verbrauchern nicht zu, ein vorhandener Bestand ist daher voll anzugeben. Kindernährmittel stehen Kindern bis zu 6 Jahren zu, und zwar den Kindern der Vollselbstversorger 125 g, der Teilselbstversorger und Normalverbraucher 250 g für 14 Tage.
3. Käse: Der Bestand ist zu melden.
4. Eier: Der z. Zt. vorhandene Bestand ist anzugeben (ohne Abzug).
5. Zucker: Der vorhandene Bestand abzüglich 250 g je Person ist anzugeben.
6. Kartoffeln: Nach Abzug des Verbrauchs für 14 Tage müssen je Person noch 7 kg (Kinder 3½ kg) vorhanden sein. Diese Menge ist zu melden, zuzüglich des evtl. Mehrbestandes.

In Spalte Bemerkungen ist die Herkunft der Vorräte näher zu erläutern.

gez. Dr. Watermann

Auch im Nordkreis ging es weiter: Stemwede

von Heinz Redecker

Beim Einmarsch der alliierten Truppen war Levern der einzige hartumkämpfte Ort des Kreises Lübbecke.

Nur durch eine glückliche Fügung konnte eine größere Katastrophe verhindert werden. Die für die Verteidigung des Ortes verantwortlichen deutschen Offiziere sahen die Sinnlosigkeit des Kampfes ein und zogen sich zurück. Der damalige Pfarrer Kocherschmidt ging den britischen Kampfeinheiten mit einer weißen Fahne entgegen. Zu diesem Zeitpunkt brannte Levern bereits an allen Ecken und Enden, waren deutsche und britische Soldaten gefallen, aber auch Zivilisten, Männer, Frauen und Kinder umgekommen. Die Einwohner, die gezwungen waren, beim Beschuß des Ortes in Deckung zu gehen, mußten tatenlos zusehen, wie das Vieh brüllend in den Ställen verbrannte und ihre gesamte Habe vernichtet wurde.

Über Wochen und Monate waren die Geschädigten mit dem Abräumen der Brandstellen beschäftigt. Zunächst war die Anteilnahme und Hilfsbereitschaft der Mitbürger groß, flossen Geld- und Sachspenden. Nach geraumer Zeit blieben die Geschädigten mit ihren Problemen jedoch allein.

Bei dem großen Mangel an Baumaterial war der Wiederaufbau außerordentlich schwierig. Das Holz kam allerdings aus den heimischen Wäldern und wurde zum größten Teil gespendet.

Etwas anders war die Situation in Oppendorf, wo die zerstörten Gebäude weitgehend noch während der Kriegszeit im Rohbau errichtet werden konnten. Im Dezember 1943 war in Oppendorf ein britischer Bomber mit voller Last, darunter eine Luftmine, in den Ortskern gestürzt, hatte 18 Hofstellen verwüstet und Menschenleben vernichtet.

Ortskern Oppendorf – nach der Zerstörung.

Pflügen mit einem Kuhgespann in den ersten Nachkriegsjahren.

Mit den heimkehrenden Soldaten, die sich der Gefangennahme entziehen konnten, kamen auch die ersten Flüchtlinge und Vertriebenen aus den deutschen Ostgebieten. In den Bauernhäusern, mit einer anspruchslosen Ausstattung und nur als Wohnung für eine Bauernfamilie gedacht, waren in der Regel bereits Evakuierte aus den Ruhrgebietsstädten und dem Rheinland behelfsmäßig untergekommen.

Die Unterbringung der einströmenden Flüchtlinge machte deshalb in allen Orten erhebliche Schwierigkeiten. Alle verfügbaren landwirtschaftlichen Nebenräume mußten provisorisch hergerichtet werden. Die hygienischen Verhältnisse waren, gemessen an der heutigen Zeit, katastrophal.

In die Dörfer der Gemeinde Stemwede kamen viele Flüchtlinge und Vertriebene, die selbst – oder deren Vorfahren – um die Jahrhundertwende aus den Stemweder Orten in die deutschen Ostgebiete gezogen waren.

Da sie fast ausnahmslos im Osten einen Hof gehabt hatten, kamen sie als praktisch denkende Westfalen mit Pferden und Gespannen, aber ohne große Habe und Vermögen. Über die Vermittlung von Verwandten gelang es ihnen dann oft, in der alten Heimat landwirtschaftliche Anwesen zu pachten.

Soweit wie möglich versuchten alle arbeitsfähigen Menschen sich zunächst und vorübergehend in der Landwirtschaft nützlich zu machen. In allen Dörfern wurde sehr intensiv jedes Fleckchen Erde bewirtschaftet, jede Ackerfläche bebaut. Sogar die Grasnutzung der Straßenböschungen wurde von den Gemeinden verpachtet, das Gras von den Pächtern gemäht und verfüttert oder zu Heu gemacht.

An den Straßen standen durchweg noch Obstbäume. Die Ernte kam baumweise zum Verkauf, aber auch das Fallobst blieb nicht liegen. Auf den Feldern wurden Ähren gelesen und Kartoffeln nachgesucht. In den Wäldern fanden sich Beeren und Pilze. Alles in allem Tätigkeiten, die ausreichten um zu vegetieren. Es fehlte aber an einer dauerhaften, sinnvollen Arbeit, um eine Existenz aufzubauen.

Alle Orte der Gemeinde Stemwede waren mehr oder weniger landwirtschaftlich geprägt. Außer Molkereien und Ziegeleien gab es keine nennenswerten Gewerbebetriebe, nur noch in Levern kleine Filialen und Heimarbeit der Zigarrenindustrie. Die Baubetriebe (Maurermeister und Zimmerleute) beschäftigten nur wenige familienfremde Arbeitskräfte.

Bauern und Landwirte mußten ein bestimmtes Ablieferungssoll erfüllen, das im wesentlichen aus Getreideprodukten, Kartoffeln und Schlachtvieh bestand.

Das ganze Leben drehte sich um die Sicherung der Grundbedürfnisse, nämlich Nahrung, Kleidung und Wohnung. Unter diesem Gesichtspunkt blieben deshalb auch entsprechende „Verbote“ unbeachtet.

Auch in Stemwede wurde schwarzgeschlachtet, wurde ein Teil der Milch, die restlos an die Molkereien abzuliefern war, zu Butter verarbeitet. Viele hatten für die Verarbeitung noch alte Gerätschaften, wie Zentrifugen, Butterfässer usw. Ein leidiges Problem war auch die Herstellung von alkoholischen Getränken. „Schwarzbrennen“ war ein Metier, das nicht nur die Stemweder beherrschten. Jeder, der etwas auf sich hielt, hatte im Garten einige Tabakstauden, deren Blätter nach der Reife fachgerecht getrocknet und fermentiert wurden. Der Tabakanbau war zwar gestattet, eine größere Anbaumenge mußte jedoch verzollt werden.

Um das ungesetzliche Tun zu unterbinden, waren besondere Dienststellen der zivilen deutschen Wirtschaftsverwaltung in Westfalen eingerichtet. Diese Kontrollbehörde hatte ihren Sitz in Unna. Im Volks-

Die Judenstraße in Levern mit den gediegenen alten Fachwerkhäusern vor der Zerstörung (links die Synagoge). Die Bilanz des schrecklichen Tages: außer den getöteten Zivilisten – Frauen und Kinder – waren 48 Gebäude zerstört und fast alle beschädigt. 10 deutsche und 10 britische Soldaten verloren bei den Kampfhandlungen ihr Leben.

MILITÄRREGIERUNG

VERBOT des GEBRAUCHES VON KAMERA, DOPPEL-FERNROHR und FERNROHR

1. DAS MITFÜHREN ODER DER GEBRAUCH VON FILM-ODER PHOTOGRAPHENAPPARATEN, DOPPELFERNROHREN UND FERNROHREN IST STÄNDIG VERBOTEN, ES SEI DENN, DASS VON DEN MILITÄRBEHÖRDEN EINE BESONDERE ERLAUBNIS ERTEILT IST.

2. DAS ENTWICKELN, DIE WEITERE BEHANDLUNG UND DAS FERTIGEN VON ABZÜGEN VON NEGATIVEN ODER POSITIVEN PHOTOGRAPHISCHER FILME ODER PLATTEN IST VERBOTEN, ES SEI DENN, DASS VON DEN MILITÄRBEHÖRDEN EINE BESONDERE ERLAUBNIS ERTEILT IST.

3. WER GEGEN DIESE BEKANNTMACHUNG ZUWIDERHANDELT, IST ZU VERHAFTEN UND MILITÄRGERICHTLICH ZU VERFOLGEN.

Im Auftrage
DER MILITÄRREGIERUNG

Die Bekanntmachung hat vom April 1945 bis einschließlich 17. September 1946 öffentlich am Schwarzen Brett des Amtes Levern ausgehangen.

munde wurde die Dienststelle nur kurz und knapp als „Unna" bezeichnet.

Beauftragte der Dienststelle waren auch in Stemwede häufig unterwegs. Sobald ihr Erscheinen bekannt wurde, ging die Hiobsbotschaft wie ein Lauffeuer durch die Orte. Die Produkte und Gerätschaften verschwanden dann in kurzer Zeit. Wegen der günstigen Randlage wechselten sie oft auch über die sichere Landesgrenze ins „Hannoversche".

Stemwede war in der Nachkriegszeit verkehrsmäßig nur dürftig erschlossen. Von einem öffentlichen Nahverkehr konnte noch keine Rede sein. Die wenigen Postbusse (alte Wehrmachtsfahrzeuge), die nach Lübbecke fuhren, waren täglich hoffnungslos überfüllt.

Es gab wie überall auch in Stemwede nur wenige Privatfahrzeuge. Viele Lastkraftwagen und Pkws waren mit Holzgasgeneratoren ausgerüstet.

Das Leben hatte bei allen Entbehrungen in dieser außergewöhnlichen Zeit auch in Stemwede nicht nur Schattenseiten. Die Menschen versuchten, aus der jeweiligen Situation das Beste zu machen.

Junge Leute, die jahrelang auf alle Freuden des Lebens verzichten mußten, wollten entbehrte Genüsse und die verlorene Jugend nachholen. – Bereits am 2. Weihnachtstag des Jahres 1945 fanden in den Stemweder Orten die ersten Tanzveranstaltungen der Nachkriegszeit statt. Die Genehmigungen stießen allerdings auf das Unverständnis vieler Menschen.

1945 in Rahden

von Reinhold Spönemann

„Wird Rahden verteidigt?", das war die hier überall diskutierte Frage. Das Panzerregiment der »SS-Leibstandarte Adolf Hitler«, das hier zur Auffrischung etwa ein halbes Jahr gelegen hatte, war zwei Wochen vor Ostern zu neuem Einsatz abgerückt. Aber ein schwaches Nachkommando mit vier Panzern war zurückgeblieben. Daß die britische Armee in den ersten Tagen nach Ostern vor Rahden stehen würde, ließ sich dem Wehrmachtsbericht entnehmen.

Überall brannten nun in den Gärten Feuer, es waren die Hitlerbilder und NS-Literatur. Im Dunkeln vergrub man das Tafelsilber, Wertsachen, Waffen, Lebensmittel, alles, was einem lieb und teuer war. Am 2. Ostertag wurden die Vorräte der Mühlen und der Molkerei an die Bevölkerung verteilt.

Am Mittwoch, dem 4. April, war schon Kanonendonner aus Richtung Levern zu hören. Noch am Vormittag ging man überall seiner Arbeit nach. Gegen 15.00 Uhr rückten die englischen Panzer aus Richtung Varlheide heran. Sie fanden nur schwachen Widerstand vereinzelter Infanteriegruppen, die unter keinem einheitlichen Kommando standen und sofort flüchteten, als die Engländer Panzer und leichte Artillerie einsetzten. Immerhin wurden etliche Häuser in Brand geschossen, bevor die Engländer Rahden nahezu kampflos besetzten. So kam Rahden glimpflich davon: von 2.314 im Jahre 1939 vorhandenen Wohnhäusern wurden 28 Gebäude mit 32 Wohnungen beschädigt oder zerstört, das sind 1,17%.

Zur Erleichterung der Rahdener belästigten die Kampftruppen die Bevölkerung überhaupt nicht, bei der späteren Besatzung kam es schon zu vereinzelten „Beschlagnahmen", wenn man Häuser nach Waffen durchsuchte oder das vorgab.

Als eine schlimme Plage erwiesen sich die schwerbewaffneten polnischen „Fremdarbeiter", die rücksichtslos plünderten und mordeten. Geradezu vorbildlich führten sich die 74 serbischen Offiziere auf, die hier vorübergehend einquartiert waren.

Da die Militärregierung bestrebt war, in den besetzten Gebieten „für alle ein einfaches und geregeltes Leben zu schaffen", nahm schon am 6. April die Amtsverwaltung wieder ihren Dienst auf. Amtsbürgermeister Stender, der Hauptverwaltungsbeamte, blieb bis zum 24. April im Dienst. Für ihn wurde Herr Niedermeier eingesetzt, ein ehemaliger aktiver Offizier, der dann später zum Amtsdirektor gewählt wurde. Schon am 5. April waren die Ortsgruppenleiter festgenommen worden. Zu Ausschreitungen der Bevölkerung gegen sie oder andere NS-Funktionäre kam es nicht; es gab hier auch keinen Anlaß dazu. Der angekündigten Denazifizierung sah man auch hier mit den schlimmsten Befürchtungen entgegen.

Verhältnismäßig schnell kam das halbwegs normale Leben wieder in Gang. Schon am 16. April nahm die Molkerei ihren Betrieb wieder auf. Anstelle der zunächst „abgesetzten" Polizeibeamten sorgte eine Hilfspolizei für Ordnung. Gottesdienste fanden wieder statt, und die Kirchenglocken läuteten in den ersten Wochen auch um 20.00 Uhr die „Sperrstunden" ein. Am 1. Juli ging die Post wieder, und bald fuhr die Eisenbahn wieder bis zur gesprengten Kanalbrücke. Die Rahdener Schulen wurden am 30. August vom Militär freigegeben, und die Unterstufe konnte am 1. Oktober zunächst mit zwei Lehrern den Unterricht aufnehmen, die übrigen mußten erst entnazifiziert werden.

Zwischen der britischen Besatzung und der Bevölkerung blieb das Verhältnis kühl-korrekt. Persönliche Kontakte verhinderte das Gebot der „Non-Fraternisation". Allerdings wurden sehr bald die jungen Frauen und „Frauleins" davon ausgenommen: der Wandel von der SS-Leibstandarte zu den „Tommys" war enorm.

Im Frühwinter 1945 wurden von der Militärregierung Gemeinderäte ernannt und im Oktober 1946 dann gewählt. Auf sie warteten unermeßliche Aufgaben: Wohnungsnot, hinreichende Ernährung, Flüchtlingselend und dann den Wiederbeginn eines demokratischen öffentlichen Lebens in Gang zu setzen, ein geschlagenes, verfemtes Volk wieder aufzurichten.

Die Steinstraße in Rahden.

Nationalsozialistische Deutsche Arbeiterpartei

Gauleitung Westfalen-Nord — Münster in Westf., Gauhaus

Kreisleitung Lübbecke i. W.

Der Beauftragte der
NSDAP

Fernsprech-Anschluß 326
Girokonto: Kreisleitung Lübbecke der NSDAP.
Kreis-Sparkasse Lübbecke, Konto 455

G./M.

Lübbecke i. W., den 22. 9. 1943.

n
den Herrn Gemeindebürgermeister
in

Az. 005 - 6

Die Gemeinderäte

Geyer,
Schiermeier,
Marten,

sind zur Wehrmacht einberufen. Ich beabsichtige, während der Zeit der Einberufung die Pgg.

als Ersatzmänner zu berufen. Laut § 51 der DGO itte ich um gefl. Mitteilung, ob Sie mit der Berufung einverstanden sind.

Heil Hitler!

Oberbereichsleiter.

II. Die Neuordnung der Verwaltung von Heinz Redecker

Die Einsetzung neuer Bürgermeister und Räte

Die Städte und Gemeinden des Kreises Lübbecke vor dem Zusammenbruch

Wie im gesamten Reichsgebiet, bestanden auch bis Kriegsende in den Städten, Ämtern und Gemeinden des Kreises Lübbecke Ratsvertretungen, die aber infolge der Kriegsereignisse kaum noch eine beratende Tätigkeit ausübten.

Die disziplinierten und den Weisungen der Staatsaufsicht verpflichteten Verwaltungen hingegen waren bis zum Zusammenbruch voll funktionsfähig.

Als Gemeindeverfassungsrecht galt die Deutsche Gemeindeordnung vom 1. Januar 1935 und für die Ämter unseres Kreises zusätzlich die Amtsordnung.

In verschiedenen Abschnitten dieser Gesetze war das totale Führerprinzip verankert, wie es sich nicht nur in den kommunalen Verwaltungen, sondern in allen Bereichen des öffentlichen Lebens fand. Die gewählten oder ernannten Gemeinderäte hatten nach dem Inkrafttreten der DGO ab 1935 nur noch eine beratende Funktion. Entscheidend war der Wille des Bürgermeisters, der die Empfehlungen der Ratsvertreter auch ignorieren konnte. Diese Tatsache wird auch durch die Formulierung der Sitzungsprotokolle bewiesen, wenn es heißt:
„Nach Anhörung der Gemeinderäte **beschloß der Bürgermeister** *wie folgt:"*

Es besteht kein Zweifel, daß auch die formellen Voraussetzungen für eine gesetzeskonforme Gemeindeverwaltung während der Kriegsjahre bestanden haben. Als ein großer Teil der Gemeinderäte durch die Einberufung zum Kriegsdienst an der Ausübung ihres Mandates gehindert waren, konnten Ersatzmänner berufen werden. Durch Runderlaß des Reichsinnenministers vom 21. April 1943 wurde deshalb verordnet:
„Zur Sicherstellung einer ausreichenden Beratung des Bürgermeisters können für die Dauer des Krieges anstelle der Gemeinderäte, die sich bei der Wehrmacht befinden oder sonst auf längere Zeit an der Amtsausübung gehindert sind, Ersatzmänner berufen werden. Die Berufung von Ersatzmännern soll im Regelfall nur dann stattfinden, wenn mehr als die Hälfte der nach der Hauptsatzung zu berufenden Gemeinderäte für längere Zeit nicht mehr zur Verfügung steht. Die Berufung der Ersatzmänner erfolgt nach § 51 DGO durch den Beauftragten der NSDAP im Benehmen mit dem Bürgermeister. Die Ernennung spricht an Stelle des Bürgermeisters die Aufsichtsbehörde aus (§ 112 DGO).
Um das Ausscheiden der Ersatzmänner bei Rückkehr der ordentlichen Gemeinderäte zu erleichtern, sind die Ersatzmänner jeweils für bestimmte Gemeinderäte zu bestellen."

Der Beauftragte der NSDAP bei der Kreisleitung in Lübbecke machte verschiedentlich von dieser Möglichkeit Gebrauch. In den Akten fanden sich diesbezügliche Mitteilungen (s. S. 32).

In den letzten Kriegsjahren fanden in den Städten und Gemeinden aber nur noch selten Ratssitzungen statt, die protokolliert wurden. In der Regel waren es nur Informations- und Abstimmungsgespräche zwischen den Bürgermeistern und den verbliebenen Ratsmitgliedern.

Die Bürgermeister in den amtsangehörigen Gemeinden entschieden auch ohne Anhörung der Räte im Benehmen mit dem hauptamtlichen Amtsbürgermeister aus eigener Machtvollkommenheit, denn eigenmächtiges Handeln konnte auch Ausdruck besonderer Führungsqualitäten sein.

Mit der Besetzung des Reichsgebietes übernahmen die Alliierten bereits alle Staatsgewalt.

Die Regierungsgewalt ging offiziell allerdings erst durch die Erklärung der vier Besatzungsmächte auf die Militärregierung über, die am 5. Juni 1945 in Berlin unterzeichnet wurde.

Diese Erklärung, die auch in den ersten deutschen Zeitungen erschien, brachte dem deutschen Volk keine neuen Erkenntnisse, sondern war inhaltlich mit der Proklamation Nr. 1 vergleichbar und hatte nur formale Bedeutung.

Der Übergang von der NS-Herrschaft zur Besatzungsmacht erfolgte im Kreis Lübbecke fast nahtlos. Ein völliges Chaos, wie es befürchtet worden war, hat es hier – wie im gesamten Westen – nicht gegeben, denn die Militärregierung bediente sich in der ersten Zeit ohne Scheu, wenn auch argwöhnisch, der noch vorhandenen „unbereinigten“ deutschen Dienststellen, vornehmlich der Kommunalverwaltungen.

Bereits wenige Stunden nach der Besetzung ergingen über diesen intakten Weg Weisungen und Befehle der Militärregierung an die Bevölkerung, Städte und Gemeinden. Allerdings war dieser Zustand auch bewußt vorbereitet und ergab sich aus der Proklamation Nr. 1, in der es unter anderem heißt:

„Alle Beamten sind verpflichtet, bis auf weiteres auf ihren Posten zu verbleiben und alle Befehle und Anordnungen der Militärregierung oder der alliierten Behörden, die an die deutsche Regierung oder an das deutsche Volk gerichtet sind, zu befolgen und auszuführen. Dies gilt auch für die Beamten, Arbeiter und Angestellten sämtlicher öffentlichen und gemeinwirtschaftlichen Betriebe, sowie für sonstige Personen, die notwendige Tätigkeiten verrichten.“

Bereits in der Sitzung des Lübbecker Stadtrates vor dem Einmarsch am 30. März 1945, an der allerdings nur fünf Ratsherren teilnahmen und die von dem Beigeordneten Eduard Gerlach geleitet wurde, beschlossen die Stadtvertreter, die Stadt kampflos zu übergeben. Ähnliche, aber aus Sicherheitsgründen nicht protokollierte Beschlüsse und Absprachen hat es in vielen Städten und Gemeinden gegeben.

Die Übernahme aller staatlichen Gewalt wurde den Lübbecker Bürgern durch ein Plakat mit folgendem Wortlaut angezeigt:

An die Bevölkerung!
Die Stadt Lübbecke untersteht ab heute der englischen Militärbehörde! Die Mil.Behörde erläßt die folgenden Befehle:
. . .
Lübbecke, den 4. April 1945

Gerlach
Bürgermeister

Das Plakat war von Eduard Gerlach unterzeichnet, der von der Besatzungsmacht kurzfristig als Bürgermeister eingesetzt wurde.

Von dem Hauptverwaltungsbeamten eines kreisangehörigen Amtes, der dem Kaiser, der Weimarer Republik und dem NS-Staat diente und trotz allem noch ein loyaler Beamter der Bundesrepublik wurde, ist mir berichtet, daß der Dienstbetrieb nach der Besetzung ohne jegliche Unterbrechung weitergeführt wurde. Unmittelbar nach Beendigung der Kampfhandlungen erschienen die Beamten und Angestellten und setzten ihre bisherige Tätigkeit fort.

Auch Alf Mitzel kommt zu dem Ergebnis: *„Die häufig genannte ‚Stunde Null' des Jahres 1945 hat es nicht gegeben, denn noch während der rapiden Auflösung der alten vollzog sich in Deutschland der Aufbau neuer politischer – und bedingt auch – neuer ökonomischer Strukturen und wurden zugleich jene Daten gesetzt, die für die spätere Teilung Deutschlands von Bedeutung waren."*

Es blieben allerdings nicht alle auf ihren „Posten", wie in der alliierten Proklamation gefordert worden war. Bürgermeister und Amtsbürgermeister, die als alte Kämpfer oder besonders verdiente Nationalsozialisten mit Hilfe der Partei in ihr Amt gekommen waren, hatten sich teilweise abgesetzt, weil sie ihre Verhaftung befürchteten oder die Entlassung aus dem Amt erwarten mußten. Nach dem Zusammenbruch blieben im Altkreis Lübbecke zunächst folgende hauptamtliche Herren im Amt:

Amtsbürgermeister Zell, Dielingen
Amtsbürgermeister Kuhlo, Levern
Amtsbürgermeister Hohmeyer, Preußisch Oldendorf
Amtsbürgermeister Dr. Heuvemann, Hüllhorst

Besetzung der Bürgermeisterstellen nach dem Zusammenbruch

Mit Absichtserklärungen, Aufrufen an das Volk, insbesondere aber mit der Proklamation Nr. 1 des Befehlshabers der alliierten Streitkräfte in Deutschland wurden nicht nur die Kriegsziele der Alliierten erläutert, sondern auch unzweideutig festgestellt, von wem und auf welche Weise nach der Besetzung des Reichsgebietes die Regierungsgewalt ausgeübt werden sollte.

In besagter Proklamation hieß es unter anderem:
Die höchste gesetzgebende, rechtsprechende und vollziehende Machtbefugnis und Gewalt in dem besetzten Gebiet ist in meiner Person als Oberster Befehlshaber der alliierten Streitkräfte und als Militärgouverneur vereinigt. Alle Personen in dem besetzten Gebiet haben widerspruchslos alle Befehle und Veröffentlichungen der Militärregierung zu befolgen."

Die wichtigsten und unentbehrlichsten Stützen der Militärregierung waren die Verwaltungen der Kreise, Städte und Gemeinden. Aber auch die ehemaligen Regierungsbezirke wurden von der Militärregierung mit in die Verwaltungshierarchie einbezogen. Die Reaktionen in den einzelnen Städten und Gemeinden waren sehr unterschiedlich und wurden auch von dem Verhalten der Besatzungstruppen bestimmt. Der Not gehorchend und im Interesse der Zivilbevölkerung waren die Verwaltungsdienststellen zu einer toleranten Zusammenarbeit bereit und widerspruchslos wurden Befehle und Anordnungen befolgt.

Während die Bürgermeister und Amtsbürgermeister durchweg der NSDAP angehörten und vielfach auch politische Leiter waren, läßt sich dies nicht für alle Gemeinderäte nachweisen.

Nach meinen Recherchen gehörten etwa $^{1}/_{3}$ nicht der Partei an. Ausnahmen mag es in einzelnen Orten gegeben haben. Wie mir glaubhaft versichert wurde, genügte den Staatsorganen die Gewißheit, daß die Gemeinderäte auf dem „Boden des Nationalsozialismus" standen und einer Gliederung der NSDAP angehörten (NSV, DRK usw.). Es hat erwiesenermaßen auch Ratsmitglieder gegeben, die sich der Bekennenden Kirche angeschlossen hatten oder für Gegner des NS-Regimes eingetreten waren.

Die Militärregierung bediente sich mit dem Tage der Besetzung bei der Machtausübung und vollziehenden Gewalt auch des Regierungspräsidenten in Minden, sowie des Landrats in Lübbecke und hatte zu den Städten und Gemeinden kaum unmittelbaren Kontakt. Die Aufgaben des Regierungspräsidenten übernahm nach dem Zusammenbruch des Reiches der von der Besatzungsmacht berufene kommissarische Regierungspräsident Dr. Zenz. Zum Landrat des Kreises Lübbecke wurde Dr. Watermann ernannt.

Beide haben die erste Aufbau- und Konsolidierungsphase erstaunlich gut überstanden, während ein großer Teil der nach der Besetzung ernannten Bürgermeister aus unterschiedlichen Gründen nach kurzer Amtszeit wieder entlassen wurde.

Dr. Watermann gab sich zunächst im Umgang mit den Städten und Gemeinden zurückhaltend. Sein Schriftsatz mutet für die damalige Zeit außergewöhnlich höflich an, wenn er an die Adresse eines Amtsbürgermeisters verfügt: *„Ich bin bereit, Herrn X zum Bürgermeister zu berufen. Sie wollen den jetzigen Bürgermeister hiervon sofort verständigen und ihn veranlassen, daß er die Bitte ausspricht, von dem Amt als Bürgermeister sofort entbunden zu werden."*
(Dieser fragliche Bürgermeister war nicht nur Parteigenosse [Pg], sondern auch Ortsgruppenleiter/Anm. des Verf.)

Die erste Verfügung des kommissarischen Regierungspräsidenten in den Akten der Städte und Gemeinden datiert vom 8. Mai 1945, dem Tage der deutschen Kapitulation, und hat folgenden Wortlaut:

„Zwecks Weitergabe an die Militärregierung sind mir spätestens innerhalb einer Woche folgende Angaben zu machen:
1. *Name, Amt und Wohnsitz sämtlicher Amtsbürgermeister,*
2. *desgleichen der Ortsbürgermeister,*
3. *eine Liste sämtlicher bei den Vorgenannten beschäftigten Beamten bis zum Inspektor einschließlich, ferner der höheren Angestellten bis zum Range eines Inspektors.*

Soweit ich nicht bereits Fragebogen angefordert habe, ist mir von den betreffenden Personen anzugeben, ob und seit wann sie Mitglied der NSDAP gewesen sind und ob sie politische Ämter, und welche bekleidet haben (Dauer), ferner ob sie der SA oder der SS angehört und ggf. welche Chargen sie in diesen Organisationen bekleidet haben.
Dieselben Angaben benötige ich von Ihnen, den Orts- und Amtsbürgermeistern, mit Geburtsdatum und bisherigem Beruf."

Der Bürgermeister von Lübbecke und die amtierenden Amtsbürgermeister legten die angeforderte Liste mehr oder weniger vollständig vor, wobei erbetene Angaben von Fall zu Fall großzügig übersehen wurden.

Am 16. Juli antwortete der Regierungspräsident, nunmehr unter der Bezeichnung »Der Präsident der Zivilverwaltung des Regierungsbezirks Minden«, dann ungehalten dem Landrat:

„Aus den mir auf Grund meiner Verfügung vom 8. Mai 1945 Pr. eingereichten Nachweisungen habe ich ersehen, daß sich unter den Ortsbürgermeistern noch Personen befinden, die Mitglieder der NSDAP waren. Solche Personen sind als Ortsbürgermeister nicht erwünscht, auch wenn sie erst später Mitglieder geworden sind und sich in der Partei und ihren Gliederungen nicht besonders betätigt haben. In allen Gemeinden dürften geeignete Personen vorhanden sein, die nicht Mitglied der Partei waren und sich auch sonst für das Amt des Bürgermeisters eignen.
Die danach erforderlichen Änderungen in der Besetzung der Bürgermeisterstellen bitte ich im Einvernehmen mit der Militärregierung alsbald vorzunehmen und mir über das Veranlaßte bis zum 10. Juni 1945 zu berichten. Sollte aus besonderen Gründen eine Änderung in der Besetzung nicht angebracht sein, sind mir die Gründe mitzuteilen."

Der Landrat gab diese Rüge allerdings an die Stadt Lübbecke und die Herren Amtsbürgermeister weiter, forderte sie umgehend zu Veränderungen in der Besetzung örtlicher Bürgermeisterstellen auf und erwartete einen entsprechenden Bericht. Den gerügten Verwaltungen war sicherlich keine böse Absicht zu unterstellen, denn die Amtsbürgermeister waren verständlicherweise auch bestrebt, in dieser schwierigen Zeit bewährte Bürgermeister in ihren Ämtern zu halten.

Sie traten für Männer ein, die auch in der Kriegszeit alle Probleme gemeistert hatten, und die Gewähr dafür boten, daß sie mit den Schwierigkeiten des kommunalen Nachkriegsalltags fertig wurden. Es ist sicherlich nicht auszuschließen, daß in Einzelfällen auch persönliche Bindungen eine Rolle gespielt haben.

In keinem Falle läßt sich nachweisen, daß versucht wurde, stark belastete Nationalsozialisten in ihren Ämtern zu halten. Die hartnäckigen Auseinandersetzungen um die Besetzung der Bürgermeisterstellen sind sehr aufschlußreich und die Erklärungen für das politische Verhalten der Betroffenen während der Nazizeit erscheinen verständlich. Die Gründe, die bei den Plädoyers vorgetragen wurden, waren zwar recht unterschiedlich, dienten aber immer dem Ziel, nachzuweisen, daß der Betroffene unter Zwang der NSDAP beigetreten war, um berufliche oder finanzielle Nachteile zu vermeiden. Oft hieß es auch:
„Im übrigen sind sämtliche nach genanntem Zeitpunkt der Partei beigetreten."
Oder auch:
„Von politisch geschulten Männern kann man in keinem Falle sprechen. Vielmehr sind es solche harmloser Art. Sämtliche werden weiterhin ihre Pflicht tun und sich nicht an den veränderten Verhältnissen stören."
„Besonders ins Gewicht fällt die Tatsache der Einarbeitung der neuen Stelleninhaber in die Gemeindegeschäfte. Ich denke hierbei an die Lebensmittelkarten-Ausgabe, die Betreuung der Evakuierten und Flüchtlinge u.a.m."
„Seitens der Kreisleitung und des damaligen Ortsgruppenleiters wurden Herrn X zunächst Schwierigkeiten wegen seiner Aufnahme in die Partei gemacht, da sie wußten, daß Herr X innerlich der NSDAP fernstand und nur das Interesse der Gemeinde wahrnehmen wollte."
In einem anderen Bericht findet sich folgende Begründung: *„Auch weil Herr K. zur Bekennenden Kirche gehörte, wurden ihm von Seiten der Kreisleitung und Ortsgruppe damals Schwierigkeiten gemacht. Jedoch*

ist es mir gelungen, ihn als Vorsteher bzw. Bürgermeister zu halten. Die Bevölkerung würde es nie verstehen, wenn Herr K. jetzt seines Amtes enthoben würde."

Taktische Überlegungen im Interesse einer demokratischen Partei und nicht Sympathie für die NSDAP waren die Beweggründe eines Bauern, die in einem weiteren Schriftsatz erläutert wurden.

„Er war schon früher Parteigenosse, war es aber nur geworden, weil er im Mai 1933 der Landvolkpartei, der er führend angehörte, einen Einfluß in der NSDAP verschaffen zu können glaubte. Mehrere Landvolkführer im Kreise Lübbecke wurden damals von der Landvolkpartei dazu bestimmt, Parteigenossen zu werden, um zu retten, was noch zu retten war. Aus persönlicher Überzeugung wurde Herr S. nicht Parteigenosse."

In einem Falle, der aber letztendlich auch nicht nach den Vorstellungen der Beteiligten endete, wurde folgendes attestiert: *„Bescheinige dem Herrn H., daß er mir Unterschlupf gab, als ich von der Gestapo gesucht wurde."*
Diese Aussage hätte, wenn sie geglaubt worden wäre, beiden helfen können, denn damit wurde einer zum politischen Verfolgten und der andere zum mutigen Beschützer eines NS-Verfolgten. Da aber beide als brave Parteigenossen ortsbekannt waren und der Amtsbürgermeister in seiner Eigenschaft als Ortspolizeibehörde von einer Verfolgung nichts erfahren hatte, konnte diese Darstellung niemanden überzeugen.

Nach einer Vielzahl derartiger, zum Teil nichtssagender Eingaben war der Landrat auf Weisung der Militärregierung gezwungen, deutlicher zu werden.

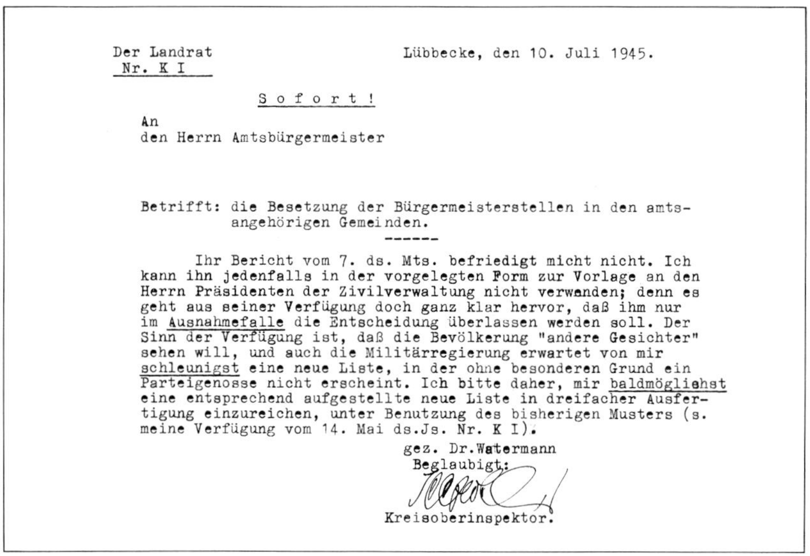

Der Landrat
Nr. K I

Lübbecke, den 10. Juli 1945.

S o f o r t !

An
den Herrn Amtsbürgermeister

Betrifft: die Besetzung der Bürgermeisterstellen in den amtsangehörigen Gemeinden.

Ihr Bericht vom 7. ds. Mts. befriedigt micht nicht. Ich kann ihn jedenfalls in der vorgelegten Form zur Vorlage an den Herrn Präsidenten der Zivilverwaltung nicht verwanden; denn es geht aus seiner Verfügung doch ganz klar hervor, daß ihm nur im Ausnahmefalle die Entscheidung überlassen werden soll. Der Sinn der Verfügung ist, daß die Bevölkerung "andere Gesichter" sehen will, und auch die Militärregierung erwartet von mir schleunigst eine neue Liste, in der ohne besonderen Grund ein Parteigenosse nicht erscheint. Ich bitte daher, mir baldmöglichst eine entsprechend aufgestellte neue Liste in dreifacher Ausfertigung einzureichen, unter Benutzung des bisherigen Musters (s. meine Verfügung vom 14. Mai ds.Js. Nr. K I).

gez. Dr. Watermann
Beglaubigt:
Kreisoberinspektor.

Im Spätsommer des Jahres 1945 war der Wechsel der ehrenamtlichen Gemeindebürgermeister weitgehend vollzogen, und mit ganz wenigen Ausnahmen waren „neue Gesichter“ im Amt.

Das Ausmaß der Schwierigkeiten, die sich mit der Auswahl und Ernennung ergaben, ist kaum bekannt geworden. Die wenigen Männer, die fähig und aus politischen Gründen in der Lage waren, weigerten sich zumeist, das Amt anzunehmen. Andere, insbesondere Ältere, hatten die Funktion nur widerwillig und zeitbegrenzt übernommen. Jüngere Männer, altgediente Soldaten, mochten auch nach den Erfahrungen des Krieges und der Gefangenschaft nicht mit der Besatzungsmacht zusammenarbeiten.

Unter diesen Umständen war es selbstverständlich, daß einzelne Funktionsträger, die sich im Laufe der Zeit als unfähig erwiesen oder die Schwierigkeiten unterschätzt hatten, durch neue Bürgermeister ersetzt wurden.

In vielen Fällen ergaben sich bei näherer Überprüfung der Ernannten auch noch Unebenheiten in ihrer politischen Vergangenheit, die von der Militärregierung und den deutschen Zivilverwaltungen zunächst übersehen waren, aber nicht hingenommen wurden.

Beispielhaft ist der Fall eines in den ersten Tagen nach der Besetzung bedenkenlos ernannten fähigen Bürgermeisters, der vom Landrat mit folgender Verfügung abberufen wurde:
„Am 20. 5. ds. Jahres – Nr. K 1 – habe ich Sie zum Bürgermeister der Gemeinde X berufen. Wie mir bekannt geworden ist, gehörten Sie der NSDAP nicht an, sind aber als Ortsgruppenamtsleiter der NSV tätig gewesen. Sie haben also zum Stabe des Ortsgruppenleiters der NSDAP gehört. Nach dem neuesten Stand der „Entnazifizierung“ sind Sie daher für das Amt des Gemeindebürgermeisters nicht mehr tragbar, so daß ich mich gezwungen sehe, meine Berufung, was hiermit geschieht, zu widerrufen.“

Nach dem „Reinigungsprozeß“ der ersten Monate trat im Herbst 1945 eine Phase der Stabilisierung ein. Die bis zu diesem Zeitpunkt bestätigten Bürgermeister, die dann auch mit den genannten Mitgliedern des ersten Gemeinderates zusammenarbeiten mußten und schonungslos mit den Schwierigkeiten und Problemen dieser unseligen Zeit konfrontiert waren, gehören zu den Männern der „ersten Stunde“.

Ernennung der neuen Gemeinde- und Amtsvertretungen

Nach einer Anregung der Amtsverwaltung Gehlenbeck hatte Landrat Dr. Watermann bei der Militärregierung beantragt, in den Städten und Gemeinden Ratsvertretungen zu bestellen. Diese Anregung wurde aus nicht genannten Gründen verworfen. Der Landrat teilte am 23. August 1945 den Kommunalverwaltungen des Kreises mit:
„Die Militärregierung hat meinem Antrag, Gemeinderäte in einzelnen Gemeinden zu bestellen, nicht stattgegeben. Es sollen bis zu den in absehbarer Zeit stattfindenden Kommunalwahlen keine irgendwie gearteten Ausschüsse oder Gemeindevertretungen von irgendeiner Seite bestellt werden. Sie wollen die Antragsteller entsprechend bescheiden.“

Bereits kurze Zeit später, nämlich am 25. September 1945, wurde in der »Neuen Westfälischen Zeitung« über die Vorstellungen der Militärregierung zu diesem

Fragenkomplex berichtet und über die Presse die grundsätzliche Bereitschaft der Besatzungsmacht signalisiert. Einzelheiten teilte die Militärregierung am 29. September 1945 in einem Merkblatt über „die voraussichtliche Entwicklung der örtlichen und regionalen Regierungen" mit.
Danach war u. a. folgendes geplant:

1. Allgemeines
(a) Bis zur Einrichtung von demokratischen örtlichen und regionalen Regierungen mit erwählten Ausschüssen auf allen Gebieten sind zunächst Ausschüsse zu ernennen. Diese Ausschüsse werden zweierlei Art sein:
(i) Allgemeine für Kreis- und Gemeindezuständigkeit
(ii) Funktionell für RB- und Provinz-Zuständigkeit
(b) Die Aufgabe dieser vertretenden Ausschüsse ist es, dafür Sorge zu tragen, daß das deutsche Volk Einfluß hat auf die Kontrolle der Zivilverwaltung durch ihre ernannten Vertreter. Dies ist die erste Stufe in der Entwicklung von demokratischen Einrichtungen.
Es ist vorgesehen, daß jeder deutsche Mann und jede deutsche Frau soviel wie möglich an der Regierung des Landes teilnehmen sollte nach folgenden 4 Grundsätzen.
(i) Die Sicherheit der Besatzungstruppen.
(ii) Die Ausrottung aller Spuren von Nazismus und Militarismus.
(iii) Die Aufrechterhaltung einer wirksamen Verwaltung.
(iv) Die Überwindung der wirtschaftlichen Schwierigkeiten des Landes.
(c) Die augenblickliche Lage ist folgende:
(i) Beratende Ausschüsse sind jetzt für Kreis und Gemeinde zu ernennen, wo sie noch nicht bestehen. Landräte und Oberbürgermeister werden Anweisungen hierüber von ihren örtlichen Mil.Gov.Dets. erhalten, und es darf nichts unternommen werden, bevor solche Anweisungen vorliegen.

2. Einrichtungen von vertretenden Ausschüssen
(a) Wie bereits erwähnt, werden Ausschüsse nicht eingerichtet, bevor das zuständige Mil.Gov.Det. Vollmacht zur Gründung gegeben hat.

Es handelte sich zunächst nur um eine Absichtserklärung, denn sehr deutlich wurde in einer Weisung an den Regierungspräsidenten erklärt: *„Anweisungen für die Anwendung dieser Politik werden später herausgegeben."*

Am 25. Oktober 1945 gab die Militärregierung den Gemeinden weitere Instruktionen über die Zusammensetzung und den Umfang der künftigen Ratsvertretungen.

Die Anzahl der Mitglieder richtete sich nach dem „Gemeindetyp", der wiederum mit der Einwohnerzahl im Zusammenhang stand. Nach Abschluß der Vorarbeiten forderte der Landrat am 12. November 1945 den Bürgermeister in Lübbecke und die Amtsbürgermeister der Ämter auf, Vorschlaglisten für die Mitglieder der Gemeindeausschüsse einzureichen. Fragebögen für die Überprüfung durch die Militärregierung waren beigefügt. In den Fragebögen wurde gezielt nach der Zugehörigkeit zur NSDAP und den Gliederungen der Partei gefragt. Es interessierten aber auch die Dienstverhältnisse in den Stadt- und Gemeindevertretungen seit 1930.

Die Amtsbürgermeister baten die Bürgermeister der Gemeinden nunmehr, nach den vorgegebenen Grundsätzen, eine Anzahl von geeigneten Personen in Vorschlag zu bringen. Das Verfahren wurde aber unterschiedlich gehandhabt. In einzelnen Städten und Gemeinden erging diese Aufforderung an mittlerweile bekannte führende Vertreter von konservativen und sozialistischen Parteigruppierungen. Die Listen sollten 50% mehr Namen enthalten, als Vertreter für die Gemeinde zu ernennen waren, da die Militärregierung mit einer dementsprechenden Quote ungeeigneter Kandidaten rechnete. Nach den Weisungen der britischen Militärregierung sollten die Gemeindeausschüsse (Ratsvertretungen) nicht nach parteipolitischen, sondern nach berufsständischen Gesichtspunkten gebildet werden und alle Berufsgruppen gemäß ihrer Stärke vertreten sein. Demzufolge enthielten die Vorschlagslisten ein breites Spektrum von Ständen und Berufen, das auch nach der Ernennung der Mitglieder in den Ratsvertretungen sichtbar blieb.

Die Richtlinien, die für die Bildung und Zusammensetzung der Ausschüsse, insbesondere aber über die Aufgaben, von der Militärregierung in Verbindung mit der regionalen deutschen Zivilverwaltung erlassen wurden, waren zunächst widersprüchlich, lückenhaft und unausgegoren. In der Verfügung des Regierungspräsidenten vom 21. November 1945 hieß es unter anderem:

„Die genannten Zahlen für die Gemeinderatsmitglieder sind Höchstzahlen, die je nach Lage der örtlichen Verhältnisse auch unterschritten werden können. Die ganze Anordnung bildet Richtlinien, von denen die örtliche Militärregierung auch abweichen kann." Und weiter: *„In erster Linie muß gefordert werden, daß der Ausschuß dem Willen der Bevölkerung entsprechend zusammengesetzt ist. Erst danach muß Arbeitsfähigkeit gefordert werden."*

Nach Überprüfung der Vorschlagslisten und Fragebogen wurden aus dem vorgeschlagenen Personenkreis die nach Auffassung der Militärregierung besonders geeigneten Damen und Herren im Benehmen mit den Verwaltungen und Gemeindebürgermeistern als Ratsmitglieder ernannt. Die Vereidigung und Amtseinführung nahmen die zu diesem Zeitpunkt noch amtierenden hauptamtlichen Amtsbürgermeister vor.

Die ersten konstituierenden Sitzungen fanden noch im Dezember 1945 statt. Wichtigster Punkt der Tagesordnungen war die Verabschiedung der Geschäftsordnung und Hauptsatzung. Den neuen Vertretungen war es aber nicht gestattet, die Ernennung des Bürgermeisters infrage zu stellen und einen neuen Bürgermeister zu wählen.

Noch im Zusammenhang mit der Ernennung der Ratsvertretungen in den Gemeinden wurde von dem Regierungspräsidenten festgestellt: *„Die Bildung der Amtsvertretung eilt nicht!"*

Nach den ersten positiven Erfahrungen mit den eingesetzten Vertretungen jedoch betrieb die britische Militärregierung auch die Bildung von Amtsvertretungen für die sieben Amtsverbände des Kreises Lübbecke. Am 13. Dezember 1945 wandte sich Major How in dieser Sache an den Landrat und unterbreitete ihm die Vorstellungen der Militärregierung:

1. *Es ist wichtig, daß die Leitung der Ämter im Einvernehmen mit den Demokratischen Prinzipien steht. Es gibt zwei Wege, dies zu gewährleisten, und es steht bei den Deutschen, sich die Form unter den beiden auszusuchen, die sie für jedes Amt haben wollen, dieses bedarf der Bestätigung der Militärregierung.*

a) *Eine „Ernannte Vertretung“ mag für die Ämter eingesetzt werden, die der der Gemeindevertretung gleicht, die schon eingesetzt ist. In diesem Falle wird das Amt als Gemeinde angesehen, natürlich ihrem Umfang entsprechend. Die Mitglieder dieser „Ernannten Vertretung“ können, brauchen aber nicht, Mitglieder der Ernannten Vertretung in ein oder der anderen Gemeinde sein. Wenn später die gewählten Vertretungen kommen, kann nichts dagegen unternommen werden, daß ein Kandidat nicht für die Wahl für Gemeinde und Amt kandidiert, aber um ein Mitglied von beiden zu werden, muß er von beiden gewählt werden.*

b) *Andererseits kann die Leitung des Amtes in die Hände eines gemeinsamen Komitees gelegt werden, bestehend aus Vertretern, die die Gemeindevertreter aus ihrer Mitte erwählen.*

2. *Der Hauptunterschied in letzterem Falle ist der, daß Mitglieder des Amts-Comitees für ihre Beschlüsse mehr ihren respektiven Gemeinden, als den Einwohnern des Amtes als Ganzes gesehen, verantwortlich sein würden. Beide Methoden sind völlig demokratisch.*

3. *Um Mißverständnisse zu vermeiden, sollte es ganz klar gemacht werden, daß, wenn eine ernannte Amtsvertretung eingesetzt wird, die Gemeinden* **nicht** *davon befreit sind, für ihre eigenen lokalen Angelegenheiten selbst zu sorgen und ihre eigenen Vertretungen einzurichten.*

Informieren Sie bitte die Militärregierung, welche der beiden Arten der Amtsvertretungen Sie für den Kreis Lübbecke für die geeignete halten.

Zu diesem Problem bat der Landrat des Kreises den Bürgermeister in Lübbecke und die Amtsbürgermeister des Kreises um eine Meinungsäußerung.

„Abschrift übersende ich zur Kenntnis.
Ich habe dem Major How vorgeschlagen, die Amtsvertretung folgendermaßen zusammenzusetzen:

a) *jeder Gemeindebürgermeister ist Mitglied der Amtsvertretung,*
b) *jede Gemeindevertretung erwählt zusätzlich einen Vertreter in die Amtsvertretung, ganz gleich, ob der Betreffende Mitglied einer Gemeindevertretung ist oder nicht. Dieser Vorschlag würde in etwa dem Vorschlag 1 b) der Militärregierung entsprechen.*

Ich bitte um Äußerung bis Dienstag, 18. 12., welchen Vorschlag Sie für den richtigen halten.“

Dr. Watermann teilte den Amtsverwaltungen auch mit, daß die Militärregierung die Vorlage der Listen mit den Namen der künftigen Amtsvertreter bis zum 30. Dezember 1945 erwarte, und daß nach seiner Meinung die Amtsvertretungen spätestens bis zum 14. Januar 1946 „stehen“ sollten.

Soweit sich feststellen ließ, unterstützten alle Amtsbürgermeister den Vorschlag des Landrates und wählten das empfohlene Verfahren für die Bildung der Amtsvertretungen. Danach waren die Bürgermeister der Gemeinden geborene Mitglieder der Amtsvertretungen. Aus jeder Gemeinde wurde außerdem ein weiteres Mitglied, das nicht unbedingt der Gemeindevertretung angehören mußte, in die Amtsvertretung gewählt. Durch dieses Verfahren war die Anzahl der Mitglieder in den einzelnen Vertretungen der Ämter sehr unterschiedlich.

Auch bei den Amtsvertretern waren keine politischen Richtungen zu erkennen. Allerdings ließ sich auch nicht die von der Militärregierung gewünschte breite

Berufsschichtung feststellen. Die Amtsvertretungen verabschiedeten, wie bereits an anderer Stelle beschrieben, Geschäftsordnungen und Hauptsatzungen und schufen damit die Voraussetzungen für die „Gewaltenteilung“ für die Wahlen der politischen und der fachlichen „Oberhäupter“, der Amtsbürgermeister und Amtsdirektoren.

Die ersten Amtsbürgermeister wurden nicht von den Amtsvertretungen gewählt, sondern zuvor vorgeschlagen und mit der gewählten Amtsvertretung von der britischen Militärregierung ernannt. Am 16. Januar 1946 gab der Landrat den Hauptverwaltungsbeamten bekannt:
„Wie mir die Militärregierung 1025 in Lübbecke mitteilt, sind die Mitglieder sämtlicher Amtsvertretungen von ihr bestätigt worden. Ich bitte, dieses zur Kenntnis zu nehmen. Ebenso sind die ehrenamtlichen Amtsbürgermeister von der Militärregierung bestätigt worden.“

Aufgrund einer Anregung des Landrats und in Abstimmung mit der Stadt Lübbecke und dem Vertreter der Militärregierung, Major How, wurden Vertreter aller Städte und Gemeinden des Kreises am 11. Januar 1946 in den Sitzungssaal des Kreishauses zu einem Informationsgespräch eingeladen.

In dieser Sitzung gab Major How den geladenen Gästen Hinweise für die zukünftige Zusammenarbeit und umriß die nach seinem Verständnis anstehenden Aufgaben der Vertretungen, Bürgermeister, Stadt- und Gemeindedirektoren.

Die Ausführungen sind von allgemeinem Interesse. Sie sind in einer Sitzungsniederschrift der Stadt Lübbecke festgehalten.

„Zu heute Nachmittag 15 Uhr hatten sich im Sitzungssaal des Kreishauses in Lübbecke die durch die Militärregierung bestellten 14 Gemeindevertreter der Stadt Lübbecke, als Vertreter des Kreises Herr Landrat Dr. Watermann, Herr Welschoff, Amtsgerichtsrat i.R., der neu in sein Amt einzuführende ehrenamtliche Bürgermeister, der leitende Beamte der Stadt Lübbecke, Herr Stadtdirektor Dr. Martens, verschiedene Vertreter der Ämter und Gemeinden des Landkreises Lübbecke, Beamte und Angestellte der Stadtverwaltung sowie einige geladene Gäste aus Stadt und Kreis Lübbecke eingefunden.

Nach dem Erscheinen des Vertreters der Militärregierung, Herrn Major How, eröffnete dieser sofort die Sitzung. Nach den Worten umriß er die Aufgaben der Stadtvertreter und hob besonders hervor, daß diese die Interessen der Bevölkerung wahrzunehmen und aus ihrer Mitte den Bürgermeister zu bestimmen hätten. Vor allen Dingen sei von ihnen die Mitwirkung der Bevölkerung bei der Verwaltung im Geiste wahrer Demokratie sicherzustellen. Er kam dann auf die Teilung der Gewalten in der Verwaltung zu sprechen und erklärte, daß der Leiter der Gemeinde bzw. des Kreises der jetzt von der Militärregierung bestimmte, in Zukunft aber von der Gemeindevertretung gewählte Bürgermeister bzw. Landrat sei. Die Durchführung der von der Stadtvertretung beschlossenen Maßnahmen liegt, wie ausdrücklich hervorgehoben wurde, in den Händen eines hauptamtlich angestellten Beamten, des Stadtdirektors. Hierdurch soll die bisher innegehabte Machtstellung einzelner Beamten gemindert und die Gemeinschaft Einfluß auf die Durchführung ihrer eigenen Angelegenheiten bekommen. Herr Major How betonte noch, daß bis zur Durchführung von Wahlen die Gemeindevertreter zwar von der Militärregierung ernannt würden, daß aber bei der Auswahl davon ausgegangen sei, jede politische Gruppe und jeden Stand und Beruf entsprechend an der Gemeindevertretung zu beteiligen.

Die von der Gemeindevertretung gefaßten Beschlüsse sind vorläufig noch von der Militärregierung zu bestätigen. In diesem Zusammenhang wurde von Herrn Major How noch darauf hingewiesen, daß die von der Militärregierung angeordneten Maßnahmen durchzuführen sind und daß sich die Militärregierung jegliche Opposition verbietet. Anordnungen und Maßnahmen der Militärregierung dürfen nicht kritisiert werden. Irgendwelche positiven Vorschläge würden allerdings nach den Worten von Herrn Major How von der Militärregierung dankbar entgegengenommen.
Herr Major How betonte noch ferner, daß die Gemeindevertreter durch ihre Arbeit dazu beitragen möchten, wirkliche Demokratie in Deutschland wieder heimisch werden zu lassen. Der Sinn der Bevölkerung für eine politische Betätigung müsse wieder geweckt werden. Die Einwände, daß bei einer Wahl die siegende Partei die Angehörigen der Gegenpartei verfolgen und bedrängen würde, seien abwegig. Eine derartige Einstellung entspreche nicht den Grundsätzen einer Demokratie, wie sie in England schon seit 700 Jahren bestehe.

Herr Major How stellte zum Schluß dann den von der Militärregierung ernannten neuen Bürgermeister, Herrn Welschoff, vor, um darauf den Versammlungsraum bald zu verlassen."

Die Berufung der ersten Kreisvertretung

Wie in den Gemeinden und Ämtern wurden auch in den Kreisen der britischen Zone zu Beginn des Jahres 1946 Vertretungskörperschaften gebildet. Auch die ersten Kreisvertreter der Nachkriegszeit kamen nicht durch freie Wahlen in ihr Amt, sondern wurden von Bürgermeistern, Amtsbürgermeistern, Ratsvertretungen der Städte, Ämter und Gemeinden, vorgeschlagen und nach einer politischen Überprüfung durch die Militärregierung ernannt. Die neue Vertretung wurde, wie in den Gemeinden, nicht nach parteipolitischen, sondern nach berufsständischen Gesichtspunkten gebildet.

Am 14. Dezember 1945 richtete der Landrat an die Stadt Lübbecke und die Ämter des Kreises folgende Verfügung:

„Auf Anordnung der Militärregierung soll für den Kreis Lübbecke eine Vertretung in Form des früheren Kreistages neu gebildet werden. Nach den Richtlinien der Militärregierung vom 26. X. 1945 soll sich dieser Kreistag aus 40 Mitgliedern zusammensetzen. Major How hat mich beauftragt, ihm Vorschläge für die Ernennung von 40 Kreistagsmitgliedern zu unterbreiten. Die Kreistagsmitglieder sollen, ähnlich wie die der Gemeinderäte, ausgewählt werden, d. h. alle Berufe und Interessengruppen müssen vertreten sein. Unter Zugrundelegung der Einwohnerzahl des Kreises nach der letzten Volkszählung von 1939 habe ich daher eine Aufteilung vorgenommen, wonach auf den dortigen Bezirk in Anlehnung an § 38 des Wahlgesetzes für die Provinziallandtage ... Abgeordnete entfallen. Ich bitte mir daher Vorschläge in Höhe der angegebenen Zahl zu unterbreiten. Ausser Angabe der Namen der vorgeschlagenen Kandidaten genügt es vorläufig, wenn angegeben wird, ob der betreffende Kandidat Parteigenosse war oder nicht und ob er Mitglied einer der Gliederungen der Partei gewesen ist und dort ein Amt bekleidet hat.

Die Vorschläge sind entsprechend der beruflichen Zusammensetzung der Bevölkerung Ihres Amtes (Stadt) zu erstatten. Ausserdem ist es bei Aufstellung des Vorschlages nötig und erforderlich, dass Sie Fühlung mit Vertrauensleuten gewisser Richtungen und Bestrebungen in Ihrem Bezirk aufnehmen.

Termin für die Einreichung der Vorschläge ist Dienstag, der 18. XII. 1945. Die Mil.-Regierung erwartet, dass dieser Termin unter allen Umständen eingehalten wird."

Der Bürgermeister der Stadt Lübbecke und die Amtsbürgermeister des Kreises legten die Vorschläge für die Besetzung des neuen Kreistages termingerecht vor. Von den vorgeschlagenen Kandidaten wurden letztendlich 43 Männer durch die Militärregierung bestätigt. Am 1. Februar 1946 veröffentlichte der Landrat Dr. Watermann die Namen der ernannten Kreisvertreter.

Es handelte sich um folgende Herren:
Rosenbohm, Christian, Tabakhändler, Lübbecke
Niederstadt, Friedrich, Brennereibesitzer, Lübbecke
Hülsmeier, Heinrich, Zuschneider, Lübbecke
Wilke, Paul, Landwirt, Lübbecke
Büttemeier, Wilhelm, Bauer, Isenstedt
Halwe jr., Wilhelm, Bauer, Gehlenbeck 9
Tiemann, Heinrich, Müllermeister, Frotheim
Rabeneck, Friedrich, Zigarrenarbeiter, Gehlenbeck
Soldato, Friedrich, Zigarrenarbeiter, Gehlenbeck
Oevermann, Heinrich, Bauhilfsarbeiter, Nettelstedt
Meyer, Wilhelm, Bauer, Bröderhausen 5
Sudeck, Karl, Maurer, Oberbauerschaft
Hensel, Wilhelm, Buchhalter, Schnathorst
Gröne, Gustav, Kaufmann, Schnathorst
Bode, Hermann, Bauer, Schnathorst 12
Stüssel, Heinrich, Zig.-Werkmeister, Blasheim
Niehaus, Heinrich, Zig.-Arbeiter, Heddinghausen
Tiemann, Wilhelm, Tafelwasserfabrikant, Eininghausen
Vortriede, Heinrich, Bauer und Gemeindebürgerm. Harlinghausen
Blase, Fritz, Malermeister, Pr. Oldendorf
Niermann, Wilhelm, Bauer, Schröttinghausen
Blaue, Bauer, Stockhausen 14
Glauert, Bauer, Hedem
Vullriede, Invalidenrentner, Alswede
Dieckhoff, Christian, Bauer, Levern
Röttger, Friedrich, Bauer, Twiehausen
Stothfang, Friedrich, Bauer, Niedermehnen
Kaul, Adolf, Mühlenbesitzer, Dielingen
Bick, Christoph, Bauer, Wehdem
Flothmeyer, W., Bauer, Haldem
Meyer, Fr., Bauer, Dielingen
Tiemann, H., Tischler, Wehdem
Bollhorst, Wilhelm, Bauer, Pr. Ströhen
Wehebrink, Wilhelm, Bauer, Espelkamp
Steinkamp, August, Bauer, Varl Nr. 3
Benker, Wilhelm, Bauer, Tonnenheide
Winkler, Heinrich, Rahden
Hoppe, Paul, Rechtsanwalt und Notar, Rahden
Strieker, Heinrich, Zimmerpolier, Rahden
Sassenberg, Heinrich, Landwirt und Arbeiter, Varl
Hein, Otto, Kreishandwerksmeister, Lübbecke
Kämper, Heinz, Kreisbauernführer, Renkhausen
Heidsiek, Gerhard, Gutsinspektor, Obernfelde

Besonders auffällig ist die präzise Berufsangabe bei den einzelnen Vertretern, die sich auch in allen Protokollen wiederholt.

Der Kaufmann Heinrich Berg, Kleinendorf, wurde in der ersten Zusammenkunft der ernannten Kreisvertreter, die am 1. Februar 1946 unter Leitung der örtlichen

Militärregierung stattfand, einstimmig als Landrat vorgeschlagen und sogleich von der Militärregierung bestätigt.

Zum Stellvertreter des Landrats wurde der Zimmerpolier Strieker aus Rahden gewählt.

Nach Einführung des Prinzips der Gewaltenteilung löste Herr Berg damit als politisches Oberhaupt des Kreises, Dr. Watermann in der Funktion als Landrat ab. Dr. Watermann führte nunmehr als Hauptverwaltungsbeamter die Bezeichnung „Oberkreisdirektor".

Die erste ordentliche Kreistagssitzung, zu der Landrat Berg eingeladen hatte, fand am Freitag, dem 8. Februar 1946, im Sitzungssaal des Lübbecker Kreishauses statt. Die Versammlung war öffentlich und die Bürger konnten, soweit Platz vorhanden war, teilnehmen.

Zu den Tagesordnungspunkten des ersten Sitzungstages gehörte auch die Beschlußfassung über die Hauptsatzung und Geschäftsordnung. Nach der Hauptsatzung waren verschiedene Ausschüsse zu bilden. Eine herausragende Bedeutung hatte der „Ausführende Ausschuß", der mit besonderen Vollmachten ausgestattet wurde.
In diesen Ausschuß wurden folgende Herren gewählt:
Mühlenbesitzer Kaul, Dielingen
Bauer Meier, Bröderhausen
Gutsinspektor Heidsiek, Obernfelde
Bauer Niermann, Schröttinghausen
Zimmerpolier Strieker, Rahden
Tabakwarenhändler Rosenbohm, Lübbecke

In der Sitzung am 29. März 1946 wurde dieser Ausschuß noch um fünf Personen erweitert, und zwar
Zigarrenarbeiter Friedrich Soldato, Gehlenbeck
Bauer Glauert, Hedem
Zigarrenarbeiter Niehaus, Holzhausen
Bauer Diekhoff, Levern
Bauer Bick, Wehdem

Um die Besetzung des Denazifizierungs-Ausschusses entspann sich eine längere Diskussion, zumal die Militärregierung nicht alle gewählten Vertreter bestätigt hatte.

Personelle Veränderungen in den Kommunalverwaltungen des Kreises Lübbecke

Nachdem unter Mitwirkung der hauptamtlichen Bürgermeister und Amtsbürgermeister in den Gemeinden die ehrenamtlichen Bürgermeister der NS-Zeit entlassen und die Stellen mit unbelasteten Personen besetzt waren, begann die britische Militärregierung intensiver mit der Säuberung des Beamtenapparates und folgerichtig zunächst mit der politischen Überprüfung der Hauptverwaltungsbeamten. Zwar waren in den ersten Tagen nach der Besetzung in der britischen Zone politisch stark belastete Amtsinhaber aus dem Dienst entfernt – oder auch verhaftet – worden, der überwiegende Teil aber in den alten Positionen verblieben. Die im Kreise Lübbecke noch amtierenden Amtsbürgermeister waren zwar durchweg Parteimitglieder gewesen, Verfehlungen in der Nazizeit ließen sich aber niemandem nachweisen. Trotzdem wurden alle Amtsbürgermeister im Laufe des Monats November 1945 entlassen.

Nach Abschluß der Entnazifizierungsverfahren von unterschiedlicher Dauer konnten die Amtsbürgermeister in Hüllhorst, Preuß. Oldendorf und Levern ihre bisherige Position wieder übernehmen, weil sie eine relativ günstige Einstufung erfahren hatten.

Dr. Otto Watermann,
Landrat des Kreises Lübbecke 1945/46.

Zu übersehen war auch nicht, daß einige von der britischen Militärregierung eingesetzte, fachlich ungeeignete Amtsinhaber versagt hatten. Der Anweisung des Regierungspräsidenten vom 8. August 1945 liegt vermutlich auch diese Erfahrung zugrunde. In Absprache mit der Militärregierung ging eine Verfügung mit folgendem Wortlaut an die Landräte des Regierungsbezirks Minden:

„Zur Klarstellung weise ich nochmals darauf hin, daß alle von der Militärregierung oder von zuständigen deutschen Behörden erfolgten Personalbesetzungen nach dem Befehl der Militärregierung nur als vorläufige anzusehen sind.
Soweit die Militärregierung die Stellenbesetzung nicht selbst vorgenommen hat, können die in Frage kommenden Stellen nur auf Grund des § 112 DGO in Verbindung mit § 36 Amtso. kommissarisch besetzt werden.
Bevor in Zukunft eine Amtsbürgermeister- bzw. Bürgermeisterstelle einer kreisangehörigen Stadt besetzt wird, ist meine Zustimmung einzuholen. Erst nach dieser, die sachliche Eignung betreffenden Prüfung erfolgt ihre Vorlage an die Militärregierung. Ich ersuche daher, in Zukunft stets an mich zu berichten, bevor eine Stelle dieser Art besetzt werden soll und erst nachdem meine Zustimmung erteilt ist, an die Militärregierung heranzutreten. Das Vorgenannte gilt sinngemäß auch bei der Abberufung der derzeitigen Stelleninhaber.“

Noch vor Inkrafttreten der rev. DGO sollte der von der britischen Militärregierung strikt verfolgte Grundsatz der Gewaltenteilung auch in den Städten und Gemeinden verwirklicht werden. Die Zweigleisigkeit der Verwaltung, in England seit langem praktiziert, wurde von der Besatzungsmacht auch in der britisch-besetzten Zone eingeführt. In der Verfügung des Landrats vom 17. Dezember 1945 wird diese Neuregelung, die nach Aufnahme in die Satzungen der Städte und Gemeinden wirksam werden sollte, angekündigt.

„Zu Ihrer Orientierung teile ich Ihnen mit, daß in Kürze völlig neue Satzungen denen das Prinzip der „Gewaltentrennung“ in der Person des Bürgermeisters usw. zugrunde liegt, zu erwarten sind. Die englische Militärregierung drängt auf rasche Einführung der Übertragung der beratenden und ausführenden Funktionen des Bürgermeisters usw. auf zwei verschiedene Personen. Das Prinzip der Gewaltentrennung ist so zu verstehen, daß eine Person als politisches Oberhaupt und eine Person als fachliches (Verwaltungs-)Oberhaupt bestellt wird. Es soll versucht werden, daß während der Übergangszeit, bis zu den Wahlen, der Gemeindedirektor die Aufgaben des Bürgermeisters wahrnehmen kann. Bei den Landgemeinden wird es sich einmal um eine Kernsatzung handeln, und um eine, die besonders den kleinen Gemeinden bis zu 300 Einwohnern gerecht wird. Selbstverständlich sollen die Ämter bestehen bleiben.“

In Verbindung mit der Trennung von Legislative und Exekutive in der Verwaltungsspitze wurde auch der § 23 der AmtsO. aufgehoben und die Umstellung auf die veränderte Rechtslage betrieben. – Bis zu diesem Zeitpunkt war nach den Bestimmungen der AmtsO. der Amtsbürgermeister gleichzeitig Bürgermeister seiner Wohnsitzgemeinde. Ausnahmen von dieser Vorschrift konnten gemäß Verordnung vom 13. September 1937 nur in ganz besonderen Ausnahmefällen durch den Oberpräsidenten zugelassen werden. Mit Verfügung vom 18. Dezember 1945 forderte der Landrat von der Stadt Lübbecke und den Ämtern des Kreises entsprechende Konsequenzen. In der Regel wurden nun die ehrenamtlichen Beigeordneten in den Wohnsitz-

Der Landrat
-Nr. K I 23/0 1-

Lübbecke, den 6. Februar 1946.

An
den Herrn Amtsbürgermeister
in D i e l i n g e n.

Amt Dielingen-Wehdem
Eing. - 8. FEB. 1946
Tageb. Nr.

Betrifft: Gemeindebürgermeister für die Gemeinde Dielingen.

Nach der Amtsordnung hatte der Amtsbürgermeister von Dielingen die Geschäfte des Gemeindebürgermeisters von Dielingen in Personalunion mit wahrzunehmen. Dieser Zustand ist nun geändert, so daß für die Gemeinde Dielingen ein besonderer Bürgermeister bestellt werden muss. Auch die Lösung, daß der 1. Beigeordnete die Geschäfte des Gemeindebürgermeisters führt, ist nicht mehr tragbar. Ich bitte daher zu veranlassen, daß die Gemeindevertretung von Dielingen entsprechend ihrer Satzung einen Bürgermeister wählt.

Abschrift des vorstehenden Schreibens wurde Herrn Bürgermeister Meier in Dielingen Nr. 2o, unter Bezugnahme auf die telefonische Unterredung übersandt.

Dielingen, den 8.Febr.1946
Der Amtsbürgermeister.
I.A.

gemeinden der Amtsbürgermeister zu Bürgermeistern ernannt, wenn sie in dieser Gemeinde wohnhaft waren.

Die vom Landrat angekündigten Hauptsatzungen wurden mit den neuen Geschäftsordnungen in den Städten, Ämtern und Gemeinden des Kreises Lübbecke im Dezember 1945 und Januar 1946 verabschiedet. Sie bildeten die Grundlage für das neue demokratische Gemeindeleben. Selbstverständlich entsprach ihr Inhalt den Zielvorstellungen der britischen Besatzungsmacht. Ein wesentlicher Bestandteil war die Gewaltenteilung in der Kommunalverwaltung, mit der Einführung des sogenannten englischen Systems. Hinfort gab es in der Verwaltungsspitze den Bürgermeister als Repräsentanten und Vorsitzenden des Rates und den Hauptverwaltungsbeamten als Leiter der Verwaltung.

Als Ratsvorsitzende und Repräsentanten der Stadt Lübbecke und der Ämter des Kreises waren aus dem politischen Spektrum geeignete Persönlichkeiten von den ernannten Bürgermeistern und Amtsvertretern vorzuschlagen und vom Landrat im Benehmen mit der Militärregierung zu ernennen.

Mit der Ernennung des politischen Bürgermeisters in Lübbecke und den Amtsbürgermeistern bei den Amtsverbänden im Januar 1946 wurden die bisherigen hauptamtlichen Amtsbürgermeister und Bürgermeister zu Hauptverwaltungsbeamten mit der Dienstbezeichnung „Amts- oder Stadtdirektor".

In der Stadt Lübbecke und in den Ämtern Alswede, Dielingen-Wehdem, Gehlenbeck, Hüllhorst, Levern, Preuß. Oldendorf und Rahden mußten die nunmehr als Stadt- bzw. Amtsdirektoren bezeichneten Hauptverwaltungsbeamten auch von den ernannten Vertretungen gewählt und die Wahl bestätigt werden.

Das für Deutschland völlig neue System führte auch in den Verwaltungen und Gemeinden des Kreises Lübbecke zeitweise zu einer Verunsicherung der Gemeinderäte und Verwaltungen, zumal die Grenzen der Zuständigkeiten noch sehr unscharf waren.

Es dauerte geraume Zeit, bis sich die Betroffenen der veränderten Situation bewußt wurden, sich angepaßt und ihren Zuständigkeitsbereich in etwa kennengelernt hatten.

Die Funktion des hauptamtlichen Bürgermeisters hatte in **Lübbecke** zunächst für wenige Tage Eduard Gerlach inne. Er wurde bereits am 11. April 1945 durch den Rechtsanwalt Meyrahn abgelöst, der aber am 27. Oktober 1945 verstarb.

Schon vom 12. September an übernahm Gerhard Reineke vorübergehend und kommissarisch dieses Amt, bis er am 13. November 1945 die Amtsgeschäfte an Dr. Erich Martens übergeben konnte.

In der ersten Sitzung der ernannten Lübbecker Stadtvertretung wählte der Rat den Amtsgerichtsrat a. D. Franz Welschof zum ehrenamtlichen Bürgermeister und Dr. Erich Martens zum hauptamtlichen Stadtdirektor. Beide wurden in ihren Ämtern bestätigt.

Nach Übernahme eines anderen Amtes durch Dr. Martens, begann am 1. März 1946 eine weitere kommissarische Amtszeit von Herrn Reineke als Stadtdirektor. Am 1. September 1947 konnte er dann das Amt an Dr. Ernst Becker übergeben, der bereits in der Zeit von 1938–1943 Bürgermeister der Stadt Lübbecke gewesen war.

Bis zum Zusammenbruch war in **Alswede** Alhard Freiherr von dem Bussche-Münch ehrenamtlicher Amtsbürgermeister. Die ehrenamtliche Tätigkeit des Freiherrn erforderte sicherlich weniger Personalkosten. Die Regelung führte zwangsläufig aber auch zu einer stärkeren Belastung des büroleitenden Beamten. In Alswede übte der Amtsinspektor Willi Nobbe diese Funktion aus, der auch nach der Besetzung bis 1946 im Amt verblieb.

Am 12. Juli 1945 wurde von der Militärregierung der ehemalige Oberstleutnant von Wolffersdorf als kommissarischer Amtsbürgermeister eingesetzt. Mit der Verabschiedung der Hauptsatzung durch die ernannte Amtsvertretung wurden auch die Weichen für die Trennung der Verwaltungsspitze gestellt. Auf Vorschlag der Amtsvertretung ernannte die Militärregierung den Bauern Wilhelm Meyer, Lashorst Nr. 1, am 1. Februar 1946 zum Amtsbürgermeister des Amtes Alswede. Herr von Wolffersdorf wurde damit kommissarischer Hauptverwaltungsbeamter.

In **Dielingen** verblieb Amtsbürgermeister Zell bis zum 15. November 1945 im Amt und wurde dann als politisch Belasteter entlassen. Unter dem 15. November 1945 beauftragte der Landrat den ersten Amtsbeigeordneten Dr. Meyer, Haldem Nr. 1, mit der kommissarischen Wahrnehmung der Amtsgeschäfte. Zu seiner Unterstützung wurde am 20. November 1945 der Amtsinspektor Wilhelm Henne aus Rahden nach Dielingen abgeordnet.

Auf Vorschlag der Bürgermeister des Amtes ernannte der Landrat den Bauern Friedrich Meyer, Dielingen Nr. 15, mit Wirkung vom 1. Februar 1946 zum Amtsbürgermeister.

Nach Änderung des Gemeindeverfassungsrechts in der britisch-besetzten Zone konnte auch der Amtsbeigeordnete Dr. Meyer nicht mehr kommissarisch die Amtsgeschäfte des Hauptverwaltungsbeamten ausüben. Für eine kurze Zeit war deshalb der Amtsinspektor Henne von der Amtsverwaltung Rahden vom Landrat allein mit der Geschäftsführung in Dielingen beauftragt. Bereits im Januar wurde der Verwaltungsoberinspektor Fritz Pollert nach Dielingen versetzt und am 1. Februar 1946 zum kommissarischen Amtsdirektor ernannt. Die berufene Amtsvertretung wählte Herrn Pollert am 17. Mai 1946 einstimmig zum Amtsdirektor.

Der frühere Amtsbürgermeister Zell trat nach seiner Entnazifizierung ab 1. Juli 1947 im Alter von 62 Jahren in den Ruhestand.

Amtsbürgermeister des Amtes **Gehlenbeck** war seit dem 18. November 1943 Wilhelm Brühmann, dem auch noch 1944 in Personalunion das Bürgermeisteramt der Stadt Lübbecke übertragen worden war.

Brühmann war verdienter Parteigenosse und über die NSDAP ins Amt gekommen. Kurz vor der Besetzung durch die britischen Truppen verließ Herr Brühmann seinen Wirkungsbereich Gehlenbeck und Lübbecke und kehrte auch nach dem Zusammenbruch nicht wieder in das Amt zurück.

Nach der Besetzung übernahm der Werkmeister Friedrich Horstmeier als 1. Beigeordneter die Amtsgeschäfte, übte die Tätigkeit aber nur bis zum 31. Mai 1945 aus. Mit dem 1. Juni 1945 wurde der Oberinspektor Heinz Rischmüller aus Gelsenkirchen vorübergehend nach § 112 DGO mit der Führung der Geschäfte durch den Landrat beauftragt. Aus Krankheitsgründen schied Herr Rischmüller aber bereits am 13. Dezember 1945 wieder aus.

Vom 14. Dezember 1945 bis zu seiner Ernennung als Amtsbürgermeister des Amtes Gehlenbeck am 16.

Januar 1946 übernahm kurzfristig noch einmal Friedrich Horstmeier als 1. Beigeordneter die Amtsführung. Schon vor der Ernennung des Amtsbürgermeisters übertrug der Landrat mit Wirkung vom 14. Januar 1946 dem Gerichtsassessor Karl Schulze das Amt des Hauptverwaltungsbeamten. Herr Schulze wurde am 16. März 1946 endgültig zum Amtsdirektor des Amtes Gehlenbeck gewählt und seine Wahl vom Landrat bestätigt.

Seit 1928 war Dr. Erich Heuvemann Amtsbürgermeister des Amtes **Hüllhorst.** Während der Zeit des Nationalsozialismus war er politisch nicht in Erscheinung getreten und verblieb nach dem Zusammenbruch zunächst im Amt. Wie viele seiner Kollegen wurde er trotzdem am 15. November 1945 entlassen. Nach der obligatorischen Entnazifizierung als gering Belasteter eingestuft, konnte er sein Amt am 23. Januar 1946 wieder übernehmen. Zwischenzeitig war der Landwirt Heinrich Ebeler, Reineberg Nr. 24, zum Amtsbürgermeister vorgeschlagen. Seine Ernennung erfolgte ebenfalls mit Wirkung vom 23. Januar 1946 und wurde in der Amtsvertretersitzung am 5. Februar 1946 bekanntgegeben.

Dr. Heuvemann versah nunmehr seinen Dienst als Hauptverwaltungsbeamter, wurde von der ernannten Amtsvertretung am 15. März 1946 endgültig als Amtsdirektor gewählt und vom Landrat in seinem Amt bestätigt.

In **Levern** war Karl Kuhlo seit dem Jahre 1923 Bürgermeister und Amtsbürgermeister, der auch, da politisch nicht nennenswert belastet, nach 1945 und in den folgenden Jahren im Amt verblieb. Karl Kuhlo war zwar Parteimitglied, hatte aber in der NS-Zeit die evangelische Kirche aktiv unterstützt. Nach kurzfristiger Entlassung vom 15. bis 18. November 1945 konnte er seine bisherige Funktion wieder übernehmen.

Als ehrenamtlichen Amtsbürgermeister schlug die ernannte Amtsvertretung den Bauern Christian Diekhoff, Levern Nr. 4, vor. Christian Diekhoff wurde vom Landrat zum Amtsbürgermeister ernannt und Herr Kuhlo nach seiner Wiederwahl am 12. März 1946 in seinem Amt als Amtsdirektor bestätigt.

Seit 1919 war Hermann Hohmeyer, geboren am 11. Januar 1877, Bürgermeister und Amtsbürgermeister in **Preuß. Oldendorf.** Durch die Verpflichtungen der Kriegszeit wurde seine Pensionierung erheblich verzögert, so daß er beim Zusammenbruch noch im Amt war.

Herr Hohmeyer war politisch unbelastet und konnte auch nach der Besetzung uneingeschränkt bis zur Wahl seines Nachfolgers im Amt verbleiben. Nach der Ernennung des politischen Amtsbürgermeisters führte er nur noch kurze Zeit die Dienstbezeichnung „Amtsdirektor“, da er am 31. März 1946 in den Ruhestand trat.

Zum Amtsbürgermeister wurde der Zigarrenfabrikant Wilhelm Koch ernannt. Als Amtsdirektor des Amtes Preußisch Oldendorf wählte die ernannte Amtsvertretung am 8. März 1946 Waldemar Schauhoff. Da die Wahl erst am 23. April 1946 durch die Militärregierung bestätigt wurde, trat Herr Schauhoff auch sein Amt erst am 1. Mai 1946 an. Während des Interims vom 1. bis 30. April 1946 versah der Vertreter des Hauptverwaltungsbeamten, Amtsinspektor Friedrich Beek, die Dienstgeschäfte.

Während der Kriegsjahre war Heinrich Stender Amtsbürgermeister in **Rahden.** Nach der Besetzung wurde er am 28. April 1945 auf Befehl der Militärregierung fristlos entlassen, da er als altes Parteimitglied der NSDAP politisch stark belastet war. Im Benehmen mit der Besatzungsmacht setzte der Landrat Dr. Watermann bereits am 30. April 1945 Christian Niedermeyer als kommissarischen Amtsbürgermeister ein. Erst am 13. November 1945 gab die Militärregierung ihre vorläufige Zustimmung zur Amtsübernahme durch Herrn Niedermeyer.

Auf Vorschlag der Amtsvertretung wurde Wilhelm Tirre aus Espelkamp vom Landrat zum Amtsbürgermeister ernannt. Mit dem Zeitpunkt der Ernennung Herrn Tirres führte Herr Niedermeyer bereits die Amtsbezeichnung „Amtsdirektor", obwohl er erst am 14. März 1946 gewählt und anschließend endgültig in seinem Amt bestätigt wurde.

Von 1918 bis zum Zusammenbruch im Jahre 1945 war Kurt von Borries mit zeitlichen Unterbrechungen Landrat des **Kreises Lübbecke.** Am 11. April 1945, wenige Tage nach der Besetzung, wurde von der britischen Besatzungsmacht Dr. Otto Watermann zum Landrat berufen, der bereits seit dem 20. Februar 1940 bei der Kreisverwaltung beschäftigt und 1941 mit der Leitung des Kreiswirtschaftsamtes betraut worden war. Im Zusammenhang mit der Änderung des kommunalen Verfassungsrechts mußte Dr. Watermann am 1. Februar 1946 die Funktion als Landrat des Kreises aufgeben und wurde damit erster Oberkreisdirektor des Kreises Lübbecke. Zum Landrat wurde Herr Berg aus Rahden von der Besatzungsmacht ernannt. Dr. Watermann schied am 1. April 1946 aus dem Dienst des Kreises, um eine Funktion bei der Regierung in Minden zu übernehmen.

Nachfolger wurde der Regierungsrat Dr. Gustav Galle, der am 29. März 1946 einstimmig von der ernannten Kreisvertretung zum Oberkreisdirektor gewählt worden war.

Am 10. April 1946 erfolgte in Gegenwart des Vertreters der Militärregierung, Major How, und des Regierungspräsidenten Dr. Zenz die Amtseinführung.

Das kommunale Leben nach Kriegsende –Probleme der Verwaltungen–

Solange in den Gemeinden und Ämtern keine Ratsvertretungen eingerichtet waren, mußten auch alle in der Sache notwendigen Entscheidungen von den Verwaltungen mit ihren hauptamtlichen Bürgermeistern und Amtsbürgermeistern getroffen werden.

Die in den amtsangehörigen Gemeinden ernannten Bürgermeister waren zwar erst seit kurzer Zeit im Amt und durchweg ohne jede Verwaltungserfahrung. Trotzdem verstanden sie sich als „verlängerter Arm" der Verwaltung und erzielten durch dies enge Miteinander erstaunliche Leistungen.
In den Ämtern fanden sich Bürgermeister und hauptamtliche Amtsbürgermeister in schwierigen Situationen zusammen, um in einem Beratungsteam die Probleme, die von den Verwaltungen in den Flächengemeinden nicht übersehen werden konnten, in „den Griff zu bekommen."

Die hauptamtlichen Bürgermeister und Amtsbürgermeister hatten die täglichen Befehle, Anordnungen und Weisungen der Militärregierung entgegenzunehmen und in geeigneter Form auszuführen.

In der Regel waren es unangenehme Anweisungen, die sie zu befolgen hatten. Aus dem Kreis der engsten Mitarbeiter mußten qualifizierte Beamte und Angestellte entlassen werden, wenn sie als politisch belastet galten. Entscheidungen, die oft tragisch und unverständlich waren. Es gab in jenen Tagen viele harte Eingriffe in die Privatsphäre der Bürger.

Die Zwangsräumungen von Wohnungen, die Beschlagnahme von Mobiliar und Einrichtungsgegenständen, die Sicherstellung von Lebensmitteln und Konsumartikeln erregten den verständlichen Zorn der Einwohner.

In der ersten Zeit waren Schulen, Gerichte und andere Sonderbehörden auf Anordnung der Militärregierung geschlossen oder versahen ihren Dienst nur mit halber Kraft. Auch die Länderbehörden arbeiteten nur mit einer kleinen Besetzung, konnten keine Eigeninitiative entwickeln, warteten auf Befehle der Besatzungsmacht. Art III der Proklamation Nr. 1 besagte u. a.: *„Alle deutschen Gerichte, Unterrichts- und Erziehungsanstalten innerhalb des besetzten Gebietes sind bis auf weiteres geschlossen. Die Wiedereröffnung wird genehmigt, sobald die Zustände es zulassen."*

Neben den Kreisen und Regierungspräsidenten gab es außer den örtlichen Stadt- und Gemeindeverwaltungen in den ersten Nachkriegsmonaten deshalb nur wenige Verwaltungsdienststellen, die sich als Sonderbehörden mit den zeitnahen Problemen der gebeutelten Bürger beschäftigten. Die Aufgaben und Zuständigkeiten vieler Behörden waren noch nicht geregelt oder über die Frage ihrer weiteren Existenz noch nicht entschieden. Aus vielerlei Gründen war also die ortsnahe Gemeindeverwaltung für alle Lebensprobleme der Menschen zuständig. Sicher war es nicht nur die gesetzlich begründete Allzuständigkeit der Gemeinden, die Einheimische und Vertriebene in die örtlichen Verwaltungsdienststellen führte, sondern dem großen Kreis der Hilfesuchenden fehlte auch die notwendige Mobilität. Im übrigen wollten die Menschen nicht nur Rat, sondern benötigten tatkräftige Hilfe, die sie, wenn überhaupt, nur in der unmittelbaren Umgebung erhalten konnten.

Entsprechend bisheriger Übung war auch die örtliche Verwaltung für die Sicherung der Grundbedürfnisse zuständig – und die Sicherstellung des notwendigen Bedarfs war zunächst für alle von lebenserhaltender Bedeutung.
Das Interesse der Menschen in dieser Notzeit konzentrierte sich auf Nahrung, Wohnung und Kleidung. Hinzu kam die Sorge um das Wohl der Familie, die Angst vor einer ungewissen Zukunft.

Die Grundbedürfnisse Nahrung, Wohnung, Kleidung unterlagen der Bewirtschaftung, waren auch während der Kriegsjahre schon streng rationiert worden. Die Verhältnisse hatten sich aber nach Kriegsende erheblich verschlechtert. Während des Krieges kamen Lebensmittel aus den von deutschen Truppen besetzten Gebieten, nunmehr wurden mit den in Deutschland erzeugten Lebensmitteln teils auch noch Besatzungstruppen versorgt, die Rationen der Bevölkerung ständig gekürzt.

Durch die Zerstörungen in den Städten, den unaufhaltsamen Zustrom der Vertriebenen und letztendlich auch durch die Inanspruchnahme ganzer Stadtviertel für Zwecke der Besatzungsmacht war der Bestand an Wohnungen in ganz erheblichem Umfange geschrumpft. Nichts war mehr mit den Verhältnissen der Kriegsjahre, die sicherlich außerordentlich schwierig waren, zu vergleichen – kurzum, die Situation war katastrophal.

Zum Leben zu wenig – zum Sterben zu viel, so die Meinung der Menschen. Mangels Tauschgut waren nur wenige in der Lage, sich auf dem „Schwarzen Markt" zusätzlich über Kompensationsgeschäfte zu versorgen.

MILITÄR-REGIERUNG DEUTSCHLAND
KREIS LÜBBECKE

Verkauf von überschüssigen landwirtschaftlichen Produkten

Bekanntmachung

1. Deutsche Bauern sind ermächtigt, an Einheiten oder Einzelpersonen der Alliierten Streitkräfte die folgenden **überschüssigen** landwirtschaftlichen Produkte zu verkaufen, aber nur unter den Bedingungen, die im Paragraph 2 und 3 der Bekanntmachung festgelegt sind:

Frische Eier
Frische Milch
Frische Butter
Frisches Obst
Frischgemüse

2. Die Lieferung von landwirtschaftlichen Produkten, die den Bauern vom Ernährungsamt auferlegt ist, hat den Vorrang und darf nicht durch Verkäufe, wie sie obenstehend vorgesehen sind, beeinträchtigt werden.
3. Höchstpreise für Verkäufe, wie oben vorgesehen, betragen:

	Jan. - März	April - Juni	Juli - Sept.	Okt. - Dez.
Frische Eier (pro Ei)	14 Rpf.	11 Rpf.	12 Rpf.	14 Rpf.
Frische Milch (pro Liter)	22 Rpf. während des ganzen Jahres			
Frische Butter (pro 500 gr)	1,70 RM. während des ganzen Jahres			

4. Zuwiderhandlungen gegen diese Bekanntmachung werden als Verstoss gegen die Anordnung der Militär-Regierung angesehen und entsprechend bestraft.
5. Diese Anordnung tritt mit dem Tage ihrer Bekanntmachung in Kraft.

Auf Anordnung der Militärregierung

Kreiswirtschaftsamt Lübbecke in Westf.

Hausbrand - Kohlen - Karte

Stempel
des
Kohlenhändlers

1945 / 1946

Name: ....

Wohnort: .... Straße ....

Gas-, Koch- oder Heizgerät ja / nein. Art und Anzahl ....

Elektro-Koch- oder Heizgeräte ja / nein. Art u. Anzahl ....

Ein Anspruch auf Belieferung bestimmter Mengen und Sorten besteht nicht.

Nur gültig im Kreise Lübbecke

30	24	18	12	6
29	23	17	11	5
28	22	16	10	4
27	21	15	9	3
26	20	14	8	2
25	19	13	7	1

Ersatz für verloren gegangene Kohlenkarten wird nicht geleistet!

Beliebte Tauschmittel waren Zigaretten und Fettwaren jeder Art. „Zigarettenwährung" wurde auch diese gängige Valuta genannt. Die Geschäfte waren nicht legal, und die Übeltäter mußten, wenn sie bei Razzien oder auf frischer Tat ertappt wurden, von der Militärregierung bestraft werden. Um die Not der Menschen wissend, zeigten aber auch die Angehörigen der Besatzungsmacht oft Verständnis für das Verhalten der „Gesetzesbrecher".

An die Sicherung der öffentlichen Ordnung waren natürlich auch die deutschen Polizeibehörden und die Ordnungsämter der Städte und Gemeinden beteiligt. Die Beamten, selbst mit ihren Familien hungernd und frierend, nahmen diese Aufgaben allerdings nur halbherzig wahr.

Kohlen und sonstiges Brennmaterial wurde von den Halden und Güterwagen der Bahn entwendet. Auch die auf den Bahnstrecken des Kreises Lübbecke fahrenden Güterzüge und die Transportkähne auf dem Mittellandkanal dienten beiläufig der Versorgung der Kreisbevölkerung. Mit Wissen und unter den Augen der Polizei und Verwaltungsbehörden wurden die wundersamsten Wege beschritten, um das ungesetzliche Tun erfolgreich zu gestalten.

Feld- und Forstdiebstähle waren an der Tagesordnung und konnten niemanden sonderlich erregen. Zur Ergänzung des Brennstoffvorrates war es den Bedürftigen gestattet, in den Wäldern nach abgebrochenen Ästen und Tannenzapfen zu suchen. Bescheinigungen für dieses lobenswerte Tun erteilten die örtlichen Wirtschaftsämter. Es gab kaum etwas, an dem die Wohnungs-, Ernährungs- und Wirtschaftsämter nicht beteiligt gewesen wären. Leiter und Mitarbeiter dieser Verwaltungsdienststellen waren mitverantwortlich für das Wohl und Wehe der notleidenden Bevölkerung. Die Bediensteten standen mit ihrem Tun oder Unterlassen deshalb auch immer im Brennpunkt öffentlicher Kritik.

Während es durchaus möglich war, sich ohne Inanspruchnahme der Ernährungs- und Wirtschaftsämter bei entsprechenden Gegenleistungen im Tauschwege gegen wertbeständige Güter, Schmuck, Kunstgegenstände usw. mit Lebensmitteln und Kleidung zu versorgen, war dies bei Wohnungen ohne Zutun der Wohnungsämter nicht möglich. Hier wurde vom „Vitamin B" gesprochen, damit waren die vielgerühmten und oft verdammten Beziehungen gemeint.

Es gab auch Bevölkerungsgruppen, die aufgrund von Anweisungen der Militärregierung oder deutscher Stellen, bevorzugt behandelt werden mußten. Zu diesem Personenkreis zählten u. a. politisch Verfolgte, Ausländer, Familienangehörige von Soldaten der alliierten Streitkräfte usw.

Bei den örtlichen Wohnungsämtern waren alle bewohnbaren Räume erfaßt. Auch Räumlichkeiten, die nach heutigen Ansprüchen allenfalls für die Unterbringung von Tieren geeignet waren.

Den Ernährungs- und Wirtschaftsämtern oblag nicht nur die unmittelbare Versorgung der Bevölkerung mit Lebensmittelkarten und Bezugsscheinen, sondern sie waren auch an dem sehr zeitaufwendigen Abrechnungsverfahren zwischen den Lebensmittelhändlern und dem Großhandel beteiligt.

Die Wohnbevölkerung in den Städten und Gemeinden des Kreises Lübbecke setzte sich 1948 im Durchschnitt aus 70% Einheimischen, 17% Vertriebenen, 10% West-Evakuierten und 3% Ost-Evakuierten zusammen.

Die bodenständige Bevölkerung der Dörfer des Kreises Lübbecke bestand vorwiegend aus sogenannten „Selbstversorgern" oder „Teilselbstversorgern". In den städtisch geprägten Orten und unter den Flüchtlingen und Evakuierten hingegen war die Versorgung mit den Grundnahrungsmitteln teils ebenso katastrophal wie in den Stadtregionen. Nicht allen Interessenten konnte seitens der Gemeinden, der Kirchen oder von Landwirten Gartenland zur Verfügung gestellt werden, das bei intensiver Bewirtschaftung unschätzbare Vorteile für die Versorgung brachte.

Besonders tragisch war das Los der Vertriebenen, Flüchtlinge und Evakuierten, die heimatlos geworden, auch ihr gesamtes Vermögen und die Existenz verloren hatten. Zumeist entrichteten sie durch Krieg und Vertreibung auch noch einen höheren Blutzoll.

Trostlos und unsicher schien auch die Zukunft der vermögenslosen Kriegerwitwen und Waisen, der kriegsversehrten Soldaten und Zivilisten.

Die sogenannten Einheimischen, auf die andere Bevölkerungsgruppen neidvoll blickten, waren aber auch nicht ohne Blessuren durch den Krieg gekommen. Auch sie hatten in der Regel den Tod von mehreren Familienangehörigen zu beklagen und waren über das Schicksal von Gefangenen und Vermißten im Ungewissen.

Gegen diese Bezugsmarke erhält der Bezugsberechtigte
1 kg
Ofenrohr und Knie
Großhändler und Hersteller dürfen nur denjenigen beliefern, dessen Firmenstempel die Marke trägt
Der Oberpräsident der Provinz Westfalen
Landeswirtschaftsamt
← Zwecks Entwertung abtrennen

Gegen diesen Verbraucherabschnitt erhält der Bezugsberechtigte
1 kg
Ofenrohr und Knie
Nur gültig mit dem Firmenstempel des Lieferers

Gegen diese Bezugsmarke erhält der Bezugsberechtigte
1 Stück
Kochtopf
Großhändler und Hersteller dürfen nur denjenigen beliefern, dessen Firmenstempel die Marke trägt
Der Oberpräsident der Provinz Westfalen
Landeswirtschaftsamt
← Zwecks Entwertung abtrennen

Gegen diesen Verbraucherabschnitt erhält der Bezugsberechtigte
1 Stück
Kochtopf
Nur gültig mit dem Firmenstempel des Lieferers

Gegen diese Bezugsmarke erhält der Bezugsberechtigte
1 Stück
Waschtopf oder Viehkessel
Großhändler und Hersteller dürfen nur denjenigen beliefern, dessen Firmenstempel die Marke trägt
Der Oberpräsident der Provinz Westfalen
Landeswirtschaftsamt
← Zwecks Entwertung abtrennen

Gegen diesen Verbraucherabschnitt erhält der Bezugsberechtigte
1 Stück
Waschtopf od. Viehkessel
Nur gültig mit dem Firmenstempel des Lieferers

Bezugsmarken für Gegenstände des täglichen Bedarfs.

Obwohl für alle diese Gezeichneten das Leben auf dem Lande erträglicher war als in den Städten, mußte ihnen doch in vielfältiger Weise Hilfe zuteil werden.

Polnische und russische Zwangsarbeiter, die in einigen Orten des Kreises Minden untergebracht waren und auf ihre Repatriierung warteten, machten die Gemeinden unseres Kreises unsicher. Sie durchzogen Tag und Nacht die Dörfer, forderten Lebensmittel und Wertgegenstände, aber raubten und plünderten auch auf den Höfen, nahmen Rache an unbeliebten ehemaligen Arbeitgebern und Parteigenossen.

Da die deutsche Polizei diesem Treiben gegenüber machtlos war, bildeten sich in den Orten Wachen und Selbstschutzeinheiten, die von den Bürgermeistern und den Verantwortlichen der Verwaltung organisiert wurden.

Verschiedene Orte des Kreises, wie Levern und Oppendorf, waren durch Kampfhandlungen stark zerstört. Die Unterstützung der Betroffenen mit Geld und Sachleistungen war nur begrenzt möglich. Hier war die Solidarität derjenigen gefragt, die noch einmal davongekommen waren. Aber auch dieses Bewußtsein galt es, von der Verwaltung zu mobilisieren.

Auch die örtliche Verwaltung konnte nicht alle Erwartungen erfüllen und hatte nur die Möglichkeit, durch Rat und – leider selten – durch notwendige Taten zu helfen. Selbst wenn die finanziellen Mittel zur Verfügung gestanden hätten, wäre mit geldlichen Zuwendungen den wenigsten gedient worden, da das Geld nur einen geringen Realwert und damit keine nennenswerte Kaufkraft hatte.

Hilfen, die zählten, waren die Vermittlung und Zuweisung von geeignetem Wohnraum, die Ausstattung mit Einrichtungsgegenständen oder die Übergabe von entsprechenden Bezugsmarken. (Obwohl auch hier einschränkend gesagt werden muß, daß die Bezugsmarken für Gegenstände des täglichen Bedarfs nur dann ihren Wert hatten, wenn sie angenommen und vom Handel beliefert wurden.) Lebensmittelkarten erhielten in der Regel nur Personen, die im Zuständigkeitsbereich des Einwohnermeldeamtes angemeldet waren. Hier gab es in besonderen Fällen Zulagen und Abstufungen (stillende Mütter, Säuglinge, Schwerarbeiterzulagen usw.). Die Anzahl der Rat- und Hilfesuchenden, die in die Amtsstuben der Verwaltungen drängten, war sehr groß. Der Personalbestand reichte aber im Gegensatz zu den Kriegsjahren aus, um allen Anforderungen gerecht zu werden.

Nicht nur die Rückkehr der früheren Beamten und Angestellten aus dem Kriegsdienst und der Gefangenschaft, sondern auch die zusätzliche Einstellung von Kriegsversehrten zwangen die Gemeinden, einen Teil der während der Kriegsjahre eingestellten Aushilfsangestellten zu entlassen. Hinzu kam, daß auch vertriebene Verwaltungsbeamte aus den deutschen Ostgebieten auf eine Anstellung warteten.

Noch fehlte zunächst bei den jüngeren Nachwuchskräften, die ihre Ausbildung in der NS-Zeit erhalten hatten, das Verständnis für demokratische Gepflogenheiten. In vielen Fällen war auch die fachliche Aus- und Weiterbildung durch den Wehrdienst unterbrochen worden.

Es bleibt festzustellen, daß die einzelnen Abteilungen unterschiedlich stark frequentiert wurden. Besonders belastet waren die Ernährungs- und Wirtschaftsämter

Wohnungswechsel-Verbot

Verordnung Nr. 16

Zweck

1. Zweck dieser Verordnung ist nicht, die Freizügigkeit zu beschränken, sondern unnötige und unerwünschte Wohnungswechsel zu verhindern. Bei den gegenwärtigen Zuständen in Deutschland — der Überfüllung und dem Zustrom von Flüchtlingen — ist diese Maßnahme von größter Wichtigkeit und im Interesse der Allgemeinheit. Es ist deshalb Pflicht der deutschen Behörden, die Verordnung wörtlich und sinngemäß durchzuführen. Diese Pflicht wird dadurch erleichtert, daß eine Reihe von bereits bestehenden Ausnahmebestimmungen die Anwendung der Verordnung in vernünftiger Weise gewährleistet.

Ausnahmen

2. Jemand verstößt nicht gegen die Bestimmungen dieser Verordnung, wenn:

a) seine Abwesenheit von seiner ständigen Wohnung, oder sein Aufenthalt in einer neuen Wohnung drei aufeinander folgende Nächte nicht überschreitet (Artikel I, Absatz 2); oder

b) er für eine notwendige Zeitspanne in einem Krankenhaus oder einer anderen öffentlichen Anstalt Aufenthalt nimmt (Artikel I, Absatz 2 a); oder

c) er sich in einem zwangsweise zugewiesenen Quartier oder in einer ihm von der Militärregierung oder den zuständigen deutschen Behörden zugewiesenen Unterkunft aufhält (Artikel XI, Absatz 14); oder

d) er im Besitze einer der folgenden Genehmigungen ist:

I. Genehmigung der Militärregierung, die nur erhältlich ist, wenn Aufträge der Militärregierung auszuführen sind und keine andere Genehmigung in Betracht kommt (Artikel III);

II. Genehmigung für einen Amtsträger — der Begriff „Amtsträger" erstreckt sich auch auf Personen, die keine Amtsträger im üblichen Sinne sind (Artikel IV und X, Absatz 13 b);

III. Genehmigung für geschäftliche Zwecke — Geschäft bedeutet hier, daß diese Genehmigung auch zur Erledigung dringender Privat- oder Familienangelegenheiten oder anderer persönlicher Verpflichtungen in Betracht kommt (Artikel V);

IV. Gewöhnliche Genehmigung für alle nicht anderweitig vorgesehenen Fälle (Artikel VI). (Der gewöhnliche Fall, der in diesem Abschnitt behandelt wird, ist der Wechsel des ständigen Wohnsitzes.)

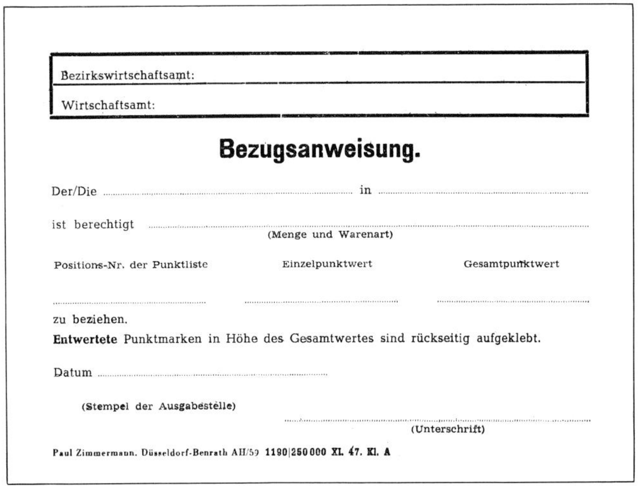
Bezirkswirtschaftsamt:

Wirtschaftsamt:

Bezugsanweisung.

Der/Die .... in ....

ist berechtigt ....
(Menge und Warenart)

Positions-Nr. der Punktliste	Einzelpunktwert	Gesamtpunktwert
....	....	....

zu beziehen.
Entwertete Punktmarken in Höhe des Gesamtwertes sind rückseitig aufgeklebt.

Datum ....

(Stempel der Ausgabestelle)

....
(Unterschrift)

Paul Zimmermann. Düsseldorf-Benrath AH/59 1190|250000 XI. 47. Kl. A

Bezugsanweisung des Wirtschaftsamtes für den Einzelhändler.

sowie Wohnungs- und Sozialämter. Das Einwohnermeldeamt wurde durch die Rückkehr der Wehrmachtsangehörigen und den Zustrom der Flüchtlinge erheblich in Anspruch genommen. Auch das Ordnungsamt hatte sich mit unangenehmen Problemen auseinanderzusetzen. Die übrigen Abteilungen, wie Kämmerei, Steueramt, Kulturamt, Schulamt usw., waren angesichts anderer Probleme fast bedeutungslos geworden. Nur das Standesamt wurde, nachdem sich die Verhältnisse stabilisiert hatten, von heiratswilligen Heimkehrern in Anspruch genommen. Durch das Anwachsen der Bevölkerung gab es mehr neues Leben, aber auch mehr Sterben, waren Geburten und Sterbefälle zu beurkunden.

Aufgaben der Bürgermeister

Ohne verfassungsgemäße Aufgaben, aber eingebunden in die Exekutive, waren die Bürgermeister in den ersten Nachkriegsmonaten in ihren Orten Befehlsempfänger und Vollstrecker des Willens der Besatzungsmacht. Von entscheidender Bedeutung war allerdings, wie und auf welche Weise sie die Anordnungen in die Wirklichkeit umsetzten.

Als Mittler zwischen der Militärregierung und der deutschen Bevölkerung, hatten sie die Last ihres Amtes auf zwei Schultern zu tragen.

In einer weitgehend „gesetzlosen Zeit" waren die Bürgermeister in ihrem Handeln in besonderer Weise dem eigenen Gewissen verpflichtet. Letztendlich aber war für sie die Existenzsicherung und die Suche nach Überlebenschancen für die Gemeindebürger oberstes Gebot. Auch wenn sie für die deutschen Verwaltungsbehörden tätig wurden, erwartete die Bevölkerung von ihren Bürgermeistern Verständnis und Entgegenkommen für alle Probleme ihres Daseins. Als Stützen der Verwaltung vor Ort stand das reibungslose Funktionieren des Verwaltungsapparates in unmittelbarem Zusammenhang mit den Fähigkeiten der Bürgermeister, die realistisch denken und unbürokratisch handeln mußten. Bei den ihnen obliegenden Aufgaben finden sich kaum angenehme oder dankbare Tätigkeiten. Die Unterbringung von Evakuierten und Vertriebenen war nur in enger Verbindung zwischen den Wohnungsämtern der Verwaltung und den Bürgermeistern möglich.

Bei der Beschaffung von Mobiliar und Einrichtungsgegenständen für Vertriebene entwickelten sie oft ungeahnte Fähigkeiten, und es blieb ein Geheimnis, auf welchen verschlungenen Wegen sie hier unbürokratisch erfolgreich waren.

Die Härten und Auseinandersetzungen, die durch die Beschlagnahme von Wohnraum bei der heimischen Bevölkerung unvermeidbar waren, ließen sich durch die Überzeugungskraft guter Bürgermeister erheblich mildern. Wichtig war allerdings, daß sie auch ihren Bürgern mit gutem Beispiel vorangingen.

Bei den unterschiedlichen Auffassungen über eine gerechte Verteilung von Bezugsmarken und Gütern des täglichen Bedarfs mußten auch sie versagen. Die frustrierten Menschen konnten nicht zufriedengestellt werden, denn der Mangel war unvorstellbar groß und die Mengen, die für die Verteilung zur Verfügung standen, reichten nicht aus, um den Bedarf auch nur annähernd zu decken.

Es ist in diesem Zusammenhang nicht möglich, die umfangreichen Aufgaben der Bürgermeister jener Zeit, von der Kartoffelkäferbekämpfung über die Organisation des Selbstschutzes bis zu dem Komplex der Entnazifizierung, aufzulisten. Die Allzuständigkeit der Verwaltung ließ sich auch in jeder Hinsicht auf die Bürgermeister übertragen.

Entscheidungen der Ratsvertretungen

Die ernannten Ratsvertretungen nahmen, nachdem sie sich konstituiert hatten, erst Anfang des Jahres 1946 ihre Ratstätigkeit auf. Der kurze Zeitraum bis zu den ersten Kommunalwahlen am 15. September 1946 ließ die Lösung großer Probleme nicht zu, sondern war ausgefüllt mit dringenden und aktuellen Entscheidungen.

In dieser turbulenten Notzeit standen keine Haushaltsmittel zur Verfügung, um Bau- und Beschaffungsmaßnahmen zu finanzieren, waren weder Handwerker noch Unternehmer in der Lage, größere Aufträge anzunehmen, weil kein Material vorhanden war. Trotzdem hat es damals auch für die Ratsvertreter eine Fülle von Problemen und Aufgaben gegeben – nur waren sie von ganz anderer Art.

Bei der Vielschichtigkeit der Themen sind seinerzeit sicherlich nur die wichtigsten Beratungspunkte und Entscheidungen protokolliert worden, und auch die erscheinen uns im Nachhinein als Bagatellfälle; Vorgänge, die heute als Geschäfte der laufenden Verwaltung von den Sachbearbeitern in eigener Zuständigkeit entschieden würden. In der damaligen Zeit waren es aufgrund besonderer Umstände bedeutungsvolle, kaum lösbare Probleme.

Die von der Militärregierung auf Zeit ernannten Ratsmitglieder, mit demokratischen Gepflogenheiten nicht mehr vertraut, die Bürgermeister, von der Besatzungsmacht eingesetzt und auf deren Wohlwollen angewiesen, waren verständlicherweise in ihren Entscheidungen gehemmt und unsicher.

Nach den Anweisungen der Militärregierung und den Verfügungen der deutschen Aufsichtsbehörden wurden zunächst die neuen Hauptsatzungen und Geschäftsordnungen von den Ratsvertretungen verabschiedet. In den folgenden, kurzzeitig anberaumten Sitzungen mußten eine Reihe von kommunalen Ausschüssen installiert werden, die zum Teil im Laufe der Zeit praktische Bedeutung erlangten. In den Protokollen finden sich darüber viele Tagesordnungspunkte, wie z. B. die Wahl von Wohlfahrtsausschüssen, von Ernährungs-, Erfassungs-, Wohnungs- und Gemeindesiedlungsausschüssen.

Besondere Bedeutung kam aber den gewählten Flüchtlingsausschüssen zu, über deren Zusammensetzung und Aufgaben leidenschaftlich diskutiert wurde. Auch Schulbeiräte, Schiedsmänner, Gesundheits-, Wasserschau- und Wegebaukommissionen waren, da unentbehrlich, zu wählen.

Wenige Monate nach dem Zusammenbruch begannen die Gemeinden bereits mit der Instandsetzung der öffentlichen Wege. Über Wegebaufragen wurde in jeder Sitzung, wenn auch mit wenig Erfolg, verhandelt. Beim Ausbau der Wege ließ sich, wenn auch mit Schwierigkeiten, notfalls die Materialfrage lösen. Im Norden des Kreises bedienten sich die Gemeinden in gemeindeeigenen Brüchen des Stemweder Berges, und im Süden des Kreises wurde aus den Steinbrüchen des Wiehengebirges Material bezogen. Für die Leistung der Hand- und Spanndienste standen in den Gemeinden genügend Arbeitskräfte zur Verfügung.

Protokollnotizen über Grundstücksgeschäfte der Gemeinden sind relativ selten, obwohl verschiedentlich Anträge auf den Verkauf gemeindeeigener Flächen vorlagen. Grundstückstauschverträge finden sich hin und wieder im Zusammenhang mit dem Ausbau von Straßen. Die Stadt Lübbecke konnte noch 1946 von der Gutsverwaltung Obernfelde an der Wittekindstraße die sogenannte Bleiche in Größe von 5.000 qm zum Quadratmeterpreis von 1,50 RM kaufen.

Immer wieder gibt es Beratungspunkte über notwendige Reparaturen an den in der Kriegszeit vernachlässigten Hausgrundstücken und Einrichtungen der Gemeinden. Da Handwerker und Bauunternehmer aber nur über den „Schwarzen Markt" Baumaterial beziehen konnten, waren kostspielige Reparaturen außerordentlich problematisch. Die Gemeinden waren nur in Ausnahmefällen bereit und in der Lage, über Kompensationsgeschäfte Material zu beschaffen. Der Arbeitslohn für örtliche Handwerker, oft auch in Naturalien gefordert, ist, soweit sich feststellen ließ, überall in damaliger Währung bezahlt. Die Stadtvertretung Lübbecke beschloß am 2. Dezember 1947, drohend, den Handwerkern, die in der Notzeit nicht bereit waren, gemeindliche Aufträge zu erledigen, auch nach der Normalisierung der Verhältnisse keine Aufträge zu erteilen.

Durch den Zustrom der Evakuierten und Flüchtlinge reichte der Schulraum nicht aus, fehlten Mobiliar und Einrichtungsgegenstände. Es gab Gemeinden, in denen durch Ratsmitglieder oder ortsansässige Firmen Lebensmittel oder Sachwerte zur Verfügung gestellt wurden, um die erforderlichen Gegenstände zu beschaffen. Die Gemeinden hatten auch keine Scheu, diesen ungesetzlichen Tatbestand zu protokollieren.

So finden sich Beschlüsse wie:
„Die Gemeinde übernimmt die Verpflichtung, zwei Festmeter Holz zu liefern" oder *„Herr X ist bereit, 3 Pfund Butter zu geben".*

Einen breiten Raum nahm in den ersten Nachkriegsjahren auch der Aufbau des Feuerwehrwesens ein. Fahrzeuge aus alten Wehrmachtsbeständen wurden zu Löschfahrzeugen umgebaut oder provisorisch eingerichtet.

Überall begann sich wieder das Solidaritätsbewußtsein der Bürger zu regen. In einigen Gemeinden oblag den Ratsvertretungen auch die Entscheidung über die Verteilung vom Bezugsmarken und Einrichtungsgegenständen. Es war eine besonders undankbare Aufgabe, die zumeist von den Wirtschaftsämtern im Einvernehmen mit den Bürgermeistern wahrgenommen wurde.

Bei allen Beschlüssen dieser provisorischen Ratsvertretungen hatte die Versorgung der Mitbürger mit Gütern des täglichen Bedarfs absolute Priorität.

Rechtsgrundlagen für die Verfassung der Gemeinden und Ämter

Welche Bestimmungen der Deutschen Gemeindeordnung von 1935 bis zum Inkrafttreten der rev. DGO vom 1. April 1946 noch geltendes Recht waren, ist in letzter Konsequenz nicht festzustellen. In einer Verfügung des Regierungspräsidenten vom 21. November 1945 wurde erklärt: *„Die Deutsche Gemeindeordnung bleibt nach wie vor in Kraft, abgesehen von den auf die Partei zugeschnittenen Bestimmungen."* (Welche Bestimmungen waren auf die Partei zugeschnitten, enthielten nationalsozialistisches Gedankengut? / Anm. des Verfassers.)

Noch am 29. September 1945 hatte die Militärregierung im Benehmen mit dem Regierungspräsidenten festgestellt:
„Die Deutsche Gemeindeordnung, wie sie zur Zeit besteht, ist in vieler Hinsicht mit der obigen Politik nicht zu vereinbaren, und ein überprüftes Gesetz oder mehrere Gesetze werden zu gegebener Zeit vorbereitet werden. In der Zwischenzeit wird die Deutsche Gemeindeordnung als aufgehoben betrachtet." Diese Rechtsunsicherheit war für alle Beteiligten eine unangenehme Belastung und erschwerte die kommunalpolitische Arbeit. Festzustellen bleibt, daß trotz widersprüchlicher Aussagen deutscher und englischer Stellen über die Gültigkeit bestimmter Abschnitte der DGO vom Tage der Besetzung bis zum 31. März 1946 mit dem Gesetz zufriedenstellend gearbeitet worden ist.

Bei der Deutschen Gemeindeordnung, die in den wesentlichsten Grundzügen bereits vor 1933 entstanden war, handelte es sich nach Meinung von Fachleuten des In- und Auslandes um ein gutes Gemeindeverfassungsrecht, in dem leider nach der konsequenten Übernahme des totalen Führerprinzips von demokratischer Selbstverwaltung keine Spur mehr vorhanden war.

Am 26. Januar 1946 teilte die Militärregierung dem Oberpräsidenten der Provinz Westfalen aufgrund einer Anfrage mit:
„Das revidierte Gesetz wird mehr eine veränderte Form der Deutschen Gemeindeordnung, als eine völlige Umwandlung ihrer allgemeinen Grundsätze sein. Die finanziellen Verordnungen der DGO und andere ähnliche Gesetzgebungen werden weiterhin angewandt und außer bestimmten speziellen Veränderungen bestätigt werden. Es sind keine Zuständigkeitsverlagerungen erlaubt, welche dazu im Gegensatz stehen oder welche eine Änderung in diesen Veränderungen hervorrufen könnten."

Am 1. Februar 1946 äußerte sich dann der Oberpräsident gegenüber den deutschen Stellen zu diesem Fragenkomplex:
„Unter Bezugnahme auf meinen Erlaß vom 18. Dezember 1945, betreffend Deutsche Gemeindeordnung, gebe ich die nachstehende Entscheidung der Provinzial-Militärregierung über die weitere Anwendung der finanziellen Vorschriften der deutschen Gemeindeordnung mit dem Ersuchen um Beachtung und alsbaldige Benachrichtigung der nachgeordneten Behörden be-

kannt. Hiernach sind insbesondere weiter anzuwenden:
Der 6. Teil der Deutschen Gemeindeordnung, die Gemeindehaushaltsverordnung vom 4. September 1937, die Rücklagenverordnung vom 5. Mai 1936, die Verordnung über das Kassen- und Rechnungswesen der Gemeinden vom 2. November 1938 und die Eigenbetriebsverordnung vom 21. November 1938."

Die abschriftlich beigefügte Stellungnahme der Provinzial-Militärregierung lautete wörtlich:

1. *Die durchgesehene Fassung der »Deutschen Gemeindeordnung« wird voraussichtlich Anfang März 1946 in Kraft treten.*
2. *Um zu verhindern, daß inzwischen der Finanzapparat bei den Bezirks- und Gemeindeverwaltungen in Unordnung gerät, bleiben die finanziellen Vorschriften der suspendierten »Deutschen Gemeindeordnung« und andrer ähnlicher Gesetze einstweilen in Kraft, einschließlich der in Ihrem oben erwähnten Schreiben unter § 3a, b, c und d angeführten Maßnahmen, insofern sie nicht mit Finanzverfügungen der Militärregierung unvereinbar sind, wie verbotene Ausgaben, Haushaltsplanung, Sparmaßnahmen und Erhöhung der Einnahmen, sowie mit irgendwelchen Gesetzen, Verordnungen und Anweisungen der Militärregierung.*
3. *Die Befugnis zur Beibehaltung (nur) der finanziellen Vorschriften der »Deutschen Gemeindeordnung« wird erteilt in der Anweisung über die verwaltungsmäßige Bezirks- und Gemeinderegierung usw.: Teil I (Anhang D, § 2, b)."*

Die revidierte Deutsche Gemeindeordnung trat mit der Verordnung Nr. 21 der Militärregierung Deutschland – Britisches Kontrollgebiet – am 1. April 1946 in Kraft.

Sie stellte keinen Zustand aus der vornationalsozialistischen Zeit wieder her, knüpfte nicht an die alten vertrauten Grundsätze der Selbstverwaltung an, sondern führte vielmehr erstmalig im Deutschen Gemeindeverfassungsrecht das Prinzip des Selfgouvernement in den Gemeinden und Gemeindeverbänden ein.

Der Vorspruch lautete:
„Die Militärregierung hat als ihr politisches Ziel verkündet, das Naziwesen auszutilgen, die politischen Ziele und Lehren der nationalsozialistischen Partei aus dem deutschen Recht auszumerzen, ordnungsmäßige Regierungsmethoden einzuführen und der deutschen Bevölkerung das Recht und die Verantwortung zur Führung ihrer eigenen Angelegenheiten zu geben. Diese Politik kann nur schrittweise zur Ausführung gelangen; die Schaffung völlig demokratischer Einrichtungen, die auf dem Wahlprinzip beruhen, muß in Stadien vor sich gehen. In jedem dieser Stadien muß das Recht so gestaltet werden, daß der Weg zum Fortschritt in das nächste Stadium geebnet wird. Im ersten Stadium ist das Führerprinzip in allen Sphären der örtlichen Verwaltung auszumerzen, die Befugnisse der öffentlichen Verwaltung, die bisher in einer Einzelperson vereinigt waren, sind auf Personengruppen zu übertragen, die die verschiedenartigen Interessen der Bevölkerung vertreten. Die Deutsche Gemeindeordnung ist daher dergestalt abgeändert, daß das Führerprinzip durch das Prinzip gemeinschaftlicher Verantwortung ersetzt ist; bis zur Erreichung des zweiten Stadiums der Umgestaltung hat die Gemeindeordnung nunmehr ausschließlich in der folgenden Fassung Geltung."

Mit der rechtsgültigen Neufassung hatten die Städte und Gemeinden wieder ein sicheres gesetzliches Fundament für die kommunalpolitische Arbeit.

Wenn auch in den folgenden Jahren die revidierte DGO von 1946 immer wieder geändert und verbessert wurde, war doch eine gewisse verfassungsrechtliche Kontinuität gegeben.

Es hat nicht an Versuchen gefehlt, die von der britischen Besatzungsmacht eingeführten Änderungen wieder rückgängig zu machen, ohne im Prinzip den Grundsatz der Gewaltenteilung aufzugeben.

In allen Parteien gab es Befürworter der sogenannten Zweigleisigkeit, des englischen Systems. Die damalige Landesregierung und namhafte Vertreter der CDU und SPD aller westdeutschen Länder waren aber gewillt, eine historisch begründete, den früheren deutschen Verhältnissen gemäße Magistratsverfassung einzuführen.

Am 7. Mai 1948 tagten die Innenminister der britischen Zone in Bad Meinberg und vereinbarten Richtlinien für ein einheitliches Gemeindeverfassungsrecht in der britischen Zone. Die Leitung dieser Sitzung hatte der Innenminister des Landes Nordrhein-Westfalen, Dr. Menzel. Die Minister beschlossen einstimmig folgende Verfassungsgrundsätze:

1. *Es soll versucht werden, die Gemeindeverfassungsgesetze der Länder in der britischen Zone möglichst einheitlich zu gestalten. Daher wurde einstimmig empfohlen, die nachstehenden Grundsätze bei den Gemeindeverfassungsgesetzen zugrundezulegen.*
2. *Der verfassungs- und verwaltungsmäßige Aufbau bei den Städten, Kreisen, Ämtern und Gemeinden soll möglichst nach den gleichen Prinzipien erfolgen.*
3. *Es muß an dem Universalitätsprinzip der Selbstverwaltungskörperschaften festgehalten werden, verbunden mit einer Kompetenz der Kreise und ferner verbunden mit dem Einbau möglichst vieler Sonderverwaltungen in die Kreis- und Stadtebene.*
4. *Es muß ferner festgehalten werden an dem Grundsatz der Souveränität der Vertretung. Dies bedeutet, daß möglichst wenig beschließende Kompetenzen auf andere Körperschaften oder auf Ausschüsse übertragen werden sollen.*
5. *Die Durchführung der von der Vertretung gefaßten Beschlüsse soll – um gemäß dem Schreiben der britischen Militärregierung vom 19. 3. 1948 ein Zurückdrängen der Bürokratie zu erreichen – nicht mehr wie bisher durch einen einzelnen Berufsbeamten (Oberstadtdirektor usw.), sondern durch ein Kollegium geschehen, das sich aus ehrenamtlich tätigen Personen und den wichtigsten Berufsbeamten zusammensetzt. Dieses Kollegium ist von der Vertretung zu wählen.*

Festzustellen bleibt, daß kein Land der britischen Zone die vereinbarten Grundsätze vollinhaltlich in das Gemeindeverfassungsrecht übernommen hat.

Die novellierte Deutsche Gemeindeordnung von 1946 hat in Nordrhein-Westfalen bis zum Inkrafttreten der Gemeindeordnung für das Land NRW am 28. Oktober 1952 gegolten und war für die Gemeinden und Gemeindeverbände ein durchaus brauchbares Instrument.

Nachrichtenblatt der alliierten Militärbehörde
Es erscheint jeden Dienstag und Freitag
Der Postverlagsort ist (21) Oelde

Neue Westfälische Zeitung

Die Anzeigen für die jeweilige Teilausgabe und die Ausgabebezeichnungen erscheinen auf der vierten Seite dieser Zeitung

Nr. 29 — Dienstag, den 18. September 1945 — 20 Pfg.

Zur neuen politischen Willensbildung

Verordnungen der Militärregierung über Gründung und Betätigung politischer Parteien

Verordnung Nr. 12:
Bildung von politischen Parteien.

Um das Wachstum eines demokratischen Geistes in Deutschland zu fördern und um das Abhalten freier Wahlen an einem noch zu bestimmenden Zeitpunkt vorzubereiten, wird folgendes verordnet:

I. Bildung von politischen Parteien.

1. Politische Parteien können auf einer Kreisgrundlage gemäß den hierin enthaltenen Bestimmungen gebildet werden.

2. Die Militärregierung kann einen Zusammenschluß der im Rahmen dieser Verordnung gebildeten Parteien in größeren Gebieten unter Erlassung von besonderen Bestimmungen und Bedingungen gestatten.

3. Die Mitgliedschaft zu politischen Parteien muß freiwillig sein.

II. Form des Antrages

4. Jede Person oder jede Gruppe von Personen, die den Wunsch hat, eine politische Partei für einen Kreis zu gründen, kann einen Antrag an die Militärregierung auf Genehmigung zur Bildung einer solchen Partei stellen. Solche Anträge müssen von den Antragstellern unterzeichnet werden. Die folgenden Schriftstücke sind beizufügen:

a) Ein Entwurf der Satzungen und Richtlinien für die vorgeschlagene politische Partei,

b) ein ihre Ziele und Zwecke umfassendes Programm,

c) eine Liste der Namen und Anschriften der zu bestimmten Ämtern vorgeschlagenen Personen unter Angabe des von jeder Person zu bekleidenden Amtes,

d) eine Erklärung über die Finanzierung der Partei,

e) eine Erklärung über die Höhe des von jedem Mitglied zu zahlenden Beitrages.

5. Wenn zwei oder mehrere im Rahmen dieser Verordnung gebildete politische Parteien aus verschiedenen Kreisen einen Zusammenschluß wünschen, um eine Partei für ein größeres Gebiet zu bilden, können sie bei der Militärregierung einen Antrag auf Genehmigung des Zusammenschlusses stellen. Solche Anträge müssen von dem Vorsitzenden oder einem anderen Vorstandsmitglied jeder Partei unterzeichnet werden. Die in dem vorhergehenden Absatz dieses Artikels aufgeführten Schriftstücke sind beizufügen mit einer Erklärung, die darlegt, wie die Ansichten jeder Partei festgestellt wurden.

6. Eine Mitteilung über die Genehmigung, sei es zur Bildung einer Partei oder eines Zusammenschlusses, wird den Antragstellern von der Militärregierung zugestellt werden. Diese Genehmigung (nachstehend Militärregierungsgenehmigung genannt) wird schriftlich erlassen werden und wird die Vorschriften und Bedingungen enthalten, unter welchen die politische Partei gebildet wird, oder der Zusammenschluß erfolgen kann. Weder die Bildung noch der Zusammenschluß politischer Parteien können vor der Erteilung der Militärregierungsgenehmigung wirksam werden.

7. Die Erteilung einer Militärregierungsgenehmigung gemäß dieser Verordnung schließt nicht die Befugnisse ein, politische Versammlungen ohne eine Genehmigung gemäß der Verordnung Nr. 10 abzuhalten, oder öffentliche Umzüge ohne eine Genehmigung gemäß der Verordnung Nr. 11 zu veranstalten.

III. Grundlegende Änderungen.

8. Wenn eine politische Partei es wünscht, folgendes zu ändern:

a) Die Satzungen oder Richtlinien, oder

b) die Ziele und Zwecke ihres Programms, oder

c) die Finanzierung der Partei, oder

d) die Höhe des von jedem Mitglied zu zahlenden Beitrages oder

e) eine Änderung in der Zusammensetzung des Parteivorstandes vorzunehmen, muß ein Antrag an die Militärregierung gestellt wergen. Dieser Antrag muß von dem Vorsitzenden oder einem anderen Vorstandsmitglied

1. Januar 1946 und danach halbjährlich einen Bericht mit folgenden Einzelheiten unterbreiten: a) Eine Darlegung über die seit der Gründung oder dem vorhergehenden Bericht unternommene Tätigkeit, b) eine finanzielle Aufstellung mit Angabe aller Einkünfte, der Gesamtbetrag aller Beiträge und anderer Bezüge sowie die Hauptposten und Gesamtbeträge aller Ausgaben seit der Gründung oder seit dem vorhergehenden Bericht, c) eine Liste der Namen und Anschriften der Vorstandsmitglieder und die Mitgliederzahl der Partei zu dem Zeitpunkte des Berichtes.

10. Jede politische Partei eines Kreises muß eine genaue und vollständige Liste der Namen und Anschriften der Mitglieder führen. Diese Liste muß jederzeit der Militärregierung zur Einsicht zur Verfügung stehen. Die Anwendung dieser oder einer ähnlichen Bestimmung auf Parteien für größere Gebiete, die durch Zusammenschluß von Kreisparteien gebildet worden sind, wird in der den Zusammenschluß zulassenden Militärregierungsgenehmigung im einzelnen festgelegt werden.

V. Aufhebung deutscher Gesetze.

11. Alle Bestimmungen deutscher Gesetze, die seit dem 30. Januar 1933 erlassen worden sind und die a) die Bildung politischer Parteien verbieten oder einschränken, oder b) wegen einer vor dem 30. Januar 1933 zulässigen politischen Betätigung oder der Teilnahme an einer solchen Strafen auferlegen, oder c) das Vermögen politischer Parteien oder deren Mitglieder der Beschlagnahme aussetzen, sind hiermit innerhalb des britischen Kontrollgebietes aufgehoben.

VI. Strafen.

12. Jeder, der a) sei es als Mitglied einer politischen Partei oder sonst an einer politischen Tätigkeit teilnimmt, die als Zweck hat oder geeignet ist: I. die Autorität der Militärregierung zu untergraben, oder II. Zwietracht unter den alliierten Mächten zu säen, oder III. Krieg oder Militarismus zu verherrlichen oder vorzubereiten, oder IV. das Naziregime wiederherzustellen oder ein ähnliches Regime einzusetzen, oder V. benachteiligende Unterschiede gegen eine Person oder Gruppe von Personen auf Grund ihrer Rasse, Farbe, Staatsangehörigkeit oder ihres Glaubensbekenntnisses einzuführen, oder

b) der als Mitglied einer politischen Partei an einer politischen Tätigkeit teilnimmt, deren Absicht oder Bestreben es ist, andere politische Ziele und Zwecke zu erreichen, als die in dem von der Militärregierung genehmigten ursprünglichen oder geänderten Parteiprogramm enthaltenen,

setzt sich, falls ein Gericht der Militärregie-

Außenminister tagen in London

Bei der Eröffnungssitzung für die Tagung des Rates der Außenminister präsidierte der Vertreter des Gastlandes, Außenminister Bevin; zukünftig werden die fünf Außenminister abwechselnd den Vorsitz führen.

Der Rat der Außenminister hat die Lösung von dringenden Problemen vorzubereiten, die ihm durch die Potsdamer Beschlüsse zur Behandlung überwiesen worden sind. An erster Stelle steht die Vorbereitung von Friedensverträgen mit Italien, Rumänien, Ungarn, Bul-

Wochen vor der zweiten Vollsitzung des Rates, deren Termin später bestimmt wird, vorlegen. Der amerikanische Außenminister Byrnes äußerte sich auf einer Pressekonferenz nach der ersten Sitzung des Rates: „Bei den Vorarbeiten für die künftigen Friedensregelungen

Die »Neue Westfälische Zeitung«, ein Nachrichtenblatt der alliierten Militärbehörde für Westfalen.

III. Die Gründung (Wiedergründung) der Parteien
von Dieter Besserer

Der totale Zusammenbruch 1945 setzte einer 12jährigen nationalsozialistischen Herrschaft ein Ende, die schon zu ihrem Beginn 1933 das herkömmliche Parteiensystem zerstört und in den Untergrund verdrängt hatte. Nur allzu freiwillig hatte sich der Kreis Lübbecke in die Arme der Nationalsozialisten geworfen, die hier besonders hohe Wahlerfolge erzielen konnten. Ihr Stimmenanteil bei den Reichstagswahlen am 31. Juli 1932 betrug 60,7%, am 6. November 1932 59,1% und am 5. März 1933 sogar 71,4%, während im Kreis Minden selbst bei der Reichstagswahl am 5. März 1933 die Nationalsozialisten mit 48,4% die 50%-Marke nicht erreichen konnten. Der Kreis Lübbecke war also eine Hochburg der Nationalsozialisten.

Mit dem Einmarsch der Alliierten war für die vielen Mitglieder der untergegangenen NSDAP im Kreis Lübbecke eine Welt zusammengebrochen, die vielen von den Nationalsozialisten verführten Jugendlichen standen vor den Trümmern ihrer einstigen Ideale und waren nur schwer dazu zu bewegen, an dem politischen Aufbau eines neuen Deutschlands mitzuarbeiten.

So waren es in den ersten Monaten nach dem Zusammenbruch im wesentlichen die Mitglieder der Altparteien des Weimarer Spektrums vor 1933, die, nunmehr vom Druck der Illegalität befreit, wieder erste Kontakte untereinander knüpften im Gefühl einer seit 12 Jahren nicht mehr gekannten Freiheit.

Zunächst jedoch war die politische Betätigung in der Britischen Zone, zu der der Kreis Lübbecke gehörte, verboten. Dies änderte sich im Herbst 1945, denn die Besatzungsmächte hatten erkannt, daß der Aufbau eines neuen Deutschlands in einer Demokratie ohne die Bildung von Parteien nicht möglich war. So sah bereits das bekannte Potsdamer Abkommen vom 2. August 1945, nur drei Monate nach der bedingungslosen Kapitulation Deutschlands und vier Monate nach der Besetzung des Altkreises Lübbecke, die allgemeine Erlaubnis für die Gründung demokratischer Parteien vor.

In der britischen Besatzungszone und damit auch im Kreis Lübbecke wurde diese Absichtserklärung mit der Verordnung Nr. 12 vom 15. September 1945 durchgeführt, *„um die Entfaltung eines demokratischen Geistes in Deutschland zu fördern und die spätere Abhaltung von Wahlen vorzubereiten“.*

Damit wurde eine Entwicklung bestätigt, die in der Stille schon im Sommer 1945 begonnen hatte. Nach dem furchtbaren Zusammenbruch Deutschlands, mitten in den ersten Monaten nach dem alliierten Einmarsch, der Not, der Improvisation und dem Kampf für sich und die Familie um das tägliche Leben, fanden sich verantwortungsbewußte Männer und Frauen zusammen, um durch ihr Engagement einen Beitrag zu einer demokratischen Zukunft Deutschlands zu leisten.

Die Besatzungsbehörden wandten sich bei ihren Plänen zur Ernennung von „repräsentativen Ratsausschüssen“ im September 1945 bereits an bekannte Parteivertreter vor 1933, wollten deren Zusammensetzung aber „rein berufsständisch und nicht politisch“ verstanden wissen. Dies galt auch für den

Kreistag, hier sollten alle Berufe und Interessengruppen vertreten sein. Die am 1. Februar 1946 veröffentlichte Liste der ernannten Kreisvertreter enthielt jedoch schon zu einem großen Teil die Namen von Vertretern der sich bereits gebildeten Parteien SPD und CDU.

In Lübbecke wurden am 27. Oktober 1945 zu einer Besprechung über den Ratsausschuß Christian Rosenbohm, Otto Schultze, Heinrich Hülsmeier und Bernd Mayrose als „Vertreter der politischen Parteien" in das Lübbecker Rathaus gebeten, Persönlichkeiten, die später in der SPD, CDU und FDP maßgeblichen Einfluß hatten.

Wenn es im Herbst 1945 im Kreisgebiet auch noch zu keiner offiziellen Parteigründung gekommen war, zeichnete sich deren Struktur im Kreis Lübbecke schon ab. Mit Schreiben vom 11. November 1945 wurden Christian Rosenbohm und Heinrich Hülsmeier aufgefordert, für die Stadtvertretung Lübbecke 12 bis 13 Personen namhaft zu machen, die aber nach den Bestimmungen der Militärregierung „rein berufsständisch und nicht politisch eingesetzt" werden sollten. Aus allem kann gefolgert werden, daß die Formierung der Parteien im Herbst 1945, nur einige Monate nach dem Einmarsch der Alliierten, in voller Vorbereitung war.

Von wesentlicher Bedeutung für die Parteien war auch die Neuordnung des Zeitungswesens. Mit Genehmigung der Besatzungsbehörde erschienen ab März/Juli 1946 Zeitungen, die klar parteipolitisch orientiert waren: die christlich-demokratische »Westfalen-Zeitung«, die sozialdemokratische »Freie Presse« und das kommunistische »Volks-Echo«. Eine parteipolitisch neutrale Lokalpresse gab es nicht; jede dieser Zeitungen betrieb „Hofberichterstattung" über die eigene Partei und berichtete über den politischen Gegner, wenn überhaupt, nur verzerrt. Die FDP hatte 1946 keine Lizenz für eine eigene Zeitung erhalten. 1949, als das Monopol der lizenzierten Zeitungen aufgehoben und von den Besatzungsmächten die Pressefreiheit eingeführt wurde, kam es in Bielefeld zur Wiedergründung der »Westfälischen Zeitung«, die liberal orientiert war und auch im Kreis Lübbecke mit einem eigenen Lokalteil erschien.

Die Arbeit der CDU und SPD im Kreistag war von Anfang an von scharfen parteipolitischen Auseinandersetzungen geprägt. In den Gemeinde- und Amtsparlamenten war dies anders. Obwohl sich hier auch die Fraktionen gebildet hatten, war die Arbeit insgesamt gesehen doch sachlicher und nicht so sehr von parteipolitischen Auseinandersetzungen geprägt; hier stand der Wähler dem Gewählten noch direkt Auge in Auge gegenüber. Es kam mehrfach vor, daß der Gemeindebürgermeister in einstimmiger Wahl nicht von der Mehrheits-, sondern von der Minderheitsfraktion gestellt wurde, eine Entwicklung, die auf Kreisebene undenkbar gewesen wäre.

Die Wiedergründung der Sozialdemokratischen Partei (SPD)

Die Sozialdemokratische Partei Deutschlands als älteste deutsche Partei stand nach der Kapitulation 1945 nach wie vor in der Tradition ihrer langen, die Stürme der Zeit überdauernden Geschichte. Ihr ging es nicht um die Schaffung einer neuen Partei, sondern um ihre Wiedergründung und organisatorische Wiederbelebung.

Einzelpreis 20 Pfg.

Volks-Echo, Zeitungsverlag GmbH., Detmold, P... linenstr. 14 / Fernsprechanschlüsse 3044 u. 3045 / Drahtanschrift: Volksecho Detmold / Bankkonto: Deutsche Bank Detmold / Postscheckk. Hannover Nummer 99916 / Erscheint jeden Dienstag und Freitag / Bezugspreis: 1.50 RM.

Veröffentlicht unter Zulassung Nr. 74 der Militärregierung

VOLKS-ECHO

FÜR WESTFALEN UND LIPPE

Des Volkes Wille sei oberstes Gesetz

Wahlprogramm der KPD. Ruhrgebiet / Westfalen (siehe Innenseite)

Stadtarchiv Minden

1. Jahrgang | Dienstag, 16. Juli 1946 | Nr. 1

Deutsche Zentralregierung - Gebot der Stunde

Ursache und .... *Wirkung!*

FREIE PRESSE

Preis 20 Pfg. 1. Jahrgang Nr. 1 | Veröffentlicht unter Zulassung Nr. 36 der Militärregierung | Lübbecke, 3. April 1946

UNSERE LINIE

für die deutsche Wirtschaft. Es muß anerkannt werden, daß in der Frage des Warenaustausches erfreuliche Ansätze zur Besserung festzustellen sind. Jedenfalls konnte in mehreren Konferenzen leitender Minister aus verschiedenen Zonen vor einigen Wochen berichtet werden, daß der gute Wille besteht, wirtschaftliche Schranken

Preis 20 Pfg.

WESTFALEN-ZEITUNG

Lübbecker Tageblatt für Politik und christliche Kultur

Jahrgang 1 Nr. 23 | Veröffentlicht unter Zulassung Nr. 13 der Militärregierung | Freitag, 31. Mai 1946

Neue Phase der Verwaltung der britischen Zone

Die parteipolitisch orientierten Zeitungen von 1946: »Westfalen-Zeitung« (CDU), »Freie Presse« (SPD) und »Volks-Echo« (KPD).

Am 10. April 1945 wurde Hannover von amerikanischen Truppen eingenommen, bereits am 19. April 1945 beschlossen Dr. Kurt Schumacher und eine Reihe weiterer Sozialdemokraten, ihre Partei wieder aufzubauen. Dies erfolgte am 6. Mai 1945 in der Gründungsversammlung des SPD-Ortsvereins Hannover, in der der erst seit einigen Wochen aus dem KZ befreite Dr. Kurt Schumacher eine programmatische Rede hielt.

Dieser Vorgang ist in zweifacher Hinsicht bemerkenswert: Einmal setzte fast unmittelbar nach dem Zusammenbruch der nationalsozialistischen Herrschaft die Wiedergründung der SPD ein, ohne die hierzu notwendige Erlaubnis der Militärbehörden zur Bildung von Parteien abzuwarten. Zum anderen war Dr. Kurt Schumacher von Anfang an bis zu seinem Tode am 20. August 1952 die führende Gestalt der deutschen Sozialdemokratie.

Anfang Oktober 1945 war die Organisation der SPD mit ihren vor 1933 bestandenen Parteibezirken im wesentlichen wiederhergestellt. Vielerorts lag der Mitgliederbestand weit über dem der Zeit vor 1933. Auch das Organisationsnetz war weit über den Stand der Weimarer Republik ausgebaut worden, Ende 1946 bestanden im Westzonengebiet über 8.000 sozialdemokratische Ortsvereine, fast 3.000 mehr als im Jahre 1931. Im Herbst 1945 hatten sich auch die SPD-Bezirke Mittelrhein, Niederrhein und Westliches und Östliches Westfalen wiedergegründet.

Am 9. Mai 1946 traten in Hannover die Abordnungen aus den drei Westzonen und aus Berlin zum Vereinigungsparteitag zusammen. Einstimmig wurde Dr. Kurt Schumacher zum ersten Vorsitzenden gewählt. Schumacher war ein kompromißloser Gegner der von der KPD gewünschten Verschmelzung mit der SPD zu einer „Einheitspartei“. Daher scheiterte der Versuch der KPD, die mit terroristischen Methoden und Unterstützung der sowjetischen Militärverwaltung in der Ostzone eingeführte Zwangsvereinigung von SPD und KPD zur »Sozialistischen Einheitspartei Deutschlands« auch auf die Westzonen zu übertragen.

Im Kreis Lübbecke verfügte die SPD schon lange vor 1933 über eine intakte Parteiorganisation im Rahmen des SPD-Unterbezirks Minden-Lübbecke.

Die Partei nahm noch an der letzten Reichstagswahl am 5. März 1933, allerdings unter sehr erschwerten Bedingungen, teil. So war die »Weser-Warte«, die Zeitung der Sozialdemokratie, bereits verboten, auch der Wahlkampf war durch die Maßnahmen der Hitler-Regierung bereits stark eingeschränkt. Diese Wahl endete mit einem überwältigenden Wahlsieg der NSDAP im Kreis Lübbecke mit 71,4% der Stimmen. Kurz danach wurde die SPD verboten, ihr Vermögen beschlagnahmt, ihre Zeitungen aufgelöst, und die Parteiführung mußte in das Exil flüchten. Zahlreiche Lübbecker Sozialdemokraten wurden in „Schutzhaft“ genommen und büßten ihre politische Gesinnung in den Kellern der Gestapo in Bielefeld. Einer von ihnen, Karl Haddewig, wurde nach ständiger politischer Überwachung 1944 verhaftet und in das „Arbeitserziehungslager“ Lahde eingeliefert und dort so mißhandelt, daß er kurze Zeit später starb.

Viele der früheren SPD-Parteimitglieder mit ihren Familien mußten nun die Folgen ihrer politischen Haltung spüren, sie wurden an ihren Arbeitsplätzen und in ihrem Bekanntenkreis von Spitzeln der NSDAP überwacht. Hierüber gibt es zahlreiche Berichte. Vorsicht war das Gebot der Stunde, verständlich also, daß man auf die Befreiung von diesem politischen System wartete.

Wer von den alten Parteimitgliedern überlebt hatte und nach dem Zusammenbruch aus dem Krieg wieder in die Heimat zurückgekehrt war, konnte nun wieder ohne die Angst vor Entdeckung mit Gleichgesinnten sprechen und Kontakte pflegen. Im Sommer 1945 hatten sich die Mitglieder der SPD wieder gesammelt, obwohl eine organisatorische Bindung noch nicht gestattet war. Ende August bestanden auf Bezirksebene bereits fertige Pläne für die organisatorische Gliederung der Partei. Es waren 6 Unterbezirke vorgesehen, die inzwischen mit 60 früheren Ortsgruppen Verbindung aufgenommen hatten. Angeknüpft wurde selbstverständlich an die Vorkriegsorganisation und so bildeten die alten SPD-Mitglieder vor 1933 wieder den Grundstock der Parteiorganisation. Deutlich wird dies am Beispiel des Ortsvereins Gehlenbeck. Die 7 Mitglieder, die den Ortsverein wiedergründeten, hatten sich schon im Herbst 1945 zu Zusammenkünften getroffen. Bekannt sind davon heute noch (in Klammern das Eintrittsdatum): Fritz Kammann (1930), der Vorsitzende ab 1946, Wilhelm Lömker (1898), Heinrich Bekemeier (1925), Fritz Soldato (1924), Heinrich Finke (1924) und Wilhelm Kleine (1924). Alle Gründungsmitglieder waren bereits vor 1933 Mitglieder gewesen. 1947 hatte der Ortsverein 43 Mitglieder durch weitere Rückkehrer aus der Zeit vor 1933, aber auch in der Überzahl durch neue Mitgliederwerbungen.

Wesentliche Impulse für die Wiederbegründungsbemühungen auf Bezirksebene kamen von Reichsminister a. D. Carl Severing, der nach seiner Entlassung im Jahre 1933 in Bielefeld gelebt und nicht vor den Nationalsozialisten emigriert war, mehrfach jedoch flüchten mußte. Severing, der einen fast schon legendären Ruf genoß, richtete am 31. Juli 1945 zum Jahrestag der Reichstagswahl am 31. Juli 1932 eine ergreifende Rundfunkansprache an das deutsche Volk, die von der britischen Rundfunkgesellschaft und vom Hamburger Sender verbreitet wurde. In seiner Ansprache beschwor er die Rolle der Sozialdemokratie im Kampf gegen den Nationalsozialismus bis 1933 und stellte Versprechen und Wirklichkeit des nationalsozialistischen Staates mit seinem schrecklichen Ende gegenüber und sprach sich für die Demokratie als einzige würdige Staatsform des deutschen Volkes aus.

Minister a. D. Carl Severing aus Bielefeld, erster Bezirksvorsitzender der SPD.

Er war es, der am 16. Dezember 1945 auf der ersten Bezirkskonferenz der SPD in Herford sprach, auf der bereits 130 Teilnehmer aus 40 Orten anwesend waren. Auch auf den Gründungsversammlungen der SPD in Herford, am 7. September 1945, in Bielefeld am 26. Oktober 1945 und am 14. Dezember 1945 in Minden sprach der greise Severing mit der Erfahrung seines langen Lebens als unermüdlicher Vorkämpfer für die Idee des demokratischen Sozialismus.

Gründung der SPD. in Lübbecke

Am 2. Dezember wurde in den Bürgerpark-Lichtspielen zu Lübbecke die Sozialdemokratische Partei für den Kreis Lübbecke in festlicher Kundgebung neu gegründet. Willi Michel, Minden, der bis 1933 Parteisekretär war, begrüßte im Auftrage des Vorsitzenden des Kreisvereins Lübbecke, Christian Rosenbohm, die Versammelten. Im Mittelpunkt der Gründungsfeier stand die Ansprache des früheren Reichstagsabgeordneten Carl Schreck, Bielefeld.

Notiz über die Gründung der SPD am 2. Dezember 1945 in der »Neuen Westfälischen Zeitung«.

In diesem Rahmen fügt sich auch die Wiedergründung der SPD im Kreis Lübbecke ein. Dieser historische Tag fand am 4. Dezember 1945 in den Räumen der Bürgerpark-Lichtspiele in Lübbecke statt. Etwa 500 Frauen und Männer aus allen Teilen des Kreises Lübbecke, überwiegend frühere Parteimitglieder, hatten sich zur Wiedergründung zusammengefunden. Eröffnet wurde die Veranstaltung durch den Mindener Landrat Willi Michel, vielen aus der Zeit vor 1933 bekannt. Er war bis zur Machtergreifung der Nationalsozialisten Parteisekretär der SPD im Unterbezirk Minden-Lübbecke. Michel und viele andere sahen sich seit 1933 erstmalig wieder, verständlich, daß dies ein Tag der Solidarität, der Erinnerungen mit einer großen Aufbruchstimmung nach der Befreiung vom Nationalsozialismus wurde.

Umrahmt wurde die Veranstaltung durch eine Musikkapelle, einen Volkschor und Rezitationen. Höhepunkt der Zusammenkunft bildete eine Ansprache des früheren Reichstagsabgeordneten Carl Schreck, der schon vor 1933 im Kreis Lübbecke sehr bekannt war und hier seine früheren Mitkämpfer wiedertraf.

Als Kreisvorsitzender wurde Christian Rosenbohm gewählt. Er war ein alter Sozialdemokrat aus der Zeit weit vor 1933 und damals schon Vorsitzender der SPD-Ortsgruppe Lübbecke. Beschäftigt war er bei der Stadt Lübbecke, wurde aber wegen seiner politischen Gesinnung 1933 nach der Machtergreifung entlassen und von der NSDAP politisch überwacht. 2. Vorsitzender wurde Heinrich Hülsmeier, Lübbecke; 1. Beisitzer Heinrich Diekmann, Lübbecke, und 2. Beisitzer Erwin Klute, Lübbecke.

Nach dem Einmarsch der alliierten Truppen war er Ansprechpartner für Informationen über die politischen Verhältnisse. Christian Rosenbohm und Heinrich Hülsmeier, der frühere Gewerkschaftsvorsitzende, wurden neben anderen als „Vertreter der politischen Parteien“ zu Besprechungen am 27. Oktober 1945 in das Lübbecker Rathaus gebeten und sicherlich auch vom örtlichen Militärkommandanten als Vertreter der SPD akzeptiert.

Neben Rosenbohm und Hülsmeier waren noch Heinrich Strieker aus Rahden und Fritz Schilling aus Lübbecke führende Vertreter der SPD nach 1945, beide alte Parteimitglieder vor 1933.

Strieker war vor 1933 schon Mitglied der SPD-Orts-

Christian Rosenbohm, Lübbecke, erster Kreisvorsitzender der SPD nach 1945.

gruppe Rahden und auch hervorstechender Mitarbeiter der »Weser-Warte«, der sozialdemokratischen Zeitung aus Minden, die auch im Kreis Lübbecke gelesen wurde. Wegen seiner Gesinnung wurde Strieker 1933 in Rahden von den Nationalsozialisten verhaftet und erst nach zwei Wochen wieder freigelassen. Er stand fortan unter politischer Beobachtung. Nach dem Zusammenbruch stellte er sich sofort wieder in den Dienst der Allgemeinheit. Er gehörte dem ersten, von der Besatzungsmacht ernannten Kreistag an und wurde stellvertretender Landrat. Besonders nahm er sich der Wiederbegründung des SPD-Kreisvereins an.

Fritz Schilling gehörte bereits seit 1925 der SPD an und war von 1929 bis 1933 Stadtverordneter der Stadt Lübbecke. Bis zur Machtergreifung war er auch Vorsitzender des Gesamtbetriebsrates der August Blase AG, damals eine der größten Zigarrenfabriken Deutschlands. Er wurde nach dem Zusammenbruch Anfang 1946 bei der Wiedergründung des SPD-Ortsvereins Lübbecke dessen Vorsitzender.

Obwohl sich viele Sozialdemokraten schon im Herbst 1945 zusammengefunden hatten, erfolgte die Wiedergründung der Ortsvereine erst nach dem Gründungstermin des Kreisvereins ab Anfang 1946. Im ersten Quartal 1946 bestanden bereits die SPD-Ortsvereine Schnathorst, Hüllhorst, Holsen, Tengern, Oberbauerschaft, Preußisch Oldendorf, Rahden, Lübbecke, Gehlenbeck, Alswede und Nettelstedt.

Diese organisatorische Aufbauleistung war im wesentlichen Heinrich Strieker, dem späteren ersten Kreisgeschäftsführer zu verdanken. Unermüdlich war dieser Mann per Bahn oder Fahrrad und auch zu Fuß im Kreisgebiet unterwegs, um in den einzelnen Ortschaften die Wieder- oder Neugründung der SPD-Ortsvereine in die Wege zu leiten.

Ein Beispiel ist der SPD-Ortsverein Holzhausen. Hier war es noch nicht Anfang 1946 zu einer Wiedergründung gekommen. Strieker hatte ein sicheres Gespür für geeignete Persönlichkeiten in der SPD, er veranlaßte Heinrich Hüffmeyer in Holzhausen mit ihm zusammen die notwendigen Vorbereitungen für die Wiedergründung des SPD-Ortsvereins Holzhausen zu treffen, die dann im März 1946 stattfand. Strieker führte damit Hüffmeyer in die politische Arbeit ein, der sein späterer Nachfolger als Kreisgeschäftsführer wurde.

Am 3. April 1946 erschien auch im Kreis Lübbecke die von Carl Severing gegründete »Freie Presse« als Nachfolger der 1933 verbotenen sozialdemokratischen »Volkswacht« in Bielefeld und »Weser-Warte« in Minden. Heinrich Strieker arbeitete vom Beginn des Erscheinens an der Verbreitung und im redaktionellen Teil mit. Ihrer politischen Herkunft entsprechend berichtete die Zeitung mit ihrem Lübbecker Lokalteil fast ausschließlich über die Politik der SPD. Die anderen Parteien kamen überhaupt nicht oder nur verzerrt zu Wort.

Am 29. April 1946 wurde auf dem Bezirksparteitag der SPD in Bielefeld unter dem stürmischen Jubel der 1.500 Delegierten und Gäste Carl Severing zum Vorsitzenden des SPD-Bezirks Ostwestfalen und Lippe gewählt. Mitglied des Bezirksvorstandes wurde auch Heinrich Strieker aus Rahden. Die SPD konnte im Kreis Lübbecke keinen besseren für das Amt eines hauptamtlichen Kreisgeschäftsführers finden als Heinrich Strieker. Ab dem 20. November 1946 wurde das Unterbezirkssekretariat im Haus Blüttenstraße Nr. 6 in

Fritz Schilling, Nachfolger von Christian Rosenbohm als Kreisvorsitzender der SPD ab März 1947 und Landtagsabgeordneter ab 1950.

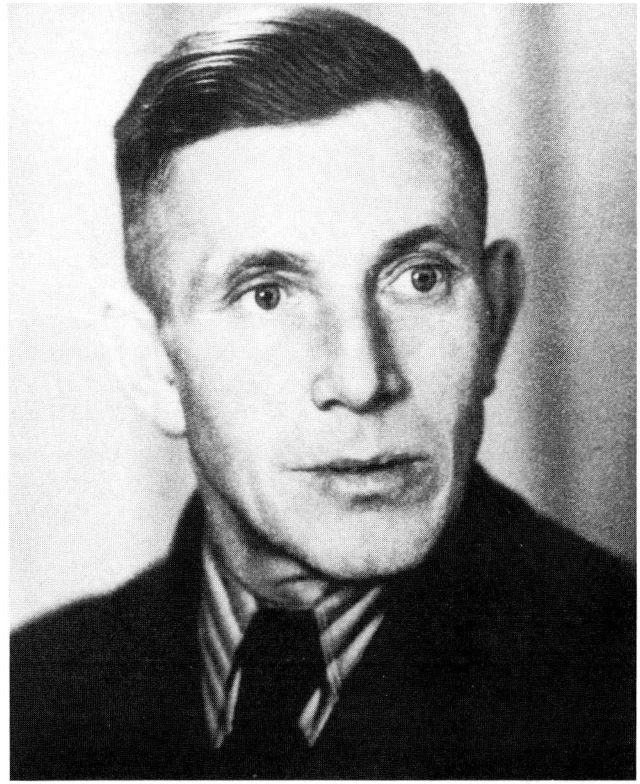

Heinrich Strieker aus Rahden, erster Kreisgeschäftsführer der SPD und stellvertretender Landrat seit 1946.

Lübbecke eingerichtet, in dem auch die Gewerkschaften ansässig waren.

Ende 1946, also ein Jahr nach Gründung des Kreisvereins, hatte die SPD im Kreis Lübbecke bereits 20 Ortsvereine (in Klammern die Namen der Vorsitzenden): Lübbecke (Fritz Schilling), Rahden (Heinrich Strieker), Nettelstedt (Heinrich Oevermann), Oberbauerschaft (Wilhelm Oevermann), Gehlenbeck (Fritz Kammann), Börninghausen (Hermann Rabe), Holsen (Karl Struckmeier), Tengern (Wilhelm Niermann), Schnathorst (Christian Kuhlmeier), Holzhausen (Heinrich Niehaus), Isenstedt (Hermann Schuhmacher), Oppenwehe (Wilhelm Kröger), Dielingen (Otto Gülker), Frotheim (Friedrich Bünemann), Hüllhorst (Karl Bökenkröger), Alswede (Wilhelm Vullriede), Blasheim

(Karl Otte), Levern (Heinrich Rosenstock), Destel (Christian Rosenbohm) und Preußisch Oldendorf (Richard Schulz).

Die SPD hatte damit weitaus mehr Ortsvereine als in der Zeit vor 1933 und war insbesondere jetzt auch im Nordkreis vertreten.

An die Erfolge ihrer Organisation konnte die SPD bei den Wahlen nicht anknüpfen. Schon bei dem durch die Besatzungsmacht ernannten Kreistag befand sich die Partei in der Minderheit. Bei der Kreistagswahl am 13. Oktober 1946 änderte sich nicht viel, die CDU erhielt bei 65.683 Stimmen 35 Sitze und die SPD bei 39.235 Stimmen nur 7 Sitze, eine Folge des britischen Wahlsystems.

Die Kommunisten waren im Kreistag überhaupt nicht zum Zuge gekommen. Sie warben in offenen Briefen, insbesondere vor der Kommunalwahl, für eine Fusion mit der SPD in einer „antifaschistischen und demokratischen Einheitsfront". Diese Bestrebungen wurden jedoch von der SPD scharf abgelehnt, darunter auch von Minister a. D. Carl Severing auf einer Wahlkundgebung in Lübbecke im September 1946. Neuaufzunehmende Mitglieder wurden besonders darauf überprüft, ob bei ihnen mit einer kommunistischen Unterwanderung zu rechnen war. Auf der anderen Seite konnte auch eine Mitgliedschaft in der NSDAP zur Unvereinbarkeit mit der SPD-Mitgliedschaft führen, nur bei eindeutig bekannten Mitläufern wurden Ausnahmen gemacht.

Geschäftsstelle der SPD im Haus Blüttenstraße Nr. 6 in Lübbecke ab dem 20. November 1946.

Sozialdemokratische Partei
Unterbezirk Lübbecke

Verzeichnis der Ortsvereine im Kreise Lübbecke

Ortsverein Lübbecke
Vorsitzender Fritz Schilling, Lübbecke, Hinter der Mauer Nr. 5

Ortsverein Rahden
Vorsitzender Heinrich Strieker, Rahden, Weher Straße Nr. 327

Ortsverein Nettelstedt
Vorsitzender Heinrich Oevermann, Nettelstedt Nr. 241

Ortsverein Oberbauerschaft
Vorsitzender Wilhelm Oevermann, Oberbauerschaft Nr. 101

Ortsverein Gehlenbeck
Vorsitzender Fritz Kammann, Gehlenbeck Nr. 356

Ortsverein Börninghausen
Vorsitzender Hermann Rabe, Börninghausen Nr. 38

Ortsverein Holsen
Vorsitzender Wilhelm Viermann, Tengern Nr. 208

Ortsverein Schnathorst
Vorsitzender Christian Kuhlmeier, Schnathorst Nr. 56

Ortsverein Holzhausen
Vorsitzender Heinrich Niehaus, Holzhausen-Heddinghausen Nr. 103

Ortsverein Isenstedt
Vorsitzender Hermann Schuhmacher, Isenstedt Nr. 287

Ortsverein Oppenwehe
Vorsitzender Wilhelm Kröger, Oppenwehe b. Nr. 16

Ortsverein Dielingen
Vorsitzender Otto Gülker, Dielingen

Ortsverein Frotheim
Vorsitzender Friedrich Bünemann, Frotheim Nr. 262

Ortsverein Hüllhorst
Vorsitzender Wilhelm Vullriede, Alswede Nr. 209

Ortsverein Blasheim
Vorsitzender Karl Otte, Blasheim-Obermehnen Nr. 64

Ortsverein Levern
Vorsitzender Heinrich Rosenstock, Levern Nr. 115

Ortsverein Destel
Vorsitzender Christian Rosenbohm, Destel Nr. 34

Ortsverein Pr. Oldendorf
Vorsitzender Richard Schulz, Preuß. Oldendorf, Jahnstraße Nr. 213

(21a) Lübbecke, den 6. 12. 46

Sozialdemokratische Partei Deutschlands
Bezirk Ost-Westfalen-Lippe

Bezirkssekretariat
Bielefeld, Arndtstraße 8 III

(21a) Bielefeld, **den 8. März 1947**

De/He

An alle Unterbezirke!

Werte Genossen!

Der Sopade Informationsdienst veröffentlicht eine Bilanz der sogenannten alten Garde, des Zentralkomitees der bolschewistischen Partei von 1917. Die Mitglieder dieses Komitees sind zum großen Teil hingerichtet oder vermißt.

Ich habe es für nötig gehalten, Euch dies mitzuteilen, weil in der jetzigen politischen Situation unsere Freunde von links mit dem Gedanken der Diktatur des Proletariats spielen. Im Wahlkampf wird es wesentlich sein, daß wir auch darauf hin weisen, wohin diese Diktatur in ihrer menschlichen Auswirkung führt.

Ein Wort von Lenin aus dem Jahre 1905 möchte ich allen Diktaturanhängern ins Gedächtnis zurückrufen:
"Ohne politische Freiheit werden alle Formen der Arbeiter-Vereinigung ein Betrug bleiben. Das Proletariat wird wie bis jetzt im Gefängnis bleiben."

Ich glaube, daß ich mit dieser Mitteilung unseren Rednern im Bezirk eine Waffe in die Hand gegeben habe, die sich gegen solche Diskussionsredner richten soll, die glauben, durch eine Diktatur aus der heutigen Misere herauszukommen.

<u>Das Zentralkomitee der bolschewistischen Partei 1917</u>

Artem gestorben	Berzin vermißt	Bubnow vermißt	Bucharin hingerichtet
Dserschinski gestorben	Joffe Selbstmord	Kamenjew hingerichtet	Kollontai überlebend
Krestinski hingerichtet	Lenin gestorben	Lomow vermißt	Miljutin vermißt
Muranow vermißt	Nogin gestorben	Rykow hingerichtet	Schomyan gestorben
Sinowjew hingerichtet	Smilga hingerichtet	Sokolnikow im Gefängnis	Stalin überlebend
Stassowa vermißt	Swerdlow gestorben	Trotski ermordet	Uritski gestorben

Mit sozialistischem Gruß!

Sozialdemokratische Partei
Bezirk Ost-Westfalen-Lippe

Abgrenzung der SPD gegenüber der KPD.

In einigen Fällen kam es nach dem Zusammenbruch und der Wiedergründung der Partei auch zu einer Abrechnung mit dem Nationalsozialismus vor Ort. In Preußisch Oldendorf erschien den Sozialdemokraten die weitere Existenz der „Adolf-Hitler-Eiche" mit dem darunterliegenden Gedenkstein am Kriegerdenkmal im Offelter Berg undenkbar.

Unter der von den Sozialdemokraten gefällten „Hitler-Eiche" lag der Gedenkstein an die Machtergreifung, der 1946 heimlich den Berg hinuntergestürzt wurde.

Die „Adolf-Hitler-Eiche" wurde durch die Oldendorfer Sozialdemokraten unter Führung ihres Bürgermeisters Ludwig Hilling gefällt. Als der Stein mit der Inschrift von den Engländern gesprengt werden sollte, befürchteten einige Anlieger Schäden und ließen den Stein nachts heimlich den Berg herunterrollen, wo er vor einigen Jahren gefunden wurde.

Auf der Generalversammlung des SPD-Kreisvereins Lübbecke am 9. März 1947 wurde ein neuer Vorstand gewählt.

1) Fritz Schilling, Lübbecke, 1. Vorsitzender
2) Fritz Kammann, Gehlenbeck, 2. Vorsitzender
3) Heinrich Strieker, Rahden, Kassierer und Kreisgeschäftsführer
4) Fritz Jahns, Lübbecke, Schriftführer
5) Willi Pollheide, Lübbecke, Revisor
6) Walter Schrewe, Lübbecke, Revisor
7) Erwin Klute, Lübbecke, Revisor

Christian Rosenbohm stand aus gesundheitlichen Gründen nicht mehr für das Amt des 1. Vorsitzenden zur Verfügung, er war seit 1922, mit Unterbrechung von 1933 bis 1945, Kreisvorsitzender gewesen.

Die Landtagswahl am 22. Januar 1947 ging für die SPD verloren. Ihr Kandidat Heinrich Strieker unterlag dem von der CDU aufgestellten Universitätsprofessor Dr. Hans-Erich Stier aus Münster.

Anfang Juni 1948 starb Christian Rosenbohm. Damit hatte die SPD des Kreises Lübbecke eine ihrer profiliertesten Persönlichkeiten aus der Weimarer Zeit verloren.

Bei der Kreistagswahl am 17. Oktober 1948 errang die SPD 12 Sitze im Kreistag, während die CDU die Mehrheit mit 14 Sitzen erhielt; andere Parteien waren nicht vertreten.

Im Jahre 1949 hatte die SPD 24 Ortsvereine im Kreis gegenüber 20 Ende 1946. Hinzugekommen waren Preußisch Ströhen, Varl-Varlheide, Wehdem und Haldem.

Überraschend starb in den Mittagsstunden des 11. August 1949 Heinrich Strieker, ein großer Verlust für die Sozialdemokratie im Kreis Lübbecke. Ihm hatte die Partei im wesentlichen den Aufbau der Parteiorgani-

Flüchtlinge, prüft und zieht Vergleiche!

Was wurde euch vor der Bundestagswahl von den Regierungsparteien versprochen? Was wurde gehalten?

Was wurde aus dem Lastenausgleich?

Der Lastenausgleich soll auf die Dauer von 25 Jahren verteilt werden. Man will euch also mit Bettelpfennigen abspeisen.

Wir Sozialdemokraten verlangen einen Lastenausgleich, der euch eine angemessene Existenz sichern soll. Er soll verbunden sein mit einer **großzügigen Arbeitsbeschaffung** und einem **wirksamen Wohnungsbauprogramm.**

Die **Arbeitslosigkeit** hat unerträgliche Ausmaße angenommen. Das so groß angekündigte **Wohnungsbauprogramm steht** bis heute **auf dem Papier.** Ihr aber sitzt nach wie vor in Elendsquartieren.

Prof. Erhard erklärte kürzlich, daß er mit **keiner Erhöhung** der Arbeitslosenzahlen im Herbst rechne. Das bedeutet eine ständige Arbeitslosigkeit von 1,5 bis 1,7 Millionen Menschen, unter der **besonders die Flüchtlinge** zu leiden haben werden.

Was hat euch die CDU zu diesen Problemen zu sagen?

Aus Mangel an konstruktiven Ideen läßt man kurz vor der Wahl den Kulturkampf wieder aufleben und will uns ein Schulgesetz aufoktroyieren, das in seiner Rückschrittlichkeit einmalig ist und neue große Verwaltungskosten verursacht. Durch diese Schulreform werden die **Gegensätze** zwischen den **Alteinwohnern und Flüchtlingen** noch **weiter vertieft werden.**

Die SPD lehnt eine konfessionelle Spaltung der Schulen ab; sie erstrebt einen Ausgleich der Gegensätze.

Und nun zur Lage im Kreis Lübbecke!

Erinnert ihr euch, daß es immer wieder die sozialdemokratische Fraktion des Kreistages war, die der Wohnungsnot zu Leibe rückte, die energische Maßnahmen zur Behebung der Wohnungsnot verlangte und eine Beseitigung der Elendsbaracken, der „Starkästen" in Gestringen, Fabbenstedt und Pr. Ströhen forderte?

Aber von Monat zu Monat wurde die wirksame Abhilfe verschleppt.

Ist kein Geld dafür vorhanden?

Mit eigenen Augen seht ihr täglich, daß für neue Geschäftsräume und Wirtschaftsgebäude, für alle persönlichen Wünsche der Besitzenden, Warenhorter und Währungsgewinnler genügend Geld da ist.

Warum wird für euch so wenig getan?

Wenn in **Espelkamp** endlich Kredite zum Aufbau zur Verfügung stehen, dann ist dies allein der **Initiative der sozialdemokratischen Abgeordneten Deppermann und Dr. Bleiß** zuzuschreiben.

Habt Ihr schon **einmal** gehört, daß die CDU etwas für Espelkamp oder die Industrialisierung unseres Kreises getan hat? Nein! Im Gegenteil! Man will die jetzige Struktur des Kreises erhalten! Eine Erhaltung dieser Struktur bedeutet aber, daß mehr als 20 000 **Flüchtlinge und Ausgebombte in unserem Kreis weiter in großer Not leben müssen. Ist das christlich?**

Wird hier das Gebot der Nächstenliebe erfüllt?

Wir Sozialdemokraten wollen bauen, um jedem eine angemessene Wohnung zu schaffen und einen Arbeitsplatz zu sichern.

Durch Initiative unseres sozialdemokratischen Kandidaten Fritz Schilling erhielten — durch Umbau eines ehemaligen Verwaltungsgebäudes des Lufttanklagers in Pr. Oldendorf — 30 Flüchtlingsfamilien eine menschenwürdige Wohnung.

Eine ähnlich aktive Flüchtlingsfürsorge können die sozialdemokratischen Vertreter in vielen Ämtern und Gemeinden nachweisen. Erinnert ihr euch des Wirkens von **Heinrich Strieker,** der immer dort zu finden war, **wo es galt, Not zu lindern** und Ungerechtigkeiten zu beseitigen?

Wer ist Fritz Schilling, der Kandidat der SPD?

Er ist Kreisvorsitzender der SPD Lübbecke und hat sich stets für die sozial schwachen Schichten mit ganzer Kraft eingesetzt. Im Vorstand der Kreissparkasse hat er immer wieder auf die Gewährung von Flüchtlingskrediten hingewirkt. Im Auftrage der Arbeiterwohlfahrt hat er immer wieder zur Linderung bitterer Not beigetragen. Als Werkmeister der Firma **August Blase** hat er sich für die Errichtung eines Zweigbetriebes in Espelkamp eingesetzt. Ein weiterer Betrieb soll demnächst in Haldem entstehen. Schilling ist entschlossen, alles zu tun, um neue Arbeitsplätze zu schaffen.

Fritz Schilling ist ein gläubiger Christ und Mitglied der Kirche. Alle antichristlichen Verleumdungen prallen an ihm ab. Christentum soll aber nach seiner Auffassung kein Lippenbekenntnis, sondern Dienst am Nächsten sein.

Unterstützt Fritz Schilling in seiner Arbeit! Gebt ihm einen größeren Wirkungskreis im kommenden Landtag! Erteilt ihm die Legitimation, für euch einzutreten!

Wählt am 18. Juni 1950 den Sozialdemokraten

Fritz Schilling!

Flugblatt für den SPD-Landtagskandidaten bei der Landtagswahl 1950.

sation in den Jahren 1945-47 zu verdanken. Sein Nachfolger im Amt des SPD-Kreisgeschäftsführers wurde der Kreistagsabgeordnete und Vorsitzende des SPD-Ortsvereins Holzhausen, Heinrich Hüffmeyer. Neuer stellvertretender Landrat wurde der Kreistagsabgeordnete und Bürgermeister von Preußisch Oldendorf Ludwig Hilling.

Bei der Landtagswahl am 18. Juni 1950 konnte die SPD mit ihrem Kandidaten Fritz Schilling aus Lübbecke den Wahlkreis gewinnen; der Kandidat der CDU, Ernst Dedert, erlitt eine Niederlage durch die Zersplitterung der Stimmen des bürgerlichen Lagers.

In der Generalversammlung des SPD-Unterbezirks Lübbecke am 4. März 1951 wurde der Vorstand im wesentlichen wiedergewählt. Fritz Schilling blieb 1. Vorsitzender. Die Mitgliederzahl der SPD betrug zu diesem Zeitpunkt 1.115 in 25 Ortsvereinen.

Bei der Übernahme der Geschäftsführung durch Heinrich Hüffmeyer war der organisatorische Wiederaufbau der SPD im Kreis Lübbecke im wesentlichen abgeschlossen.

In ihrer politischen Grundhaltung knüpfte die SPD an die Zeit vor 1933 an. Trotz des schnellen Wiederaufbaus ihrer, gegenüber 1933 bedeutend erweiterten Organisation gelang es ihr in den ersten Jahren nach 1946 nicht, im Kreis Lübbecke Mehrheiten auf Kreisebene und in vielen Amts- und Gemeindeparlamenten gegenüber der CDU zu erringen. Dies lag einmal an der von jeher konservativen Grundstruktur des Kreises Lübbecke, aber auch an der Notwendigkeit, sich gegen die KPD und ihre Umarmungsversuche auf das schärfste abzugrenzen, angesichts der Ereignisse im Ostblock. Diese Abgrenzung wurde von der Wählerschaft, insbesondere auch wohl von den vielen aus dem Osten kommenden Flüchtlingen, bei den Wahlen nicht immer richtig erkannt.

Heinrich Hüffmeyer, Nachfolger Striekers als SPD-Kreisgeschäftsführer seit 1949.

Die Frauen bringen die Entscheidung!

So sagte man zu Euch während des Krieges, als Frauen und Mädchen ohne Rücksicht auf ihr Alter und ihre Gesundheit, und ohne Rücksicht darauf, daß sie Hausfrauen und Mütter waren, gezwungen wurden, in den von Rauch und Dunst erfüllten Fabrikräumen Mordwerkzeuge herzustellen für den Krieg.

Die Frauen bringen die Entscheidung!

So sagten jene nationalsozialistischen Volksverderber, die sich nicht scheuten, das Letzte aus Frauen und Mädchen herauszupressen, als die Entscheidung des Krieges schon längst gefallen war.

Das Unglück, das der Nationalsozialismus namentlich über die Frauen gebracht hat, läßt sich in Worten nicht ausdrücken. Denkt immer daran, daß mehr als 300 000mal allein in Westfalen die Todesboten in die Häuser traten, um zu verkünden, daß der Sohn oder der Mann gefallen sei. Erinnert Euch daran, daß Ihr Tag und Nacht Euer armes Leben hinter Bunkermauern in Schutz bringen mußtet. Und wie oft lagen, wenn das nackte Leben gerettet war, Heim, Hab und Gut in Schutt und Asche. Denkt daran, daß mehr als 360 000 Menschen allein in Westfalen unter den Trümmern ihrer Wohnstätten einen qualvollen Tod gefunden haben. Das war das Ende von Versprechungen politischer Verbrecher, die Deutschland deswegen in dieses namenlose Unglück stürzen konnten, weil die Stimme der Sozialdemokratie:

Adolf Hitler bedeutet Krieg!
Adolf Hitler bedeutet Chaos!

von vielen Wählern nicht gehört wurde.

Oft hörte man in früherer Zeit den Ausdruck, die Frauen sollen sich um den Kochtopf kümmern und nicht um die Politik. Politik ist nicht nur Sache der Männer!

Nein, die Politik beginnt am Kochtopf der Frauen!

Wenn Ihr heute nicht wißt, wie Ihr Eure Lieben ernähren sollt, dann ist das eben eine Folge der falschen Politik. Um Eure Lieben sattzumachen, um das Glück Eurer Familien zu sichern, müßt Ihr Frauen und Mädchen Euch um die politischen Dinge des Staates kümmern. Es kann der Hausfrau nicht gleichgültig sein, welche Kosten der Lebensunterhalt erfordert. Nie wird eine Mutter gleichgültig bleiben, wenn es um die Zukunft ihrer Kinder geht oder gar durch Abseitsstehen dazu beitragen, daß nicht nur die Zukunft, sondern auch das Leben ihrer Liebsten abermals in Gefahr gebracht wird.

66 Prozent der Wähler sind Frauen! Diese Zahl macht deutlich, in welch außerordentlichem Maße der männermordende Krieg das Glück der Frauen zerstört hat. Millionen Mütter beklagen ihre Söhne, millionen Frauen betrauern ihren Gatten, millionen Kinder müssen die schützende Hand des Vaters entbehren. Millionen Frauen müssen selbst für den Familienunterhalt sorgen und allein ihre Kinder erziehen. Millionen Mädchen werden nie ihren Wunsch erfüllt sehen, an der Seite eines Gatten gemeinsam durchs Leben zu gehen. Milliarden Tränen sind geweint worden.

Aber aus dieser blutigen Saat soll ein neues Geschlecht erwachsen, das zukunftsgläubig das Schicksal Deutschlands in die Hände nehmen wird, unter der großen menschheitsbeglückenden Idee

Wir wollen Kämpfer sein für den Frieden!
Wir wollen Kämpfer sein für die Menschlichkeit!

Frauen, gebietet Eurem Geschick!
Bestimmt das Schicksal Eurer Familie und Eures Volkes!

Das ist nicht nur Euer Recht, das ist Eure Pflicht! Ihr seid Euch Eurer großen Verantwortung bewußt, wenn Ihr am 15. September und 13. Oktober Eure Stimme abgebt —

für die Kandidaten der Sozialdemokratie!

Aufruf der SPD zur Wahrnehmung des Wahlrechtes der Frauen.

Sozialdemokratie und Christentum

Ein Wort an die Wähler!

Unser Volk ist in tiefster Not, das Land blutet aus tausend Wunden. Die zerstörten Städte und die verwüsteten Felder führen uns täglich die schwere Aufgabe vor Augen, aus den Trümmern neue Wohnstätten zu schaffen und die verwüsteten Fluren und die ausgezehrten Felder wieder für ein besseres Wachstum bereitzumachen, wenn nicht Hunger und Seuchen unser Volk mit weiteren Leiden und Qualen heimsuchen sollen.

Es gibt kaum eine Familie, die nicht durch den Krieg **einen Angehörigen verloren** hat oder in der nicht ein **Kriegsbeschädigter** an die Schrecken dieses grausamsten aller Kriege erinnert. Der Trost, den wir diesen Familien spenden können und müssen, darf sich nicht auf Worte beschränken. Auch die Not der **Flüchtlinge** ist groß. — Man braucht nur diese wenigen Dinge aufzuzählen, um die Größe der Aufgabe zu erkennen, die das Volk zu bewältigen hat.

Auch aus der **seelischen und moralischen Not** müssen wir heraus. Was uns die Naziherrschaft in so überreichem Maße bescherte, Machtrausch und Unduldsamkeit, Herabsetzung des Menschenwertes und der Menschenwürde, Haß und Verwilderung der Sitten, Schmähung der politischen Ueberzeugung und der religiösen Bekenntnisse, — das ist keineswegs schon gänzlich weggeräumt.

Auch heute noch vergiftet eine seelische und moralische Barbarei unser Volksleben

Wir ereifern uns darüber nicht. Wir wissen, daß man aus der Knechtschaft nicht mit einem Satze in die Freiheit springen kann. Was sich in 12 Jahren Naziherrschaft wie eine chronische Krankheit in den Volkskörper eingefressen hat, kann nicht durch einen einzigen chirurgischen Eingriff zur Heilung gebracht werden, das kann nur allmählich gesunden. Das Tempo hängt von der Einsicht und der Einigkeit des Volkes ab.

Man sollte meinen, daß das auch jetzt im Wahlkampf von allen beachtet würde, die in der Oeffentlichkeit am Wiederaufbau Deutschlands mitarbeiten wollen. Das ist leider nicht überall festzustellen. Was die politischen Parteien und wirtschaftlichen Gruppen heute für den Wiederaufbau Deutschlands an Vorschlägen unterbreiten, sind konkrete Maßnahmen, die den Erfordernissen des Tages Rechnung tragen, zur Erfüllung von Forderungen also, die heute meist wirtschaftlicher Natur sind.

Es ist darum mißlich und mißverständlich zugleich, bei Erörterungen dieser Dinge von religiösen oder überhaupt von Weltanschauungsfragen zu sprechen

Wer es trotzdem tut, setzt sich dem Verdacht aus, **das Wasser der religiösen Bewegung auf seine politischen Mühlen leiten zu wollen.** Dagegen gilt es, Front zu machen, denn diese Bestrebungen führen zu einer Vergiftung des politischen Kampfes, die das Tempo des Wiederaufstiegs nur verlangsamen kann. Eine Verquickung des Christentums oder einer anderen Weltanschauung mit der Lösung politischer und wirtschaftlicher Tagesfragen bringt sowohl die Religion wie auch die Politik in Mißkredit.

Es ist jetzt eine Partei erstanden, die sich christlich und demokratisch nennt. Dagegen ist an sich nichts zu sagen, obgleich auch hier die Gefahr naheliegt, daß die Verbindung von christlich und demokratisch sowohl dem Ansehen des Christentums, als auch dem Wesen der Demokratie schadet. Aber einzelne Wortführer dieser Partei tun so, als ob sie

das Christentum in Erbpacht

genommen hätten, als ob sich Christen nur in ihren Reihen befänden. Diese Anmaßung zurückzuweisen, haben alle Parteien die Pflicht, die das Christentum nicht vor ihren Propagandakarren spannen wollen.

Wir Sozialdemokraten haben schon seit Jahrzehnten betont, daß wir bei der Durchführung unserer wirtschaftlichen Grundsätze jede Verquickung mit der Religion für schädlich halten.

Damit nehmen wir nicht gegen die Religion Stellung

Wir überlassen die Pflege der Religion dem einzelnen Staatsbürger und den einzelnen religiösen oder weltanschaulichen Gemeinschaften, den Kirchen, den religiösen Gemeinden und Verbänden. Die religiöse Gesinnung und Empfindung ist keine politische Angelegenheit, keine Sache eines Parteiprogramms, **sondern die Gewissensangelegenheit jedes einzelnen Menschen. Man kann darum ein frommgläubiger Christ, ein strenggläubiger Katholik und doch zugleich ein überzeugter Sozialdemokrat sein.**

Was wir heute in der politischen Arena auszufechten haben, sind fast ausschließlich wirtschaftliche Fragen. Die Religion hat es mit übersinnlichen Fragen zu tun, also mit Dingen, die nicht greifbar sind und von den Menschen, je nach ihrer Erziehung, ganz verschieden beantwortet werden. Wem

Flugblatt der SPD zum Thema „Christentum und Sozialismus".

Die Gründung der Christlich-Demokratischen Union (CDU)

Die Gründung der CDU verlief in ganz anderen Bahnen als die der anderen Parteien, z. B. der SPD und KPD. Sie konnte nicht wie diese Parteien auf eine vor 1933 vorhandene Organisation zurückgreifen, deren frühere Mitgliedschaft nun den Grundstock des Wiederaufbaus bildete und in der Aufbruchstimmung der Befreiung vom Nationalsozialismus viele andere mitriß.

Dabei war die Idee einer konfessionell ungebundenen christlichen Volkspartei sicherlich älter als das Stichjahr 1945, denn schon in der Weimarer Republik hatte es verschiedene Ansätze zur Gründung einer nationalen christlichen Partei gegeben. Die gemeinsame Unterdrückung und Verfolgung evangelischer und katholischer Christen in der Zeit des Nationalsozialismus förderte diese Entwicklung und so bedurfte es nach dem Zusammenbruch keiner weiteren zentralen organisatorischen Vorbereitung, um diesen Gedanken in vielen Teilen Deutschlands in die Tat umzusetzen.

Der Aufbau der CDU als Bundespartei erfolgte über die Länder. In Berlin ging die Initiative von dem früheren Reichsminister Dr. Andreas Hermes aus, der in seinem Haus ehemalige Zentrumsfreunde, Mitglieder der Demokratischen Partei und parteipolitisch nicht gebundene Frauen und Männer um sich versammelte, unter ihnen auch Jacob Kaiser, Ernst Lemmer und Bischof D. Otto Dibelius. Am 26. Juni 1945 wurde der am 17. Juni 1945 beschlossene Aufruf zur Gründung der »Christlich Demokratischen Union Deutschlands« mit den Unterschriften von 35 Frauen und Männern veröffentlicht.

Im westlichen Teil Deutschlands fand in Essen am 3. Juni 1945 eine Konferenz unter Beteiligung von Katholiken und Protestanten statt, unter ihnen auch der Paderborner Diözesanpräses Kaspar Schulte, Gustav Heinemann und Dr. Friedrich Holzapfel.

Am 17. Juni 1945 fand im Rheinland im Kolpinghaus in Köln eine Veranstaltung mit dem Ziel einer christlich-demokratischen Parteigründung statt, auf der Dr. Leo Schwering, von 1921 bis 1932 Zentrumsabgeordneter, ein Referat hielt. Eine unter seinem Vorsitz tagende Programmkommission publizierte ab dem 30. Juni 1945 die „Kölner Leitsätze“ als „vorläufigen Entwurf zu einem Programm der Christlichen Demokraten Deutschlands“.

Am 19. August 1945 wurde in Köln die „Christlich Demokratische Union“ der Stadt Köln gegründet, zu der auch Dr. Konrad Adenauer als Mitglied des geschäftsführenden Vorstandes gehörte.

Ähnliche Gründungsvorgänge fanden in Norddeutschland statt. Der nächste Schritt nach den mehr lokalen Gründungsvorgängen war die Bildung eines Zonenverbandes der CDU in der britisch besetzten Zone am 5. Februar 1946 in Krefeld-Uerdingen und am 1. März 1946 in Neheim-Hüsten. Vorsitzender wurde Dr. Konrad Adenauer und sein Stellvertreter Dr. Friedrich Holzapfel. In der amerikanischen und französischen Zone war die Bildung von solchen Zonenausschüssen untersagt, man behalf sich dort mit der Gründung einer Arbeitsgemeinschaft CDU/CSU. Zu einer endgültigen Vereinigung zur Bundespartei kam es erst auf dem ersten Bundesparteitag der CDU vom 20. bis 22. Oktober 1950 in Goslar.

In Westfalen vollzog sich die Gründung der »Christlich Demokratischen Partei« nicht in Gründerkreisen wie im Rheinland, sondern vielmehr durch einzelne Persönlichkeiten bis in die Kreise hinunter. Eine wesentliche Rolle spielte dabei der frühere Generalsekretär der Zentrumspartei in den Wahlkreisen Weser-Ems, Südhannover-Braunschweig und Osthannover, Dr. Kannegießer. Er war wochenlang mit dem Güterzug, Fahrrad oder als Anhalter im Mai und Juni 1945 unterwegs, um die früheren Zentrumsanhänger, evangelische Christen und insbesondere die evangelische Geistlichkeit von der Idee einer großen christlichen Partei zu überzeugen. So kam es bereits am 2. September 1945 in Bochum in einer von 400 Personen besuchten Versammlung zur Gründung der Christlich-Demokratischen Partei (CDP) in Westfalen.

Einer der Männer der ersten Stunde war auch der Herforder Oberbürgermeister Dr. Friedrich Holzapfel, der auf dem Gründungsparteitag der CDP in Bochum zum 2. Vorsitzenden gewählt worden war. Holzapfel bildete in Ostwestfalen die zentrale Figur der CDP.

Sicherlich auch mit Initiative Holzapfels fanden im Kreis Lübbecke seit Oktober 1945 Zusammenkünfte im kleineren Kreise zur Gründung der CDP im Kreis Lübbecke statt. Eine entscheidende Zusammenkunft dieser Art fand in der Aula der damaligen Aufbauschule (später Wittekind-Gymnasium) in Lübbecke statt, auf der u. a. auch Holzapfel die Ziele und das Programm der CDP erläuterte. An diesen vorbereitenden Besprechungen nahmen teil: an erster Stelle der Bauer Wilhelm Niermann aus Schröttinghausen, der Buchhalter Bernd Mayrose aus Lübbecke, der Kaufmann Willi Brands aus Lübbecke, der spätere CDU-Kreisgeschäftsführer, Franz Welschof, der spätere Lübbecker Bürgermeister, Wilhelm Stegmann, Niedermehnen, Wilhelm Flothmeyer, Haldem, Wilhelm Stothfang, Niedermehnen, und Wilhelm Winkelmeier, Haldem.

Bei diesen Männern war der Aufruf führender Politiker beider Konfessionen zur Gründung einer großen christlichen Partei auf fruchtbaren Boden gefallen, sie bildeten den Gründerkreis der CDP, später CDU, im Kreis Lübbecke.

Bernd Mayrose wurde bereits schon im Oktober 1945 als „Vertreter der politischen Parteien" zu Besprechungen in das Lübbecker Rathaus geladen, ein Beweis für die Existenz der CDP schon im Herbst 1945.

In den vorbereitenden Besprechungen wurde ein vorläufiger Vorstand gegründet, dessen wichtigste Aufgabe, neben der Vorbereitung der Gründungsversammlung, bereits die Abgabe von Vorschlägen für den Kreistag an die Besatzungsmacht war. Die CDU konnte als einzige der bürgerlichen Parteien Vertreter in den Kreistag entsenden – insgesamt 22 Kreistagsabgeordnete – und hatte damit die absolute Mehrheit.

Führende Persönlichkeiten der CDP waren in dieser Zeit Wilhelm Niermann aus Schröttinghausen und Willi Brands aus Lübbecke. Niermann war 1945 schon ein politisch erfahrener Mann. Er war am 22. März 1896 in Schröttinghausen auf dem väterlichen Hofe geboren. Schon 1926 Gemeindevorsteher fand er seine politische Heimat in der Christlich Nationalen Bauern- und Landvolkpartei, die er auch im Kreis Lübbecke gegründet hatte. Seit 1928 war er deren Vorsitzender für den Reichstagswahlkreis Westfalen-Nord, 1929 auch Vorsitzender des Kreislandbundes im Kreis Lübbecke, 1930 zog er für seine Partei in den Reichstag in Berlin ein.

Wilhelm Niermann aus Schröttinghausen,
Mitbegründer und erster Kreisvorsitzender der CDU.

In der Zeit des Nationalsozialismus hielt er sich gemäß seiner Einstellung klug zurück. Seine Stunde schlug wieder im Jahre 1945 nach dem Zusammenbruch. Entsprechend seines bisherigen politischen Lebensweges fiel bei ihm die Idee der Gründung einer großen christlichen und konservativen, überkonfessionellen Partei auf fruchtbaren Boden, und er wurde einer der ersten Vorkämpfer der CDP neben Brands im Kreis Lübbecke.

Sein Eintreten für die CDP war von nicht zu unterschätzender Bedeutung für die Partei, denn seinem Vorbild sollten später noch viele seiner Berufskollegen folgen.

Nach intensiven Vorbereitungen kam es am 19. Februar 1946 im Gasthaus Spreen zur Gründungsversammlung der CDU im Kreis Lübbecke. Entsprechend der Tagung in Bad Godesberg vom 14. Dezember 1945 hieß die Partei nunmehr Christlich-Demokratische Union Deutschlands (CDU).

1. Kreisvorsitzender wurde naturgemäß Wilhelm Niermann, der von den 572 anwesenden eingetragenen Mitgliedern der CDU in dieses Amt berufen wurde. 2. Vorsitzender wurde Bürgermeister Franz Welschof aus Lübbecke und Kreisgeschäftsführer wurde Willi Brands aus Lübbecke. Wilhelm Niermann rückte nach der ersten Kommunalwahl in den Kreistag ein und wurde auch Vorsitzender der Kreistagsfraktion.

Die Aufbauleistung der Neugründung war neben Wilhelm Niermann auch insbesondere dem Kreisgeschäftsführer Willi Brands zu verdanken, die beide in der Mitgliederwerbung unermüdlich waren. Nach der Gründung des Kreisverbandes bestanden weitreichende Pläne, in jeder der 52 Gemeinden des Kreises einen Ortsverband zu gründen; dieser Aufgabe wollte sich insbesondere Willi Brands annehmen. Diese Absicht hat sich jedoch nicht realisieren lassen, die CDU blieb im wesentlichen eine Partei, die auf und von der Kreisebene organisiert wurde. Bis 1950 kam es nur zur Gründung einer Ortsgruppe in Lübbecke, deren Vorsitzender Eduard Gerlach war. Dies lag auch daran, daß nach der Euphorie der Gründungsphase die Mitgliederwerbung stagnierte, selbst bei den Persönlichkeiten, die für die CDU kandidierten.

Eines der Beispiele dafür war der Landwirt Ernst Dedert in Engershausen. Die Öffentlichkeit empfand ihn als einen der wesentlichen bäuerlichen Repräsentanten der CDU. Er war langjähriges Kreistagsmitglied der CDU und kandidierte 1950 als CDU-Kandidat für den Landtag, unterlag aber seinem sozialdemokratischen Mitbewerber Fritz Schilling aus Lübbecke. Niemals – nach seinen eigenen Aussagen – ist Dedert jedoch Mitglied der CDU gewesen.

Dies kennzeichnet die Problematik, in der sich die CDU bezüglich der Mitgliederentwicklung bis in die fünfziger Jahre hinein befand. Viele bekannten sich zwar zur CDU, waren aber nicht zu einem Parteieintritt bereit.

Unzweifelhaft neigte auch die große demoralisierte Anhängerschaft der untergegangenen NSDAP im Kreis Lübbecke zu einem großen Teil der CDU zu; dieser Kreis war aber in vielen Fällen nicht bereit, in die Partei einzutreten.

Mitte 1946 mußten die vier CDU-Kreistagsmitglieder Glauert, Steinkamp, Hoppe und Kämper wegen ihrer Zugehörigkeit zur NSDAP aus dem Kreistag Lübbecke ausscheiden.

Landwirt Ernst Dedert aus Engershausen, Mitglied des Kreistages und wesentlicher bäuerlicher Repräsentant der CDU, ohne jemals Mitglied zu sein.

Diese Ereignisse und insbesondere auch die in der Durchführung befindliche Entnazifizierung lähmte die Werbung neuer Mitglieder, wie einem Schreiben von Willi Brands vom 4. Juni 1946 an den Landesverband zu entnehmen ist. Die Partei hatte zu diesem Zeitpunkt 678 Mitglieder, also nur wenige mehr als auf der Gründungsversammlung, was auf Stagnation hindeutet.

Mit der Lizenz der Besatzungsbehörden für die »Westfalen-Zeitung« als christdemokratisch orientierte Zeitung erhielt die CDU auch im Kreis Lübbecke ein bedeutendes meinungsbildendes Presseorgan. Die Berichterstattung war freilich wie im umgekehrten Fall bei der »Freien Presse« einer „Hofberichterstattung" ähnlich. Über die anderen Parteien wurde überhaupt nicht oder nur verzerrt berichtet.

Gleichwohl konnte die CDU auf große Erfolge ihrer Arbeit verweisen. Sie stellte mit Heinrich Berg den Landrat und einen, nach eigenen Einschätzungen auf ihrem Boden stehenden Oberkreisdirektor. Im Kreistag war sie die weitaus stärkste Fraktion, allerdings durch das Wahlrecht bedingt. In der Stadt Lübbecke stellte sie den Bürgermeister und in 6 von 7 Ämtern des Kreises den Amtsbürgermeister.

Im Vorfeld der Gemeinderats- und Kreistagswahlen im September und Oktober 1946 führte die CDU zahlreiche Versammlungen durch, zum Teil auch mit prominenten Rednern wie Maria Sevenich und Professor Dr. Hans-Erich Stier aus Münster, dem Landtagskandidaten. Die Berichte darüber dokumentieren eine voll handlungsfähige Partei. Organisiert wurden die Versammlungen vom Kreisvorstand, dem es dann auch gelang, in allen Gemeinden und im Kreis Kandidaten der CDU aufzustellen, wenngleich sie in vielen Fällen nicht Mitglieder waren. Bei der Kreistagswahl konnte die CDU von 35 Sitzen 28 für sich erringen, allerdings bedingt durch das nach britischem System übernommene Mehrheitswahlrecht.

Für die kommende Landtagswahl am 20. April 1947 hatte die CDU den Münsteraner Universitätsprofessor Dr. Hans-Erich Stier im Kreis Lübbecke nominiert, der gegen Heinrich Strieker von der SPD, Wilhelm Kott-

CHRISLICH-DEMOKRATISCHE UNION
für den Kreis Lübbecke

Lübbecke/Westf.,den 4.6.46
Wilhelmsplatz 7

An die
Christlich-Demokratische Union
für die Provinz Westfalen
D o r t m u n d
Bismarckstr.9

Zu Ziffer I Ihres Schreibens vom 20.5.46 berichten wir:

1.) Die Kreispartei Lübbecke besitzt seit Anfang Mai d.J. einen eigenen Pkw.(DKW.)
2.) ------------
3.) Im Monat Mai wurden 150 ltr.Betriebstoff verbraucht
4.) 250 ltr.Betriebestoff sind bei sorgfältigster Berechnung unbedingt erforderlich.

Zu Ziffer II:

Mitgliederbestand am 1.6.46: 678 Mitglieder.
Wie wir bereits bei früherer Gelegenheit mitteilten, zählt der Kreis Lübbecke zu den ehemals allerstärksten nationalsociallistischen Kreisen des Reiches.Die z.Zt. in Durchführung begriffene Entnazifizierung lähmt dadurch augenblicklich die Werbearbeit.
Auch sei nochmals erwähnt,dass die Reaktion von rechts ihre Intrigien spielen lässt;deren Taktik ist uns nun vollends erkannt,auch seit einigen Tagen ganz klar die die dazu gehörenden Treiber,die zwar nicht im ersten, sondern vielleicht im zweiten,wenn nicht sogar im dritten Glied marschieren.Im gegebenen Moment werden wir zu schlagen.
Es ist uns gelungen nach vielerlei Schwierigkeiten die Spitze des Kreises,den Landrat,mit einem unserer besten CDU Männer zu besetzen,ferner nach weiteren und mindesten so grossen Schwierigkeiten einen ganz auf unserem Boden stehenden Oberkreisdirektor zu bekommen.Die beufsständig hier wichtigste Stellung des Kreisbauernvorstehers wird immer noch von einem solchen Manne eingenommen,der für die heutigen Verhältnisse und die Mehrheit der rein bäuerlichen Verhältnisse untragbar ist.Auch in diesem Falle hoffen wir bald zum Zuge zu kommen.-
Unser Mitglied Herr Wilh.T e g e l e r,Fabbenstedt, Mitglied des Provinzialrates übergab uns Ihr an ihn gerichtetes Schreiben vom 24.5.zur Beantwortung.
Die Wagenangelegenheit haben wir hier so erledigt,indem ein bestimmter Wagen seitens des Landratamtes den beiden Kreisvertretern im Provinzialrat - 1 CDU, 1 SPD - zwecks Teilnahme an Sitzungen u.dgl.zur Verfügung steht.
Ferner bitten wir davon Kenntnis zu nehmen,dass der Vorstand in der Gründungsversammlung am 19.2.46 auf demokratische Art gewählt worden ist.

Mit Parteigruss !
I.A. Willi Brands
Kreisgeschäftsführer.

Bericht der Kreisunion an den Landesverband.

Christlich-Demokratische Union
für den Kreis Lübbecke/Westf.

Lübbecke/Westf., den 16.4.46
Wilhelmsplatz 7

An die
Christlich-Demokratische Union für die Provinz Westfalen
- Hauptgeschäftsstelle -
Dortmund
Bismarckstr.9

Betr.: Sofortprogramm

Kreisverwaltung Lübbecke:
Landrat Heinrich Berg, Kaufmann, Kleinendorf b.Rahden. CDU.
Oberkreisdirektor Dr.Galle, Lübbecke, der CDU.nahestehend
43 Kreistagsvertreter, davon 26 CDU., 11 SPD., 6 parteilos.
Der Kreis Lübbecke setzt sich zusammen aus der Stadt Lübbecke und weiteren 8 Ämtern. Diese wie folgt:

1.) Stadtverwaltung Stadt Lübbecke:
Bürgermeister Franz Welschof, Amtsgerichtsrat i.R., Lübbecke, CDU.
Stadtdirektor Reinecke, Lübbecke, der CDU.nahestehend.
14 Stadtverordnete, davon 7 SPD., 4 CDU., 5 parteilos.

2.) u. 3.) Amt Dielingen/Wehdem (in Personalunion verwaltet.)
Amtsbürgermeister Fritz Meyer, Bauer, Dielingen 15, CDU.
Amtsdirektor Fritz Pollert, Dielingen, früher Major (Militarist)
16 Amtsvertreter, diese vorwiegend Mitglieder der CDU.bezw.ihr nahe = stehend; der Rest ist parteilos.

4.) Amt Levern:
Amtsbürgermeister Christoph Dickhoff, Bauer, CDU.
Amtsdirektor Kuhlo, Levern, der CDU. nahestehend.
11 Amtsvertreter, davon 6 CDU., 5 der CDU.nahestehend.

5.) Amt Rahden:
Amtsbürgermeister Tirre, Espelkamp, der CDU.nahestehend
Amtsdirektor Niedermeier, Rahden, früher Oberstlt.(Militarist).
17 Amtsvertreter, davon 2 CDU., 3 SPD., 12 parteilos.

6.) Amt Alswede:
Amtsbürgermeister Wilh.Meyer, Lashorst, der CDU.nahestehend
Amtsdirektor von Wolfersdorff, Fiestel, früher Oberstlt. (Militaris-
11 Amtsvertreter, davon 3 CDU., 2 SPD., 6 parteilos.

7.) Pr.-Oldendorf:
Amtsbürgermeister Wilh.Koch, Zigarrenfabr., Pr.-Oldendorf, vermutl.SPD.
Amtsdirektor Waldemar Schauhoff, Pr.-Oldendorf, der CDU.nahestehend.
18 Amtsvertreter, davon 9 CDU., 5 SPD., 4 parteilos.

8.) Amt Gehlenbeck:
Amtsbürgermeister Horstmeier, Zigarrenfabr., Gehlenbeck, CDU.nahesteher
Amtsbürgermeister Dr.Schulze, Gehlenbeck, der CDU.nahestehend.
10 Amtsvertreter, davon 6 CDU.nahestehend, 4 SPD.

9.) Amt Hüllhorst:
Amtsbürgermeister Heinr.Ebeler, Reineberg 29, CDU.
Amtsdirektor Dr.Heuvemann, Hüllhorst, der CDU.nahestehend.
18 Amtsvertreter, davon 13 CDU., 5 SPD.

Die Kreistagsvertreter und die Amtsvertreter wurden alle auf Vorschlag der Behörde ernannt.

Mit freundlichem Gruss !
Brandt
Kreisgeschäftsführer.

Nachrichtlich:
Bezirksstelle Herford 1
Bürgermeister Feldmann 1
z.d.A. 1

Bericht der Kreisunion über die kommunalpolitischen Verhältnisse im Kreis Lübbecke.

kamp von der KPD, Emil Otto Schultze von der FDP und Fritz Erhart vom Zentrum antrat. Stier wurde mit 3.832 Stimmen Vorsprung und absoluter Mehrheit gegenüber seinem sozialdemokratischen Mitbewerber gewählt, auch hier ein bedeutender Erfolg für die CDU des Kreises angesichts ihres kurzen Bestehens.

Am 1. März 1947 übernahm August Hunke die Kreisgeschäftsführung der CDU, da Willi Brands zu seiner Familie nach Köln zurückkehren wollte. Der in diesem Zusammenhang festgestellte Mitgliederbestand im Juni 1947 betrug 707 Mitglieder, die sich folgendermaßen auf die Ämter verteilten: Amt Gehlenbeck 12, Amt Hüllhorst 8, Amt Dielingen 68, darunter allein aus Haldem 60, Amt Wehdem 54, darunter allein aus Wehdem 38, Amt Preußisch Oldendorf 49, darunter allein aus Schröttinghausen 34 – wohl durch die Tätigkeit Niermanns bedingt – Amt Rahden 104, darunter aus Rahden nur 6, jedoch aus Kleinendorf 33, Varl-Varlheide 25 und Sielhorst 22 Mitglieder, Amt Levern 311, darunter aus Levern 47, Destel 130, Twiehausen 42, Niedermehnen 34 und Sundern 58 Mitglieder, Amt Alswede 58, darunter aus Fabbenstedt allein 30 Mitglieder und schließlich die Stadt Lübbecke mit 43 Mitgliedern. Die weitaus größte Anzahl der Mitglieder der CDU stammte also aus dem Nordkreis mit den Ämtern Rahden, Dielingen, Wehdem und insbesondere aus Levern; ein Hinweis auf eine berufsständisch-landwirtschaftliche Zusammensetzung der Partei zu dieser Zeit.

Dem Gründungsvorsitzenden Wilhelm Niermann war nur eine Amtszeit als Vorsitzender von zwei Jahren vergönnt; er mußte dieses Amt aus gesundheitlichen Rücksichten 1947 zur Verfügung stellen, blieb aber weiterhin Vorsitzender der CDU-Kreistagsfraktion. Eine Neuwahl fand in der Kreistagung der CDU am 27. Juli 1947 bei Lohkamp in Destel statt. Neuer Kreisvorsitzender wurde der Landwirt Friedrich Schamann aus Blasheim. 2. Vorsitzender anstelle des aus Altersgründen zurückgetretenen Lübbecker Bürgermeisters Welschof wurde Willi Brands. Geschäftsführer blieb August Hunke. Wenngleich auch der Hauptteil der Mitglieder aus dem Nordkreis kam, wurde die Geschäftsstelle der CDU in Lübbecke im Haus Niedernstraße Nr. 37 eingerichtet.

Landwirt Friedrich Schamann aus Blasheim, Nachfolger für Wilhelm Niermann als Kreisvorsitzender der CDU.

Anfang 1948 wurde in Lübbecke auch ein Sozialausschuß der CDU gegründet, in dem sich christliche Arbeitnehmer zusammengefunden hatten.

Nach der Mitgliederversammlung vom 9. Mai 1948 und des Kreis-Parteiausschusses vom 21. Mai 1948 hatte der Vorstand folgende Zusammensetzung:

1) Friedrich Schamann, Blasheim, 1. Vorsitzender
2) Willi Brands, Lübbecke, 2. Vorsitzender,

und als Beisitzer:

3) Heinrich Berg, Landrat, Kleinendorf
4) Christoph Bick, Wehdem
5) Eduard Gerlach, Lübbecke
6) Christian Kolthoff, Niedermehnen
7) Wilhelm Niermann, Schröttinghausen

Die Vorstandsbesetzung war, also entgegen der Verteilung der Mitgliederschaft, durchaus regional ausgeglichen.

Im August 1948 nahm mit Wilhelm Wippermann ein neuer Kreisgeschäftsführer der CDU seine Arbeit auf.

Für die am 17. Oktober 1948 stattfindenden Gemeinde- und Kreistagswahlen wurde eine große Mitgliederwerbekampagne durchgeführt, die aber keinen großen Erfolg brachte, denn zum Stichtag 1. Mai 1949 betrug die Mitgliederzahl 683 und lag damit noch unter der des Jahres 1947.

Die Kreistagswahl 1948 brachte der CDU, nunmehr nach einem neuen Wahlsystem, mit 14 Sitzen im Kreistag eine Mehrheit gegenüber der SPD mit 12 Sitzen.

1949 verstarb der Kreisvorsitzende Friedrich Schamann und sein Amt wurde vom Landwirt Heinrich Glauert aus Hedem übernommen, der jedoch auch am 1. September 1949 verstarb.

In einer Sitzung des erweiterten Kreisvorstandes am 22. September 1949 wurde Oberlandesgerichtspräsident i. R. Bückendorf aus Rahden als 1. Kreisvorsitzender in Vorschlag gebracht. Bückendorf erklärte sich schließlich zur Kandidatur bereit und wurde auch in dieses Amt gewählt.

Die Landtagswahl am 18. Juni 1950 ging für die CDU verloren, nicht ihr Kandidat Ernst Dedert aus Engershausen, sondern der Kandidat der SPD, Fritz Schilling, aus Lübbecke wurde gewählt.

Mitte Dezember 1950 stellte Oberlandesgerichtspräsident a. D. Bückendorf sein Amt als Kreisvorsitzender der CDU aus gesundheitlichen Rücksichten zur Verfügung. Die Partei mußte sich schweren Herzens mit dieser Lage abfinden und nominierte in einer Kreisvorstandssitzung am 23. Februar 1951 Direktor Kurt Weimann aus Lübbecke zum neuen 1. Kreisvorsitzenden. Dieser erklärte seine Bereitschaft und wurde auf dem Kreisparteitag der CDU am 10. Juni 1951 gewählt. Die Wahl Weimanns als Neubeginn und die Niederlage der CDU bei der Landtagswahl des Vorjahres war Anlaß für Selbstkritik und Neuorientierung bei den Beratungen des Parteitages. Eine Verbreiterung der Plattform der CDU des Kreises Lübbecke nicht nur als reine Bauernpartei wurde gefordert. Mit der Entnazifizierung sollte Schluß gemacht und unter die Vergangenheit ein Schlußstrich gezogen werden. Weiter sprach man sich gegen die Zersplitterung des bürgerlichen Lagers aus, die zu der Niederlage bei den Landtagswahlen 1950 geführt habe.

Hier spricht die CDU

Fast vier Jahre sind nach der Kapitulation am 8. Mai 1945 vergangen. Bis setzt haben die Siegermächte nicht vermocht, der Welt den ersehnten Frieden zu geben. Sie haben sich weder über einen Friedens**vertrag** mit dem deutschen Volke noch über ein Friedens**diktat** für Deutschland einigen können. Sie sind sich auch uneins über eine einheitliche und gemeinsame Politik hinsichtlich der Durchführung wirtschaftlicher Maßnahmen, wie sie es in den Potsdamer Beschlüssen vereinbart hatten. Die Ereignisse in Berlin anläßlich der Wahrungsreform sind deutliche Beweise dafür, daß die Siegermächte ein Land wie Deutschland nicht gemeinsam regieren und verwalten können. Die eine Siegerpartei will uns ihre internationale monopolkapitalistische Wirtschaftsweise, die andere ihre staatskapitalistischen (-sozialistischen) Wirtschaftsmethoden aufdrängen und aufzwingen. Diese gegensätzlichen Bestrebungen hindern die Sieger, sich über wichtige uns betreffende Angelegenheiten zu einigen.

Das deutsche Volk sollte deshalb entsprechend den Empfehlungen der Potsdamer Konferenz mehr danach trachten, die Wiederherstellung seines staatlichen Lebens auf einer demokratischen und friedlichen Grundlage zu verwirklichen. Alle Wahlpflichtigen sollten deshalb mehr als bisher bereit sein, zu ihrem Teile mit dazu beitragen, ein ordnungsmäßiges Zustandekommen der Selbstverwaltungen in den Gemeinden, Ämtern und Kreisen und die korrekte Bildung einer zentralen Regierung zu ermöglichen. Wir Deutschen sollten uns deshalb nach guten demokratischen Vorbildern teils in einer linken politischen Partei und teils in einer rechten politischen Partei sammeln und vorhandene Meinungsverschiedenheiten zunächst im Rahmen jeder dieser beiden Sammelparteien besprechen, beraten und zu klären versuchen. (Zweiparteiensystem).

Der Unterzeichnete fordert deshalb zum Eintritt in die

Christlich-Demokratische Union

auf, um hier im Kreise diese Partei entsprechend dem Willen der Mehrheit innerhalb der rechtsgerichteten Bevölkerungsteile zu formen, auszurichten und zu aktivieren. Diese Aufforderung wird gerichtet an alle diejenigen, die das kommunistische und marxistisch-sozialistische Gedankengut ablehnen, insbesondere an die junge Generation und an die nicht belasteten Angehörigen der früheren NSDAP:

Werdet Mitglied der Kreis-Union!

Entweder sind und bleiben wir ein Kolonialvolk, über welches — wie jetzt — andere Völker bestimmen, oder wir raffen uns auf und schaffen die parteilichen Voraussetzungen, um mit friedlichen und demokratischen Methoden die Freiheit der Selbstbestimmung zurückzugewinnen und den uns gebührenden Platz unter den freien und friedlichen Völkern der Welt wieder einzunehmen.

Lübbecke, im Dezember 1948.

Kreis-Union Lübbecke der CDU

Friedrich Schamann
1. Vorsitzender.

Flugblatt der CDU-Kreisunion zur Mitgliederwerbung.

Heinrich Glauert aus Hedem, Nachfolger von Friedrich Schamann als Kreisvorsitzender der CDU.

Oberlandesgerichtspräsident a. D. Bückendorf (rechts), Nachfolger von Heinrich Glauert ais Kreisvorsitzender der CDU, zusammen mit Gustav Niermann, dem späteren Landrat des Kreises Lübbecke.

Wahlplakat der CDU zur Landtagswahl 1950.

Erst mit der Wahl Weimanns, der bis 1964 CDU-Kreisvorsitzender war, wurde eine kontinuierlichere Phase in der Arbeit der CDU eingeleitet. Der häufige Wechsel im Vorsitz und der Geschäftsführung von 1946 bis 1951 hat sich ungünstig auf die Partei ausgewirkt. Initiativen zur Gründung von Ortsunionen konnten sich nicht entfalten. Eine Ortsunion konnte sich nur in Lübbecke bilden, obwohl auch z. B. im Nordkreis dies von der Mitgliederanzahl her möglich gewesen wäre. Bei der dortigen, im wesentlichen aus Landwirten bestehenden Mitgliedschaft war dies jedoch sicherlich nicht notwendig, da sich diese in ihren berufsständischen Organisationen vereinigt hatten.

Der Gründungsprozeß der CDU im Kreis Lübbecke war 1951 im wesentlichen abgeschlossen. Wenn bis zu diesem Zeitpunkt die CDU nach wie vor nur auf Kreisebene organisiert war, ist es ihr doch gelungen, in der kurzen Zeit ihres Bestehens sich zur politisch führenden Kraft im Kreis Lübbecke zu entwickeln. Bei allen Wahlen lag die CDU eindeutig vor der SPD, bis auf die Landtagswahl 1950, wo es zu einer Zersplitterung des bürgerlichen Lagers kam. In ihrem politischen Selbstverständnis sah sich die CDU als Sammlungspartei des rechten politischen Spektrums; sie sprach alle diejenigen an, die das „kommunistische und marxistisch-sozialistische Gedankengut ablehnten", insbesondere auch „die junge Generation und die nicht belasteten Angehörigen der früheren NSDAP", wie einer Verlautbarung der Kreisunion von 1948 zu entnehmen ist. Mit ihrer Linie entsprach die Partei der Grundhaltung der Mehrheit des Volkes, das angesichts des „Kalten Krieges" und des sowjetischen Hegemoniestrebens im Ostblock und darüber hinaus für eine Annäherung an den Osten nicht zu gewinnen war.

Kreisgeschäftsstelle der CDU in Lübbecke in der Niedernstraße Nr. 37.

Die Gründung der Freien Demokratischen Partei (FDP)

Auch die Gründung der Freien Demokratischen Partei geschah vor dem Hintergrund einer langen Tradition des politischen Liberalismus vor 1933. Das liberale Parteienspektrum der Weimarer Republik war vor allem in der Zeit vor der Machtergreifung Hitlers durch die Deutsche Demokratische Partei (DDP) gekennzeichnet, deren Vorsitzender der Nestor des Liberalismus, Friedrich Naumann, schon 1919 war. Die Deutsche Demokratische Partei löste sich nach der Machtergreifung im Juni 1933 auf, nachdem sie gemeinsam mit den Rechtsparteien und den Nationalsozialisten dem Ermächtigungsgesetz Hitlers im Reichstag 1933 zugestimmt und so Hitler mit den Weg bereitet hatte. Ihre Führungspersönlichkeiten, darunter Hermann Höpker-Aschoff und Reinhold Meier, lebten politisch während der Zeit des Nationalsozialismus zurückgezogen, einzelne emigrierten auch in das Ausland.

Nach dem Zusammenbruch 1945 kam es zu einer Vielzahl lokaler und regionaler Gründungen, deren Initiatoren überwiegend dem liberalen Parteienspektrum der Weimarer Republik, insbesondere der DDP entstammten.

Auch im Kreis Lübbecke kam es zu einer solchen Gründung. Am 14. August 1945 wurde in Lübbecke mit erheblicher Unterstützung aus den Kreisen der heimischen Industrie die „Demokratische Partei" mit Genehmigung des britischen Militärkommandanten gegründet. Allein von der Zigarrenfabrik Blase wurden 5.000,– RM gespendet. Gründer waren unter anderem Fabrikant Niederstadt und Sonnefeld.

Die gerade neugegründete Partei wurde jedoch am 10. November 1945 von einem neuen britischen Kommandanten aufgelöst, da die Anmeldung aus seiner Sicht nicht formgerecht vollzogen war.

In der Auflösungsversammlung wurde der Anschluß an die sich formierende CDU empfohlen, wohin nach den Quellen sich auch die meisten Mitglieder orientiert haben sollen.

In Westfalen hatte sich bereits in der zweiten Jahreshälfte 1945 die Liberal-Demokratische Partei gegründet, wozu insbesondere der Alt-Liberale Fabrikant Gustav Altenhain aus Haßlinghausen wesentliche Anstöße gegeben hatte. Er wurde dann Vorsitzender der am 9. November 1945 offiziell gegründeten „Liberaldemokratischen Partei, Landesverband Westfalen". Am 4. Dezember 1945 hatte sich auch im Rheinland der „Landesverband Nordrheinprovinz der Demokratischen Partei Deutschlands" gegründet, dessen Vorsitzender der Buchhändler und Druckereibesitzer Friedrich Middelhauve wurde. Er war schon in der Weimarer Zeit Kreisvorsitzender und Reichstagskandidat der DDP gewesen und hatte Anfang Oktober 1945 bereits die „Deutsche Aufbaupartei" gegründet.

Auf einer Delegiertentagung zur Gründung eines Zonenverbandes am 7. und 8. Januar 1946 wurde ein einheitlicher Parteiname „Freie Demokratische Partei" gefunden und zum Vorsitzenden der Syker Landrat und frühere Mitarbeiter Friedrich Naumanns, Wilhelm Heile, gewählt.

> Jahresende 1945.
>
> **An unsere politischen Freunde!**
>
> Das jetzt zu Ende gehende Jahr möchten wir dazu benutzen, um die von unseren Freunden geleistete Arbeit dankend anzuerkennen. Das neue Jahr wird ein Kampfjahr für eine politische Idee sein. Wir bitten alle unsere Freunde, jeden Einzelnen, seinen Anteil zur Errichtung einer neuen Ordnung in Deutschland beizutragen. Wir haben im abgelaufenen Jahr trotz vieler Hemmungen schon manches erreicht, aber der Berg liegt noch vor uns. Wir müssen ihn durch gemeinschaftliche Leistung überwinden.
>
> Die Mitarbeit jedes Einzelnen ist im kommenden Jahr erst recht erforderlich. An jeden Einzelnen ergeht die Forderung: *„Werbt neue Freunde zum gemeinsamen Kampf gegen politischen Konfessialismus, Chauvinismus und Marxismus. Sammelt Euch in einem gemeinsamen machtvollen Block der neuen Zeit in der Liberal-Demokratischen Partei, Landesverband Westfalen (in der Demokratischen Union) zur Erreichung der demokratischen Freiheit im Geiste der Nächstenliebe, wahrer Vaterlandsliebe und sozialer Gerechtigkeit"*.
>
> In diesem Sinne allen unseren Freunden ein erfolgreiches „Neues Jahr"
>
> **Landesgruppe Nord**
> **der Liberal-Demokratischen Partei Westfalens**
> **in der Demokratischen Union**

Werbeschreiben der LDP Ende 1945.

Freie

Hasslinghausen, den 25. Januar 1946.

Kreis Ennepe-Ruhr

Herrn
Wilhelm D i e r k s
in L ü b b e c k e (Westf.)

Sehr geehrter Herr Dierks!

Ich bestätige dankend den Empfang Ihres Schreibens vom 15.1. Im Bezirk Minden wird in Kürze alles aufgeboten um die Organisation in den einzelnen Orten durchzuführen. Ich würde es sehr begrüssen, wenn Sie diese Vorarbeit übernehmen würden und werde Herrn Bender,Dortmund, bitten, Ihnen mit Material an Hand zu gehen. Vielleicht wird Herr Bender auch Gelegenheit haben, demnächst dort einmal bei den einzelnen Gruppen vorzusprechen, damit die Organisation weiter kommt. Es ist ziemlich sicher, daß die Gemeindewahlen im Juni stattfinden und muß bis dahin unbedingt überall die Organisation aufgebaut sein, damit rechtzeitig die Listen eingereicht werden können. Sie wollen sich bitte mit Herrn Bender, Dortmund, Kreuzstr. 35, in Verbindung setzen falls Sie Propagandamaterial usw. benötigen.

Inzwischen mit demokratischem Gruß!

Schreiben des Landesvorsitzenden der FDP, Gustav Altenhain, an Wilhelm Dierks in Lübbecke.

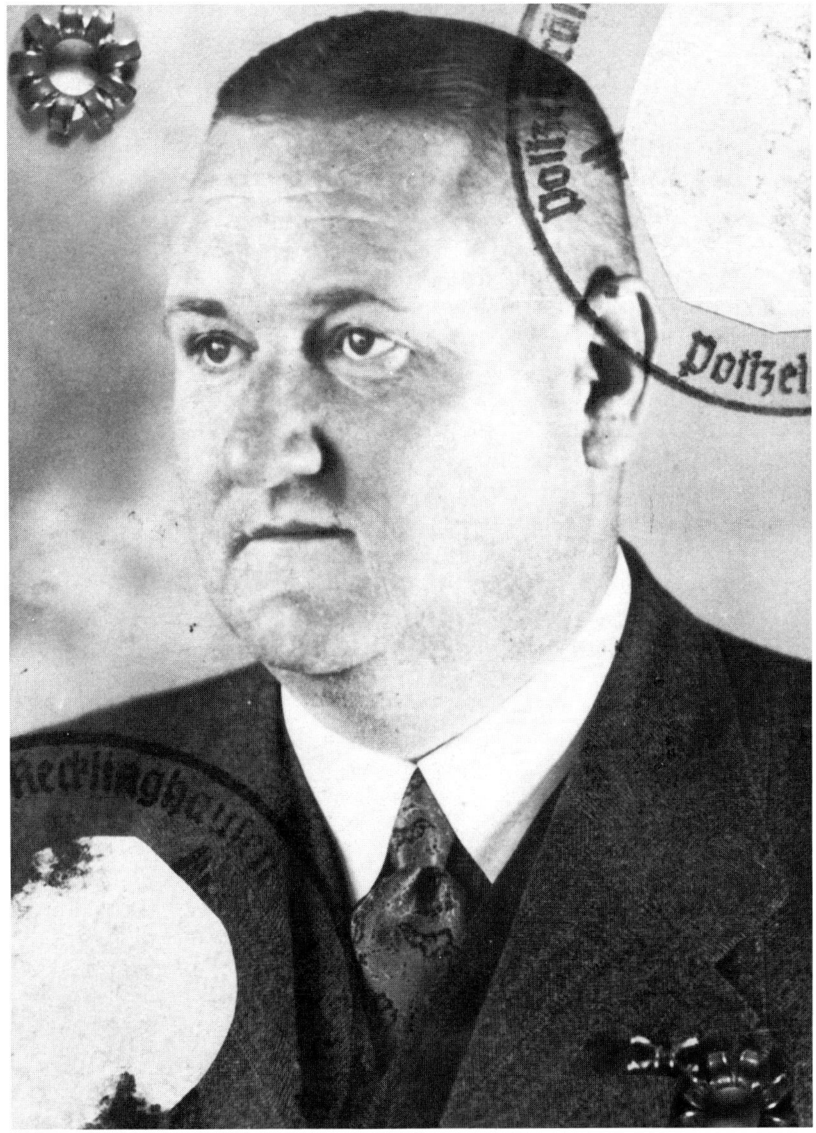

Wilhelm Rössmann aus Preußisch Oldendorf, Kreisvorsitzender der FDP und Mitbegründer der Amtsgruppe Preußisch Oldendorf.

Sowohl durch die Organisationsarbeit der gegründeten Landesverbände, als auch durch Initiativen vor Ort, kam es zur Gründung von FDP-Gruppen.

In Lübbecke bemühte sich schon um den Jahreswechsel 1945/46 der Fabrikant Wilhelm Dierks um die Gründung einer Ortsgruppe.

Auf der Ebene des Amtes Preußisch Oldendorf fand sich unter der Führung des Vermessungsrates Carl Leipziger, Klein-Engershausen, eine FDP-Amtsgruppe zusammen, die die Keimzelle des FDP-Kreisverbandes werden sollte. Leipziger starb jedoch kurze Zeit später. Im Gebiet des Bezirks Westfalen-Ost hatte der Landesverband Egon Raders aus Barkhausen-Porta zum Bezirksgeschäftsführer bestellt, der sich nunmehr dem organisatorischen Aufbau der FDP widmete.

Raders versuchte im Februar 1946, die Begründer der im August angemeldeten „Demokratischen Partei" gemeinsam mit Wilhelm Dierks zu einer Mitarbeit in der FDP zu veranlassen. Dies gelang jedoch bei den damaligen Gründungsmitgliedern Sonnefeld, Niederstadt, August W. Blase und Dr. Blase nicht, die sich wahrscheinlich politisch schon zur CDU orientiert hatten.

Am 20. Februar 1946 kam unter der Leitung des Bezirksgeschäftsführers Raders ein Kreis zur Gründung eines Kreisvorstandes zusammen, der der Militärregierung angemeldet werden sollte.

Hierzu waren erschienen die Herren Dierks, Dr. Leiner, Schultze, Klink aus Lübbecke, Winkler aus Rahden, Rössmann und vier weitere Herren aus Preußisch Oldendorf, Grothus aus Nettelstedt und Christiansen vom FDP-Bezirksverband.

Es wurde folgender Kreisvorstand gebildet:
1. Vorsitzender Dr. Leiner, Chefarzt des Kreiskrankenhauses Lübbecke
2. Schriftführer und Geschäftsführer Wilhelm Rössmann aus Preußisch Oldendorf
3. Kassierer Heinrich Winkler, Seilermeister aus Rahden, Mitglied des Kreistages Lübbecke
4. Beisitzer Klink, Lübbecke, in der Firma Dierks

Wilhelm Rössmann hatte in Preußisch Oldendorf anstelle des verstorbenen Vermessungsrates Carl Leipziger die Führung der FDP-Amtsgruppe Amt Preußisch Oldendorf übernommen. Rössmann übernahm es, durch seine Beziehungen Vertrauensmänner in allen Teilen des Amtsbezirkes einzusetzen.

In Rahden sollte eine FDP-Ortsgruppe durch Wilhelm Plate, Inhaber einer Auto-Reparaturwerkstatt, schnellstens ins Leben gerufen werden.

Der 1. Vorsitzende Dr. Leiner legte jedoch schon nach wenigen Tagen seinen Vorsitz nieder, der von dem Maurerpolier Hermann Plötz aus Preußisch Oldendorf übernommen wurde.

Die Geschäftsführung und die organisatorische Arbeit lief nach wie vor über Wilhelm Rössmann, der als der eigentliche Motor der Arbeit der FDP in Preußisch Oldendorf und auf Kreisebene bezeichnet werden muß. Er hatte alleine bis März 1946 über 60 Mitglieder in der FDP-Amtsgruppe Preußisch Oldendorf geworben, darunter auch den Landwirt Wilhelm Reinkenobbe aus Engershausen und den Gastwirt Wilhelm Deeke in Preußisch Oldendorf, bei dem die Kreispartei immer tagte. Wilhelm Rössmann war de facto in dieser Zeit der Kreisvorsitzende der FDP, so gingen unter anderem alle Schreiben des Landesverbandes und des Bezirksverbandes für die Kreisgruppe Lübbecke an seine Adresse in Preußisch Oldendorf Nr. 147. Rössmann war auch Mitglied des Bezirksvorstandes.

Nach Rössmann, der nach Duisburg verzog, wurde Justizoberinspektor a. D. Otto Schultze Kreisvorsitzender, der dieses Amt bis November 1948 innehatte. Ihm folgte der Dentist Albert Kunzemann aus Preußisch Oldendorf und als 2. Vorsitzender der Kleiderfabrikant Wilhelm Dierks aus Lübbecke.

Am 25. Oktober 1949 wurde infolge Rücktritts des alten Vorstandes, die Gründe sind nicht bekannt, ein neuer Vorstand gewählt mit folgender Zusammensetzung:
1. Vorsitzender Hermann Tacke aus Wehe
Stellvertretender Vorsitzender Wilhelm Dierks aus Lübbecke
Kassenwart Herbert Nass aus Preußisch Oldendorf
Beisitzer Karl-Heinz Brunsiek aus Rahden

Der neugewählte Vorstand hatte sich die Gründung von Ortsverbänden in allen acht Ämtern des Kreises auf seine Fahnen geschrieben. Nach Berichten über die Arbeit des Vorstandes sind diese acht Ortsverbände bis November 1951 gegründet worden. Die organisatorische Arbeit wurde zu diesem Zeitpunkt von Kreisgeschäftsführer Werner Diekmann geleistet.

Auf dem Kreisparteitag am 23. Mai 1952 wurde folgender neuer Vorstand gewählt:
1. Vorsitzender Karl Lamke, Lübbecke
2. Vorsitzender Wilhelm Tacke, Wehe
Schatzmeister Hans Hoffmann, Lübbecke
Schriftführer Karl-Heinz Brunsiek, Rahden
Beisitzer Hans Wagner, Espelkamp-Mittwald
Wilhelm Dierks, Lübbecke
Theodor Helmke, Lübbecke
Herbert Nass, Preußisch Oldendorf

Die Geschäftsführung übernahm Mitte 1952 Kreisgeschäftsführer Lösche von seinem Vorgänger Werner Diekmann.

Die wirtschaftliche Lage war in den Aufbaujahren bis 1952 stets schwierig. Die Korrespondenz Raders bis 1946 und ein Bericht vom 20. Dezember 1949 belegen drückende finanzielle Probleme des Kreisverbandes, die natürlich die Werbearbeit beeinträchtigten. Hinzu kam, daß es der FDP bei den Kreistagswahlen 1946 und 1948 nicht gelungen war, in den Kreistag zu kommen. Von Nachteil war es weiter, daß die Partei keine eigene Zeitung besaß, wie die anderen Parteien und durch diese auf die Mitgliederschaft und Öffentlichkeit einwirken konnte.

Schreiben des Bezirksverbandes der FDP an die Lübbecker Kreisgruppe in Preußisch Oldendorf (Wilhelm Rössmann).

Als 1949 die liberal orientierte »Westfälische Zeitung« in Bielefeld wiedergegründet wurde, kam es auch später in Lübbecke zur Gründung einer Lokalausgabe, die sich aber gegen die seit 1946 etablierte Konkurrenz der »Freie Presse« und »Westfalen-Zeitung« nicht durchsetzen konnte.

Mit der Neuwahl auf dem Kreisparteitag vom 23. Mai 1952, auf dem Erich Mende ein Referat hielt, bekam die Partei neuen Auftrieb. Es gelang der Partei, für die Kreistagswahlen den früheren Landrat des Kreises Lübbecke, Kurt von Borries, für eine Kandidatur zu gewinnen. Bei der Kommunalwahl 1952 erhielt die Partei 22,8% der Stimmen und zog auch in den Kreistag ein.

Mit der Vorstandswahl 1952 begann eine kontinuierlichere Phase der Parteiarbeit, die sicherlich mit der nunmehr größeren Präsenz in den Kommunalparlamenten in Zusammenhang zu bringen ist.

Albert Kunzemann, Kreisvorsitzender der FDP 1948 und späterer Amtsbürgermeister in Preußisch Oldendorf.

Die Wiedergründung der Kommunistischen Partei Deutschlands (KPD)

Auch die KPD konnte wie die SPD auf ihre Mitgliedschaft aus der Zeit vor 1933 zurückgreifen, allerdings unter wesentlich schwierigeren Verhältnissen. Schon zu der Zeit der Weimarer Republik politisch überwacht, hatten die Kommunisten ungleich stärker unter den Verfolgungen des nationalsozialistischen Staates zu leiden.

Wiedergegründet wurde die Kommunistische Partei Deutschlands in Berlin. Ihr erstes Aktionsprogramm datiert vom 11. Juni 1945 und trug u. a. die Unterschrift von Wilhelm Pieck und Walter Ulbricht.

Vor 1933 hatte die KPD im Gebiet des Kreises Lübbecke einen Kreisverband mit drei Ortsgruppen in Lübbecke, Nettelstedt und Gehlenbeck, den Zentren der Zigarrenarbeiterschaft. Der Anteil der KPD bei der Reichstagswahl am 5. März 1933 (bei der NSDAP 71,4%), belief sich nur auf 3,5% der Stimmen.

Nach dem Zusammenbruch wurde der KPD-Kreisverband etwa März/April 1946 wiedergegründet. Am 16. Juli 1946 erschien erstmalig das »Volks-Echo«, die Zeitung der KPD in Westfalen-Lippe, mit Regionalteil auch für Minden-Lübbecke.

Im ersten, von der Besatzungsmacht ernannten Kreistag in Lübbecke war die KPD nach der Wiedergründung nur in Ausschüssen des Kreistages vertreten.

Die Wiedergründer der Partei waren ausschließlich Altmitglieder vor 1933, zum großen Teil während der Nazizeit politisch verfolgt. Bekannte Persönlichkeiten waren Erich Rosenstengel aus Lübbecke, Erich Matzollek aus Rahden und Wilhelm Kottkamp aus

Erich Rosenstengel, Kandidat der KPD für den Kreistag und das Stadtparlament Lübbecke im Jahre 1946.

Wilhelm Matzollek, Kandidat der KPD für die Kreistagswahl und Gemeinderatswahl in Rahden im Jahr 1946.

Geschäftsstelle der KPD und Niederlassung des »Volks-Echos« in der Bäckerstraße Nr. 13. Links an der Hauswand befand sich die Auslage des »Volks-Echos«.

Mit frischer Kraft ans Werk!

Parteitag der KPD. im Kreise Lübbecke gab Rückblick und Ausblick

Rahden. Ein Bild des geschlossenen Wollens zur Meisterung der politischen Aufgaben der KPD. im Kreise Lübbecke bot der Kreisparteitag in Rahden am Sonnabend, dem 9. November.

Der Bezirksleiter Hans Weyers, Bielefeld, verstand es in seiner Ansprache, klar die Wechselbeziehungen der großen Politik mit der Kommunalpolitik im Kreise Lübbecke aufzuzeigen und die notwendigen Schlüsse für die kommende Arbeit zu ziehen.

Die lebhafte Aussprache kann durch den Gedanken des Genossen K. Thomas wiedergegeben werden: „Genosse sein, heißt eine verschworene Gemeinschaft bilden!"

Die Linie der kommenden politischen Arbeit fand in folgender Entschließung ihren Niederschlag:

„Der Kreisparteitag der KPD., Kreis Lübbecke, untersuchte mit aller Schärfe die politische Lage in unserem Kreis und stellte selbstkritisch die Mängel in seiner bisherigen Arbeit fest.

Er bestätigte die Richtigkeit seiner Einschätzung der Situation und seiner politischen Linie.

Auf Grund der Tatsache, daß wir in unserem Kreis keine wirklich demokratischen Verhältnisse haben, werden die fortschrittlichen Kräfte in ihrer Arbeit bei der Neugestaltung Deutschlands gehemmt. Der Verwaltungsapparat entspricht nicht den Interessen der Werktätigen, sondern versucht, die Lasten dem kleinen Mann und dem Mittelständler aufzubürden.

Die rückschrittlichen Kräfte bemühen sich besonders in unserem Kreis, den Angstzustand der Bevölkerung vor einem neuen Krieg aufrechtzuerhalten, um sie dadurch von ihren Tagesnöten abzulenken. Der demokratisch denkende Teil in Deutschland wird jedoch den friedliebenden Völkern beweisen, daß wir keinen Krieg mehr wollen.

Die Konferenz beschließt, in diesem Sinne alles zu tun, in Deutschland wirklich demokratische Verhältnisse zu schaffen, die die Voraussetzung dafür sind, daß die Einheit Deutschlands hergestellt, in friedlicher Arbeit Deutschland wieder aufgebaut und für die Werktätigen ein menschenwürdiges Leben geschaffen wird."

Parteitag der KPD am 9. November 1947 in Rahden.

Gehlenbeck. Rosenstengel wurde 1933 von den Nationalsozialisten wegen „Vorbereitung zum Hochverrat“ zu 1 Jahr und 9 Monaten Gefängnis verurteilt; er war 1946 Kandidat der KPD für den Kreistag und das Lübbecker Stadtparlament.

Kottkamp wurde 1935 von der Gestapo verhaftet und gleichfalls wegen „Vorbereitung zum Hochverrat“ zu 2 Jahren und 9 Monaten Gefängnis verurteilt. Nach seiner Entlassung aus der Gefangenschaft kandidierte er 1947 für den Landtag, allerdings vergeblich.

Der KPD-Kreisvorstand hatte seine Geschäftsstelle in Lübbecke, Bäckerstraße Nr. 13, wo sich auch die Niederlassung des »Volks-Echo« befand.

Trotz der für die KPD ungünstigen Struktur im Kreis Lübbecke gelang es ihr, in Lübbecke, Gehlenbeck, Nettelstedt, Blasheim, Isenstedt-Frotheim, Alswede, Oberbauerschaft, Destel, Rahden, Sielhorst und Wehe Ortsgruppen aufzubauen, die jedoch in den meisten Fällen nur wenige Mitglieder umfaßt haben dürften.

Regelmäßig wurden die Funktionäre zu Schulungsveranstaltungen in das Parteibüro in der Bäckerstraße oder in der »Altdeutschen Bierstube« in der Langen Straße in Lübbecke eingeladen. Auch die Kreisparteitage wurden jährlich in Lübbecke abgehalten.

Bei der ersten Kreistagswahl 1946 und auch später konnte die KPD kein Mandat erringen, sie war nur zeitweise in einigen Gemeinderäten vertreten. Dadurch fehlte ihr ein wesentliches öffentliches Agitationsforum, wie es zum Beispiel die Kommunisten in den Kreisen Minden und Herford besaßen, die dort in den Kreistagen vertreten waren.

Ihnen gehört Deine Stimme

Kandidaten der KPD des Landkreises Lübbecke stellen sich vor

Heinrich Engelke, Büttendorf, Fabrikant;
Erich Rosenstengel, Lübbecke, Feuerrenne 2, Arbeiter;
Friedrich Itzke, Destel, Kaufmann;
Albert Zimmermann, Sielhorst, Landarbeiter;
Christian Emanns, Rahden, Angestellter.

Wahlkundgebung

Heute um 19.30 Uhr spricht der Landtagsabgeordnete Hans Blank in der Turnhalle in Minden.

Werbeanzeige der KPD im »Volks-Echo« vom 16. 10. 1948.

Durch ihre Bindung an die Sowjetunion und der kompromißlosen Vertretung deren Politik galt die KPD bald als „Handlanger eines fremden Staates“ und geriet ab Anfang 1948 in die Mühlen des „Kalten Krieges“. Größere Wahlerfolge wurden dadurch nicht erzielt, die Wahlanteile waren rückläufig. Auch die Bemühungen um eine Einheitsfront mit den Sozialdemokraten scheiterten, da sich diese Partei durch ein kategorisches Nein von der KPD abgrenzte.

Neben der politischen Arbeit bot die Partei ihren Mitgliedern auch gesellschaftliche Zerstreuung. Die KPD-Ortsgruppe Lübbecke veranstaltete am 14. Mai 1949 im Saal Hein ein Frühlingsfest mit Unterstützung aller Ortsgruppen des Kreises. In dieser Veranstaltung wurden alle Jubilare geehrt, die der KPD schon 25 Jahre und länger angehörten.

Auch eine Jugendorganisation wurde geschaffen, die sich „Freie Deutsche Jugend" (FDJ) nannte. Sie wurde im Februar 1950 gegründet.

Handikap der KPD im Kreis Lübbecke war, daß sie nicht im Kreistag und nur in wenigen Gemeinderäten vertreten war. Dadurch gelang es ihr nicht, ihr Profil gegenüber den bürgerlichen Parteien und insbesondere der SPD der Wählerschaft zu verdeutlichen. Entsprechend dürftig war auch die Berichterstattung über den Kreis Lübbecke im »Volks-Echo«, der Zeitung der KPD. Die zunehmende Schärfe des „Kalten Krieges" und die Identifizierung der KPD mit den damaligen politischen Zielen der Sowjetunion, die Beiträge im »Volks-Echo« weisen die Moskauhörigkeit der KPD klar aus, ließen die Bedeutung der Partei immer mehr sinken.

Die KPD wurde am 17. August 1958 durch ein Urteil des Bundesverfassungsgerichtes verboten.

Die Gründung des Gesamtdeutschen Blocks (BHE)

Die vielen Heimatvertriebenen im Kreis Lübbecke, insbesondere aus dem deutschen Osten, wurden von den Parteien umworben, ohne eine eigenständige politische Vertretung zu haben. Dies wurde von den Besatzungsmächten unterbunden bzw. auch von maßgeblichen Vertriebenensprechern selbst nicht für richtig gehalten.

Am 8. Januar 1950 wurde der Bund der Heimatvertriebenen und Entrechteten (BHE) in Schleswig-Holstein gegründet und erreichte dort bei der Landtagswahl ein Jahr später auf Anhieb 23,4% der Stimmen. Dieser Erfolg motivierte zur Gründung auf Bundesebene, die im Januar 1951 erfolgte. Auf dem Parteitag in Goslar im September 1952 wurde der neue Name »Gesamtdeutscher Block/BHE« angenommen. Am 12. August 1950 wurde auch ein Landesverband in Nordrhein-Westfalen gegründet. Parallel erfolgte auch die Gründung von Kreisverbänden. Initiator der Gründung im Kreis Lübbecke war Otto Ludwig Ungar, der die Vertriebenen des Kreises zum 10. März 1951 zu einer „Besprechung zwecks Gründung des BHE, Kreisgruppe Lübbecke/Westf." in das Hotel »Westfälischer Hof« in Lübbecke einlud. Bei der dort erfolgten Gründung wurde Otto Freimark aus Lübbecke als 1. Vorsitzender und Otto Ludwig Ungar als sein Stellvertreter gewählt.

Die bereits schon etablierten Parteien warnten in ihren Zeitungen »Freie Presse« und »Westfalen-Blatt« vor der unliebsamen Konkurrenz. Sie mußten sich nunmehr stärker mit den Problemen der Vertriebenen auseinandersetzen.

Bei den Kommunalwahlen 1952 gelang es dem BHE nicht, in den Kreistag einzuziehen.

ORDINANCE No. 26

Electoral Divisions

With a view to providing for the holding at an early date of elections throughout the British Zone of Councillors for Gemeinden, Ämter, Kreise, Hansestadt Hamburg, Land Bremen, it is hereby ordered as follows:—

VERORDNUNG Nr. 26

Wahlbezirke

Zur Vorbereitung der in der britischen Zone demnächst abzuhaltenden Wahlen der Vertreter der Gemeinden, Ämter, Kreise sowie der Hansestadt Hamburg und des Landes Bremen, wird folgendes verordnet:

ARTICLE I

1. The number of councillors of Gemeinden, Ämter, Kreise, Hansestadt Hamburg and Land Bremen shall be based on population on the 1 February, 1946 as follows:—

(a) for Stadtgemeinden, Landgemeinden and Ämter with a population of:—

	500	and under		6	Councillors
Exceeding	500	and not exceeding	1,000	9	„
„	1,000	„ „ „	3,000	12	„
„	3,000	„ „ „	6,000	15	„
„	6,000	„ „ „	10,000	18	„
„	10,000	„ „ „	15,000	21	„

and three additional councillors for every 10,000 of the population in excess of 15,000.

Councils will not be established for Gemeinden with less than 40 inhabitants who have attained the age of 21.

(b) For Stadtkreise with a population of:—

	20,000	and under		21	Councillors
Exceeding	20,000	and not exceeding	30,000	24	„
„	30,000	„ „ „	40,000	27	„
„	40,000	„ „ „	60,000	30	„
„	60,000	„ „ „	80,000	33	„
„	80,000	„ „ „	100,000	36	„
„	100,000	„ „ „	150,000	39	„
„	150,000	„ „ „	200,000	42	„
„	200,000	„ „ „	300,000	45	„
„	300,000	„ „ „	400,000	48	„
„	400,000	„ „ „	500,000	51	„
„	500,000	„ „ „	750,000	54	„
„	750,000	„ „ „	1,000,000	57	„
Over	1,000,000			60	„

(c) For Landkreise with a population of:—

	50,000	and under		36	Councillors
Exceeding	50,000	and not exceeding	70,000	39	„
„	70,000	„ „ „	100,000	42	„

and three additional councillors for every 50,000 of the population in excess of 100,000.

(d) for Hansestadt Hamburg . . . . 81 Councillors

(e) for Land Bremen . . . . 60 „

ARTICLE II

2. Electoral areas shall be constituted for the purpose of this Ordinance and shall consist of the following:—

(a) Stadtgemeinden and Landgemeinden
(b) Ämter
(c) Stadtkreise and Landkreise
(d) Hansestadt Hamburg
(e) Land Bremen.

ARTICLE III

3. (a) Subject to the provision of sub-paragraph (b) electoral areas shall be divided into electoral divisions.

(b) Gemeinden of 3,000 inhabitants or less need not be divided into separate electoral divisions if, having regard to local conditions, this course would be impracticable.

(c) Where electoral areas are divided into electoral divisions, three councillors shall be elected for each electoral division, provided that six councillors may be elected for an electoral division if this appears to be reasonably necessary having regard to local conditions.

(d) In no case shall more than six councillors be elected for an electoral division.

(e) The proportion of councillors to electors shall be substantially equal in all the electoral divisions of the electoral area concerned.

ARTIKEL I

1. Die Zahl der Vertreter der Gemeinden, Ämter, Kreise, der Hansestadt Hamburg und des Landes Bremen richtet sich nach dem Stand der Bevölkerung vom 1. Februar 1946 wie folgt:

a) für Stadtgemeinden, Landgemeinden und Ämter mit einer Bevölkerungszahl von:

	500	und weniger		6	Vertreter
über	500	aber nicht über	1 000	9	„
„	1 000	„ „ „	3 000	12	„
„	3 000	„ „ „	6 000	15	„
„	6 000	„ „ „	10 000	18	„
„	10 000	„ „ „	15 000	21	„

sowie zusätzlich 3 Vertreter für je 10 000 Einwohner über die 15 000 hinaus.

Für Gemeinden mit weniger als 40 Einwohner, die das einundzwanzigste Lebensjahr erreicht haben, wird keine eigene Vertretung eingesetzt.

b) Für Stadtkreise mit einer Bevölkerungszahl von:

	20 000	und weniger		21	Vertreter
über	20 000	aber nicht über	30 000	24	„
„	30 000	„ „ „	40 000	27	„
„	40 000	„ „ „	60 000	30	„
„	60 000	„ „ „	80 000	33	„
„	80 000	„ „ „	100 000	36	„
„	100 000	„ „ „	150 000	39	„
„	150 000	„ „ „	200 000	42	„
„	200 000	„ „ „	300 000	45	„
„	300 000	„ „ „	400 000	48	„
„	400 000	„ „ „	500 000	51	„
„	500 000	„ „ „	750 000	54	„
„	750 000	„ „ „	1 000 000	57	„
„	1 000 000			60	„

c) Für Landkreise mit einer Bevölkerungszahl von:

	50 000	und weniger		36	Vertreter
über	50 000	aber nicht über	70 000	39	„
„	70 000	„ „ „	100 000	42	„

und zusätzlich 3 Vertreter für je 50 000 Einwohner über die 100 000 hinaus.

d) Für die Hansestadt Hamburg . . . . 81 Vertreter

e) Für das Land Bremen . . . . 60 „

ARTIKEL II

2. Für den Zweck dieser Verordnung werden Wahlkreise errichtet, die sich wie folgt zusammensetzen:

a) Stadtgemeinden und Landgemeinden,
b) Ämter,
c) Stadtkreise und Landkreise,
d) Hansestadt Hamburg,
e) Land Bremen.

ARTIKEL III.

3. a) Alle Wahlkreise, mit Ausnahme derjenigen unter (b) sind in Wahlbezirke aufzuteilen.

b) Gemeinden mit einer Bevölkerungszahl von 3 000 oder weniger brauchen nicht in Wahlbezirke aufgeteilt zu werden, wenn dies mit Rücksicht auf die örtlichen Verhältnisse als unzweckmäßig erscheint.

c) Wo Wahlkreise in Wahlbezirke aufgeteilt werden, sind für jeden Wahlbezirk 3 Vertreter zu wählen. Jedoch dürfen 6 Vertreter gewählt werden, sofern dies mit Rücksicht auf die örtlichen Verhältnisse vernünftig erscheint.

d) In keinem Fall dürfen für einen Wahlbezirk mehr als 6 Vertreter gewählt werden.

e) Das Verhältnis der Vertreter zur Wählerzahl soll möglichst in allen Wahlbezirken eines Wahlkreises im wesentlichen das Gleiche sein.

ARTICLE IV

4 (a) Except as hereinafter provided the Chairman of each Nominated Representative Council concerned shall forthwith appoint a committee for the purpose of determining the boundries of the electoral divisions within their respective electoral areas; provided that a committee to determine electoral divisions of a Landkreis or Stadtkreis need not be appointed before 11 May, 1946.

(b) The committee appointed as aforesaid for each Amt shall establish the electoral divisions within such Amt and determine the boundaries of such divisions both for Amt and Gemeinde elections. In such a case no committee shall be appointed for the constituent Gemeinden.

(c) The aforesaid committees shall consist of an independent Chairman nominated by the Chairman of the Nominated Representative Council concerned and of a representative from each of the political parties operating within the area and approved under Military Government Ordinance No. 12.

ARTICLE V

5 (a) Save in respect of electoral divisions of a Landkreis, Stadtkreis, Hansestadt Hamburg or Land Bremen the findings of a committee shall be published on the 27 April, 1946.

(b) The findings in respect of electoral divisions of a Landkreis, Stadtkreis, Hansestadt Hamburg and Land Bremen shall be published on the 8 June, 1946.

6. Publication of the findings shall be effected by making a copy of the same available for inspection during the usual office hours in the office of the Council concerned and by exhibiting a notice that it is so available.

ARTICLE VI

7. As soon as may be after the 27 April, 1946 and in any event not later than the 11 May, 1946, all electoral divisions then constituted shall be divided into polling districts by the appropriate committee as specified in Article IV of this Ordinance. All electoral divisions constituted after the 11 May, 1946 shall be divided into polling districts as aforesaid not later than the 11 June, 1946.

ARTICLE VII

8. Military Government may issue such regulations or orders as may be necessary or expedient for carrying this Ordinance into effect.

ARTICLE VIII

9 This Ordinance comes into force on the 13 April, 1946.

BY ORDER OF MILITARY GOVERNMENT.

ARTIKEL IV

4. a) Der Vorsitzende jedes Ernannten Vertretenden Rates (Nominated Representative Council) hat unverzüglich, sofern in dieser Verordnung nicht anders verfügt wird, einen von ihm ernannten Ausschuß mit der Aufgabe zu betrauen, die Grenzen der einzelnen Wahlbezirke zu bestimmen innerhalb ihrer zuständigen Wahlkreise. Es ist vorzusehen, daß ein Ausschuß zur Bestimmung der Wahlbezirke von Landkreisen oder Stadtkreisen nicht vor dem 11. Mai 1946 ernannt werden muß.

b) Der gemäß Absatz 4 (a) für jedes Amt eingesetzte Ausschuß hat innerhalb eines solchen Amtes die Wahlbezirke aufzustellen und die Grenzen dieser Wahlbezirke sowohl für die Amts- als auch für die Gemeindewahlen zu bestimmen. In diesem Falle erübrigt es sich für die wählenden Gemeinden, einen Ausschuß einzusetzen.

c) Die obengenannten Ausschüsse müssen bestehen aus einem unabhängigen Vorsitzenden, der vom Vorsitzenden des in Betracht kommenden Ernannten Vertretenden Rates ernannt ist, sowie aus einem Vertreter jeder politischen Partei, die innerhalb des Wahlkreises tätig ist und von der Militärregierung gemäß Verordnung Nr. 12 anerkannt ist.

ARTIKEL V

5. a) Die Ausschüsse haben das Ergebnis ihrer Arbeit bis zum 27. April 1946 zu veröffentlichen, ausgenommen die Wahlbezirke eines Landkreises, Stadtkreises, der Hansestadt Hamburg und des Landes Bremen.

b) Soweit es sich um die Wahlbezirke eines Landkreises, eines Stadtkreises, der Hansestadt Hamburg und des Landes Bremen handelt, sollen die Arbeitsergebnisse am 8. Juni 1946 veröffentlicht werden.

6. Die Veröffentlichung der Arbeitsergebnisse erfolgt durch Auslegen eines Exemplares zur allgemeinen Einsichtnahme während der üblichen Amtsstunden im Amtsgebäude des in Betracht kommenden Ernannten Vertretenden Rates und durch einen entsprechenden Anschlag, der auf die Möglichkeit einer Einsichtnahme hinweist.

ARTIKEL VI

7. Baldmöglichst nach dem 27. April 1946, aber keineswegs später als am 11. Mai 1946 sollen alle bis dahin geschaffenen Wahlbezirke in Stimmbezirke eingeteilt werden. Dies wird durch den gemäß Artikel IV dieser Verordnung eingesetzten Ausschuß besorgt. Alle Wahlbezirke, die nach dem 11. Mai 1946 geschaffen werden, sind bis spätestens 11. Juni 1946, wie oben angeführt, in Stimmbezirke einzuteilen.

ARTIKEL VII

8. Die Militärregierung behält sich vor, solche Weisungen oder Anordnungen zu erteilen, die ihr zur Durchführung dieser Verordnung notwendig oder zweckmäßig erscheinen

ARTIKEL VIII

9. Diese Verordnung tritt mit dem 13. April 1946 in Kraft

IM AUFTRAGE DER MILITÄRREGIERUNG.

Aus: Amtsblatt der Militärregierung Deutschland – britisches Kontrollgebiet.

Kapitel IV: Die ersten Wahlen und ihre Ergebnisse von Reinhold Wöstehoff

Die Vorgeschichte der Wahlen

„Alle Staatsgewalt geht vom Volke aus. Sie wird vom Volk in Wahlen ... ausgeübt.“
(Grundgesetz, Art. 20[2])

Das Volk als der Träger der Staatsgewalt und die Legitimation der die Staatsgewalt ausübenden Organe durch den Wahlakt gehören zu den grundlegenden Prinzipien eines demokratisch organisierten Staates. Bis zur Festlegung der demokratischen Prinzipien im Grundgesetz der Bundesrepublik Deutschland hat es nach dem Kriegsende und damit nach dem Ende der totalitären Herrschaft der Nationalsozialisten fast genau vier Jahre gedauert. In der Zeit der Besetzung im Frühjahr 1945 und nach den von Vertretern der Siegermächte geäußerten Vorstellungen über die Zukunft Deutschlands haben sich die Menschen im Jahre 1945 sicherlich nicht vorstellen können, daß sie in so kurzer Zeit vor vollkommen anderen Rahmenbedingungen für das politische Leben in Deutschland stehen würden.

Die Festlegung demokratischer Prinzipien für das „neue“ Deutschland war schon im Jahre 1945 in mehreren offiziellen Dokumenten der Siegermächte enthalten. In der Direktive an den Oberkommandierenden der Okkupationstruppen der Vereinigten Staaten vom April 1945 heißt es zwar:
„Es muß den Deutschen klar gemacht werden, ... daß sie nicht der Verantwortung für das entgehen können, was sie selbst auf sich geladen. ... Deutschland wird nicht besetzt zum Zwecke seiner Befreiung, sondern als besetzter Feindstaat.“

Die Feststellung beinhaltete für die Deutschen kaum Zukunftschancen. Aber nur ein paar Zeilen weiter läßt sich doch ein Hoffnungsschimmer erkennen.
„Das Hauptziel der Alliierten ist es, Deutschland daran zu hindern, je wieder eine Bedrohung für den Weltfrieden zu werden. Wichtige Schritte zur Erreichung dieses Zieles sind ... Vorbereitung zu einem späteren Wiederaufbau des deutschen politischen Lebens auf demokratischer Grundlage.“

Auf der Drei-Mächte-Konferenz in Potsdam vom 17. Juli bis 2. August 1945, auf der die Regierungschefs der USA, der UdSSR und Großbritanniens mit ihren Außenministern die Zukunft Deutschlands berieten, wurden schon Wahlen auf örtlicher Ebene in Aussicht gestellt. In den Mitteilungen über die Konferenz heißt es im Abschnitt III.A.(9) über die politischen Grundsätze für Deutschland:

„Zu diesem Zweck:
I. wird die örtliche Selbstverwaltung in ganz Deutschland nach demokratischen Grundsätzen und insbesondere durch gewählte Körperschaften so rasch wiederhergestellt, wie dies mit der militärischen Sicherheit ... vereinbar ist.
...
III. werden Grundsätze eines repräsentativen und auf Wahlen beruhenden Systems ... eingeführt ...“

Auch die politischen Vertreter Nachkriegsdeutschlands waren sich einig über den demokratischen Wiederaufbau, über die Organisation dieser Demokratie gab es unterschiedliche Meinungen.

„Wahlen werden nicht nur durch den Wähler entschieden, seiner Stimmabgabe kann vielmehr je nach der Gestaltung des Wahlrechts für die parteipolitische Zusammensetzung des zu bestellenden Parlaments sehr unterschiedliches Gewicht zufallen.“

Mit dieser Feststellung beginnt Erhard H. M. Lange die Untersuchung der Wahlrechtsdiskussion nach dem Kriege (Lange, Vom Wahlrechtsstreit zur Regierungskrise, Köln 1980). Er stellt drei Grundströmungen fest, die sich aus den deutschen Verfassungstraditionen ableiten lassen. Zum einen spricht er von der Wahl als Methode, den geeignetsten Bewerber zu finden. Dieser Ansatz war im klassischen Liberalismus beheimatet. Eine andere Betrachtungsweise stellt den Gedanken der Regierungsstabilität in den Mittelpunkt. Insbesondere Christdemokraten favorisierten 1945 das dementsprechende Mehrheitswahlrecht. Ein dritter Ansatzpunkt ist die Herstellung einer weitgehenden Übereinstimmung zwischen Regierenden und Wählervolk. Diese Identität kann nur mit dem Verhältniswahlrecht erreicht werden, das von den Sozialdemokraten vertreten wurde.

Ihre verschiedenen Vorstellungen innerhalb der deutschen Parteien trafen nun bei der Vorbereitung des Wahlrechts in der britischen Besatzungszone auf das jahrhundertealte Demokratieverständnis der britischen Besatzungsmacht, die ihr reines Mehrheitswahlrecht auch in Deutschland durchsetzen wollte. So kam es zu einer längeren Auseinandersetzung, durch die der erste Wahltermin weiter hinausgeschoben wurde, als in der amerikanischen Besatzungszone. Dort fanden die Kommunalwahlen schon im Januar 1946 statt, zu einem Zeitpunkt als die Briten noch über die Wahlrechtsbestimmungen berieten.

Als die deutschen Politiker etwa im September 1945 von konkreten Plänen zur Durchführung von Wahlen erfuhren, war die Meinung in allen Parteien ähnlich. Wahlen sollten nicht zu einem so frühen Zeitpunkt stattfinden. Die Oberpräsidenten der früheren preußischen Provinzen, Fuchs und Amelunxen, versuchten, durch Eingaben zu erreichen, daß Wahlen nicht vor Mai 1946 stattfinden sollten. Sie befürchteten Unruhe in der Bevölkerung. Viele Kriegsgefangene, Evakuierte und Flüchtlinge hätten nicht wählen können, weil sie ihre Heimatbezirke noch nicht erreicht hätten. Außerdem sollte man das Volk nicht zur Stimmabgabe in einer Zeit zwingen, in der durch den Winter Not und Hunger am größten wären. Auch Parteipolitiker verschiedener Richtungen schlossen sich dieser Meinung an.

Die britische Besatzungsmacht reagierte auf diese Einwände und kündigte die Wahlen für den Frühsommer 1946 an. Die Länder hatten sich in der britischen Zone noch nicht organisiert, es gab also noch keine zuständige Instanz, die ein Wahlgesetz hätte entwerfen können, so daß die Briten es sich vorbehielten, selbst die Wahlrechtsbestimmungen vorzubereiten.

Im Spätherbst 1945 bildeten die Briten eine Arbeitsgruppe bei der in Bünde tätigen Abteilung „Administration and Local Government“ der Kontrollkommission der Britischen Besatzungszone. Im Dezember kam dazu ein deutscher Wahlrechtsausschuß, der der Arbeitsgruppe beratend zur Seite stehen sollte. Diesem Wahlrechtsausschuß wurden aber schon gewisse Einschränkungen vorgegeben. So sollten die Prinzipien des Mehrheitswahlrechtes und ein Rotations-Verfahren eingearbeitet werden. Den Vorsitz des Ausschusses übernahm Gerhard Schröder, der spätere Bundesminister. Der Ausschuß setzte sich aus 17 Vertretern der Verwaltungsbehörden, der Parteien und anderen Organisationen zusammen. Die Beratungen begannen am 10. Januar 1946 in Bünde und zogen sich mit mehreren Sitzungen bis zum April 1946 hin.

Die unterschiedlichen Vorstellungen der Briten und der Deutschen, aber auch die verschiedenen Standpunkte innerhalb der deutschen Vertreter verhinderten eine Einigung. Zu den Punkten mit unterschiedlicher Auffassung gehörte die Übertragung des britischen Rotationsprinzips auf das deutsche Wahlrecht. In jedem Jahr sollte ein Drittel der gewählten Vertreter durch neue ersetzt werden. Dies wurde von den Deutschen abgelehnt. Ein weiterer Punkt war die unterschiedliche Beurteilung des Mehrheitswahlrechtes durch die Deutschen. Vertreter der CDU waren durchaus geneigt, einem „direkten" Wahlrecht zuzustimmen, mit dem eindeutige Verhältnisse hätten erzielt werden können. Vertreter von Zentrum und SPD wendeten sich mit einem Memorandum an den Oberpräsidenten von Westfalen und empfahlen, für diese Wahlen das Verhältniswahlrecht der Weimarer Verfassung beizubehalten. Auch in Fragen der aktiven und passiven Wählbarkeit kam es zu Differenzen, insbesondere bei dem Wahlrecht für „politisch Belastete", also Angehörige früherer Naziorganisationen.

Die Deutschen fanden innerhalb des Ausschusses nicht zu einem Kompromiß, vielleicht begründet durch die fehlende Entscheidungskompetenz. So erließen die Briten im April und Mai 1946 in insgesamt 11 Verordnungen die Vorschriften für die ersten Kommunalwahlen. Der Termin wurde für die kreisangehörigen Städte und Gemeinden festgesetzt auf den 15. September und für die Kreisparlamente und kreisfreien Städte auf den 13. Oktober 1946.

Die ersten Kommunalwahlen im Herbst 1946

Den Kern der insgesamt 11 Verordnungen zu den Wahlrechtsbestimmungen, die im Amtsblatt der Militärregierung Deutschlands, Britisches Kontrollgebiet, veröffentlicht wurden, bildeten die Verordnungen mit den Nummern 26, 28, 31 und 32. Die übrigen enthielten nur Abänderungen und Ergänzungen zu diesen Vorschriften.

Die Einteilung der Wahlbezirke

Im Kreisgebiet war die Aufgabe der Einteilung der Wahlbezirke für die zu ernennenden Wahlausschüsse einfach zu lösen, da die Grenzen der Wahlbezirke fast immer mit den Gemeindegrenzen übereinstimmten. Ausnahmen bildeten nur die Gemeinden Oberbauerschaft und Rahden (2 Bezirke). In einzelnen Gemeinden waren die Stimmbezirke noch nach den Bauerschaften eingeteilt.

Die Registrierung von Wählern

Die Schwierigkeiten bei der Feststellung des wahlberechtigten Personenkreises kann man aus heutiger Sicht kaum ermessen. Es sind dabei zwei Schwerpunkte zu berücksichtigen. Viele Evakuierte und Flüchtlinge befanden sich nur auf der Durchreise oder hielten sich nur wenige Tage am gleichen Ort auf. Der Gang zum Meldeamt war einer der ersten Wege im neuen Ort, um Bezugscheine für die eigene Versorgung zu bekommen. Die Melderegister änderten sich daher beträchtlich. Hinzu kamen die zurückkehrenden Kriegsgefangenen, für die der 12. Februar

VERORDNUNG Nr. 28

Die Registrierung der Wähler

Zur Vorbereitung der Wahl von Vertretern für Gemeinden, Aemter, Kreise, die Hansestadt Hamburg und das Land Bremen in der gesamten Britischen Zone wird hiermit folgendes verordnet:

ARTIKEL I

Wahlregister

1. Für jeden auf Grund der Verordnung Nr. 26 der Militärregierung errichteten Wahlbezirk sind gemäß den Bestimmungen dieser Verordnung Wahlregister anzulegen. Die Wähler sollen in jedem Wahlregister nach Stimmbezirken aufgeteilt werden.

2. Niemand darf wählen, wenn er nicht gemäß den Bestimmungen der Verordnung zur Wahl zugelassen ist und sein Name in dem nach dem oben genannten Grundsatz aufgestellten, zur Zeit gültigen Wahlregister nicht erscheint.

ARTIKEL II

Zulassung der Wähler

3. Personen beiderlei Geschlechts haben einen Anspruch darauf, in dem Wahlgebiet (Stadtkreis, Amt oder Gemeinde) als Wähler eingetragen zu werden, in dem sie ihren Wohnsitz haben, wenn sie:

a) am 12. Mai 1946 unter dieser Adresse in das Melderegister eingetragen sind und

b) während der Zeit vom 12. Februar 1946 bis zum 12. Mai 1946 im Melderegister des zuständigen Wahlgebiets (Stadtkreis, Amt oder Gemeinde) geführt wurden und

c) am 12. Mai 1946 die deutsche Staatsangehörigkeit besaßen und

d) am 12. Mai 1946 das einundzwanzigste Lebensjahr erreicht haben und

e) nicht unter eine der Gruppen fallen, die im beigefügten Anhang genannt sind. Es wird angeordnet, daß derjenige, der aus einer Organisation oder einem Amt (angeführt unter Nr. 2 des Anhangs) freiwillig ausgeschieden ist oder ausgeschlossen wurde, nicht unter diese Kategorie fällt oder von der Registrierung als Wähler ausgeschlossen wird.

4. Zurückkehrende Kriegsgefangene oder ehemalige politische Häftlinge oder andere politische Rückkehrer brauchen den Anforderungen des Absatzes 3b nicht zu genügen, wenn sie am 1. September 1939 im Melderegister des zuständigen Wahlgebietes (Stadtkreis, Amt oder Gemeinde) eingetragen waren und ebenso am 12. Mai 1946 im Melderegister dieses Wahlgebietes geführt werden.

5. Einwendungen gegen die Eintragung einer Person in das Wahlregister können erhoben werden, wenn:

a) sie auf Grund des Absatzes 3 nicht zugelassen ist oder

b) ihr Wahlrecht ruht gemäß § 6 BGB. (Entmündigung wegen Geisteskrankheit oder Geistesschwäche),

c) sie eine Freiheitsstrafe verbüßt.

6. Jeder Wähler darf nur in einem Wahlbezirk in das Wahlregister aufgenommen werden.

7. Soweit nicht im Nachfolgenden etwas anderes bestimmt ist, ist das Wahlregister in bezug auf die Wahlberechtigung eines Wählers als endgültig zu betrachten.

ARTIKEL IV

Ansprüche und Einwendungen

11. Wer behauptet, daß ein Name in die Wählerliste aufgenommen werden müsse oder von der Liste zu streichen sei, kann seine Ansprüche oder seine Einwendungen (je nach Lage des Falles) dem zuständigen Wahlleiter bis zum 20. Juli 1946 schriftlich mitteilen; die Gründe eines solchen Anspruchs oder einer solchen Einwendung müssen klar dargelegt werden.

12. Vorbehaltlich der Bestimmungen des Absatzes 13 dieser Verordnung werden Ansprüche und Einwendungen von einem von der Militärregierung eingesetzten Ueberprüfungsbeamten, der deutscher Staatsangehöriger sein soll, gehört und entschieden werden.

13. a) Hat der Wahlleiter keine Bedenken, daß einem Anspruch stattgegeben werden muß, so soll er den Antragsteller dementsprechend benachrichtigen. In allen anderen Fällen soll der Wahlleiter dem Antragsteller Tag, Ort und Zeit bekanntgeben, an denen er von dem überprüfenden Beamten gehört werden kann und über seinen Anspruch entschieden wird.

b) Bei der Annahme einer Einwendung soll der Wahlleiter demjenigen, der die Einwendung erhebt, und demjenigen, gegen den die Einwendung erhoben wird, Tag, Zeit und Ort bekanntgeben, an denen sie gehört werden sollen und über die Einwendung entschieden werden soll.

c) Die Verhandlungstermine gemäß Buchstaben a) und b) dieses Absatzes sollen 3 Tage vorher von dem Wahlleiter bekanntgegeben werden.

d) Der Wahlleiter hat dem überprüfenden Beamten bis spätestens 27. Juli 1946 eine Liste der vorgebrachten Ansprüche und Einwendungen zu übergeben. Mit der Liste sollen die eingezogenen Erkundigungen für jeden einzelnen Fall mitgegeben werden.

14. Der überprüfende Beamte soll zu der gemäß Absatz 13 festgelegten Zeit und an dem ebenso bestimmten Ort die Ansprüche und Einwendungen hören und über sie entscheiden. Bis spätestens 9. August 1946 soll über alle Ansprüche und Einwendungen entschieden sein. Gegen die Entscheidung des überprüfenden Beamten gibt es kein Rechtsmittel.

15. a) Der überprüfende Beamte hat dem Wahlleiter die Ergebnisse seiner Entscheidungen über alle Ansprüche und Einwendungen mitzuteilen. Der Wahlleiter hat:
   I. bis spätestens 9. August 1946 an seinem Dienstgebäude eine Liste der Ansprüche, denen der überprüfende Beamte ohne Zuziehung der Antragsteller stattzugeben hat, anzubringen und
   II. die Listen entsprechend den Ergebnissen zu überprüfen. Ist eine Einwendung mit Erfolg vorgebracht worden, so hat er den Namen desjenigen, gegen den die Einwendung vorgebracht wurde, zu streichen, und ist ein Anspruch mit Erfolg vorgebracht worden, so soll er die in Frage kommenden Namen und Adressen der Antragsteller in die Liste aufnehmen.

b) Die so überprüften Listen sollen endgültig und ausschließlich bleiben. Sie ergeben später das Wahlregister.

ANHANG

Gruppe der Personen, die von der Eintragung ins Wahlregister ausgeschlossen sind

1. Wer zu irgendeiner Zeit als Mitglied angehörte:
   dem Korps der politischen Leiter der NSDAP.
   dem SD. (Sicherheitsdienst)
   der Gestapo (Geheime Staatspolizei)
   dem Generalstab und dem Oberkommando der Wehrmacht
   der SS. (Schutzstaffeln der NSDAP.), ausgenommen sind die zur Waffen-SS. gezogenen Personen
   dem NSDStB. (NSD.-Studentenbund)
   dem NSDoB. (NSD.-Dozentenbund)
   dem HJ.-Streifendienst

2. a) Wer vor dem 1. März 1933 als Mitglied angehörte:
   der NSDAP.
   der SA. (Sturmabteilung der NSDAP.)
   der HJ. (Hitler-Jugend)
   dem BDM. (Bund Deutscher Mädel)
   der NSF. (NS.-Frauenschaft)

   b) Wer die folgenden oder höheren Ämter in den angeführten Organisationen innehatte:
   in der NSDAP.: Blockleiter
   in der SA.: Truppführer

1946, das Datum der Eintragung in das Melderegister, keine Gültigkeit hatte. Vor allem viele Flüchtlinge, die keine Möglichkeit hatten, in ihrer Heimat zu wählen, haben durch dieses Datum nicht an der Wahl teilnehmen können.

Ein weiteres Problem bildete der Entnazifizierungsprozeß. Der im Anhang der Verordnung enthaltene Katalog beschrieb umfassend, welche Personen als „belastet" zu gelten hatten und damit nicht wählen durften.

Aus diesen Gründen war es wichtig, daß die Wählerlisten öffentlich einzusehen waren, damit jeder die Möglichkeit hatte, die Entscheidung über seine Eintragung zur Kenntnis zu nehmen und gegebenenfalls zu korrigieren. Dies wurde auch in der Presse immer wieder bekanntgegeben. Die Parteien konnten sich sogar die Wählerlisten aushändigen lassen, wie ein Beispiel aus Gehlenbeck zeigt. Ein wichtiger Vorgang war die Beurteilung der Wählerlisten durch die örtlichen Entnazifizierungsausschüsse. Nach einer Anhörung konnten sie über die Zulassung zur Wahl entscheiden.

Die Parteien konnten sich die Wählerlisten aushändigen lassen.

Empfangsbescheinigung
.-.-.-.-.-.-.-.-.-.-.-.-.

Eine Wählerliste für die Gemeinde Gehlenbeck ist mir heute ausgehändigt worden .

Gehlenbeck,den 16.7.1946.
Für die Ortsgruppe der CDU.

Gehlenbeck Nr.348
R. Vetter

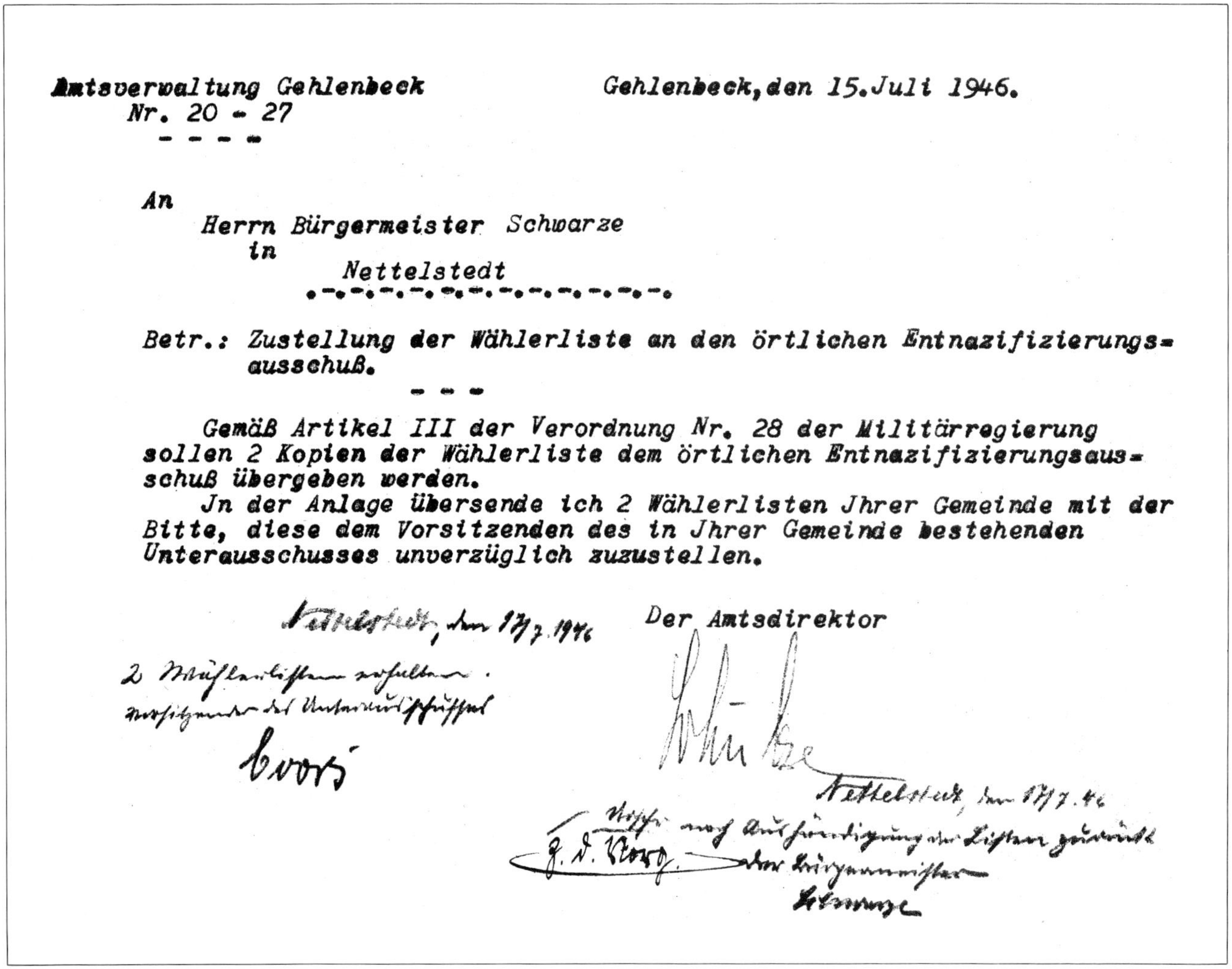

Amtsverwaltung Gehlenbeck
Nr. 20 - 27

Gehlenbeck, den 15. Juli 1946.

An
Herrn Bürgermeister Schwarze
in
Nettelstedt

Betr.: Zustellung der Wählerliste an den örtlichen Entnazifizierungsausschuß.

Gemäß Artikel III der Verordnung Nr. 28 der Militärregierung sollen 2 Kopien der Wählerliste dem örtlichen Entnazifizierungsausschuß übergeben werden.

Jn der Anlage übersende ich 2 Wählerlisten Jhrer Gemeinde mit der Bitte, diese dem Vorsitzenden des in Jhrer Gemeinde bestehenden Unterausschusses unverzüglich zuzustellen.

Der Amtsdirektor

Nettelstedt, den 17/7.1946
2 Wählerlisten erhalten.
Vorsitzender des Unterausschusses

Nettelstedt, den 17/7.46
Urschr. nach Aushändigung der Listen zurück
g. d. Vorg.
Der Bürgermeister
Schwarze

Die Wählerlisten wurden dem Entnazifizierungsausschuß vorgelegt.

Die Wahl von Vertretern

Schwerpunkte dieser Verordnung sind die Bestimmungen für die Wählbarkeit von Vertretern, die Erstellung von Kandidatenlisten, die Amtsdauer und die Wiederbesetzung freiwerdender Stellen.

Jeder Kandidat mußte eine Erklärung über seine Kandidatur ausfüllen und bei dem Wahlleiter abgeben. In doppelter Ausfertigung wurden diese den britischen Sicherheitsbehörden zugestellt, die über die Zulassung zu entscheiden hatten. Anschließend sollten die Formulare der „Sonderabteilung des öffentlichen Sicherheitsdienstes" bei der Militärregierung vorgelegt werden, die die Entscheidung zu beglaubigen hatte. Ein Exemplar verblieb bei dieser Abteilung, das andere wurde zurückgeschickt an den Wahlleiter, der dann den Kandidaten über seine Zulassung informieren sollte. Bei der Gesamtzahl von über 700 Kandidaten im Kreis Lübbecke war ein hoher Verwaltungsaufwand notwendig, um dies Verfahren abzuwickeln.

Eine Besonderheit für deutsches Wahlrecht enthielt der Artikel IV. Es wurde von den Briten gefordert, daß in jedem Wahlgebiet nach einem Jahr jeweils ein Drittel der Vertreter zurückzutreten hatte. Die Legislaturperiode sollte drei Jahre dauern, so daß nach dieser Zeit die gesamte Vertretung ausgetauscht war. Da bei dieser Wahl alle Vertreter bestimmt werden mußten, hatte jeder Wähler drei Stimmen abzugeben. Auch jede Partei mußte bei voller Ausschöpfung ihrer Möglichkeiten in jedem Stimmbezirk drei Kandidaten aufstellen. Dies erklärt die hohe Zahl der Kandidaten. Ein von der CDU vorbereiteter Stimmzettel zur Amtswahl in Rahden soll dieses Verfahren verdeutlichen. Die Parteien versuchten, mit Handzetteln und Zeitungsanzeigen die Entscheidung des Wählers auf diese Art zu beeinflussen.

Das Verfahren bei den Gemeindewahlen

Nach der Angabe der Vorschriften bei der Durchführung der Wahl, steckt im Artikel XI der Kern des Wahlrechtes. Hier wird beschrieben, wie dic Verteilung der Sitze für die Vertretung nach dem Wahlergebnis vorzunehmen war. In diesen recht komplizierten Vorschriften spiegeln sich die Elemente des Verhältniswahlrechts wider, das die deutschen Vertreter in der Wahlrechtskommission auf das von den Briten vorgegebene Mehrheitswahlrecht aufsetzten. In der Kompliziertheit der Bestimmungen ist auch der Grund für viele Nachfragen der Verwaltungsstellen bei übergeordneten Behörden zu sehen. Auf diese Nachfragen hin erhielten die Verwaltungen im Laufe des Sommers 1946 immer wieder Erläuterungen zu den Bestimmungen. Dies reichte bis zu Anfragen zu Problemen nach Ablauf der Wahl, die sich durch konkrete Wahlergebnisse ergeben hatten.

Zur Klärung besonderer Fragen wurde im Mai 1946 bei den Oberpräsidenten der Provinzen das Amt des Wahlberaters geschaffen. Vorgeschlagen wurden dazu wegen ihrer Kompetenz die jeweiligen Mitglieder des „Deutschen Arbeitsausschusses für Wahlfragen in Bünde". Daneben sollten aber auch die Regierungspräsidenten Berater für ihren Bereich ernennen. Jede Verwaltung konnte sich damit direkt mit ihren Fragen an diese Wahlberater wenden. Die Erläuterungen, die ein Gremium aller Wahlberater auf ihren Versammlungen erarbeiteten, hatten allgemeine Gültigkeit.

VERORDNUNG Nr. 31

Die Wahl von Vertretern

Zur Vorbereitung der Wahl von Vertretern in der gesamten Britischen Zone für Gemeinden, Ämter, Kreise, die Hansestadt Hamburg und das Land Bremen wird hiermit folgendes verordnet:

ARTIKEL I

Wahltermine

1. Die erste Wahl von Vertretern für die in dem ersten Anhang dieser Verordnung genannten Gebiete finden zu den in demselben Anhang genannten Terminen statt. Die späteren Wahlen finden jährlich an dem diesen Terminen nächstliegenden Sonntag (vor und nach dem Termin) statt.

ARTIKEL II

Rücktritt der ernannten Vertreter

2. Alle ernannten Vertreter haben am Tage vor den in dem ersten Anhang dieser Verordnung genannten Terminen von ihrem Amt zurückzutreten.

ARTIKEL III

Mitgliederzahl einer Vertretung

3. Vorbehaltlich der Bestimmungen des Art. I der Verordnung Nr. 26 (welche die Zahl der Vertreter für ein Wahlgebiet (Wahlkreis) festsetzt), soll die Zahl der Vertreter wie folgt sein:

a) wo die Vertreter von den Wählern gem. den Bestimmungen von Art. XI und XII Ziff. 12 der Verordnung Nr. 32 (im nachstehenden „die direkt gewählten Vertreter" genannt) direkt gewählt werden, ist die Zahl aus der zweiten Spalte des zweiten Anhangs dieser Verordnung zu ersehen; und

b) wo die Vertreter aus einer Reserveliste gem. den Bestimmungen von Art. XII Ziff. 13 der Verordnung Nr. 32 (im nachstehenden „die Vertreter aus der Reserveliste" genannt) gewählt werden, ist die Zahl aus der dritten Spalte des zweiten Anhangs dieser Verordnung zu ersehen.

ARTIKEL IV

Rücktritt und Wiederwahl der direkt gewählten und der aus der Reserveliste gewählten Vertreter

4. Vorbehaltlich der Bestimmungen von Ziffer 5 dieser Verordnung soll die Amtsdauer für alle Vertreter 3 Jahre betragen.

5. Die Vertreter der Hansestadt Hamburg und des Landes Bremen sollen alle geschlossen jedes 3. Jahr zurücktreten. In allen anderen Wahlgebieten (Wahlkreisen) soll $^1/_3$ der Vertreter im Jahre 1947 und $^1/_3$ in jedem folgenden Jahr gemäß den von der Militärregierung herausgegebenen Anordnungen zurücktreten. Diese Anordnungen der Militärregierung sollen als wesentlicher Bestandteil dieser Verordnung angesehen werden.

6. Nach Beendigung der Amtsperiode können alle Vertreter wiedergewählt werden, wenn sie gemäß den Bestimmungen von Art. 5 dieser Verordnung oder irgendeiner Abänderungsbestimmung oder irgendeiner Ersatzbestimmung weiterhin zur Wahl geeignet sind.

ARTIKEL V

Wählbarkeitsvoraussetzungen der Vertreter

7. Eine Person (männlich oder weiblich), die nicht auf Grund dieser Verordnung ausgeschlossen ist, kann gewählt werden und kann Vertreter sein, sofern sie das 25. Lebensjahr an dem in Art. VII dieser Verordnung festgelegten Nennungstage erreicht hat und deutscher Nationalität ist, und

a) wahlberechtigt ist gem. Verordnung Nr. 28 und am Nennungstage in dem betreffenden Wahlgebiet (Wahlkreis) seit 18 Monaten im Melderegister oder in der Lebensmittelkartei als wohnhaft geführt wird. Dieser Termin kann auf 3 Monate herabgesetzt werden, wenn der Kandidat dem Wahlleiter einwandfrei nachweisen kann, daß er vor weniger als 12 Monaten vor dem Nennungstage aus politischer Haft entlassen wurde; und

b) sich nicht in einem Konkursverfahren befindet; und

c) weder in Diensten der Vertretung, deren Mitglieder gewählt werden sollen, noch in Diensten einer Aufsichtsbehörde, noch in Diensten einer von der Vertretung beaufsichtigten Behörde steht;

d) nicht aktiver Offizier der Wehrmacht war oder Mitglied einer der folgenden Organisationen:

I. NSDAP.
II. SA.
III. NSF.
IV. NSKK.
V. NSFK.
VI. NSDSTB.
VII. Stahlhelm
VIII. Herren-Club
IX. Deutschvölkische Freiheitspartei
X. Völkisch-soziale Arbeitsgemeinschaft
XI. Bund Völkischer Frontkämpfer
XII. Tannenbergbund
XIII. Wikingbund
XIV. Bund „Werwolf"
XV. Organisation Roßbach
XVI. Bund Oberland.

So wählt der CDU.-Wähler

für die Amtswahl in Rahden Wahlbezirk I

am 15. September 1946

1	BÜSING (Heinrich Diedrich August Büsing, Rahden 169 — selbst. Handwerker — Unabhängig)	
2	DONZELMANN (Heinrich Wilhelm Donzelmann, Rahden 345 — Zigarrenarbeiter — SPD)	
3	FLEDDERMANN (August Wilhelm Fleddermann, Rahden 269 — Arbeiter — SPD)	
4	FRANKE (Friedrich Otto Franke, Rahden 31 — Landwirt — CDU)	X
5	GROTEMEIER (Friedrich Wilhelm Gustav Grotemeier, Rahden 70 — Drogist — CDU)	X
6	MATZOLLEK (Wilhelm Matzollek, Rahden 60 — Bezirks-Vertreter — KPD)	
7	RÖDENBECK (Christian Heinrich Rödenbeck, Rahden 39 — Landwirt — CDU)	X
8	ROHLFING (Friedrich Christoph Rohlfing, Rahden 123 — Drechsler — SPD)	
9	WENDT (Arnold Wendt, Rahden 46 — Zementsteinarbeiter — KPD)	

Werneburg, Druckerei, BBF2, Lübbecke
86332/700 Sept. 46, Klasse C

Christlich-Demokratische Union

Erklärung

(In zweifacher Ausführung von jeder Person auszufüllen, die sich als Kandidat aufstellen lassen will.)

Name (Vor- u. Zuname)... Beschäftigung ....
(Zuname in Blockschrift)

Anschrift .... Geburtstag, Monat, Jahr ....

---

1. Ich beabsichtige, mich für die demnächst stattfindenden Wahlen als Kandidat *(1)* ....

   für die *(2)* .... *(3)* .... aufstellen zu lassen,

   und zwar am ....

2. Ich erkläre hiermit, dass ich im Wahlregister des oben bezeichneten Wahlgebiets (Wahlkreises) ordnungsgemäss eingetragen, und dass ich durch keine der im Anhang zur Verordnung Nr. 28 der Militärregierung enthaltenen Bestimmungen vom Wahlrecht ausgeschlossen bin.

3. Ich erkläre weiter in Bezug auf die Mitgliedschaft in einer der nachstehend angeführten Organisationen:

NSDAP.	Völkisch-Soziale Arbeitsgemeinschaft
SA.	Bund Völkischer Frontkämpfer
NSF.	Tannenbergbund
NSKK.	Wikingbund
NSFK.	Bund „Werwolf"
NSDSTB.	Organisation Rossbach
Stahlhelm	Bund Oberland
Herren-Club	Wehrmacht (Aktiver Offizier)
Deutsch-Völkische Freiheitspartei	

entweder *(4)*

dass ich niemals Mitglied einer dieser Organisationen gewesen bin

oder *(4)*

dass ich Mitglied gewesen bin, und zwar von *(5)* ....

dass ich aber aus den nachstehenden Gründen aus dieser Organisation ausgeschieden bin *(6)*:

Anleitung zur Aufstellung des Fragebogens:

(1) Es ist die in Frage kommende Partei oder das Wort „parteilos" einzutragen.
(2) Es ist hier einzusetzen „Gemeindevertretung", Kreistag" usw.
(3) Es ist einzusetzen der Name des Wahlgebiets (Wahlkreises) oder des Wahlbezirks (wenn Einteilung in Wahlbezirke erfolgt ist). (Wenn es sich um eine indirekte Wahl handelt, ist dies besonders zu bemerken und der Wahlbezirk auszulassen.)
(4) Nichtzutreffendes ist zu streichen.
(5) Die in Betracht kommende Organisation bzw. Organisationen sind namentlich aufzuführen.
(6) Es ist anzuführen, „ob der Austritt freiwillig erfolgte", „ob der Ausschluss aus der Organisation aus politischen Gründen erfolgte", oder aus einem anderen Grunde. Das genaue Datum ist anzugeben.

oder *(4)*

dass ich zwar Mitglied von *(5)* .... in der

Zeit von .... bis .... gewesen bin und in dieser Organisation den Rang

eines .... innehatte, mich dennoch als geeignet betrachte,

an dem Aufbau demokratischer Einrichtungen in Deutschland mitzuwirken, und zwar aus folgenden Gründen: *(7)*

Die von mir in dieser Erklärung gemachten Angaben sind wahr. Ich bin mir bewusst, dass ein Verschweigen oder falsche oder unvollständige Angaben ein Vergehen gegen die Verordnungen der Mil.-Reg. darstellen und mich der Anklage und Bestrafung aussetzen.

Datum: .... Unterschrift: ....

(7) **Es sind alle Gründe genaustens anzugeben und irgendwelche Beweise dafür dieser Erklärung beizufügen.**

Zum Gebrauch des Entnazifizierungsausschusses

Zur Kandidatur empfohlen (es ist nur „ja" oder „nein" anzugeben): ....

Anmerkungen:

Datum: .... Unterschrift: ....

Zum Gebrauch des "Officer for Public Safety"

Die Befürwortung des Entnazifizierungsausschusses wird *(4)* angenommen
(4) abgelehnt

Die hierin genannte Person ist zur Kandidatur *(4)* zuzulassen
(4) nicht zuzulassen

Anmerkungen:

Jeder Kandidat mußte eine Erklärung über die Mitgliedschaft in NS-Organisationen abgeben.

VERORDNUNG Nr. 32

Das Verfahren bei den Gemeindewahlen

Zur Regelung des Verfahrens für die Wahlen von Vertretern in der gesamten britischen Zone für Gemeinden, Ämter, Kreise, für die Hansestadt Hamburg und das Land Bremen wird hiermit folgendes verordnet:

ARTIKEL XII

Zuweisung von Sitzen in Wahlgebieten (Wahlkreisen) (ausgenommen Gemeinden mit einer Einwohnerzahl von 500 oder weniger)

12. In Gemeinden, deren Einwohnerzahl 500 übersteigt, und in anderen Wahlgebieten (Wahlkreisen) hat der Wahlleiter festzustellen, wie viele Stimmen für jeden einzelnen Kandidaten abgegeben wurden und hat denjenigen Kandidaten, welche die höchste Stimmenzahl erzielten, Sitze zuzuweisen und sie als gewählt zu erklären; die Zahl dieser Kandidaten darf aber nicht die Zahl der in einem Wahlgebiet (Wahlkreis) oder in einem Wahlbezirk (wo ein Wahlgebiet [Wahlkreis] in Wahlbezirke aufgeteilt ist) direkt zu wählenden Vertreter übersteigen.

13. In den Wahlgebieten (Wahlkreisen), auf die dieser Artikel Anwendung findet, sind zusätzliche Sitze den Kandidaten auf der Reserveliste in nachstehender Weise zuzuweisen:

a) Der Wahlleiter hat für das Wahlgebiet (Wahlkreis) einen Reservestock von Stimmen zu schaffen, indem er jeder Partei gutschreibt:

I. Den Unterschied zwischen den von jedem einzelnen, direkt zu wählenden Kandidaten erzielten Stimmen und den Stimmen des mit der Höchststimmenzahl durchgefallenen Kandidaten in dem betreffenden Wahlgebiet (Wahlkreis) bzw. Wahlbezirk, und

II. die Summe aller von den durchgefallenen Kandidaten des Wahlgebietes (Wahlkreises) erzielten Stimmen.

b) Alle Stimmen in dem so geschaffenen Reservestock sind zusammenzuzählen und durch die Zahl der aus der Reserveliste zu wählenden Mitglieder, um eins vermehrt, zu dividieren (wobei Bruchreste unberücksichtigt bleiben) und dem Resultat eins hinzuzuzählen. Die so gewonnene Zahl stellt die Stimmenquote dar, auf Grund welcher die zusätzlichen Sitze zuzuweisen sind.

c) Jede Partei erhält zusätzliche Sitze nach Maßgabe der in der Gesamtstimmenzahl enthaltenen Quoten, die ihr in dem Reservestock gutgeschrieben sind, und zwar gemäß den Bestimmungen des Art. XI, Ziff. 11 b) I. bis einschließlich VI. betreffend die Zuweisung von Sitzen in Gemeinden mit einer Einwohnerzahl von 500 oder weniger.

d) Solche zusätzlichen Sitze sind den Kandidaten auf der Reserveliste, die dem Wahlleiter von jeder Partei unterbreitet wird, in der Reihenfolge ihres Standes auf der Liste zuzuweisen.

Wahlvorbereitung

Dieser Abschnitt soll mit Beispielen das Umfeld und die Probleme der von den Briten befohlenen Wahl illustrieren.

Die Stimmzettel

Schon mit einem Schreiben vom 12. Februar 1946, in dem als Wahltag noch der 30. Juni angegeben wurde, wies der Landrat die Verwaltungsstellen darauf hin, daß zum Druck der Stimmzettel der Bedarf angemeldet werden müsse. Für den Druck verantwortlich sein sollte die Firma Fr. Werneburg in Lübbecke. Am 28. Februar teilte der Landrat mit, daß zwar Papier für die Stimmzettel vorhanden sei, daß aber *„Stimmzettelumschläge nicht geliefert werden können, da Vorräte nicht vorhanden sind und bisher aufgegebene Bestellungen seit Monaten wegen Papiermangel nicht beliefert werden können, die Firma Kosynowski (Rahden) aber auswärtige Firmen an der Hand habe, die die Anfertigung übernehmen will, wenn das nötige dunkle Papier geliefert wird.“*
(Stadtarchiv Lübbecke, F 20-27, Bd.IV, 403)

Den Papiermangel in dieser Zeit kann man beim Studium der Akten auch daran erkennen, daß die amtlichen Vermerke z. T. auf Packpapier geschrieben worden sind. So ist es zu verstehen, daß nach Ablauf der Wahl eine Stimmzettelverrechnung vorgenommen wurde, in der die unbenutzten Wahlzettel angegeben werden mußten.

Nach der Wahl wurde den Ämtern und Gemeinden mit einem Schreiben vom 4. Oktober 1946 die Rechnung für die Stimmzettel präsentiert. In das vorgedruckte Schreiben wurden die Namen der einzelnen Gemeinden und der zu zahlende Betrag eingesetzt. Diese Rechnungen paßten nicht immer in die Etatplanung. So mußte der Amtsdirektor von Gehlenbeck an die Kreisverwaltung schreiben:
„Da im Haushaltsplan des Amtes Gehlenbeck für Wahlkosten keine Ausgaben vorgesehen sind, ist es z. Zt. nicht möglich, die anteiligen Kosten für den Druck der Stimmzettel und Bekanntmachungen in Höhe von 147,90 RM zu begleichen. ... Ich bitte daher, den oben genannten Betrag bis zur Genehmigung der zu erlassenden Nachtragshaushaltssatzung zu stunden."
(Stadtarchiv Lübbecke, F 20-27, Bd IV, 157)

Die Wahlurnen und Wahlkabinen

Auf noch vorhandene Wahlurnen konnte man wohl nicht in ausreichender Zahl zurückgreifen, denn die Firma H. Blomenkamp in Offelten bekam den Auftrag, 180 neue Wahlurnen herzustellen, die entsprechend der Aufschlüsselung zu verteilen waren. Zur Abholung mußte die Amtsverwaltung in Gehlenbeck eigens den Fuhrunternehmer Ernst Grote, Eilhausen, beauftragen.

Nach der Anweisung der Militärregierung, daß jeder Wähler seinen Wahlzettel ankreuzen konnte, ohne von anderen Personen beobachtet zu werden, mußten Wahlkabinen eingerichtet werden. Zu diesem Zweck sollten die Bürgermeister in den Gemeinden des Amtes Gehlenbeck Verbindung zu Tischlermeistern ihrer Gemeinde aufnehmen, damit diese entsprechende Vorrichtungen („Holzrahmen mit geeigneten Stoffen oder Karten behängt") anfertigten. Es wurde aber auch gleich angeregt, daß „der Tischler das in dieser Art verwendete Holz dann später wieder abnehmen und zur weiteren Verwendung zurückerhalten" könnte.

Plakatierungsmöglichkeiten

Mit einem Schreiben vom 13. Juli 1946 an alle Gemeindebürgermeister und Bauernschaftsvorsteher befaßte sich der Amtsdirektor von Preuß. Oldendorf mit den Möglichkeiten, für die Parteien Plakatanschläge anzubringen.

„Ich halte es für zweckmäßig, dass aus diesem Anlass einmal die Anschlagmöglichkeiten überprüft werden. ..., zum anderen muss der Verunstaltung vorgebeugt werden, die durch das verstreute Ankleben der Anschläge an beliebigen Stellen stattfindet. ..., so bitte ich zu prüfen, ob nicht ein Bedürfnis besteht, an einigen Stellen der Gemeinde, öffentliche Reklametafeln aufzustellen."

Daraufhin schrieb Karl Horstmeier, der Bauerschaftsvorsteher von Stockhausen, am 21. Juli 1946:

„... möchte hiermit berichten, daß wir in unserm Orte vor einiger Zeit an 2 Stellen eine Reklametafel aufgestellt haben..."

Er war der Ansicht, daß mit den Aushängekästen die Veröffentlichung von Bekanntmachungen an drei

Landkreis Lübbecke
- L II -

Lübbecke, den 14. August 1946

Eing. 19. 8. 1946

An
die Stadtverwaltung in Lübbecke
und die Amtsverwaltungen des Kreises.

Für die kommenden Wahlen stehen mir 18o Wahlurnen zur Verfügung, die ich wie folgt verteilt habe:

Stadt Lübbecke	4	
Amt Alswede	21	
" Dielingen	24	
" Gehlenbeck	15	
" Hüllhorst	3o	
" Levern	15	
" Pr.Oldendorf	39	
" Rahden	27	
Landratsamt Lübbecke	5	Rest
Zus.:	18o	

ab Donnerstag, den 22. d. Mts.

Die Urnen können XXXXXt von der Möbelfabrik H. Blomenkamp in Offelten abgeholt werden. Die Abholung bitte ich mir bis zum 28. August d. Js. anzuzeigen.

Der Oberkreisdirektor.
Im Auftrage:

Rohly

Verteilung der Wahlurnen.

Stellen den Bedürfnissen entsprochen werden könnte.

Die Plakatwände scheinen dennoch nicht überall ausgereicht zu haben, denn mit dem Datum vom 17. September 1946 wird von der Kreisverwaltung eine Beschwerde der Militärregierung bekanntgegeben.

„Es ist festgestellt worden, daß in den vergangenen Wochen stellenweise politische Wahlplakate an militärischen Anschlagbrettern angebracht worden sind. Dies hat in Zukunft zu unterbleiben. Weisen Sie die politischen Parteien an, derartige Plakate wieder zu entfernen."

(Zitate aus Unterlagen des Stadtarchivs
Preußisch Oldendorf)

Von einer Plakatklebeaktion berichtete auch Heinrich Hüffmeier, langjähriger Unterbezirksvorsitzender der SPD, aus Holzhausen. Kurz vor der Wahl hatte er mit seinen Parteifreunden frühmorgens um 5 Uhr in der Gemeinde Plakate angeklebt. Als er wieder zuhause angekommen sei, habe ihm ein Freund Bescheid gegeben, daß die Plakate von Mitgliedern einer anderen Partei überklebt worden seien. Wie er berichtete, sei man daraufhin noch einmal in Aktion getreten, und man habe anschließend von dieser anderen Partei keine Plakate mehr finden können.

Der Wahlkampf

Die Aktivitäten der Parteien vor den Wahlen können hier nicht in aller Breite dargestellt werden. In den letzten Wochen vor dem Wahltermin fanden in allen Orten des Kreises täglich Versammlungen statt, über die in der lokalen Presse ausführlich berichtet wurde.

Ein besonderer Punkt der Auseinandersetzungen zwischen der CDU und der SPD war das Verfahren zur Aufstellung der Kandidaten. In vielen Orten herrschte die Meinung vor, daß eine parteipolitische Ausrichtung der Gemeindevertretungen nicht in die schwere Zeit passe. Es wurden in den Gemeinden gemeinsame Listen erstellt, wobei sich die Kandidaten oft als „Unabhängige" bezeichneten.

In Gebieten, in denen sich die SPD weitgehend wieder organisiert hatte, war sie mit diesem Verfahren selten einverstanden. Sie wollte in den Gemeinden ihre Parteimitglieder als Kandidaten aufstellen. Hier erwies es sich als vorteilhaft, daß die SPD auf Parteistrukturen von vor 1933 aufbauen konnte.

Die CDU, überwiegend von der Kreisebene her organisiert, hatte noch keinen festen Mitgliederbestand. Um ausreichend Stimmen zu gewinnen, war sie darauf angewiesen, daß sich bekannte Personen des öffentlichen Lebens bereit erklärten, für sie zu kandidieren. Die verschiedenen Standpunkte werden in zwei Kommentarartikeln deutlich, die hier angefügt werden.

Kommentarartikel in der »Freien Presse« vom 31. Juli 1946

Die Wahlvorbereitungen

Die Reihe von Versammlungen, die den Wahlvorbereitungen und der Aufklärung über die bevorstehenden Kommunalwahlen dienen sollen, wurde von der Sozialdemokratischen Partei auch in der vorigen Woche und am letzten Sonntag fortgesetzt. Die Vorbereitungen für die Wahlen sind, soweit es sich um die Aufstellung der Kandidaten handelt, im allgemeinen abgeschlossen. Vielfach machte sich in den Gemeinden das Bestreben bemerkbar, Einheitslisten aufzustellen. Dabei treten oft sonderbare Ansichten zu Tage. So wurde in verschiedenen Gemeinden verlangt, daß die Kandidaten sich als zur CDU gehörig erklären sollten, ganz gleich, ob sie dieser Partei angehören oder nicht. Das wurde jedoch von vielen Kandidaten abgelehnt. Andererseits stellte man sich die Einheitslisten so vor, daß diese drei Viertel aus CDU-Männern bestehen müsse und nur ein Viertel SPD-Männer enthalten dürfe. Daß derartiges Ansinnen abgelehnt werden mußte, ist selbstverständlich. Menschen, die ein derartiges Ansinnen an uns stellen, beweisen damit, daß sie aus den letzten 12 Jahren nicht das geringste gelernt haben, sondern auch heute noch glauben, in ihrem politischen Denken und Handeln dort wieder anfangen zu können, wo sie 1932 aufgehört haben. Da man auch heute noch, genau wie damals, die Sozialdemokratie als lästiges Übel zwar hinnehmen müsse, daß sie sich jedoch sozusagen mit den Brosamen zufrieden geben müsse, die von den Tischen gewisser Persönlichkeiten fallen und zwar vorwiegend solcher Persönlichkeiten, die ihr demokratisches Herz erst nach dem Zusammenbruch 1945 entdeckt haben. Die Sozialdemokratie lehnt derartige Tendenzen ab. Sie ist der Auffassung, daß eine fruchtbare Zusammenarbeit nur auf dem Boden der Gleichberechtigung erfolgen kann und dementsprechend wird sie auch ihre Haltung einnehmen.

H. Str.

H. Str. steht für Heinrich Strieker (Kreissekretär der SPD)

Kommentarartikel in der »Westfalen-Zeitung« vom 13. September 1946

Unpolitische Kandidatenlisten

Solange im Minden-Ravensberger Lande Gemeindevertretungen gewählt werden, hat es immer einen großen Teil Gemeinden gegeben, in denen man sich so einig war, daß eine gemeinsame Kandidatenliste aufgestellt wurde. Man suchte sich die besten, angesehensten und geeignetsten Männer heraus, verständigte sich über sie und eine Wahl war dann meist nicht einmal nötig, da ein anderer Vorschlag von keiner Seite gemacht wurde. Wäre er gemacht worden, er hätte nur einen Reinfall erlebt und seine Vertreter hätten als die Störenfriede der Dorfgemeinschaft gegolten.

Auch bei dieser Wahl ist an manchen Stellen so verfahren worden. Die Parteien sehen das im Allgemeinen nicht gern, es gibt nach außen kein klares Bild. Die abgegebenen Stimmen erscheinen nicht in der Statistik der Parteien und auch die Mandatsstatistik ist unvollkommen. Unter diesen Nachteilen haben nie die Kommunisten, selten die Sozialdemokraten zu leiden, unter den gegenwärtigen Umständen trägt diese Nachteile fast ausschließlich die CDU. Hätte die CDU in den Gemeinden eine Parteiliste aufgestellt, sie würde in fast allen diesen Orten die absolute Mehrheit erhalten haben, wenn ihr nicht von vornherein alle Sitze sicher waren.

Sie hat auf diesen parteipolitischen Vorteil verzichtet, um der Einheit, um der Dorfgemeinschaft willen. Das heißt aber auch: Um ein klares Bild des Wahlergebnisses zu bekommen, müßte man den größten Teil, mindestens vier Fünftel der für diese unpolitischen Listen abgegebenen Stimmen ihr zurechnen, auch die gewählten Vertreter werden zum größten Teil, auch wenn sie noch nicht Mitglieder der CDU sein sollten, gar nicht anders können, als in großen Zügen ihre Politik zu verfolgen.

Die Richtigkeit dieser Feststellung wird sich bereits bei der Kreiswahl beweisen lassen. So oft auch bei der Gemeindevertreterwahl Einheitslisten erscheinen, bei den Wahlen zu den Kreistagen sehen wir sie bis jetzt nirgends auftreten. Die Kreistagswahlen werden ein klares Bild über die politische Kräfteverteilung ergeben. Hier sind die parteipolitischen Fronten klarer abgesteckt. Man kann daher jetzt schon sagen, daß die Wahlen zu den Kreistagen der CDU einen Zuwachs gegenüber den Gemeindewahlen in denselben Landkreisen bringen werden.

Wahlergebnisse

Eine exakte Angabe des Wahlergebnisses ist nur für die Gemeinden möglich, in denen tatsächlich gewählt wurde. In einigen Gemeinden war kein Wahlakt notwendig, da die Gesamtzahl der Kandidaten mit der Zahl der zu besetzenden Sitze übereinstimmte. Dazu gehörten im Kreisgebiet:

Amt Alswede:	Lashorst, Hedem
Amt Dielingen-Wehdem:	Haldem, Westrup, Oppenwehe
Amt Gehlenbeck:	Eilhausen
Amt Hüllhorst:	Ahlsen-Reineberg, Kirchspiel Schnathorst
Amt Levern:	Niedermehnen und Sundern
Amt Preuß. Oldendorf:	Getmold, Harlinghausen, Offelten, Schröttinghausen

Alle folgenden Zahlen sind der Wahlberichterstattung der Presse entnommen. Sie entsprechen daher dem, was der Bevölkerung an Informationen zur Verfügung stand.

Geht man von den 45.000 Wahlberechtigten im Kreise aus, so haben an der Gemeindewahl nur 28.000, an der Amtswahl nur 33.000 Wahlberechtigte teilnehmen können. In den anderen Gemeinden galten die Kandidaten als gewählt. Die Wahlbeteiligung war unterschiedlich. Sie reichte von knapp 60% im Amt Rahden bis zu 80% in der Stadt Lübbecke. Bei der Zahl der Stimmen muß berücksichtigt werden, daß jeder Wähler drei Kandidaten zu wählen hatte. Die Wählerzahl beträgt daher nur ein Drittel der Stimmenzahlen.

In den Gemeinden, in denen gewählt wurde, kam es zu folgender Stimm- und Sitzverteilung im Bereich des Kreisgebietes. Die dritte Spalte gibt die Sitzverteilung unter Berücksichtigung der Gemeinden ohne Wahlakt an. Der große Zuwachs bei der Zahl der unabhängigen Vertreter läßt in diesen Orten auf die Bildung gemeinsamer Listen schließen.

Das Ergebnis der Gemeindewahlen
(Wahlbeteiligung zwischen 60% und 80%)

	Stimmen	Sitze	insgesamt
CDU	54625	174	258
SPD	35579	77	97
KPD	1732	1	2
FDP	1519	2	2
Unabhängige	6155	29	176
Ungültige Stimmen	1216		
Gesamtzahl	100826	283	535

Das Ergebnis der Amtswahlen
(Wahlbeteiligung 64%)

	Stimmen	Sitze
CDU	41736	67
SPD	22484	17
KPD	1126	–
FDP	571	–
Unabhängige	2908	3
Ungültige Stimmen	1410	
Gesamtzahl	70235	87

Die Sitzverteilung in den Amtsvertretungen
(einschließlich der Gemeinden ohne Wahlakt)

	CDU	SPD	Unabh.
Stadt Lübbecke	9	8	–
Amt Alswede	12	3	–
Amt Dielingen-Wehdem	13	–	5
Amt Gehlenbeck	8	10	3
Amt Hüllhorst	12	6	–
Amt Levern	15	–	–
Amt Preuß. Oldendorf *			
Amt Rahden	18	3	–
Gesamt	87	30	8

* Sitzverteilung nicht mehr zu ermitteln

Die Wahl zum Kreistag

Die Wahlrechtsbestimmungen zur Verteilung der Sitze auf der Grundlage des Mehrheitswahlrechtes wirkten sich bei der einen Monat später stattfindenden Kreistagswahl noch krasser aus, als es schon in den Ämtern zu erkennen war. Die Wahlbeteiligung betrug 61,2%.

Die Gründe für die negative Auswirkung der Bestimmungen des Wahlrechts sind in der eher ländlichen Struktur des Kreises zu sehen. Die SPD galt als eine reine Arbeiterpartei, die von der überwiegend in der Landwirtschaft tätigen Bevölkerung, vor allem im Norden des Kreises, nicht akzeptiert wurde. So ist es zu erklären, daß mit Ausnahme zweier Wahlbezirke in den Ämtern Gehlenbeck und Hüllhorst in allen anderen Wahlbezirken die CDU die Direktmandate gewinnen konnte.

	Stimmen	Sitze
CDU	65683	31 direkt + 4 Reserveliste
SPD	39236	2 direkt + 5 Reserveliste
KPD	1870	–
Gesamtzahl	106789	42

Die folgende Aufstellung ermöglicht einen Vergleich des Kreisgebietes zu größeren Regionen. Dabei soll das Beispiel von Dortmund, der größten Stadt Westfalens, zeigen, daß für die SPD in anders strukturierten Gebieten die hiesigen Nachteile des Wahlrechts sich zum Vorteil auswirkten.

Vergleich (Anteil der Stimmen / Anteil der Mandate)

	Kreis Lübbecke	Reg.-Bez. Minden
CDU	62% / 83%	49% / 63%
SPD	37% / 17%	38% / 32%
KPD	2% / –	4% / 1%
FDP	–	2% / 1%
Zentrum	–	6% / 3%
Unabhängige	–	1% / –

	Land NRW	Stadt Dortmund
CDU	46% / 66%	35% / 24%
SPD	33% / 26%	46% / 71%
KPD	9% / 2%	13% / 4%
FDP	4% / 1%	4% / 2%
Zentrum	6% / 4%	2% / –
Unabhängige	1% / 2%	–

Namen der Kreistagsmitglieder 1946

CDU

Malermeister Otto Hein, Lübbecke
Zigarrenfabrikant August Holle, Lübbecke
Kistenkleber Heinrich Sewing, Lübbecke
Tischlerm. W. Böschemeyer, gen. Schröder, Gestr.
Landwirt August Katenbrink, Lashorst
Bauer Wilhelm Tirre, Espelkamp
Bauer Wilhelm Flothmeyer, Haldem
Bauer Friedrich Meyer, Dielingen
Bauer Christian Rümke, Oppenwehe
Zigarrenarbeiter Friedrich Halstenberg, Schnathorst
Bauer Friedrich Möhlmeyer, Isenstedt
Fuhrunternehmer Heinrich Schwarze, Nettelstedt
Müllermeister Heinrich Tiemeier, Frotheim
Zigarrenarbeiter Friedrich Waßmann, Gehlenbeck
Zimmermeister Friedrich Brackmann, Hüllhorst
Maurer Friedrich Kuhlmeier, Hüllhorst
Bauer Christoph Bick, Wehdem
Landwirt Christian Dieckhoff, Levern
Landwirt Friedrich Stothfang, Niedermehnen
Landwirt Wilhelm Blaue, Stockhausen
Werkmeister Ernst Heckmann, Obermehnen
Zigarrenfabrikant Wilhelm Koch, Preuß. Oldendorf
Arbeiter Friedrich Krukemeier, Börninghausen
Uhrmacher Friedrich Lohmeyer, Heddinghausen
Bauer Wilhelm Niermann, Schröttinghausen
Landwirt Wilhelm Benker, Tonnenheide
Kaufmann und Landwirt Heinrich Berg, Kleinendorf
Landwirt Wilhelm Bollhorst, Preußisch Ströhen
Landwirt Wilhelm Borcherding, Wehe
Arbeiter Wilhelm Knollmann, Kleinendorf
Fotograf Hermann Tielbürger, Rahden
Geschäftsführer Willi Brands, Lübbecke
Landwirt Friedrich Röttger, Twiehausen
Bauer Heinrich Vortriede, Harlinghausen
Bauer Karl Niedermeier, Schnathorst

SPD

Landwirt Wilhelm Hegerding, Isenstedt
Tischler Karl Bökenkröger, Hüllhorst
Geschäftsführer Heinrich Strieker, Rahden
Gewerkschaftsangestellter H. Hülsmeier, Lübbecke
Maler Heinrich Hüffmeier, Heddinghausen
Landwirt und Tischler Christian Rosenbohm, Destel
Kistenbekleber Fritz Kammann, Gehlenbeck

Der Kreistag

Durch das Mißverhältnis von Stimmenanteilen und gewonnenen Sitzen kam es auf der ersten Sitzung des Kreistages zu Auseinandersetzungen, über die in den beiden Zeitungen gegensätzlich berichtet wurde. In der »Freien Presse« vom 26. Oktober 1946 wurde das Abstimmungsverhalten der CDU kritisiert.

„... ist es ohne Rechenkünste klar, daß diese Majorität nicht den politischen Willen der Wähler zum Ausdruck bringt. ... Nun, die CDU hat bei allen Beschlüssen dieser Sitzung ihren unzweideutigen Machtstandpunkt zur Geltung gebracht. Soll man das bedauern? Wir meinen nicht. Auch in diesen Dingen gilt die alte Wahrheit, daß der Irrende durch stramme Haltung zu ersetzen sucht, was ihm an Wahrheit und sachlichen Kräften fehlt. ... Sie zeigt damit, wes Geistes Kind sie ist. Sie hat die Gelegenheit verpaßt, ihren in der von Kreistagsabg. Niermann verlesenen Botschaft bekundeten Willen zur ehrlichen Zusammenarbeit mit der SPD glaubhaft darzutun. Diese Botschaft wirkte um so komischer, als sie mitten aus dem Streit um den stellvertretenden

Landrat und um die Besetzung der Ausschüsse bombastisch auf die Kreistagsbühne trat."

Der Redakteur der Zeitung bezog sich damit auf das Ergebnis der Wahlen. Landrat Berg aus Rahden, von der Militärregierung im Januar ernannt, wurde einstimmig wiedergewählt. Die SPD hoffte, daß sein bisheriger Stellvertreter Strieker aus Rahden ebenfalls von der CDU wiedergewählt würde. Diese schlug aber Niermann aus Schröttinghausen vor, der auch mit 33 Stimmen gewählt wurde. Weitere Differenzen gab es bei der Besetzung des Allgemeinen Ausschusses, der nach Meinung der SPD aus Gründen der Arbeitsfähigkeit nur 12 Personen umfassen sollte. Die CDU verlangte 16 Mitglieder, um die örtlichen Bereiche besser repräsentiert zu sehen. Auch hier setzte sie sich mit ihrer Mehrheit durch. In dem Bericht der »Westfalen-Zeitung« vom 25. Oktober 1946 wurde die Bevölkerung über diese Meinungsverschiedenheit nicht informiert. Hier wurde im Wortlaut die Erklärung des Kreisvertreters Niermann für die Fraktion der CDU abgedruckt.

„Als die gewählten Vertreter des Kreises Lübbecke sind wir beauftragt, zu unserem Teil mitzuarbeiten an der Überwindung der größten Not und am Neuaufbau der deutschen Volkswirtschaft. Die Bevölkerung unseres Kreises hat diesen Auftrag unmißverständlich in die Hand der CDU gelegt und wir sind bereit und verpflichtet, diesen Auftrag anzunehmen. Wir erklären aber ausdrücklich, daß wir ehrlichen Willens sind, die uns gegebene Führungsstellung im Kreise den anderen politischen Parteien gegenüber nicht zu mißbrauchen. Wir sind bereit, insbesondere mit der SPD zusammenzuarbeiten, denn wir glauben, daß die große Not unserer Zeit nur überwunden werden kann, wenn wir uns nicht im Parteienstreit verlieren, sondern in gemeinsamer Arbeit zusammenstehen ..."

Im folgenden zählte Niermann noch die zur Lösung anstehenden Aufgaben auf. Er erwähnte die Wiederherstellung der Gebäude, die Unterbringung der Flüchtlinge und Evakuierten, die zurückkehrenden Kriegsgefangenen, die Entnazifizierungsverfahren und die Vereinfachung der Verwaltung.

Die Thematik der Zusammenarbeit kam auf der nächsten Sitzung im November 1946 noch einmal zur Sprache. Auslösender Tagesordnungspunkt war die Neuwahl von Mitgliedern des Denazifizierungs-Hauptausschusses. Nach dem Vorschlag der CDU brachte Strieker für die SPD einen zweiten Antrag ein und begründete:

„... dieser Ausschuß soll von solchen Personen gebildet werden, die unter dem Naziregime gelitten haben, als Gegner des Nazi-Regimes bekannt sind oder aber solchen Parteien angehören, die von den Nationalsozialisten bekämpft wurden. Das aber sei in der Hauptsache die gesamte Linke gewesen.

... Anschließend machte der Redner der CDU-Fraktion den Vorwurf, daß ihr Verhalten der SPD-Fraktion gegenüber diktatorisch sei. An die Stelle der Zusammenarbeit würde also in Zukunft von seiten der SPD der politische Kampf treten. ... Kreisvertreter Niermann (CDU) entgegnete hierauf. ...

Er stimmte der Feststellung bei, daß bei der Entnazifizierung im Kreise Lübbecke nicht immer ganz gerecht verfahren worden sei. Er machte jedoch darauf aufmerksam, daß in dem bisherigen Dena-Hauptausschuß die politische Richtung des Herrn Strieker die absolute Mehrheit gehabt und damit auch die Verantwortung getragen habe.

(»Westfalen-Zeitung« vom 19. November 1946)

Der Vorschlag der CDU wurde angenommen.

Die Auseinandersetzungen zogen sich auch bis in das Jahr 1947 hinein. Als weiterer Konfliktstoff erwies sich die Wohnungspolitik. Die SPD warf der CDU einseitige Bevorzugung bestimmter Bevölkerungsschichten vor und beendete im Sommer 1947 ihre Mitarbeit im Kreiswohnungsausschuß.

Die Kommunalparlamente

Durch das Wahlverhalten der Bevölkerung und das Wahlrecht kam es zu bemerkenswerten Ergebnissen. So hätte die CDU in Kleinendorf noch einen weiteren Sitz einnehmen können, wenn die Zahl der Kandidaten auf ihrer Liste ausgereicht hätte.

Da zu den Amtswahlen in einigen Wahlbezirken kein Wahlakt stattgefunden hatte, galten zwar die in diesen Bezirken aufgestellten Vertreter als gewählt, aber die nach den Ergebnissen zu bestimmenden Vertreter der Reserveliste konnten wegen der fehlenden Stimmenzahlen nicht festgestellt werden. Nach Mitteilung des Wahlberaters beim Oberpräsidenten in Münster mußte in diesem Fall der Artikel XIII der Verordnung Nr. 31 über freigewordene Stellen angewendet werden. Die gewählten Vertreter hatten damit auf ihrer ersten Sitzung die durch die Reserveliste bestimmten Kandidaten gesondert zur Vertretung hinzuzuwählen.

Auf der ersten Sitzung aller neugewählten Vertretungen wurden zunächst die Bürgermeister gewählt. Diese hatten dann eine „Ansprache des Kommandanten der Militärregierung 1025, Lübbecke, an die gewählten Amts- und Gemeinderäte" zu verlesen. Major How stellte zu Beginn die Machtverhältnisse klar.
„Es ist das Prinzip der Demokratie, dass die Kontrolle der politischen Entschlüsse, die das Volk betreffen, stets in den Händen der Volksvertreter liegt. Solange die Militärregierung das Steuer in den Händen hat, kann dieses Ideal natürlich nicht voll und ganz verwirklicht werden. Die Militärregierung ist die höchste Instanz, und ihre Anforderungen müssen jeweils in erster Linie berücksichtigt werden."

Er ging danach auf die Aufgaben der Verwaltungen ein, die sie, nach der Auffassung der Briten, zu übernehmen hatten. Er verlangte unpolitische Behörden, die nur die Aufgaben haben, die Entschlüsse der Räte durchzuführen. Nachdem er im Januar auf der ersten Sitzung der ernannten Lübbecker Stadtvertretung noch festgestellt hatte, *„daß sich die Militärregierung jegliche Opposition verbittet"*, zeigt er den Vertretungen zu diesem Zeitpunkt neue Möglichkeiten auf.

„Die Militärregierung ist bereit, Kritik über ihre Maßnahmen zu hören, vorausgesetzt, daß es sich um eine Kritik handelt, auf der aufgebaut werden kann. Beschränken Sie jedenfalls ihre Arbeit und Erörterungen auf Ihre eigenen örtlichen Probleme."
(Stadtarchiv Lübbecke, D 107/109 II. 213, 214)

Mit der anschließenden Wahl der Ausschüsse endeten überwiegend die ersten Sitzungen der gewählten Vertretungen.

Der Rücktritt von Vertretern

Der in der Verordnung Nr. 31 vorgesehene Rücktritt eines Drittels der gewählten Vertreter nach einem Jahr und die notwendigen Neuwahlen wurden im ersten Halbjahr des Jahres 1947 von den Verwaltungen vorbereitet. Die Briten waren auch nicht bereit, davon abzuweichen. Dies zeigt die Anweisung Nr. 1 aus dem Januar 1947. Nach der Bildung der Länder in der

Militärregierung – Deutschland
Britisches Kontrollgebiet

Anweisung Nr. 1

(Gem. Verordnung Nr. 31 der Militärregierung)

Rücktritt von Vertretern

1. Wo ein Wahlgebiet (Wahlkreis) nicht in Wahlbezirke eingeteilt ist, muß ein Drittel der direkt gewählten Vertreter und ein Drittel der aus der Reserveliste gewählten Vertreter jährlich zurücktreten.

2. Wo ein Wahlgebiet (Wahlkreis) in Wahlbezirke eingeteilt ist, muß ein Drittel der direkt gewählten Vertreter eines jeden Wahlbezirkes und ein Drittel der aus der Reserveliste gewählten Vertreter dieses Wahlgebietes (Wahlkreises) jährlich zurücktreten.

3. Das ausscheidende Drittel hat jeweils aus jenen Vertretern zu bestehen, die bereits, ohne wiedergewählt zu werden, die längste Amtsdauer haben.

4. Bei den Wahlen der Vertreter für 1947 und 1948 ist die Regelung wie folgt:
   a) Das erste Drittel der direkt gewählten Vertreter mit gleicher Amtsdauer, das zur Ausscheidung fällig ist, wird wie folgt bestimmt, sofern es sich nicht um Vertreter handelt, die gem. Artikel XI der Verordnung Nr. 32 der Militärregierung gewählt werden:
      I. Wo die Wahl der Vertreter stattgefunden hat, muß der Vertreter, der mit der kleineren Stimmenzahl gewählt wurde, früher als der Vertreter zurücktreten, der mit der höheren Stimmenzahl gewählt wurde.
      II. Wo die Wahl der Vertreter nicht stattgefunden hat, oder wo die Wahl stattgefunden hat und die gleiche Stimmenzahl erzielt wurde, ist die Reihenfolge der Ausscheidung durch das Los zu bestimmen. Die Auslosung erfolgt in der ersten nach der Wahl stattfindenden Versammlung unter der Leitung des Vorsitzenden.

   b) Bei den aus der Reserveliste gewählten Vertretern mit gleicher Amtsdauer und bei Vertretern, die gemäß Artikel XI der Verordnung Nr. 32 gewählt wurden, hat das Drittel auszuscheiden, das auf der Liste der Wahlergebnisse an unterster Stelle steht, wobei die nächsthöhere Gruppe an zweiter Stelle auszuscheiden hat.

Im Auftrage der Militärregierung

britischen Zone und den Landtagswahlen in Nordrhein-Westfalen im Frühjahr 1947 übergaben die Briten dem gewählten Landtag auch die Zuständigkeit für die Entscheidung über ein neues Kommunalwahlrecht. Das Rotationsverfahren, das von Beginn an von den Deutschen aller politischen Richtungen kritisiert worden war, wurde im Sommer 1947 durch einen Beschluß des Landtages suspendiert und ihm die Entscheidung über ein neues Wahlrecht überlassen.

Die Kommunalwahlen im Herbst 1948

Am 6. April 1948 wurde im Landtag nach der abschließenden Lesung des Wahlgesetz-Entwurfs abgestimmt. Über die unterschiedlichen Grundpositionen war es zu keiner Einigung gekommen.
Abstimmung:
100 Stimmen dafür (SPD, KPD, Zentrum)
98 Stimmen dagegen (CDU, FDP).

Am 17. Oktober 1948 wurden die zweiten Kommunalwahlen durchgeführt mit einem Wahlrecht, das den heutigen Vorschriften schon weitgehend entsprach.

In einem Kommentar schreibt Erhard H. M. Lange:
„Mit dieser Entscheidung hatte der Landtag nunmehr auch das Kommunalwahlgesetz ... den Grundzügen des Landtagswahlgesetzes angeglichen. Wie beim Landtagswahlverfahren handelte es sich bei dem beschlossenen Kommunalwahlgesetz um ein „modifiziertes" Verhältniswahlrecht. Modifiziert insofern, als der reine Proporzcharakter in beiden Fällen durch eine 5%-Sperrklausel abgeschwächt wurde und zudem ein erheblicher Teil der Abgeordneten nicht über Listen, sondern nach einfachem Mehrheitswahlverfahren direkt in Einzelwahlkreisen zu wählen war. Der Proporzcharakter blieb aber über die Ergänzungslisten erhalten. Während beim Landtagswahlgesetz die begrenzte Zahl der über Listen zu verteilenden Mandate zu mehreren Überhangmandaten der CDU geführt hatte, versuchte das Kommunalwahlgesetz ein solches Ergebnis auszuschließen. Hier war vielmehr die Zahl der Listenmandate nicht festgelegt; sie richtete sich jeweils flexibel nach der Zahl der Direktmandate, welche die Partei mit den meisten direkt gewählten Abgeordneten erzielte. Das Kommunalwahlgesetz entsprach daher im Ergebnis noch weit stärker als das Landtagswahlgesetz Proporzgesichtspunkten, selbst wenn im Einzelfall bei den Kommunalwahlen mehr Direktkandidaten in das eine oder andere Parlament einziehen mochten."
(Lange, Vom Wahlrechtsstreit zur Regierungskrise, Köln 1980, Seite 76)

Wahlergebnisse

Die Übersicht über die Ergebnisse der Wahl der Amtsvertretungen und des Kreistages wurden dargestellt in der »Westfalen-Zeitung« vom 19. Oktober 1948.

Aus der Sitzverteilung in den Ämtern geht hervor, daß im Norden des Kreises die CDU mit eindeutigen Mehrheiten regieren konnte. Nur im Amt Gehlenbeck waren die Verhältnisse für die SPD günstiger. In den anderen Bereichen waren die Mandate der Parteien nahezu ausgeglichen. Außerdem wird daran deutlich, daß bei diesen Wahlen die Stimmen sich auf die beiden großen Parteien konzentrierten. Vergleicht man die Direktmandate mit der endgültigen Sitzverteilung, so zeigt sich besonders in den Wahlbezirken mit starken Mehrheiten, daß durch das Proporzwahlverfahren, das heute noch in ähnlicher Form angewendet wird, die unterlegenen Parteien in angemessener Form berücksichtigt wurden. Insgesamt werden damit die politischen Strömungen in der Bevölkerung deutlicher durch die Vertretungen wiedergegeben.

Vergleich der Sitzverteilung in den Ämtern

	CDU	SPD
Stadt Lübbecke	5	4
Amt Alswede	6	5
Amt Dielingen-Wehdem	8	4
Amt Gehlenbeck	7	10
Amt Hüllhorst	4	5
Amt Levern	7	5
Amt Preußisch Oldendorf	8	8
Amt Rahden	11	6
Gesamt	56	47

Der Kreistag

Das Wahlergebnis führte zu folgender Zusammensetzung des Kreistages:

CDU (50,3% / 14 Sitze)

Malermeister Otto Hein, Lübbecke
Landwirt Friedrich Hagemeister, Lashorst
Bauer Christian Dieckhoff, Levern
Bauer Heinrich Kruse, Haldem
Bauer Christoph Bick, Wehdem
Bauer Heinrich Röhling, Oppenwehe
Bauer Wilhelm Bollhorst, Preuß. Ströhen
Bauer Wilhelm Borcherding, Wehe
Bauer Wilhelm Tirre, Espelkamp
Kaufmann Heinrich Berg, Kleinendorf
Fotograf Heinrich Tielbürger, Rahden
Bauer Wilhelm Niermann, Schröttinghausen
Reserveliste:
Bankkaufmann Friedrich Schamann, Obermehnen
Kaufmann Willi Brands, Lübbecke

SPD (42,1% / 12 Sitze)

Werkmeister Fritz Schilling, Lübbecke
Landwirt Wilhelm Rust, Fabbenstedt
Landwirt Wilhelm Hegerding, Isenstedt
Zigarrenarbeiter Wilhelm Heitmeier, Nettelstedt
Lohnarbeiter Heinrich Finke, Gehlenbeck
Tischler Karl Bökenkröger, Hüllhorst
Arbeiter Heinrich Rösch, Tengern
Zigarrenarb. Wilhelm Oevermann, Oberbauerschaft
Werkmeister Heinrich Stüssel, Blasheim
Maler Heinrich Hüffmeier, Heddinghausen
Arbeiter Gottlieb Brockmann, Börninghausen
Rundfunkhändler Ludwig Hilling, Preuß. Oldendorf

Die kleineren Parteien erreichten nicht die erforderliche Mindestzahl von Stimmen:

FDP	3,8%
Unabhängige	1,2%
KPD	2,6%

Die Wohnorte der Kreisvertreter zeigen deutlich das „Nord-Süd"-Verhältnis der Parteien im Kreis an. Die Berufsangabe bestätigt die SPD als Arbeiterpartei und die CDU überwiegend als Vertretung der bäuerlichen Bevölkerung des Kreises.

Die Arbeit des Kreistages

Nach der Vereidigung hatten die Kreisvertreter auf ihrer ersten Sitzung den Landrat und seinen Stellvertreter zu wählen. Diskussionen aus vergangenen Jahren schienen sich zu wiederholen. Die CDU wollte den Stellvertreter mit Mehrheit aus ihren Reihen wählen, die SPD bezeichnete dies als Gegensatz zu parlamentarischen Spielregeln. Nach längerer Debatte beantragte die CDU eine Unterbrechung, im Anschluß daran wurden Heinrich Berg (CDU) als Landrat und Heinrich Strieker (SPD) als sein Stellvertreter einstimmig gewählt. *„Der Kreisresidenzoffizier und die Zuhörer quittierten mit Schmunzeln“*, wie die »Freie Presse« vom 3. November 1948 feststellte. Auch der Streit um den Kreisausschuß wiederholte sich. Der Landrat (CDU) war durch sein Amt Mitglied des Ausschusses. Die CDU wollte eine ungerade Zahl von Vertretern wählen, um Mehrheitsentscheidungen herbeiführen zu können. Die SPD benannte ihre vier Vertreter und enthielt sich der Stimme bei der Wahl, weil die CDU, den Landrat eingeschlossen, nun auf sechs Mitglieder kam.

Der Redakteur der »Freien Presse« schrieb über die Sitzung am Schluß seines Artikels bezeichnenderweise: *„Diese Debatten dauerten zwei Stunden, die übrigen drei Stunden wurde auch noch geredet.“* Die Wahl der übrigen Ausschüsse mußte aus Zeitgründen verschoben werden.

Auf der Sitzung des Kreistages Anfang März 1949 wurde der bisherige Kreis-Residenzoffizier, Major How, von Landrat Berg verabschiedet, da dieser nach England zurückkehrte. How war fast vier Jahre für den Kreis Lübbecke zuständig und deutete in seinen Abschiedsworten an, daß er viele schöne Erinnerungen mit nach England nehmen würde. An der Sitzung im Juli 1949 nahm sein Nachfolger, Oberst Rowe, teil.

Auf dieser Sitzung wurde der neue Kreisvertreter, der Rektor i. R. Hardt aus Lübbecke, als Nachfolger von Friedrich Schamann vorgestellt. Damit stellte die CDU den ersten Kreisvertreter aus den Reihen der Vertriebenen.

Nach dem Tod von Heinrich Strieker im Sommer 1949 war sein Sitz im Kreistag freigeworden. Sein Nachfolger wurde Kurt Swartoch aus Levern. Auf den zu der Zeit noch jährlich zu wiederholenden Wahlen von Landrat und Stellvertreter war das Amt Striekers neu zu besetzen. Als Landrat wurde Heinrich Berg wiedergewählt, und zum Stellvertreter wählte die Kreisvertretung den SPD-Kandidaten Ludwig Hilling. Beide behielten ihr Amt bis Ende 1952. Nachfolger als Sprecher der SPD-Fraktion wurde der Unterbezirkssekretär Heinrich Hüffmeier und stand somit Wilhelm Niermann, dem Sprecher der CDU-Fraktion, gegenüber.

In diese Legislaturperiode fiel eine bedeutende Personalentscheidung. Im Sommer 1952 nahm Oberkreisdirektor Dr. Galle Abschied von Lübbecke, um sein Amt als Regierungspräsident in Detmold anzutreten. Somit mußte ein neuer Oberkreisdirektor gewählt werden. Die SPD schlug den Kreissyndikus Dr. Huchzermeyer vor, die CDU den Geschäftsführer des landwirtschaftlichen Kreisverbandes, Meyer zu Kniendorf. Mit der Mehrheit der CDU-Stimmen wurde Meyer zu Kniendorf im Juli 1952 gewählt. Auf der nächsten Sitzung im August 1952 beanstandete die SPD die Wahl, da ihr Antrag auf geheime Abstimmung übergangen worden sei. Nach einer Unterbrechung erklärte sich die CDU bereit, die Abstimmung zu wiederholen. Sie fühlte sich zwar im Recht, wollte aber ein langwieriges Verwaltungsgerichtsverfahren vermeiden. Es wurde in geheimer Abstimmung erneut gewählt, und das Ergebnis brachte eine Mehrheit von 14 zu 12 Stimmen für Dr. Huchzermeyer. Wiederum nach Unterbrechung der Sitzung erklärte die CDU die Anerkennung der Wahl. Dr. Huchzermeyer war damit zum 1. September 1952 auf 12 Jahre gewählt.

Eine ausführliche Darstellung der Auseinandersetzungen über Sachfragen ist in diesem Rahmen nicht möglich. Wichtige Punkte im Verlauf der Legislaturperiode waren die Erweiterung des Lübbecker Krankenhauses, die Debatten um die Dena-Ausschüsse, Probleme bis zum Neubau der Berufsschule, die Wohnverhältnisse im Kreisgebiet, die Siedlungsfrage mit der Beschaffung von Baugebieten und als zentrale Punkte immer wieder die Debatten um den Haushalt des Kreises.

Die Kommunalwahlen im Herbst 1952

Die beiden großen Parteien, die CDU und die SPD, bestimmten in den ersten Nachkriegsjahren die Kommunalpolitik im Kreis Lübbecke. Die KPD hatte einen kleinen, festen Wählerstamm, konnte aber 1948 nur in Sielhorst und in Gehlenbeck einen Vertreter über die Reserveliste in die Gemeindevertretung entsenden. Die Bedeutung der kommunistischen Partei ging zu Beginn des neuen Jahrzehnts wegen der allgemeinpolitischen Lage zurück, die gekennzeichnet war durch den Beginn des „Kalten Krieges". Für die FDP gab es 1948 Mandatsträger in Engershausen und Espelkamp. Ergebnisse bei den Landtags- und Bundestagswahlen lassen schon die wachsende Bedeutung der FDP im Kreisgebiet erkennen (von 4,3% bis zu 15%).

Bei den nun folgenden Kommunalwahlen wurde die Neuformierung des Parteienspektrums deutlich. Die FDP konnte in einzelnen Gemeinden mehr Stimmen bekommen als die CDU und konnte bis zu einem Drittel der Wählerstimmen auf sich ziehen. Durch ihr national-konservatives Erscheinungsbild konnte die FDP eine im *„Bürgertum zu erkennende Rechtstendenz"* (»Westfalen-Zeitung« vom 11. November 1952) für sich nutzen. Eine besondere Zielgruppe waren die Vertriebenen. Die fortschreitende Teilung Deutschlands und damit verbunden die schwindende Hoffnung, in ihre Heimat zurückzukommen, wurde von vielen Flüchtlingen als Versagen der großen Parteien gewertet.

Ein weiteres Zeichen dieser Tendenz war das Auftreten einer eigenen Flüchtlingspartei, des BHE (Block der Heimatvertriebenen und Entrechteten). Eine Kreisgruppe wurde erst im Frühjahr 1951 in Lübbecke gegründet, und Kandidaten konnten nur auf Kreisebene in fast allen Wahlbezirken aufgestellt werden. Dennoch konnte die Partei in einzelnen Gemeinden (Lübbecke, Oppenwehe und Holsen) und bei den Kreistagswahlen beachtenswerte Erfolge für sich verbuchen.

Anfang der fünfziger Jahre versuchten rechtsgerichtete und rechtsradikale Gruppen, in Deutschland wieder Fuß zu fassen. Die übrigen Parteien beobachteten diese Entwicklung mit großer Sorge und im Kreis Lübbecke wehrte man sich mit einer gemeinsamen Veranstaltung im Juni 1951 gegen das Aufkommen der SRP, der Sozialistischen Reichspartei.

Das Bundesverfassungsgericht hatte die SRP am 23. Oktober 1952 verboten, aber eine Ersatzorganisation versuchte, noch an den Wahlen teilzunehmen. Wenige Tage vor dem Wahltermin reagierte darauf der Innenminister des Landes und verbot die „Deutsche Gemeinschaft".

Wahlergebnisse vom 9. November 1952

Die Verteilung der Sitze in den Ämtern:

	CDU	SPD	FDP	BHE	Unabh.
Stadt Lübbecke	4	8	5	1	–
Amt Alswede	8	10	–	–	–
Amt Dielingen-Wehdem	14	10	4	–	–
Amt Gehlenbeck	8	15	1	–	–
Amt Hüllhorst	7	11	1	–	–
Amt Levern	8	6	4	–	–
Amt Preuß. Oldendorf	7	10	5	–	2
Amt Rahden	10	9	5	–	–
Gesamt	66	79	25	1	2

Der Kreistag

	CDU	SPD	FDP	BHE	KPD	Unabh.
Stimmant. in %	32,2	40,4	13,1	3,2	1,7	
Sitze	13	17	9	–	–	1

Liste der Kreisvertreter 1952

CDU

Landwirt Karl Kramer, Levern
Landwirt Wilhelm Winkelmeier, Haldem
Bauer Gustav Niermann, Wehdem
Bauer Karl Buck, Oppendorf
Bauer Wilhelm Bollhorst, Preußisch Ströhen
Landwirt Wilhelm Borcherding, Wehe
Kaufmann Heinrich Berg, Kleinendorf
Fabrikdirektor Kurt Weimann, Lübbecke
Bauer Wilhelm Niermann, Schröttinghausen
Rektor a. D. Walther Hardt, Lübbecke
Malermeister Fritz Köhme, Lübbecke
Landwirt Wilhelm Stegmann, Niedermehnen
Ministerialdirektor a. D. Hermann Osthoff, Lübbecke

FDP

Landwirt Wilhelm Hilker, Espelkamp
Buchdrucker Heinrich Kosynowski, Rahden
Landrat a. D. Kurt von Borries, Holzhausen
Fabrikant Karl Lamcke, Lübbecke
Architekt Karl-Heinz Brunsiek, Rahden
Bauer Friedrich Menke, Levern
Landwirt Wilhelm Löhr, Varl
Bauer Oskar Bohnenkemper, Haldem
Generalrichter a. D. Otto Schikarski, Lübbecke

SPD

Gewerkschaftssekr. Heinrich Hülsmeier, Lübbecke
Werkmeister Fritz Schilling, Lübbecke
Landwirt Wilhelm Rust, Fabbenstedt
Heinrich Bökelmann, Twiehausen
Bauarbeiter Alfred Siebert, Espelkamp-Mittwald
Landwirt Wilhelm Hegerding, Isenstedt
Zigarrenarbeiter Wilhelm Heitmeier, Nettelstedt
Bahnarbeiter Heinrich Finke, Gehlenbeck
Tischler Karl Bökenkröger, Hüllhorst
Arbeiter Heinrich Rösch, Tengern
Unterbezirkssekretär Heinrich Hüffmeier, Lübbecke
Werkmeister Heinrich Stüssel, Blasheim
Schlossermeister Heinrich Burkamp, Heddinghausen
Rundfunkhändler Ludwig Hilling, Preuß. Oldendorf
Regierungsobersekretär z. Wv. Kurt Swatoch, Levern
Frau Anna Haddewig, Lübbecke
Vulkaniseur Fritz Schröder, Börninghausen

Unabhängige

Landwirt Friedrich Fahrmeyer, Harlinghausen 43

Auf der ersten Sitzung der Kreisvertretung reichten wegen der Erhöhung der Zahl von 24 auf 40 Parlamentarier kaum die Plätze aus. Landrat Berg begrüßte zu Beginn der Sitzung Anna Haddewig als erste Frau im Kreistag. Bei der Wahl des Landrates hatte jede Partei ihren Kandidaten vorgeschlagen, so daß im ersten Wahlgang keiner die absolute Mehrheit der Stimmen erreichen konnte. Im zweiten Wahlgang standen Schilling (SPD) und Berg (CDU) zur Stichwahl an. Mit den Stimmen aus dem Block von CDU und FDP wurde Heinrich Berg zum Landrat wiedergewählt. Die SPD empfand die Wahl als Bruch des parlamentarischen Brauchs. Sie wollte den Landrat aus der Mehrheitsfraktion gewählt wissen und lehnte eine Kandidatur für den Stellvertreter ab. So wurde Carl Lamcke aus Lübbecke zum Stellvertreter gewählt. Damit zeigte sich, daß trotz einiger Auseinandersetzungen im Wahlkampf der „bürgerliche" Block aus CDU und FDP zusammenhielt, und daß die SPD, obwohl sie stärkste Fraktion war, in vielen Fällen ihre Vorstellungen nicht würde durchsetzen können.

So wählt der CDU.-Wähler
für die Landtagswahl im Wahlkreis Lübbecke
am 20. April 1947

			Der Stimmzettel ist in dieser Spalte anzukreuzen
1	ERHART (Fritz Erhart, Paderborn, Busdorfwall 22, Rechtsanwalt)	Z.	
2	KOTTKAMP (Wilhelm Kottkamp, Gehlenbeck 328, Arbeiter)	KPD	
3	SCHULTZE (Emil Otto Schultze, Lübbecke, Wittekindstrasse 33, Justizoberinspektor a. D.)	FDP.	
4	**STIER** (Dr. Hans-Erich Stier, Münster i. W., Raesfeldstrasse 28, Universitätsprofessor)	CDU.	X
5	STRIEKER (Heinrich Strieker, Rahden, Weherstr. 327, Parteisekretär)	SPD.	

Werneburg, Druckerei, BBF2, Lübbecke 88086 27000 April 47. Klasse C — bitte wenden!

Die Kandidaten bei der Landtagswahl 1947.

Abgegebene Stimmen

1	Erhart	Z	157
2	Kottkamp	KPD	1 061
3	Schultze	FDP	1 132
4	Dr. Stier	CDU	13 954
5	Strieker	SPD	10 122

Das Land Nordrhein-Westfalen

Als Gründungsdatum des Landes ist der 23. August 1946 anzusehen. An diesem Tag trat die Verordnung Nr. 46 zur Bildung der Länder in der britischen Zone in Kraft. Der erste ernannte Landtag trat am 2. Oktober 1946 zusammen. Nach längeren Auseinandersetzungen innerhalb der Landtagsfraktionen und mit der britischen Besatzungsmacht konnte ein Wahlgesetz verabschiedet werden, das dem ursprünglich von den Briten favorisierten Mehrheitswahlrecht nicht entsprach, obwohl sie sich in der Verordnung Nr. 57 vorbehalten hatten, Wahlrechtsfragen an ihre Vorstellung zu binden. Die ersten Landtagswahlen wurden am 20. April 1947 durchgeführt.

Die Landtagswahlen 1947

Der Kreis Lübbecke bildete bei den Wahlen einen Wahlbezirk. Die Kandidaten der Parteien für den Kreis sind dem Stimmzettelvordruck zu entnehmen, der von der CDU zu Wahlkampfzwecken als Handzettel verteilt wurde. Der Stimmzettel wird ergänzt durch die veröffentlichte Stimmverteilung im Kreisgebiet. Als Landtagsabgeordneter für den Wahlkreis Lübbecke war damit Dr. Stier aus Münster gewählt.

Zu den vorgesehenen 200 Abgeordneten kamen 16 Überhangmandate für die CDU hinzu. Die Wahlbeteiligung 67,3% von 7,8 Millionen Wahlberechtigten im Land, 58,1% von 48.524 Wahlberechtigten im Kreis. Die geringste Wahlbeteiligung gab es in der Gemeinde Tonnenheide mit 37%. Zum Vergleich soll dem Ergebnis auf Landesebene die prozentuale Stimmverteilung auf Kreisebene gegenübergestellt werden.

	Land NRW Anteil/Sitze direkt + Reserveliste	Kreis Lübbecke
CDU	37,5% / 92 + 0	52,8%
SPD	32,0% / 53 + 11	38,3%
FDP	5,6% / 0 + 12	4,3%
KPD	14,0% / 3 + 25	4,0%
Zentrum	9,8% / 2 + 18	0,6%
	216	

Die Landtagswahlen 1950

Der Wahlkreis Lübbecke war wieder identisch mit dem Kreis in seinen politischen Grenzen. Die Kandidaten sind einem Stimmzettelvordruck zu entnehmen, der von der SPD zu Wahlkampfzwecken als Zeitungsanzeige veröffentlicht wurde.

Als gewählter Abgeordneter des Wahlkreises Lübbecke konnte Fritz Schilling aus Lübbecke in den Landtag einziehen.

Die Wahlbeteiligung betrug 72,3% von 8,9 Millionen Wahlberechtigten im Land, 64,25% von 52.486 im Kreis. Die höchste Wahlbeteiligung hatte Preuß. Oldendorf mit 78,4%.

Das Wahlergebnis

Dedert	12.010
Fuhrmann	727
Kuhles	129
Schilling	13.929
Tacke	4.841
Thomas	343

Vergleich mit den Ergebnissen auf Landesebene

	Land NRW Anteil/Sitze direkt + Reserveliste	Kreis Lübbecke
CDU	36,9% / 93 + 0	37,3%
SPD	32,3% / 52 + 16	43,3%
FDP	12,1% / 5 + 21	15,0%
KPD	5,5% / 0 + 12	1,7%
Zentrum	7,5% / 0 + 16	0,4%
	215	

Entscheid über die Landesverfassung	ja / nein 62% / 38%	ja / nein 47% / 53%

Interessant an dem Volksentscheid ist, daß in einzelnen Gemeinden mit CDU-Mehrheiten der Verfassungsentwurf abgelehnt wurde, die CDU aber die Bevölkerung aufgerufen hatte, dem Verfassungsentwurf zuzustimmen (z. B. Vehlage, Dielingen, Arrenkamp u.a.). In anderen Gemeinden mit SPD-Mehrheiten wurde dem Entwurf zugestimmt, obwohl die Partei zur Ablehnung aufgerufen hatte (z. B. Oberbauerschaft, Ahlsen-Reineberg u.a.).

So muß sich der Wähler entscheiden!

1	**Dedert** (Ernst Dedert, Engershausen Nr. 3 — Bauer —)	CDU	
2	**Fuhrmann** (Kurt Fuhrmann, Werther, Ravensberger Straße 44 — Dreher —)	DRP	
3	**Kuhles** (Heinrich Kuhles, Bünde, Heidkampstraße 10 — Kaufmann —)	Z	
4	**Schilling** (Fritz Schilling, Lübbecke, Hinter der Mauer Nr. 5 — Werkmeister —)	SPD	X
5	**Tacke** (Hermann Tacke, Wehe Nr. 172 — Kaufmann und Landwirt —)	FDP	
6	**Thomas** (Karl Thomas, Twiehausen Nr. 98 — Kaufm. Angestellter —)	KPD	

Die Kandidaten bei der Landtagswahl 1950.

Bundestagswahlen	1953 Zweitstimmen			1949		
	Zahl	Prozent	Mandate	Zahl	Prozent	Mandate
Wahlberechtigt	33 079 978			31 207 620		
abgegebene Stimmen	28 468 054	86.2		24 495 614	78,5	
ungültige Stimmen	926 497	3,3		763 216	3,1	
gültige Stimmen	27 541 049			23 732 398		
CDU/CSU	12 440 799	45,2	243	7 359 084	31,0	139
SPD	7 939 774	28,8	150	6 934 975	29,2	131
Zentrum	217 342	0,8	4	727 505	3,1	10
FDP	2 628 146	9,4	48	2 829 920	11,9	52
KPD	607 413	2,2		1 361 706	5,7	15
DP	897 952	3,3	15	939 934	4,0	17
BHE	1614 474	5,9	27			
GVP	318 323	1,2				
DRP	295 615	1,1		429 031	1,8	5
DNS	71 032	0,3				
BP	465 552	1,7		986 478		17
SSW	44 633	0,2		75 388	0,3	1
Unabhängige				1 141 647	4,8	3

In den Bundestag zogen 487 Abgeordnete ein.

Stimmzettel

für die Wahl zum Bundestag der Bundesrepublik Deutschland am

14. August 1949 im Wahlkreis Nr. 51 (Minden-Lübbecke)

			Der Stimmzettel ist in dieser Spalte anzukreuzen
1	**Dr. Bleiß** (Dr. Paul Bleiß, Minden, Steinstr. 14 — Wirtschaftsprüfer —)	**SPD.**	
2	**Kirchner** (Hans Kirchner, Hahlen Nr. 57 — Ing.-Kaufmann —)	**FDP.**	
3	**Dr. Koch** Dr. Karl Joseph Koch, Warburg, Hinter der Mauer Nord 30 — Geschäftsführer der Kreishandwerkerschaft —)	**Z.**	
4	**Offermanns** (Else Offermanns, Münstereifel, Heidepost 1 — Hausfrau —)	**RWVP.**	
5	**Ritter** (Georg Ritter, Möllbergen Nr. 185 — Kaufmann —)	**RSF.**	
6	**Dr. Schubert** (Dr. Albrecht Schubert, Espelkamp — Landwirt —)	**Unabh.**	
7	**Volkmann** (Rudolf Volkmann, Minden, Oberstraße 38 — Gewerkschaftssekretär —)	**KPD.**	
8	**Wehking** (Heinrich Wehking, Friedewalde-Wegholm Nr. 119 — Landwirt —)	**CDU.**	

Verlag Phönix GmbH., Minden

Bundesrepublik Deutschland

Der erste deutsche Bundestag hielt am 7. September 1949 seine konstituierende Sitzung ab. Am 15. September 1949 wählte der Bundestag gemäß Art. 63 des Grundgesetzes den Bundeskanzler. Der auch von FDP und DP unterstützte CDU-Abgeordnete Dr. Konrad Adenauer erhielt 202 Stimmen. Er war damit mit einer Stimme Mehrheit gewählt.

„Manche Politiker glaubten damals, für die umfassenden Aufgabenkomplexe müsse eine Große Koalition die tragfähigere Grundlage abgeben. Führende Persönlichkeiten der CDU standen ihr zunächst nicht grundsätzlich ablehnend gegenüber; allerdings widersetzte sich ihr Adenauer von Anfang an.
Unterschiedliche Auffassungen in Grundsatz- und Einzelfragen gaben schließlich den Ausschlag für die Kleine Koalition. Maßgebend war auch der Gedanke, daß das demokratische System durch eine starke Opposition entscheidend stabilisiert werden könne."
(Information zur Politischen Bildung, Nr. 168, S. 10)

Im zweiten deutschen Bundestag hatte die CDU/CSU beträchtlich an Stimmen gewonnen. Daß die Wähler damit im wesentlichen die Politik Adenauers und seiner Partei und nicht so sehr die der Koalition honorierten, ergab sich aus dem vergleichsweise schlechten Abschneiden der anderen Regierungspartner. Bemerkenswert bei dieser Wahl war die Abkehr von den kleineren Parteien. Allerdings errang eine neue Partei, der „Gesamtdeutsche Block/Bund der Heimatvertriebenen und Entrechteten" (GB/BHE) auf der rechten Seite des Parteiengefüges, einen beachtlichen Stimmengewinn. Dieses Ergebnis war wohl vor allem darauf zurückzuführen, daß Flüchtlinge, Vertriebene und Kriegsopfer der Überzeugung waren, den Eingliederungs- und Entschädigungsprozeß mit Hilfe einer eigenen Partei auch auf Bundesebene nachdrücklicher fördern zu können.

Der Wahlkreis Minden-Lübbecke

Der Wahlkreis Nr. 51 umfaßte 1949 die Kreise Minden und Lübbecke. Die Wahlbeteiligung im Kreis Lübbecke lag je nach Wahlbezirk zwischen 65% und 80%.

	Kreis Lübbecke	Wahlkr. Mi.-Lübb.	Land NRW	Bund
1 Dr. Bleiß	42,0%	41,9%	31,4%	29,2%
2 Kirchner	6,0%	6,5%	8.6%	11,9%
3 Dr. Koch	0,5%	0,5%	9,0%	3,1%
4 Offenmanns		0,2%	0,3%	0,1%
5 Ritter		2,0%	2,1%	0,8%
6 Dr. Schubert		5,8%	2,4%	3,6%
7 Volkmann	3,0%	5,2%	7,6%	5,6%
8 Wehking	49,0%	38,0%	36,9%	31,0%

Für den Wahlkreis Minden-Lübbecke zog Dr. Paul Bleiß in den Bundestag ein.

1953 umfaßte der Wahlkreis 110 ebenfalls wieder die Kreise Minden und Lübbecke.

Von den insgesamt 178.171 Wahlberechtigten kamen 54.117, also 30,3% aus dem Kreis Lübbecke. Die Wahlbeteiligung im Kreisgebiet betrug 85,6%.

Die Wahlergebnisse im Vergleich

			Kreis Lübb.	Wahl-kreis 110	Land NRW	Bund
1	Wehking	CDU	41,0%	37,0%	49,0%	50,0%
2	Dr. Bleiß	SPD	37,0%	40,0%	32,0%	45,0%
3	Dr. Mosel	FDP	15,0%	14,0%	8,5%	9,4%
4	Volkmann	KPD	0,6%	1,2%	2,9%	2,2%
5	Dr. Rabe	DP	1,7%	1,3%	1,0%	3,3%
6	v. Collani	BHE	3,2%	4,3%	2,5%	5,9%
7	Klausmeier	GVP	1,1%	1,1%	1,4%	1,2%

Durch die SPD-Mehrheit im Kreis Minden konnte Dr. Bleiß eines der nur 45 Direktmandate für die SPD gewinnen. Der Wahlkreis 110 entsprach damit nicht dem allgemeinen Trend, da die CDU insgesamt 71% der Direktmandate besetzte.

1. **Wehking, Heinrich,** Landwirt, geb. 2. 2. 1899, in Friedewalde, Friedewalde-Wegholm Nr. 119,
   Christlich-Demokratische Union (CDU)

2. **Dr. Bleiß, Paul,** Wirtschaftstreuhänder, geb. 6. 11. 1904, in Berlin, Minden, Steinstraße 14,
   Sozialdemokratische Partei Deutschlands (SPD)

3. **Dr. Mosel, Hans, Fabrikant,** geb. 20. 12. 1899, in Minden, Minden, Kasernenstraße 2,
   Freie Demokratische Partei (FDP)

4. **Volkmann, Rudolf,** Schiffer, geb. 12. 9. 1897, in Latferde, Minden, Oberstraße 38,
   Kommunistische Partei Deutschlands (KPD)

5. **Dr. Rabe, Otto,** Geschäftsführer, geb. 18. 12. 1900, in Mundenheim, Lübbecke, Niedernstraße 27/29,
   Deutsche Partei (DP)

6. **von Collani, Thassilo,** Oberst a. D., geb. 4. 8. 1899, in Köslin, Nammen, Flüchtl.-Wohnsiedlung, Block IV,
   Gesamtdeutscher Block / BHE (BHE)

7. **Klausmeier, Rudolf,** Gastwirt, geb. 23. 12. 1912, in Essen, Werste Nr. 167,
   Gesamtdeutsche Volkspartei (GVP)

Wahl zum zweiten Bundestag.

Grafische Darstellung der Wahlergebnisse

Die Entwicklung des Parteienspektrums im Kreis Lübbecke soll mit einer graphischen Darstellung verdeutlicht werden. Sie umfaßt den Zeitraum der vier Nachkriegsjahre und der ersten vier Jahre der Bundesrepublik Deutschland. In dieser Zeit wurden die Wähler zu insgesamt sieben Wahlterminen an die Urnen gerufen. Es gehörten dazu drei Kommunal-, zwei Landtags- und zwei Bundestagswahlen.

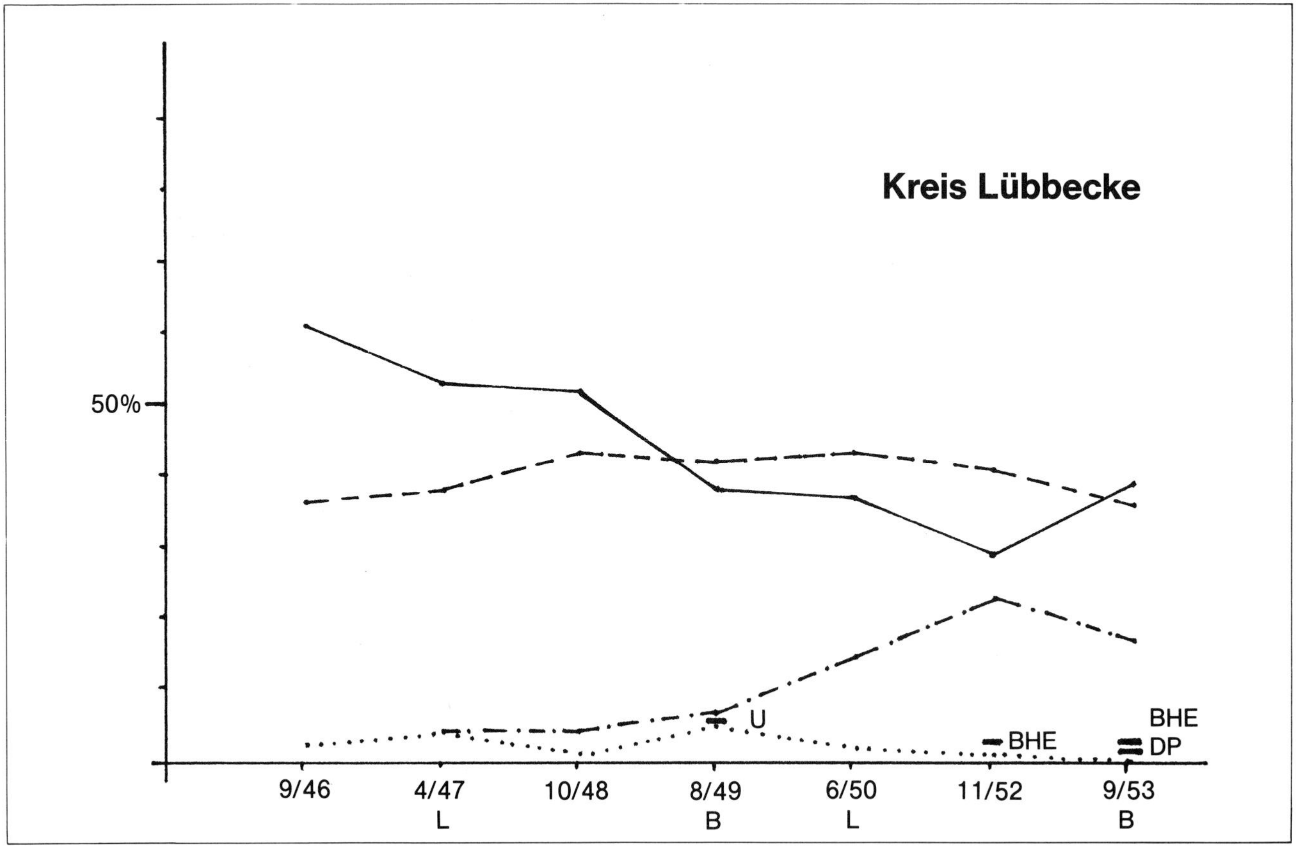

Die Bedeutung der Linien:

CDU ———— SPD – – – – – – – – – FDP – · – · – · – KPD · · · · · · · · · · · · Sonstige ▬▬

Des Volkes Wille sei oberstes Gesetz!

Die **KPD**

ruft auf zur öffentlichen

Wahlversammlung

am Freitag, dem 13. Sept. 1946 um 20 Uhr
im Lokal TONHALLE MINDEN

Es spricht **Lina Gand** UNNA

Mit der KPD für Frieden, Aufbau und ein einheitliches deutsches Reich!

Freie Aussprache

Es laden hiermit ein:

Kreisleitung der KPD., Ortsleitung der KPD., Minden

Gesprengte Trümmer, aus denen ein neues Gemeinwesen entstand.

1 Espelkamp von Dr. Ruby Simon

Neuordnung der Verwaltung

Die heutige Stadt Espelkamp entstand nicht aus einem früheren Amt oder einer Stadt wie Lübbecke. Sie wuchs – nicht ohne Schwierigkeiten und Spannungen – aus traditionellen, z. T. jahrhundertealten Gemeinden, die verschiedenen Ämtern angehörten, und einer wachsenden Zahl von Vertriebenen und Flüchtlingen, deren Barackenlager nicht von einem Amt, sondern zunächst vom Kreis verwaltet wurde.

Die Bauerschaft Espelkamp, die sich 1910 mit kaiserlicher Genehmigung von der Gemeinde Großendorf (jetzt Rahden) getrennt hatte und selbständig geworden war, wurde vom Amt Rahden verwaltet, ebenso der Ortsteil Schmalge, der durch die Neugliederung der Gemeinden am 1. Januar 1973 Espelkamp zugesprochen wurde. Seit diesem Zeitpunkt sind auch die Gemeinden Frotheim und Isenstedt, bis dahin zum Amt Gehlenbeck gehörig, Stadtteile Espelkamps.

Der nördlich des Kanals gelegene Teil des Amtes Alswede fiel mit der überwiegenden Zahl seiner Gemeinden 1973 an Espelkamp. Das waren Teile der Landgemeinde Alswede, einschließlich Gestringen und Fiestel, und die Gemeinden Fabbenstedt und Vehlage.

Auf die Neuordnung der Verwaltung in diesem Amt wird deshalb hier näher eingegangen. Sie begann mit der Einsetzung eines Amtsdirektors durch die Militärregierung.

Der von ihr eingesetzte Amtsdirektor von Wolffersdorf fungierte gem. § 34 II rev. DGO als Schriftführer in der ersten Sitzung der Amtsvertretung nach Kriegsende am 5. März 1946. Die letzte Sitzung davor hatte am 22. Dezember 1944 stattgefunden. Amtsdirektor von Wolffersdorf wurde am 13. März 1946 offiziell von der Amtsvertretung gewählt, doch beschloß man in einer Sitzung am 24. April 1947, ihn nur kommissarisch zu beschäftigen und die Stelle auszuschreiben. Am 23. August 1947 wurde seine Wahl einstimmig widerrufen.

Der neue Amtsdirektor Göckemeier wurde am gleichen Tage mit 11:4 Stimmen gewählt, am 30. September eingeführt und noch vor Ablauf der Probezeit am 8. Dezember 1947 eingestellt.

Eine Abstimmung über die weitere Verwendung der Amtsbeamten wurde am 5. März 1946 zunächst vertagt und am 5. Juni 1946 vorgenommen. Das mit einem Kostenaufwand von 6.400,– RM neu eingerichtete Wohnungsamt wurde mit dem Angestellten Piel, Lashorst, besetzt. Am 26. Oktober 1946 betraute die Amtsvertretung den späteren Amtsdirektor Beckmann – damals als Angestellten – mit der Wahrnehmung der Geschäfte des Kämmerers.

Für die auf dem Gebiet der Bauerschaft Espelkamp gelegene ehemalige Munitionsanstalt, die »Muna«, war das Amt Rahden nicht zuständig. Als militärisch genutztes Gebiet wurde das Gelände hinter dem hohen Stacheldrahtzaun aufgrund der Potsdamer Verträge beschlagnahmt und von britischen Truppen besetzt. Es unterlag keiner zivilen, sondern unmittelbar der militärischen Verwaltung.

Eigentlich sollte die »Muna« insgesamt gesprengt werden. Die Füllanlage, die ursprünglich für die Herstellung von Giftgas bestimmt, aber aus Angst vor Vergeltung nicht in Betrieb genommen worden war, wurde tatsächlich gesprengt, ebenso die unterirdischen Bunker und ein Beobachtungsturm an der Stelle der späteren Thomaskirche. Die Erhaltung der Hallen, Straßen, Wasser- und Stromleitungen, ist dem Verständnis und Mut des Militärgouverneurs von Nordrhein-Westfalen, General Bishop, zu danken, der einen Sitz in Lübbecke hatte. Trotz erheblicher Widerstände bei den Alliierten schob er die Sprengung jahrelang hinaus und hob den Sprengungsbefehl schließlich ganz auf.

Auch das außerhalb der »Muna« an der gegenüberliegenden Seite der späteren B 239 gelegene Barackenlager Hedrichsdorf wurde nicht vom Amt Rahden verwaltet, sondern von der Militärregierung dem Britischen Roten Kreuz in Paderborn zur Verfügung gestellt, mit dessen Unterstützung 1946 ein Kindererholungsheim für bombengeschädigte Kinder, vor allem aus dem Ruhrgebiet, eingerichtet wurde.

Im Oktober 1948, anläßlich der Namensgebung des Ludwig-Steil-Hofs am Erntedankfest, gab General Bishop die Demilitarisierung der »Muna Espelkamp« bekannt. Damit wurde der bis dahin noch drohende Sprengungsbefehl aufgehoben und auch die militärische Verwaltung. Nur auf dem heutigen Steilhofgelände blieb noch eine schottische Fahrbereitschaft, die Car-Unit. Die »Muna« und Hedrichsdorf wurden der Evangelischen Landeskirche, dem Ev. Hilfswerk von Westfalen und dem Zentralbüro des Ev. Hilfswerks in Stuttgart zur Verfügung gestellt, die mit Vertretern der Wirtschaft beschlossen, eine systematische Planung für eine industriell-gewerbliche Siedlung für 5.000 Vertriebene durchzuführen.

Diese Aufgabe konnte und wollte das Amt Rahden nicht übernehmen, und die Gemeinde Espelkamp war

General Bishop gab im Oktober 1948 die Demilitarisierung der Muna Espelkamp bekannt.

Dr. Max Ilgner und Frau.

damit natürlich in jeder Weise überfordert. Deshalb wurde ein Planungsbüro unter der Leitung des ehemaligen IG-Farben-Direktors Dr. Max Ilgner gegründet, der seine Mitarbeiter nach der Auflösung des Kinderheims in den Baracken von Hedrichsdorf unterbrachte.

Als das Jahr der Planung zu Ende ging, zeigte sich, daß die Ansiedlung von Betrieben und der Bau von Wohnungen, die Flüchtlingen Arbeit und Unterkunft sichern sollten, über die Möglichkeiten von Kirche und Wirtschaft hinausgingen. Am 4. Oktober 1949 schlossen daher die Evangelische Kirche in Deutschland, die Westfälische Landeskirche und das Land Nordrhein-Westfalen einen Gesellschaftsvertrag, mit dem die Aufbaugemeinschaft Espelkamp gegründet wurde.

Um die westlich der Bahnlinie außerhalb gelegene Barackensiedlung, in der Ende 1945 396 Vertriebene in 92 Haushalten untergebracht waren, kümmerte sich weder die Militärregierung noch das Amt Rahden, außer durch gelegentliche Überweisungen von Flüchtlingen dorthin. Diese wurden zunächst nicht als Bürger der Gemeinde, sondern als „vorübergehend Untergebrachte“ angesehen. Noch im Juli 1947 erklärte die Amtsvertretung Rahden, als sie die Wahl eines von der Kreisvertretung angeordneten Amts-Siedlungsausschusses ablehnte, nach einem Bericht der »Westfalen-Zeitung« vom 25. Juli 1947: *„Eine allen Teilen gerecht werdende Lösung wird, soweit der Amtsbezirk in Frage kommt, erst möglich sein und ein Ausgleich erst geschaffen werden können, wenn die Ostgebiete wieder zur Verfügung stehen.“* Nicht nur Vertriebene und Flüchtlinge rechneten also damals noch mit einer Rückgabe der Ostgebiete in absehbarer Zeit!

Die Barackensiedlung, die in der Umgebung „Klein-Moskau“ genannt wurde, weil dort während des Krieges russische Gefangene untergebracht waren, wurde vom Kreis verwaltet. Der Landrat erließ eine Lagerordnung mit Ausgangszeiten und Strafandrohungen, falls die löchrigen Baracken und ihre primitiven Einrichtungen nicht mit gebührender Schonung behandelt wurden.

Der erste Lagerleiter, Ludwig Heidrich, wurde vom Kreis eingesetzt. Für die Belegung war das Kreisquartieramt unter der Leitung von Kurt Lübbert zuständig. Er gab der Siedlung den Namen »Kolonie«, und die Flüchtlinge, die die Bezeichnung „Klein-Moskau“ für diskriminierend hielten, nannten sich fortan stolz „Kolonisten“.

Sie fühlten sich durch den Kreis Lübbecke, insbesondere durch Kurt Lübbert, gut betreut und dankten ihm in einem Schreiben zu Weihnachten 1945.

Im Frühjahr 1949 übernahm das Amt Rahden die Verwaltung für ganz Espelkamp. Es richtete eine Außenstelle für Espelkamp-Mittwald ein. So hieß das Munagelände zunächst bei seinen Bewohnern nach einem alten Flurnamen und ab November 1949 auch offiziell mit Genehmigung des „städtischen“ Landesamts von Nordrhein-Westfalen. Diese Namensgebung kennzeichnet einen neuen Abschnitt, mit dem man Krieg, »Muna« und Besatzung hinter sich lassen und sich auf eine mühe- und hoffnungsvolle Zukunft ausrichten wollte.

Mit der Leitung der Amtsaußenstelle wurde Regierungsoberinspektor Heinrich Trüller betraut. Nach seinem frühen Tod im September 1950 wurde Kurt Lübbert sein Nachfolger.

Noch lange, auch nach der Ausamtung und über die Stadtwerdung Espelkamps hinaus, waren die Verwaltungsaufgaben so aufgeteilt, daß die Amtsaußenstelle, später die Gemeindeverwaltung Espelkamp-Mittwald, und schließlich die Stadtverwaltung Espelkamp die laufenden Verwaltungsgeschäfte führte, während die Aufbaugemeinschaft für Städteplanung, Industrieansetzung, Wohnungs- und Straßenbau zuständig war.

Die Einsetzung neuer Bürgermeister und Räte

Die Gemeinderäte waren im letzten Kriegsjahr kaum noch zusammengetreten. Nur in Frotheim und Isenstedt fanden am gleichen Tag, dem 8. März 1945, kurz vor dem Einmarsch der Briten, Sitzungen unter den Bürgermeistern Barner, Frotheim, und Blase, Isenstedt, statt, in denen die Haushaltsrechnungen für 1942 und 1943 verabschiedet wurden. Das ergibt sich aus ihren Protokollbüchern.

In Espelkamp leitete Bürgermeister Heinrich Rüter am 29. April 1944 die letzte Sitzung vor Kriegsende und wurde in der nächsten Sitzung am 11. Dezember 1945 wiedergewählt. Die Gemeinderäte Tirre, Spreen, Döpke, Thie, Schlottmann, Hagedorn, Ortgies, Bergs und Meier genehmigten die Haushaltssatzung.

In die damals lebenswichtige Wohnungskommission, die in manchen Gemeinden noch vor der Wahl des Bürgermeisters gebildet wurde, wählte man die Gemeinderäte Döpke, Schlottmann und Tirre und in die Flüchtlingskommission, unter dem Vorsitzenden des Gemeinderats Bergs, die Lehrer Schmude und Menst, den Boten Krug und Schubert.

In der folgenden Sitzung am 27. Dezember 1945, an der auch Amtsbürgermeister Niedermeyer teilnahm, wurde der Grubenholzarbeiter August Coors zum Amtsvertreter, Landwirt Wilhelm Sanders zum ersten und Bauer Heinrich Döpke zum zweiten Beigeordneten gewählt.

In der Kolonie hatte 1945 nicht die Militärregierung, sondern der Landrat einen Lagerleiter, Ludwig Heidrich, eingesetzt.

In Frotheim und Isenstedt tat man sich schwer mit der Wahl eines Bürgermeisters. In Frotheim trat bereits am 24. April 1945 Bürgermeister Buhrmann an die Stelle des Kriegsbürgermeisters Barner; ihm folgte am 8. Juni 1945 Bürgermeister Steinmann, der am 16. November 1945 von dem kommissarischen Bürgermeister Keller abgelöst wurde. Wilhelm Meier, gen. Bröker, der schließlich am 2. März 1946 in das Amt eingesetzt wurde, blieb auch nach den Wahlen Bürgermeister. Die aus den 12 Vorschlägen ausgewählte neue Gemeindevertretung hielt am 13. Dezember 1945 ihre erste Sitzung ab. Die Bauern Heinrich und Wilhelm Meier, Landwirt Friedrich Hußmann, Maschinenführer Friedrich Stockmann, Maurer Friedrich Pott, Zimmermann Wilhelm Hußmann, die Zigarrenmacher Karl Lömker und Heinrich Rose, Tischlermeister Friedrich Horstmann und Mühlenbesitzer Heinrich Tiemann berieten den von der Militärregierung den Gemeinden vorgelegten Entwurf einer neuen Hauptsatzung. Am 27. Dezember 1945 wählten sie den Bauern Wilhelm Meier zum Amtsvertreter.

Die neuen Gemeindevertreter wählten am 24. Januar 1946 zuerst einen Wohlfahrtsausschuß, in den R. Brinkmann, K. Berner, W. Döding, W. Hußmann, F. Bünemann und F. Rührmann berufen wurden. Anschließend wurden in den Wohnungsausschuß

Bürgermeister Wilhelm Blome, gewählt in Vehlage am 12. Dezember 1945.

Bürgermeister Fritz Unger, gewählt in Fabbenstedt am 12. Dezember 1945.

Bürgermeister Heinrich Rüter, gewählt in Espelkamp am 11. Dezember 1945.

Bürgermeister Heinrich Döpke, gewählt in Espelkamp am 18. Februar 1946.

Bürgermeister Wilhelm Meier (gen. Bröker), gewählt in Frotheim am 16. Februar 1946.

Bürgermeister Friedrich Telkemeyer, gewählt in Alswede (einschl. Gestringen, Fiestel) am 27. September 1946; ab 1950 Amtsbürgermeister des Amtes Alswede.

Bürgermeister Hegerding, Isenstedt, ist als Amtsbürgermeister von Gehlenbeck auf Seite 204 abgebildet.

gewählt: W. Sander als Vorsitzender, H. Brunschütte für den Amtsausschuß, F. Hußmann, W. Meier, K. Lömker.

Auch in Isenstedt fand man nicht gleich den richtigen Bürgermeister. Dort war der bisherige Bürgermeister Blase noch bis zum 21. September 1945 im Amt geblieben. In schnellem Wechsel von nur wenigen Tagen folgten ihm Hußmann, Hoffmeier und Viermann, bis schließlich am 1. November 1945 Wilhelm Hegerding als kommissarischer Bürgermeister eingesetzt und am 24. September 1946 von den inzwischen eingesetzten Gemeinderäten Bökemeier, Ensemeyer, Viermann, Hageböke, Pollheide, Vieker, Meerhoff, Möhlmeier, Hußmann und Wilking gewählt wurde. Noch vor der Bürgermeisterwahl wurde die Wohnungskommission und der Flüchtlingsausschuß am 23. Januar 1946 gewählt, in die Wohnungskommission unter dem Vorsitz von F. Lohmeier, W. Schlottmann, F. Hußmann, H. Stockmann und W. Spilker. Der Flüchtlingsausschuß bestand aus der gesamten Wohnungskommission und H. Tegeler.

In der Wohnungskommission gab es offensichtlich Schwierigkeiten, denn schon drei Tage später, in der Sitzung vom 26. Januar 1946, wurde als neuer Vorsitzender Friedrich Viermann gewählt und festgestellt: *„Außerdem schaltet sich die gesamte Gemeindevertretung in die Wohnungskommission mit ein!"*

In den Ernährungsausschuß, der zugleich ein Erfassungsausschuß war, wurden am 22. Oktober 1946 F. Schlottmann und W. Spilker als Erzeuger, W. Zimpel und E. Hahol als Verbraucher gewählt.

In der Landgemeinde Alswede, zu der auch Gestringen und Fiestel gehörten, hatte Bürgermeister Flömer am 24. Juli 1944 den Vorsitz, während die nächste Sitzung am 13. Dezember 1945 von dem Beigeordneten Blome geleitet wurde, der auch als stellvertretender Bürgermeister genannt wird.

Die von der Militärregierung ernannten Gemeindevertreter, die Landwirte L. Dresing, H. Flachmeier, H. Duffe, Arbeiter H. Gütebier, Schmied W. Fischgräbe, Rentner W. Vullriede, Bauer W. Hilker, Maurer K. Steinkamp, Heuerling W. Witte und Zimmermeister C. Wippermann berieten die Hauptsatzung, deren § 13 sie am 29. Januar 1946 dahin ergänzten, daß den von der Gemeinde einzusetzenden Ausschüssen auch Personen angehören könnten, die nicht Gemeindevertreter wären. Anschließend wurden die Wohnungs- und Flüchtlingsausschüsse getrennt für die drei Bauerschaften gewählt:
in Alswede unter dem Vorsitz von Wilhelm Vullriede die Mitglieder Fischgräbe, Barlach und Minna Heckemeier und als Flüchtlingsvertreter Heinrich Hilke.
in Fiestel W. Duffe (Vorsitzender), H. Flachmeier, F. Katenbrink, Emma Hartmeier, Flüchtlingsvertreter: Reinhold Kannenberg;
in Gestringen Otto Minetzke (Vorsitzender), K. Vahrenkamp, W. Witte, Frau Schlottmann, Flüchtlingsvertreter: Paul Winninghaus.
In den Gemeindewohlfahrtsausschuß unter dem Vorsitz des Bürgermeisters wurden gewählt: K. Steinkamp, H. Wippermann, R. Seifert, H. Möller, W. Kreienkamp und Marie Schnitker.
Karl Hellmich wurde der Militärregierung als Amtsvertreter vorgeschlagen. Auch in dieser Gemeinde wurde erst nach den Ausschüssen am 27. September 1946 Friedrich Telkemeyer zum Bürgermeister gewählt.
In Fabbenstedt hatte die letzte Sitzung im Kriege am 25. Juli 1944 unter Bürgermeister Vortmeier statt-

gefunden. Die nächste Sitzung am 12. Dezember 1945 wurde von Bürgermeister Fritz Unger geleitet. Die neu eingesetzten Gemeindevertreter Wehrmann, Nehmann, Lori, Spreen, Beste, Schlüter und Schnelle wählten in den Wohnungs- und Flüchtlingsausschuß: Heinrich Schnelle (Vorsitzender), Friedrich Vogt, Fritz Greve, Wilhelm Blome, Friedrich Klostermann, Minna Finke und als Flüchtlingsvertreter Herbert Ortgies.
In den Wohlfahrtsausschuß unter dem Vorsitz von Bürgermeister Unger wurden H. Wehrmann, F. Allewelt, Anna Hülsmeier und Frau Piranka gewählt.

In Vehlage leitete Bürgermeister Löscher die letzte Sitzung vor Kriegsende am 23. Juli 1944 und protokollierte noch am 2. September 1945 einen Gemeindebeschluß: „Mit Zustimmung der Gemeindevertretung beschließe ich ...!" Das war bis zum Ende des Dritten Reiches durchaus legal. Nach dem Führerprinzip beriet der Gemeinderat und der Bürgermeister entschied. Daß die neue Gemeindeordnung, die in ihrem Vorspruch das Führerprinzip ausdrücklich abschaffte, in den schwierigen Nachkriegsmonaten noch nicht in jeder Landgemeinde bekannt war, ist verständlich. Aber hier zeigt sich auch, wie sehr diktatorisch verordnete Verhaltensweisen sich mit der Zeit verfestigen. Am 25. Februar 1947 wurde ein Antrag des Gemeindevertreters Weiher, den auf diese Weise zustandegekommenen Kaufvertrag rückgängig zu machen, mit allen Stimmen gegen die des Antragstellers abgelehnt.

Als Gemeinderäte wurden ernannt: die Bauern H. Meier, W. Kokemoor und K. Pollheide, die Landwirte E. Schmucke, K. Wehrmann, W. Diekmeier, der Heuerling W. Blome und der Müller H. Röhe. In dieser Sitzung am 12. Dezember 1945 wird Wilhelm Blome zum Bürgermeister gewählt.

Die Vertretung des Amtes Alswede, deren letzte Sitzung vor Kriegsende am 22. Dezember 1944 stattgefunden hatte, konnte also erst am 5. März 1946 zu ihrer ersten Sitzung zusammentreten. Von der Militärregierung ernannt wurden die Bürgermeister Heinrich Blome, Alswede; Fritz Unger, Fabbenstedt; Wilhelm Blome, Vehlage, und aus Lashorst und Hedem Friedrich Hägemeister und Heinrich Glauert. Von den Gemeinden vorgeschlagen wurden: Wilhelm Siebe, Vehlage; H. Telkemeyer, Alswede; F. Rust, Fabbenstedt, und aus Lashorst und Hedem: F. Auf dem Garten und C. Hellmich.

Alhard Freiherr v. d. Bussche-Münch, ehemaliger Amtsbürgermeister, stellte Gelände für Espelkamp zur Verfügung.

Nachfolger von Alhard Freiherr von dem Bussche-Münch als Amtsbürgermeister wurde Heinrich Meier, Lashorst 1. Zu seinem Stellvertreter wurde C. Hellmich in der Sitzung am 13. März 1946 einstimmig gewählt. Am 26. März 1946 wurde auf Anordnung der Militärregierung Frau Hahn als Flüchtling zum 11. Amtsvertreter gewählt. Es hatte vorher eine längere Debatte darüber gegeben, ob diese Anordnung, einen Flüchtling als 11. Amtsvertreter zu wählen, zu einer Änderung der in der ersten Sitzung gebilligten Hauptsatzung führen müsse. Man kam aber zu dem Schluß, daß nach § 9b der Hauptsatzung die Militärregierung diese Änderung unmittelbar vornehmen könne.

In den Amtswohnungsausschuß wurden gewählt: Maurermeister Droste, Fabbenstedt; Melcher, Fiestel, und die Hebamme Vullriede, Fiestel.

Gründung und Wiedergründung der Parteien

Der wiedergegründete SPD-Unterbezirk Lübbecke, der am 31. Dezember 1946, wie sich aus seinen Unterlagen ergibt, 697 Mitglieder hatte, darunter 40 weibliche, konnte auf 20 Ortsvereine zurückgreifen, von denen die meisten schon vor 1933 bestanden hatten.

Auf dem Gebiet der heutigen Stadt Espelkamp waren das die drei Ortsvereine Alswede, Frotheim und Isenstedt. Sie erscheinen bereits 1946 in einer Liste des Unterbezirks Lübbecke. Die »Freie Presse« erwähnt den Ortsverein Frotheim, in dem Friedrich Bünemann den Vorsitz hatte, in einem Bericht vom 7. September 1946 über eine Amtskonferenz in Gehlenbeck. Vorsitzender des Ortsvereins Isenstedt war Hermann Schumacher. Der Vorsitzende des Ortsvereins Alswede, Wilhelm Vullriede, gehörte auch der Gemeindevertretung Alswede an. In der »Freien Presse« vom 7. September 1946 wird außerdem von einer Versammlung des Ortsvereins Gestringen bei Hilker berichtet. Die Sozialdemokraten in der Gemeinde Espelkamp gehörten damals zum Ortsverein Rahden, dem der spätere Unterbezirkssekretär Heinrich Strieker vorstand. 1948 gründeten sie einen eigenen Ortsverein mit dem Vorsitzenden Heinrich Meier, wie sich aus einer Einladung aus den Akten des Unterbezirks ergibt.

Die Kolonisten standen der Arbeit der Parteien zunächst ablehnend gegenüber und machten Parteiversammlungen in der Kolonie, ob von SPD, CDU oder KPD veranstaltet, grundsätzlich kaputt, wie Alfred Siebert dem Zeitzeugen Heinrich Hüffmeyer (Nachfolger Striekers im Unterbezirk und langjähriger SPD-Fraktionsvorsitzender im Kreistag) später erzählte. Die beiden, aus entgegengesetzten politischen Lagern stammenden Männer, hatten sich im Entlassungslager Eutin kennengelernt und waren zusammen nach Lübbecke gefahren. Als sie sich am 1. November 1949 zufällig in Lübbecke in der Langen Straße wiedertrafen, ergab sich ein Gespräch, in dessen Verlauf Hüffmeyer den in der Kolonie sehr angesehenen und aktiven Alfred Siebert überzeugen konnte, daß die Interessen der Vertriebenen und der Kolonie nur in einer überregionalen Partei, und vor allem in der SPD, durchgesetzt und gewahrt werden könnten.

Alfred Siebert gelang es im März 1950, sechs Männer zu finden, die mit ihm in Gegenwart von Heinrich Hüffmeyer einen SPD-Ortsverein gründeten. Sie trafen sich in der Barackenwohnung von Wilhelm Kern. Der spätere SPD-Bürgermeister und Stadtdirektor vertrat bei den Wahlen 1948 – ebenso wie der spätere Fraktionsvorsitzende der CDU, Karl-Werner Lindberg – die FDP im Gemeinderat. Ein solcher Wechsel war in einer Zeit, in der die Parteien entstanden und erst allmählich Profil gewannen, nichts Ungewöhnliches. Für viele, die miterlebt hatten, daß man aus der NSDAP nur um den Preis der Emigration oder des Konzentrationslagers austreten konnte, erschien die Freiheit des

Ein- und Austritts aus einer Partei als ein Zeichen demokratischen Neubeginns.

Zu den sieben Gründungsmitgliedern gehörten nach Hüffmeyers Erinnerung neben Siebert und Kern auch der Lagerleiter Herbert Wenzel, Gustav Galla und der Lehrer Fritz Siewert.

Unter der Überschrift »Eine soziale Gerechtigkeit ist möglich« berichtet die »Freie Presse« vom 23. Mai 1950, in der Flüchtlingskolonie Espelkamp sei im Anschluß an eine Versammlung mit dem Bundestagsabgeordneten Dr. Paul Bleiß ein SPD-Ortsverein Kolonie offiziell gegründet worden. Ihm traten sofort zahlreiche Kolonisten und binnen Jahresfrist über 100 Mitglieder bei. (Nach der ersten Nummer der Mitteilungen der Baugemeinde vom 15. Juli 1950, S. 5., betrug die Gesamtzahl der Bewohner Espelkamps damals 1.240.)

Auch in der inzwischen von Flüchtlingen bewohnten »Muna« verlief die Entwicklung ähnlich. Im Arbeitskreis von Pastor Plantiko, an dem alle, die sich für den Aufbau Espelkamps verantwortlich fühlten, ohne Rücksicht auf ihre Konfession teilnahmen, wurde zu Beginn des Jahres 1951 dazu aufgefordert, in politische Parteien einzutreten. Auch hier ging es vorwiegend um die Interessen Espelkamps und man wählte ziemlich willkürlich, in welche Partei man eintreten wollte. In der SPD entwickelten sich mit den Mitgliederversammlungen und regelmäßigen Sprechstunden von Hüffmeyer und MdB Dr. Bleiß, die wegen der wachsenden Bevölkerung mehr in dem damals Espelkamp-Mittwald genannten Munagelände stattfanden, auch hier beträchtliche Aktivitäten. Vorsitzender des Ortsvereins war von der Gründung in der Kolonie bis weit über unsere Berichtszeit hinaus Alfred Siebert.

In einer vom Unterbezirk Lübbecke am 9. Februar 1951 angeforderten Liste der Rentner, Erwerbslosen und Kriegsgeschädigten finden sich 29 Namen der ersten Mitglieder des OV Kolonie Espelkamp: die Rentner Faust und Gertrud Faust, Kliemchen, Rehnert, Katzinski, Siegmann, Pfeiffer, Anders, Gewinida, Zeise, Badzio, Hildegard Pohl, Zürner, Klimsch und das Ehepaar Rubin, die beide die goldene Parteinadel erhielten. Sie waren seit 1911 Mitglied der SPD. Auf der Liste standen ferner die Kriegsgeschädigten Gerullier, Bruno Haese und Ernst Klug und die Erwerbslosen Siebert, Weber, Bartesch, Zuttmann, Erich Haese, Karl Eckert, Höhn, Bosch, Bartnik und Göcker.

Die Ausgangslage bei der CDU war anders als die der SPD und ihre Entwicklung zeigte einen anderen Verlauf. Sie wurde nach dem Krieg neu gegründet und mußte ihre Inhalte auch gegenüber den Parteien der Weimarer Republik, insbesondere dem Zentrum, neu bestimmen. So baute sie sich nicht von unten nach oben, von den Ortsunionen zu den größeren Gremien, sondern in umgekehrter Richtung, auf.

Im Altkreis Lübbecke gab es jahrelang nur die Kreisunion, der die Mitglieder einzeln unmittelbar beitraten. Ein Espelkamper, Wilhelm Tirre Nr. 246, gehörte zu den 35, die schon in der Gründungsversammlung bei Spreen in Fiestel der CDU beitraten. Heinrich Brunschütte, Kösterstraße 18, und Heinrich Vahrenkamp traten der CDU vor dem 30. April 1946 bei.

In einem Schreiben der Kreisgeschäftsstelle der CDU in Lübbecke an die Landesgeschäftsstelle in Dortmund vom 11. Juni 1947 zählt Kreisgeschäftsführer Hunke die Mitglieder aus den einzelnen Ortschaften auf. Danach gab es damals in Espelkamp 9, in Alswede (einschließlich Gestringen und Fiestel) 7, in Fabbenstedt 30 und in Vehlage 6 CDU-Mitglieder, die alle dem Kreisverein angehörten. Auffällig ist die hohe Zahl der Fabbenstedter Mitglieder, so etwas gab es sonst nur im Nordkreis, der eine CDU-Hochburg war.

Die erste CDU-Versammlung in Espelkamp fand nach einer Ankündigung der »Westfalen-Zeitung« am 16. Juli 1946 im Wirtschaftsgebäude der Kolonie statt. Der Ostflüchtling und ehemalige Landtagsabgeordnete Lange-Dittersbach sollte über Flüchtlingsprobleme sprechen.

In Espelkamp gab es, wie überall, viele, die sich für die CDU engagierten, ohne Mitglieder zu werden, selbst wenn sie von ihr als Kandidaten aufgestellt und gewählt wurden. Auch der Zeitzeuge Rektor Kurt Herzog, der, wie er berichtet, 1950 mit dem späteren stellvertretenden Fraktionssprecher der CDU im Landtag NRW, Albert Pürsten, in Espelkamp und Umgebung umherfuhr, um für die CDU zu werben, trat erst 1952, nach seiner Wahl zum Gemeindevertreter, der Partei bei.

Über die Anfänge der FDP im Bereich Espelkamp ließen sich keine Unterlagen finden. Bei den Gemeindewahlen spielte sie zunächst keine, in Espelkamp ab 1948 eine wichtige Rolle.

Nach der kommunistischen Zeitung »Volks-Echo« vom 25. Juni 1949 gab es damals KPD-Ortsgruppen in Isenstedt, Frotheim und Alswede. Zu einem Generalappell trafen sie sich am 29. Juni 1946 um 10 Uhr in den »Altdeutschen Bierstuben« in Lübbecke.

Die übrigen Parteien, der BHE (Bund der Heimatvertriebenen und Entrechteten) und die rechtsgerichtete DRP (Deutsche Reichspartei) traten in Espelkamp erst später in Erscheinung.

Die Interessengemeinschaft der Ostflüchtlinge war zwar keine Partei, übte aber unter ihrem Kreisvorsitzenden Dr. Albrecht Schubert, Espelkamp, und seinem Nachfolger Josef Biefel, Espelkamp, in den Nachkriegsjahren einen nicht unerheblichen Einfluß aus, der sich auch außerhalb Espelkamps auswirkte.

Wahlen und ihre Ergebnisse

Bei der ersten Wahl nach dem Ende des Dritten Reiches und des Krieges gab es in Nordrhein-Westfalen ein ziemlich kompliziertes Wahlrecht, über das in Kapitel III ausführlich berichtet wird. Nach Verhandlungen mit der Besatzungsmacht, die ein Mehrheitswahlrecht nach englischem Muster einführen wollte, wurde ein Kompromiß gefunden, der auch nachträglich nicht einfach zu durchschauen ist.

Es wurden durchweg Kandidaten und nicht Parteilisten gewählt, die alphabetisch, ohne Rücksicht auf ihre Parteizugehörigkeit, zusammengestellt waren. Die Zugehörigkeit bedeutete dabei nur, daß sie von der betreffenden Partei aufgestellt wurden, nicht, daß sie Mitglied waren.

Der Wähler hatte je nach dem Verhältnis zwischen aufgestellten Kandidaten und zu verteilenden Sitzen mehrere Stimmen. Deshalb sind die absoluten Zahlen nicht miteinander vergleichbar. Diese Unterschiede zwischen den Wahlergebnissen der Jahre 1946, 1948 und 1952 sind aus den Zahlen auf Seite 161 ersichtlich. Wurden in einer Gemeinde, wie z. B. in Frotheim und Isenstedt, nicht mehr Kandidaten aufgestellt als Sitze direkt zu vergeben waren, so galten die Kandidaten als gewählt, und es fand kein Wahlgang statt.

Im Kreisgebiet Lübbecke wurde der erste Wahlkampf nach 1945 in erster Linie von den beiden großen Parteien geführt. Die großen Versammlungen fanden in Lübbecke statt und ausführlich wurde in der Presse fast nur aus der Kreisstadt berichtet. Über Wahlversammlungen in den kleinen Gemeinden gab es kaum mehr als eine Ankündigung von wenigen Zeilen. Zu den Großveranstaltungen der SPD mit Staatsminister a. D. Carl Severing im Schützenhaus in Lübbecke und mit Maria Sevenich für die CDU wurden Busse aus den umliegenden Gemeinden Isenstedt, Vehlage, Fiestel und Alswede eingesetzt.

Mit bekannten Namen und allgemeinen Themen umwarben beide Parteien die Wähler, insbesondere Flüchtlinge und Frauen. Für die CDU sprach Volksmissionar Hunke, Herford, in Isenstedt; über Siedlungs- und Bodenreform das Mitglied des Zonenbeirats H. Lübke in Alswede und über Flüchtlingsprobleme Ostflüchtling Lange-Dittersbach in der Kolonie Espelkamp.

Auf Flugblättern setzte sich die SPD eingehend mit der Frage »Sozialdemokratie und Christentum« auseinander. »Die Frauen bringen die Entscheidung!« verkündete ein weiteres Flugblatt. Wahlversammlungen der SPD gab es in Fiestel mit Emil Gross und in Isenstedt mit Birkel, Minden.

Einheitslisten, die in Frotheim und Isenstedt aufgestellt wurden, lehnte Kreissekretär Strieker in Kommentarartikeln in der »Freien Presse« vom 24. und 31. Juli ab, während sie in Artikeln der »Westfalen-Zeitung« von der CDU als dörfliche Tradition befürwortet wurden.

Die CDU stellte bekannte und beliebte Persönlichkeiten des öffentlichen Lebens auf ohne Rücksicht auf deren Mitgliedschaft. So fand sich z. B. in Espelkamp bei der ersten Kommunalwahl im September 1946 die in der Kolonie wohnende Pastorenwitwe Johanna Liedtke, geb. Nyhuis, zu ihrer Überraschung auf einer Kandidatenliste der CDU für die Gemeinde Espelkamp. Sie war im kirchlichen Leben der Kolonie aktiv und spielte die „Orgel" in der Barackenkirche. Da auch ihre Familie bekannt war, wurde sie von den Kolonisten gewählt und gehörte dem Gemeinderat bis 1949 an, als sie heiratete und wegzog. Als ich im Juli 1986 ihren Zeitzeugenbericht anläßlich ihres Besuches bei Freunden in der Kolonie aufnahm, berichtete sie, daß sie vor jeder Gemeinderatssitzung mit den aktiven Kolonisten wie Wenzel und Siebert die Anliegen ihrer Schicksalsgenossen und ihr taktisches Vorgehen besprach.

Die meisten Bürger waren so kurz nach den Jahren der Einheitslisten in der Diktatur durch die Wahl unter verschiedenen Parteien verwirrt und griffen deshalb dankbar nach vertrauten Namen, wie sie die CDU anbot, oder – wie in Isenstedt und Frotheim – wieder nach Einheitslisten.

Nach dem neuen Wahlrecht kamen die Stimmen für die nicht direkt gewählten Kandidaten nicht, wie heute bei uns, der Liste ihrer Partei zugute, sondern gingen fast ganz verloren. Auch das wirkte sich günstig für die CDU aus, deren Kandidaten direkt gewählt wurden. So erhielt die CDU in Espelkamp 3.199 Stimmen und 10 Sitze und die SPD mit 1.548 Stimmen (also rund 50% des Stimmenanteils der CDU) nur 2 Sitze. Die hohen Stimmenzahlen in der kleinen Gemeinde ergaben sich daraus, daß jeder Wähler 1946 mehrere Stimmen hatte.

Wahlergebnisse 1946 und gewählte Gemeinde- und Amtsvertreter

	CDU		SPD	
	Stimmen	Sitze	Stimmen	Sitze
Espelkamp	3.199	10	1.546	2
Alswede	2.994	5	3.105	7
Fabbenstedt	1.404	7	822	2
Vehlage	1.229	8	445	1
Amt Alswede	4.374	12	1.725	3

Die Parteizugehörigkeit der Gemeindevertreter wird in den Protokollbüchern der Gemeinden nicht angegeben. Sie spielte auch kaum eine Rolle, weil fast alle Beschlüsse einstimmig gefaßt wurden und es dabei um Anliegen der Gemeinden und nicht um politische Entscheidungen ging.

Für die Gemeinde Espelkamp gibt es eine stadtamtliche Unterlage über die Parteizugehörigkeit der ersten gewählten Gemeindevertreter:
Heinrich Döpke, CDU; August Spreen, CDU; Wilhelm Kolkhorst, CDU; Wilhelm Kummer, CDU; Hermann Steinkamp, CDU; Wilhelm Sander, CDU; Friedrich Schlottmann, CDU; Wilhelm Tirre, CDU; Johanna Liedtke, Kolonie, CDU; Julius Krüger, SPD; Heinrich Fiene, CDU; Wilhelm Menze, SPD. Bürgermeister: Heinrich Döpke; Stellvertreter: Wilhelm Tirre.

Bei den Amtsvertretern und den Gemeinderäten aus Alswede, Fabbenstedt und Vehlage habe ich eine Kandidatenliste der CDU in der »Westfalen-Zeitung« vom 13. September 1946 mit den Namen der gewählten Vertreter verglichen und die in der Namensliste nicht enthaltenen Vertreter der SPD zugeschrieben: Amt Alswede: Meier, Lashorst, CDU; Blome, Gestringen, CDU; Katenbrink, Fiestel, CDU; Flachmeier, Fiestel, CDU; Unger, Fabbenstedt, CDU; Blome, Vehlage, CDU; Siebe, Vehlage, CDU; Hülsmeier, Alswede, SPD; Möller, Hedem, CDU; Kamp, Gestringen, SPD; Otto, Fabbenstedt, CDU; Weiher, Vehlage, SPD; Fischgräbe, Alswede, CDU; Grabenkamp, Gestringen, CDU; Rust, Fabbenstedt, CDU. Amtsbürgermeister: Meier, Lashorst; Stellvertreter: Siebe, Vehlage.

Alswede, einschließlich Gestringen und Fiestel: Telkemeyer, SPD; Hegemeyer, CDU; Duffe, CDU; Blome, CDU; Buchholz, SPD; Gerling, SPD; Horstmann, CDU; Steinkamp, SPD; Witte, SPD; Hageböke, SPD; Haseloh, SPD; Hellmeier, CDU. Bürgermeister: Telkemeyer; Stellvertreter: Gerling.

Fabbenstedt: Unger, CDU; Allewelt, CDU; Schnelle, CDU; Beste, CDU; Hellmann, CDU; Tegeler, CDU; Döding, SPD; Schwengel, SPD; Behring, CDU. Bürgermeister: Fritz Unger; Stellvertreter: Wilhelm Hellmann.

Vehlage: Wilhelm Blome, CDU; Heinrich Blome, CDU; Diekmeier, CDU; Röhe, CDU; Schnucke, CDU; Wehrmann, CDU; Weiher, SPD; Maier, CDU; Meier, CDU. Bürgermeister: Wilhelm Blome; Stellvertreter: Meier.

In Isenstedt und Frotheim wurden in sogenannten Einheitslisten nur so viele Kandidaten aufgestellt, wie Sitze vorhanden waren. Sie galten damit als gewählt, und der Wahlgang entfiel, jedenfalls für die Gemeindevertreter. Die je drei Kandidaten für die Amtswahl mußten gewählt werden. Die Parteizugehörigkeit der gewählten Gemeindevertreter ließ sich also nur ausnahmsweise für diejenigen feststellen, die 1948 wiedergewählt wurden. Das waren in
Frotheim: Meier, gen. Bröker, CDU; Keller, CDU; Schlensker, CDU; Hußmann 195, SPD; Bünemann,

SPD; Lömker, SPD. Weiter wurden gewählt: Meier 1; Hußmann, 87; Pott; Rose; Stockmann; Tiemann; Horstmann; Bürgermeister: Wilhelm Meier, gen. Bröker; Stellvertreter: Heinrich Keller.
Isenstedt: Hegerding, SPD; Hußmann, SPD; Pollheide, SPD; Wilking, SPD; Möhlmeier, CDU; weiter wurden gewählt: Bökemeier; Ensemeier; Hageböke; Vieker; Meerhoff; Viermann; Bürgermeister: Wilhelm Hegerding; Stellvertreter: Wilhelm Hußmann.

Heinrich Brammeier, Frotheim, und Wilhelm Hegerding, Isenstedt, wurden Amtsvertreter in Gehlenbeck. Im Amt Rahden gab es 1946 keine Vertreter aus Espelkamp, weil die Gemeinde für diese Wahl aus wahltechnischen Gründen dem Amt Alswede zugerechnet wurde.

Aus dem Bereich der heutigen Stadt Espelkamp wurden in den Kreistag gewählt: Wilhelm Tirre, CDU, Espelkamp; Böschmeier, gen. Schröder, CDU, Gestringen; Friedrich Möhlmeier, CDU, Isenstedt; Heinrich Tiemann, CDU, Frotheim, und Wilhelm Hegerding, SPD, Isenstedt.

Weitere Wahlen 1947 bis 1952

Im Frühjahr 1947 fanden in allen Gemeinden Wahlversammlungen der beiden großen Parteien zu den Landtagswahlen am 20. April 1947 statt. Soweit sie in den kleinen Gemeinden im Bereich Espelkamp durchgeführt wurden, fanden sie ihren Niederschlag in der Presse nur durch kurze Ankündigungen.

Die Flüchtlinge in der Kolonie hatten 1946 schon mitgewählt und eine von ihnen, Hanna Liedtke, war auch in den Gemeinderat Espelkamp gewählt worden. Anderen Flüchtlingen, vor allem auch den neu hinzugezogenen, war aber noch 1947 nicht klar, ob sie in Nordrhein-Westfalen wahlberechtigt waren. Auf eine Anfrage der Interessengemeinschaft der Ostvertriebenen teilte die »Westfalen-Zeitung« vom 4. April 1947 mit, daß jeder, der am 20. Oktober 1946 seinen Wohnsitz in Nordrhein-Westfalen hatte, wahlberechtigt sei, wenn alle anderen Voraussetzungen erfüllt seien. Nach einem halben Jahr Wartezeit waren also auch die Vertriebenen und Flüchtlinge wahlberechtigt. Die Wahl von Johanna Liedtke beweist, daß sie auch das passive Wahlrecht besaßen.

Bei den Wahlergebnissen für den Landtag wurde der Abstand zwischen den beiden großen Parteien deutlich geringer. Das starke Absinken der CDU in Espelkamp kam aber nicht der SPD zugute. Hier spielte wohl eine geringere Wahlbeteiligung der CDU-Wähler eine größere Rolle als die wenigen Stimmen für FDP, KPD und die Unabhängigen.

In Frotheim und Isenstedt, für die es bei dieser Wahl zum ersten Mal genaue Zahlen gibt, hatte die dort schon bald nach Kriegsende organisierte SPD einen geringen Vorteil. In Alswede überwog die SPD, und in Fabbenstedt und Vehlage klaffte die Schere zugunsten der CDU nicht mehr so weit auseinander.

Bei den Kommunalwahlen am 17. Oktober 1948 fand eine weitere Verschiebung der Gewichte statt. Das Wahlrecht hatte sich verändert, und die Stimmenzahl entsprach der Zahl der Wähler, die sich an der Wahl beteiligt hatten. Die Kolonisten müssen bei dieser Wahl bereits recht aktiv gewesen sein, denn drei von ihnen wurden 1948 in den Gemeinderat gewählt: Wilhelm Kern (FDP) direkt, Karl-Werner Lindberg (FDP) und Wilhelm Bartnik (SPD) über die Reserveliste. Aus

Gemeinde Espelkamp

~~Der Gemeindebürgermeister~~

Espelkamp, den 14.11.1945

bis 1500 = 9

1072 Einwohner.

Vorschlagsliste für die Gemeindevertretung in Espelkamp.

1.	Tirre	Wilhelm	Espelkamp	1	Bauer	39 Jahre
2.	Spreen	August	"	13	Bauer	57 "
3.	Döpke	Christian	"	171	Werkmeister	47 "
4.	Thie	August	"	396	Zigarren-~~Arbeit~~	64 "
5.	Schlottmann	Fritz	"	314	Landwirt	45 "
6.	Hagedorn	Wilhelm	"	257	Gewerbetreib. u. Landwirt~~schaft~~	57 "
7.	Bergs	Hans	"	345	Malermeister	50 "
8.	Ortgies	Wilhelm	"	180	Former u. Landw.	38 "
9.	Meier	Heinrich	"	151	Bauarb. u. Landw.	40 "
10.	Koors	August	"	387	Grubenholzarb.	49 "
11.	Kohlwes	Fritz	"	386	Rangiermeister	49 "
12.	Tieker	Hermann	"	226	Landwirt	35 "
13.	Hülsmeier	Wilhelm	"	26	Landwirt	46 "
14.	Döpke	Heinrich	"	177	Landwirt	47 "

Ersatzmänner:

1.	Meier	Heinrich	"	215	Schlachter u. Landwirt	46 "
2.	Schütte	August	"	b.47	~~Landwirt u.~~ Schlosser / Landwirt	48 "

gez. Rüter

Gemeindebürgermeister

der Altgemeinde wurden gewählt: Heinrich Döpke (CDU), Bürgermeister; Heinrich Fiene (CDU); Heinrich Meier, Nr. 215 (CDU); Hermann Steinkamp (CDU); August Thie (SPD) und über die Reserveliste Heinrich Meier, Nr. 175 (SPD), stellvertretender Bürgermeister.

Einzelergebnisse der Kommunalwahlen

Gemeindewahl am 15. September 1946

	CDU	SPD	FDP	KPD	Unabh.
Espelkamp	3.199	1.546	–	–	52
Alswede (einschließlich Gestringen und Fiestel)	2.991	3.105	–	–	–
Fabbenstedt	1.404	822	–	–	–
Vehlage	1.229	445	–	–	–
Frotheim und Isenstedt nicht gewählt					
Amt Alswede	4.374	1.725	–	–	–

Gemeindewahl am 17. Oktober 1948

	CDU	SPD	FDP	KPD	Unabh.
Espelkamp	330	257	155	4	–
Alswede (mit Gestr. + Fiestel)	399	437	–	20	–
Fabbenstedt	182	154	–	–	–
Vehlage	211	138	–	–	–
Frotheim	484	507	–	–	–
Isenstedt	272	535	–	–	–
Amt Alswede	1.022	906	–	18	111

Gemeindewahl am 9. November 1952

	CDU	SPD	FDP	KPD	Unabh.
Espelkamp (einschl. Mittwald + Kolonie)	473	836	643	–	–
Alswede (mit Gestr. + Fiestel)	2.107	3.263	–	50	–
Fabbenstedt	1.115	918	–	–	–
Vehlage	1.055	709	220	–	–
Frotheim	2.246	1.889	–	6	1.094
Isenstedt	1.580	3.265	–	18	–
Amt Alswede	1.007	1.271	61	20	–

Arbeit der Parteien 1945 bis 1952

SPD

Die bald nach dem Kriege wiedergegründeten Ortsvereine in Alswede, Isenstedt und Frotheim hielten regelmäßige Mitgliederversammlungen ab und beteiligten sich an den Wahlkämpfen. Der Vorsitzende des Ortsvereins Rahden, zu dem die Sozialdemokraten aus Espelkamp bis 1948 gehörten, Heinrich Strieker, wurde im Frühjahr 1946 als Parteisekretär im Unterbezirk Lübbecke angestellt und bestimmte durch seinen Einsatz die erste Aufbauphase bis zu seinem frühen Tod im August 1949.

Vielleicht durch die Nähe Espelkamps mit seinen vielen Flüchtlingen und Vertriebenen angeregt, beschäftigte er sich schon im April 1946 mit deren Problemen und suchte nach Lösungen, die er auf einer Kreisdelegiertenkonferenz der SPD im April 1946 (»Freie Presse« vom 27. April 1946) vortrug. Seine damals nicht selbstverständliche Überzeugung, die Mitarbeit der Flüchtlinge in den kommunalen Körperschaften als beratende Organe in Flüchtlingsfragen sei unerläßlich, wurde im Laufe der Zeit verwirklicht und übertroffen, als die Flüchtlinge das aktive und passive Wahlrecht erhielten. In Espelkamp wurde ja Hanna Liedtke, Flüchtling aus der Kolonie, schon 1946 als vollgültiges Mitglied für die CDU in den Gemeinderat gewählt. Striekers zweiter Gedanke, der ebenso wie der erste als Resolution von den Delegierten angenommen wurde, ging weiter als sich später verwirklichen ließ: Er hielt eine Landzuweisung von 50 qm pro Kopf für geeignet, das Los der Flüchtlinge zu erleichtern, ohne die Produktionsfähigkeit der größeren Landwirte zu schwächen. Diesem Wunsch wurde schon bei der Einrichtung von Siedlungsausschüssen, bei denen von ähnlichen Gesichtspunkten ausgegangen wurde, von Ämtern und Gemeinden Widerstand entgegengesetzt. In der angeregten Aussprache, in der Strieker darauf hinwies, daß selbst das Wohnungsamt die Unterbringung der Flüchtlinge als teilweise „schweinemäßig" bezeichnet hätte, wurde andererseits das Benehmen einiger Flüchtlinge kritisiert und die tatkräftige Unterstützung nur guter, ehrlicher, arbeitsamer Flüchtlinge gefordert.

Dem Nachfolger Striekers, Heinrich Hüffmeyer, verdankt der Ortsverein Kolonie seine Entstehung.

Am 18. Januar 1948 fand in der Gastwirtschaft Brune eine Mitgliederversammlung des Ortsvereins Espelkamp statt, zu der noch der Ortsverein Haldem einlud. Aber die Einladung zu der Mitgliederversammlung bei Heitkamp in Espelkamp am 7. März 1948 ging bereits vom Ortsverein selber aus und war von seinem Vorsitzenden, Heinrich Meier, unterschrieben. In einer Aufstellung der Ortsvereine im Unterbezirk taucht dieser Ortsverein, dessen Mitglieder Bürger der Altgemeinde waren, am 8. Februar 1949 auf.

Die Vertriebenen und Flüchtlinge, die in der Kolonie und ab Ende 1948 auch in den Baracken in Hedrichsdorf wohnten, hatten damals wenig Kontakt zu den Alteingesessenen und waren mit dem Kampf um ihre Existenz und mit den Auseinandersetzungen über den Aufbau und die Zukunft Espelkamps und auch zwischen Kolonie und »Muna« so beschäftigt, daß sie für Parteien und große Politik wenig Interesse entfalteten.

Im Juni 1949 wählten die Ortsvereine Delegierte zum Bezirksparteitag, und zwar der Ortsverein Espelkamp: Heinrich Meier; Ortsverein Frotheim: Fritz Blase; Ortsverein Isenstedt: Heinrich Blotevogel; Ortsverein Alswede: Wilhelm Vullriede und der inzwischen gegründete Ortsverein Fabbenstedt: Friedrich Döding.

Der Ortsverein Frotheim konnte 1951 sein 25jähriges Bestehen feiern und wählte in einer Generalversammlung den Vorstand (Bünemann, Wittemöller, Blase) wieder. An der Diskussion über politische Tagesfragen nahm, ebenso wie bei der Monatsversammlung des Ortsvereins Isenstedt, Heinrich Hüffmeyer teil.

Auf eine Anfrage des SPD-Bezirkssekretariats nach erwerbslosen und invaliden Mitgliedern schickte der Ortsverein Kolonie eine Liste mit 29 Namen, die ein Bild der sozialen Verhältnisse in der Kolonie ergibt und zugleich eine, wenn auch unvollständige, Aufstellung der ersten Mitglieder des Ortsvereins darstellt. Im Ortsverein Isenstedt gab es damals 8 Invaliden, im Ortsverein Frotheim 4 Erwerbslose, im Ortsverein Alswede 21 Invaliden, 6 Erwerbslose und 4 Neuaufnahmen.

Die Kolonisten Siebert, Klug, Masuhr stehen als Vertreter des neuen Ortsvereins Kolonie auf einer Delegiertenliste des Unterbezirks Lübbecke für den Bezirksparteitag 1952, neben Wilhelm Döding für die Ortsvereine Alswede und Fabbenstedt.

Im Ortsverein Alswede erhielt Heinrich Wagenfeld, SPD-Mitglied seit 1911, die goldene Parteinadel.

Auf einer Unterbezirkskonferenz in Lübbecke, auf der Heinrich Hüffmeyer zum neuen Unterbezirkssekretär gewählt wurde (»Freie Presse« vom 18. Oktober 1949), nahm MdL Deppermann zu Espelkamp Stellung, das nach der Gründung der Aufbaugemeinschaft im Mittelpunkt von Diskussionen in Presse und Öffentlichkeit stand. Die SPD werde sich mit aller Kraft gegen Bestrebungen wenden, aus Espelkamp ein zweites Bethel zu machen.

Nach der Gründung des SPD-Ortsvereins Kolonie im Mai 1950 setzten dort lebhafte Aktivitäten ein. Es gab Monatsversammlungen, an denen Heinrich Hüffmeyer regelmäßig teilnahm, monatliche Sprechstunden mit MdB Dr. Bleiß und wöchentliche mit Heinrich Hüffmeyer. Der spätere Bürgermeister Fritz Steding gründete eine sehr aktive Jugendgruppe der Gewerkschaft Bau–Steine–Erden, die sich in seiner Wohnung traf, in einer ausgebauten Munitionshalle in der Kolberger Straße, in der das Ehepaar Steding als Untermieter wohnte.

In der Vorläuferin der »Espelkamper Nachrichten«, den monatlich erscheinenden, mit der Schreibmaschine geschriebenen »Mitteilungen der Baugemeinde«, die kostenlos verteilt wurden, werden ab Oktober 1950 die Monatsversammlungen, Mitgliederversammlungen und Sprechstunden der SPD und die Treffen der Gewerkschaftsjugend bekanntgegeben.

Arbeit der CDU

Für den neugegründeten Kreisverband der CDU war der Wahlkampf zu den Kommunalwahlen im September und Oktober 1946 die erste Aufgabe, die er mit großem Erfolg bestand. Dazu trugen die bekannten und geachteten Persönlichkeiten bei, die sich als Kandidaten zur Verfügung stellten, ohne selbst in die Partei einzutreten. Auch das von der Militärregierung erlassene neue Wahlrecht wirkte sich für die CDU günstig aus.

Der Flüchtlingsbeauftragte des CDU-Landesvorstandes, Ehren, hielt Wahlversammlungen in Vehlage und, in erreichbarer Nähe für Espelkamper Flüchtlinge, in Kleinendorf über Flüchtlingsfragen ab. Ihre Lage sei völlig unbefriedigend, doch trügen die Flüchtlinge daran auch eine gewisse Schuld, weil sie sich politisch noch nicht interessiert und orientiert hätten (»Westfalen-Zeitung« von 10. September 1946).

Als Landtagskandidat stellte sich am 14. April 1947 Prof. Dr. Stier von der Universität Münster auch in Fiestel vor und sprach über seine Aufgabe als Abgeordneter und seine politische Verpflichtung, der er nach seiner Wahl im Kreise Lübbecke nachkam. In der Kolonie Espelkamp referierte der ostvertriebene Schriftleiter Alfred Walter am 13. April 1947 und am 15. April in Vehlage sowie in Frotheim am 16. April.

Dem erweiterten Vorstand der Kreisunion gehörten nach einer Liste aus dem Jahr 1950 aus dem Bereich Espelkamp Amtsbürgermeister Tirre, Espelkamp, an, ferner Lehrer i. R. Jacob Wilhelm, Gestringen, Bauer Wilhelm Tegeler und Landwirt Allewelt, beide aus Fabbenstedt. Unter den 35 Delegierten, die 1950 den Bauern Ernst Dedert zum Landtagskandidaten wählten, gehörte nur Jacob Wilhelm, Gestringen, zum Bereich Espelkamp.

In der Novembernummer 1951 der »Mitteilungen der Baugemeinde« in Espelkamp wurde unter der Überschrift »Unsere Parteien« bekanntgegeben, daß nun auch die CDU Sprechstunden und politische Aussprachеabende im »Pommerschen Hof« in der Breslauer Straße abhalten werde.

FDP

Am 8. November 1951 lud die FDP in den »Mitteilungen der Baugemeinde« zu einem Ausspracheabend im »Pommerschen Hof« ein, bei dem ein Vertreter des Kreisverbandes über sozialpolitische Fragen sprechen würde. In einer öffentlichen Versammlung im

»Pommerschen Hof« am 6. Dezember 1951 sprach der Abgeordnete Haas über das kulturelle Programm der FDP. 1952 wurden monatliche Ausspracheabende ohne bestimmte Redner angekündigt.

Ein Jugendparlament wurde im April 1951 in Espelkamp gegründet und rief zu einer Jugendschutzwoche auf. Am Freitag, dem 4. Mai 1952, sprach auf Einladung des Jugendparlaments im großen Saal des Ludwig-Steil-Hofs der ehemalige Bundesinnenminister und spätere Bundespräsident Dr. Dr. Gustav Heinemann über »Die politische Verantwortung des Christen«.

Arbeit der Kommunen

Gemeinderat Espelkamp

In den Gemeinden war die Arbeit nach dem Kriege in erster Linie durch den Mangel bestimmt: den Mangel an Lebensmitteln, Wohnraum, Schulraum, Lehrern und an Geld und durch die große Zahl von Vertriebenen, Flüchtlingen und die Evakuierten, die erst langsam in ihre zerbombten Heimatstädte zurückzogen. Sie alle spielten besonders für die Gemeinde Espelkamp eine entscheidende Rolle.

Wegen der Unterbringungsmöglichkeiten in den Koloniebaracken waren hier unverhältnismäßig viel mehr „Ortsfremde" untergebracht als in den Nachbargemeinden, zumal die rund 300 Personen in der Kolonie, die bis Ende 1947 auf über 600 anwuchsen, nicht auf das Soll der Gemeinde angerechnet wurden. Sie mußte vielmehr nach den allgemeinen Regeln und Vorschriften Flüchtlinge bei ihren Bürgern unterbringen.

Das war eine schwierige Aufgabe für Bürgermeister und Gemeinderat, weil jeder auf den anderen achtete und gleichmäßige und gerechte Behandlung forderte. Als 1948 ein Bürger sich mit Hilfe übergeordneter Stellen bis hin zu den Landesministerien einen Entscheid der Spruchstelle beim Regierungspräsidenten verschaffte, in die Bewerberliste einsehen und sich seinen Zwangsmieter selbst aussuchen zu dürfen, gab es einen Aufstand im Gemeinderat. Im Protokoll der Sitzung vom 2. September 1948 heißt es:
„Wenn Entscheidungen wie im Fall R. getroffen werden, ist es nicht mehr möglich, in Espelkamp Mehrraumwohnungen zu schaffen. Dem Recht wird gegenüber anderen Bürgern der Gemeinde Espelkamp ins Gesicht geschlagen, wenn dem R. außerdem noch die Liste der Wohnungssuchenden aufzulegen ist. Dieses dem R. eingeräumte Vorrecht muß die öffentliche Meinung empören. Die Gemeindevertretung hält ein Arbeiten von demokratischen Ausschüssen für zwecklos, wenn trotz anderer Entscheidungen aller beteiligten Ausschüsse und Dienststellen allein die Regierung in Detmold in einer Form für R. entscheidet, die auch noch die Auflegung der Liste der Wohnungssuchenden aufzwingt. Hier wird die Bitte ausgesprochen, durch einen beteiligten Beamten der Regierung die ordentliche Unterbringung aller Wohnungssuchenden zu gewährleisten. Wenn nicht wenigstens der freie Raum in der Wohnung R. wie bei allen anderen Wohnungsinhabern belegt werden kann, ohne Einsicht in die Liste der Wohnungssuchenden zu geben, sieht sich die Gemeindevertretung gezwungen, geschlossen ihr Amt zur Verfügung zu stellen."

Dieser Beschluß, geschlossen abzudanken, wurde in der nächsten Satzung, in der die Sache noch einmal ausführlich besprochen und protokolliert wurde, ausdrücklich bestätigt. Aus dem Protokollbuch ergibt sich nichts über den Ausgang der Sache, aber bei der Präsentation der Dokumentation im Rathaus Espelkamp bestätigten mir Angehörige des damaligen Bürgermeisters Döpke, das Eintreten der kleinen Gemeinde für Gerechtigkeit und ihre Kompetenzen habe Erfolg gehabt, und der Entscheid der Spruchstelle sei zurückgenommen worden.

Wie ernst es dem Gemeinderat mit seinem Anspruch auf gerechte Verteilung war, zeigte sich auch darin, daß er wenig später, am 20. November 1948, die Flüchtlingsfrau Elfriede Hohnstädt in den Amtswohnungsausschuß des Amtes Rahden wählte. Der Ehemann der Zeitzeugin, August Hohnstädt, auch Flüchtling, war schon seit dem 12. Mai 1947 Mitglied des Gemeindewohlfahrtsausschusses.

Es fällt überhaupt auf, daß die Gemeinde Espelkamp mehr als andere Gemeinden, also auch mehr als von der Besatzungsmacht vorgeschrieben, Flüchtlinge in wichtige Ausschüsse gewählt hat.

Wie bereits berichtet, wurde die Zeitzeugin Hanna Liedtke (später Oehlkers) bereits bei den Wahlen im September 1946 in den Gemeinderat und anschließend in den Schulbeirat gewählt. Ebensowenig wie Frau Liedtke wußte Frau Hohnstädt, welche Partei sie vertrat:
„Ich betreute jahrelang ehrenamtlich Flüchtlinge in einem Bezirk der Altgemeinde. Vielleicht wurde ich deshalb in den Amtswohnungsausschuß gewählt. Einer Partei gehörten nämlich weder mein Mann noch ich an, und ich weiß auch nicht, von welcher Partei ich vorgeschlagen wurde. Für die Verteilung der Wohnungen und Unterkünfte war das Amt Rahden zuständig. Die Ausschußmitglieder und die Amtsverwaltung arbeiteten mit uns Flüchtlingen gut zusammen.“

In den Wohnungsausschuß der Gemeinde wurde 1947 der Flüchtling Richard Lichtwald gewählt und in den Ausschuß für Schulspeisung Frau Woith und Frau Schruf aus der Kolonie. In dem zehnköpfigen Wohlfahrtsausschuß waren 1948 vier Kolonisten: Gottwald, Lindberg, Bartnik und Marie Stallmann. Wilhelm Kern war im Siedlungsausschuß. Neben Frau Hohnstädt, die wiedergewählt wurde, war jetzt auch der Lagerleiter der Kolonie, Wenzel, im Amtswohnungsausschuß.

Die Bereitwilligkeit, den Flüchtlingen ein Mitspracherecht in den Ausschüssen zu gewähren, war nicht selbstverständlich, denn die unmittelbare Nähe so zahlreicher Flüchtlinge warf vielerlei Probleme auf. Ihre Zahl wuchs von Jahr zu Jahr. In der Kolonie waren die Baracken mit rund sechs Familien pro Baracke voll belegt. Dort wohnten am 1. Januar 1948 bereits 607 Personen in 134 Haushalten. Dazu kamen die in der Gemeinde untergebrachten Flüchtlinge.

Kommunale Arbeit in der Kolonie und in Mittwald

Wurden die Kolonisten 1945 noch lagermäßig durch einen vom Kreis eingesetzten Lagerleiter, Ludwig Heidrich, verwaltet, so zeichneten sich 1946 erste Bürgerrechte für sie ab. Sie durften ihren Lagerleiter selbst wählen und hatten das aktive und passive Wahlrecht. Wenn auch von einem eigenen Parlament keine Rede sein konnte, so arbeiteten sie durch ihre Vertreter in der Gemeinde, dem Amt und dem Kreis mit. 1948 ordnet der Kreis die Wahl eines Flüchtlingsausschusses für die Kolonie an, der die Interessen der Kolonisten gegenüber dem Kreis und dem Amt vertreten und innerhalb der Kolonie für eine gerechte Verteilung der Zuteilungen und Spenden sorgen soll. Kein Parlament also, aber eine Art Selbstverwaltung. Lagerleiter Fritz Wenzel wird in den Kreisflüchtlingsausschuß, sein Vorgänger Heidrich in den Amtsflüchtlingsausschuß gewählt, aus dem wiederum ein Amtswohnungsschuß gebildet wird.

Die Schulprobleme, für die Kolonisten 1945 fast unüberwindlich, weil die Nachbarschulen keinen Platz für so viele Kinder aus der Kolonie hatten, werden nach und nach gelöst. Zunächst unterrichtet Frau Elsbeth Lindberg aus Eigeninitiative in ihrer Barackenwohnung die ersten beiden Jahrgänge. Im Oktober 1946 wird der Lehrer Gottfried Smolenski vom Schulrat des Kreises Lübbecke zur „vorläufigen Beschäftigung" der Schule Kolonie Espelkamp zugewiesen. Diese Schule, in einer Stube der Baracke 12 notdürftig eingerichtet und gleichzeitig als Kirchraum benutzt, wird erst durch einen Beschluß der Gemeinde Espelkamp vom 12. Juni 1947 offiziell errichtet. Dem Antrag an den Kreis, die Kosten zu übernehmen, wird offenbar schnell entsprochen, denn höheren Orts ist man sich wohl darüber klar, daß die kleine Gemeinde mit der Errichtung einer zweiten Schule überfordert wäre. Lehrer Smolenski, dessen „vorläufige Beschäftigung" übrigens bis zu seiner Pensionierung als Rektor der Ernst-Moritz-Arndt-Schule dauerte, mußte allerdings sämtliche Lehr- und Lernmittel selbst herstellen oder in der Umgebung erbetteln. Die Errichtung einer zweiten Lehrerstelle an der Kolonieschule und ihre Besetzung durch den Lehrer Siewert ging 1948 bei voller Kostenübernahme durch den Kreis reibungslos über die Bühne (Beschluß 5 der Gemeinderatssitzung vom 28. Oktober 1948).

Die Förderschule für die „Bromberger Kinder", die im Lager Portulice von ihren Müttern getrennt und in polnischen Familien verteilt wurden, richtete das Evangelische Hilfswerk 1948 unter der Leitung des Heimkehrers, Lehrer Kurt Herzog, ohne Mitwirkung der Gemeindevertretung ein. Aus diesem bescheidenen Anfang entwickelte sich später die größte Förderschule der Bundesrepublik. Auch die Haushaltungsschule, von Diakonisse Luise Wäscher, danach von den Schwestern Wuppermann geleitet, wurde vom Ev. Hilfswerk im Dachgeschoß des heutigen Martinshauses eingerichtet.

Die Gemeindevertretung beschloß 1950 die Errichtung der „Teichschule", da inzwischen feststand, daß die Kosten von anderen getragen würden. Die Wahl des Lehrers Herzog zum Schulleiter fand in einem inoffiziellen Parlament statt, das sich in Espelkamp entwickelt hatte. Es war die »Baugemeinde«, nach der ersten Wohnbebauung im Munagelände von Helmuth Stoppel gegründet, in der alle damals bestehenden Vereine, Organisationen, Parteien und auch Einzelpersonen vertreten waren. Die Abstimmungsergebnisse in den Generalversammlungen der Baugemeinde waren ohne jede Rechtskraft, wurden aber von der Gemeindevertretung fast immer übernommen. Sie waren ein Abbild der öffentlichen Meinung in Espelkamp-Mittwald und entlasteten die Gemeindevertretung von schwierigen Entscheidungen, an denen ein Teil der Vertreter nicht interessiert war.

1952 gab es zwei neue Schulen in Espelkamp: die Ev. Volksschule in der Altgemeinde und die Ostlandschule, für die bereits zwei Monate nach ihrer Einweihung am 10. Juni 1952 die 9. Lehrerstelle bewilligt wurde. Inzwischen hatten sich durch die Wohnbebauung in Espelkamp-Mittwald die Gewichte in der Bevölkerung und damit im Gemeinderat verändert. War Hanna Liedtke 1946 noch die einzige Vertreterin der Flüchtlinge gewesen, so traten bei der Kommunalwahl am 27. Oktober 1948 drei Kolonisten an ihre

Stelle: Wilhelm Kern (der mit seinem Stimmenanteil von 141 doppelt so hoch lag wie der Durchschnitt der anderen direkt gewählten Vertreter), Karl-Werner Lindberg und Wilhelm Bartnik. Zum Bürgermeister wurde Heinrich Döpke wiedergewählt und zu seinem Stellvertreter Heinrich Meier. Bei ihrer Wiederwahl 1949 sprachen die Kolonisten in einem Schreiben vom 5. Juli 1949 Döpke ausdrücklich ihr Vertrauen aus und bestätigten sein Verständnis für die Flüchtlinge und ihre Belange.

Nach der Gründung der Aufbaugemeinschaft im Oktober 1949 und dem Bevölkerungsanstieg in Espelkamp-Mittwald trug der Leiter der Amtsaußenstelle, Trüller, in der Gemeinderatssitzung vom 5. 10. 1951 „seine Ansicht vor, daß die Bildung eines Ausschusses für alle Beschlußsachen, die nur den Ortsteil Mittwald betreffen, zweckmäßig sei." Der Vorsitzende der Baugemeinde, Stoppel, unterstrich die Ausführungen und brachte den Willen der Mittwalder Bevölkerung zum Ausdruck. Die Bildung des Ausschusses wurde beschlossen und in der nächsten Sitzung durchgeführt. In den Ausschuß wurden gewählt für die Altgemeinde: Bürgermeister Dunker und sein Stellvertreter Fiene (die am 27. Oktober 1950 gewählt worden waren); für Mittwald: Thuleweit, Schmidt, Genz, Hollert, Lindberg; für die Kolonie: Wenzel und Frau Serno. Später wurde umgekehrt in den Gemeinderat, in dem Mittwald und Kolonie mehr Stimmen besaßen als die Altgemeinde, ein Bezirksausschuß für die Altgemeinde gewählt.

Schon nach der Kommunalwahl 1952 hatte sich das Verhältnis zwischen Vertretern der Altgemeinde und denen aus Mittwald und der Kolonie fast umgekehrt. Gegen den Vorschlag Wilhelm Kerns und der SPD, einen Bürgermeister aus Mittwald zu wählen, wird anstelle des von ihm vorgeschlagenen Gemeindevertreters Riemer, SPD, Bürgermeister Rose, FDP, aus der Altgemeinde gewählt. Riemer wird Stellvertreter. Diese wichtige Entscheidung im ersten Gemeindeparlament, in dem die Vertreter aus Mittwald und Kolonie fast eine Zweidrittelmehrheit bekamen, fiel also nicht zwischen Alteingesessenen und Flüchtlingen, sondern nach parteipolitischen Gesichtspunkten. Die starke FDP stimmte mit der CDU für den FDP-Kandidaten aus der Altgemeinde und gegen den Kandidaten der stärksten Fraktion.

Arbeit der Kommunen in den Nachbargemeinden und im Amt Alswede

In Frotheim wurden am 11. Mai 1946 auf Weisung der Militärregierung als Selbstschutz zwei Mann mit einem Lohn von 5,– RM pro Nacht eingestellt, um die durch „zunehmende Unsicherheit (Bandenüberfälle, Diebstähle, Übertretung der Sperrstunden usw.) den Gemeindegliedern drohenden Gefahren abzuwenden."

Die Gemeindevertretung weigerte sich in der Sitzung vom 9. Oktober 1946, für die im Frühjahr 1945 an die Schulen gelieferten Schulbücher mehr als den Herstellerpreis zu bezahlen. Die im „Dritten Reich" verfaßten Schulbücher würden gar nicht mehr ausgegeben, und die Gemeinde wolle es auf einen Rechtsstreit ankommen lassen, wenn die Arbeitsgemeinschaft der Buchhändler nicht auf ihren Vorschlag einginge. Im übrigen seien sie der Ansicht, daß die Bezahlung der Schulbücher Sache der Erziehungsberechtigten sei.

Schulfragen spielten in allen Parlamenten der damaligen Nachbargemeinden Espelkamps eine entscheidende Rolle; und zwar im Zusammenhang mit den Flüchtlingen, die die Schülerzahl sehr vergrößerten und neue Lehrerstellen und manchmal auch Schulräume erforderlich machten. Die finanziell schwachen und sehr sparsam wirtschaftenden Gemeinden betrachteten dies als eine Kriegsfolge, für die höhere Stellen verantwortlich seien. Das galt für jede neue Lehrerstelle und auch für den Religionsunterricht der konfessionellen Minderheiten, d. h. für katholische Schüler in den bisher rein evangelischen Schulen. Im Gegensatz zu Espelkamp, wo die Kostenübernahme wegen der unverhältnismäßig hohen Flüchtlingszahl von vornherein unumstritten war, gab es in den meisten Gemeinden jedesmal ein langwieriges Hin und Her, bis schließlich ein Kompromiß über die Kostenverteilung gefunden wurde.

In Frotheim wurde 1949 eine neue Lehrerstelle beschlossen, aber – wie auch in anderen Gemeinden – unter der Bedingung, daß sie bei einem Absinken der Schülerzahl (wegen der erwarteten Rückwanderung der Flüchtlinge) aufgehoben würde. In Frotheim forderte man außerdem die Einstellung eines bestimmten Junglehrers. Mit dem gab es ein Jahr später Streit wegen der Lehrerwohnung. Er zog sich über mehrere Sitzungen im September und Oktober 1950 hin und führte schließlich dazu, daß die Gemeinde die Abberufung des Lehrers forderte.

In Isenstedt wird am 10. April 1948 die Erhöhung der Hebesätze der Grundsteuer B und der Gewerbesteuer nach Ertrag und Kapital auf die Höchstsätze *„für ungerecht gehalten, weil für die Einreihung der Gemeinden die Bevölkerungszahl nach der Volkszählung vom 29. Oktober 1946 maßgebend sein soll ... Es ist eine unzumutbare Forderung, gerade von denjenigen Gemeinden, deren Bevölkerungszahl lediglich durch den Zustrom von Flüchtlingen und Evakuierten gewachsen ist, eine Erhöhung der Steuern zu verlangen."* Die Bevölkerung, die durch die Aufnahme von Flüchtlingen und Evakuierten erhebliche Kosten und Unannehmlichkeiten zu tragen habe, dürfe dafür nicht durch höhere Steuern bestraft werden. *„Die Gemeindevertretung hofft daher, daß von den höheren Stellen dem ablehnenden Beschluß der Gemeindevertretung Verständnis entgegengebracht wird und bittet dringend darum, die Gewährung von Finanzzuweisungen nicht von der Erhebung der Höchstsätze abhängig zu machen."*

In der gleichen Sitzung lehnt die Gemeindevertretung die ohne ihre Befragung erfolgte Zuweisung einer 4. Lehrkraft an die »Alte Schule« in Isenstedt mit Entrüstung und dem Hinweis auf ihre schwierige Finanzlage ab. Auch die dritte Lehrerstelle an der Waldschule wird am 29. Oktober 1948 abgelehnt, weil sie nur durch den Zuwachs an Flüchtlings- und Evakuiertenkindern notwendig geworden sei. Diese Stelle wird am 10. Januar 1949 noch einmal abgelehnt. Andererseits stimmen die Gemeindevertreter bald darauf „der Ansicht des Bürgermeisters zu, daß das Vorhaben der Ostvertriebenen auf Schaffung von Wohnraum durch Umbau von Baracken auf dem ehemaligen Munagelände in Espelkamp vollste Unterstützung verdient." Obwohl die finanziellen Verhältnisse der Gemeinde einen größeren Zuschuß nicht gestatteten, sollte dem Flüchtling Walter Peschel, der seit 1947 dem Wohlfahrtsausschuß angehörte und dem jetzt eine Munitionshalle in der Stettiner Straße 8 zum Umbau zugewiesen wurde, ein Zuschuß von 100,– DM gewährt werden.

Auch in der Landgemeinde Alswede wird am 17. Oktober 1947 die Errichtung einer zweiten Lehrerstelle in Alswede und einer dritten in Gestringen mit der fast gleichen Begründung abgelehnt, daß nämlich der leistungsschwachen Gemeinde die durch Kriegsfolgekosten (Flüchtlinge) entstandenen erhöhten Ausgaben nicht möglich seien.

1949 gab es Schwierigkeiten bei der Bürgermeisterwahl. Am 23. November 1949 war Bürgermeister Telkemeyer wiedergewählt worden. Einen Tag später wurde das Ergänzungsgesetz zur revidierten DGO veröffentlicht, das für den Bürgermeister und seinen Stellvertreter geheime Wahlen zwingend vorschrieb. Auf Vorschlag von Amtsdirektor Göckemeier wurde die Wahl, weil sie offenbar nicht den Vorschriften entsprochen hatte, einstimmig für ungültig erklärt. Bei der Wiederholung der Wahl mit Stimmzetteln wurden ebenso wie bei der Wiederholung am 14. Dezember je vier Stimmen für Telkemeyer und Blome abgegeben. Gemäß § 5 Ergänzungsgesetz zur rev. DGO mußte deshalb eine Stichwahl durch die nach dem Gemeindewahlgesetz vom 6. April 1948 wahlberechtigten Einwohner der Gemeinde erfolgen. Diese Wahl fand am 5. Februar 1950 statt, und in der Sitzung vom 10. Februar 1950 wurde die Wiederwahl von Bürgermeister Telkemeyer festgestellt und sein Stellvertreter Böschemeyer einstimmig gewählt. Im gleichen Jahr wurde Telkemeyer auch zum Amtsbürgermeister gewählt.

1949 beantragte die »Interessengemeinschaft der Ostvertriebenen« die Benutzung eines Schulraums in Gestringen durch ihre Gestringer Singgruppe. Das wurde zwar zunächst mit der Begründung abgelehnt, die Singgruppe solle sich im Interesse der Gemeinschaftspflege dem bestehenden Gesangverein anschließen, am 14. Dezember aber widerruflich genehmigt.

In Fabbenstedt teilte Bürgermeister Unger dem Gemeinderat in der Sitzung am 27. März 1947 mit, daß Flüchtlingsfamilien nach einem Erlaß der Landesregierung, wenn sie geeignet und gewillt seien, Gartenland zu bewirtschaften, auf Antrag Kleingärten von etwa 400 qm oder Kleinsiedlungsland von 625 bis 1.250 qm zur Verfügung gestellt werden solle. Daraufhin wurde ein Gemeindesiedlungsausschuß gebildet, dem neben dem Bürgermeister und seinem Stellvertreter ein Landbesitzer und zwei Landbewerber angehörten.

Die Bitte der Flüchtlingsfürsorgerin von Alt-Stutterheim um Schulspeisung für die Gastschulkinder aus Espelkamp wurde 1949 abgelehnt, „da für die Kinder der Gemeinde Fabbenstedt ein Bedürfnis zur Verabreichung von Schulspeisung nicht besteht", aber einige Kinder und Eltern nahmen sich der hungrigen Flüchtlingskinder an. Wie die Zeitzeugin Frau Emily Wilde berichtete, hätten die Fabbenstedter Kinder ihren Kindern immer Butterbrote in die Schule mitgebracht. So habe nur das zehnte und jüngste Kind von Pastor Gerhard Wilde, das noch nicht zur Schule ging, ernsthaft gehungert und seine größeren Geschwister heiß beneidet.

In Vehlage wurde am 1. September 1947 ein Schulspeisungs- und ein Gemeindesiedlungsausschuß gebildet. In der gleichen Sitzung beschloß man einstimmig, die Dorfglocke wieder zu läuten und dem Landwirt Hermann Blomenkamp für das Läuten 20,– RM monatlich aus der Gemeindekasse zu zahlen. Auf Antrag der »Interessengemeinschaft der Ostvertriebenen« wird 1949 beschlossen, das aus dem Holzeinschlag anfallende Brennholz an die bedürftigen Familien zu verteilen.

Im Amt Alswede befaßte sich die Amtsvertretung am 27. Juli 1946 unter dem Vorsitz von Amtsbürgermeister Meier, Lashorst, zum ersten, aber keineswegs zum letzten Mal mit der Einstellung einer Fürsorgerin für Flüchtlinge. Die Amtsvertretung *„ist der Ansicht, daß* *die Anstellung einer Fürsorgerin noch nicht notwendig ist, da sie nicht voll beschäftigt sein würde. Nur in Verbindung mit einem anderen Amte würde eine Fürsorgerin für Flüchtlinge voll ausgenutzt sein. Falls die Notwendigkeit zur Einstellung sich ergeben sollte, wird die Amtsvertretung erneut zusammentreten und die notwendigen Mittel bewilligen."*

Am 28. Oktober 1946 faßten die neugewählten Amtsvertreter unter dem wiedergewählten Amtsbürgermeister Meier einen Grundsatzbeschluß für die Anstellung. Über die Person der Fürsorgerin, die möglichst aus dem Amtsbezirk kommen sollte, wollte man noch mit dem Evangelischen Hilfswerk verhandeln. Am 21. April 1947 sollen weitere Erkundigungen eingeholt und das Diakonische Werk aufgefordert werden, die vorgeschlagene Fürsorgerin W. „gegen eine andere auszutauschen". Am 23. August 1947 wurde gefragt, was eine Amtsschwester kosten würde. Ein Zuschuß von 500,– RM monatlich für die Fürsorgerin könne nicht gewährt werden.

Inzwischen wurde die aus Espelkamp stammende Frau v. Alt-Stutterheim (eine Tochter des Gründers und ersten Kreisvorsitzenden der IG Ostvertriebene Dr. Albrecht Schubert) offenbar vom Kreis angestellt, denn in der Sitzung vom 21. September wird die vom Kreissozialamt empfohlene Erstattung der Kosten für die Anstellung der Flüchtlingsfürsorgerin bzw. die Gewährung eines Zuschusses zu diesen Kosten einstimmig abgelehnt. Im April 1951 gab Amtsbürgermeister Telkemeyer der Amtsvertretung Kenntnis vom Ausscheiden Frau v. Alt-Stutterheims, die wegen ihrer Heirat aus dem Kreisgebiet verzog. Danach hat die Espelkamper Fürsorgerin Charlotte Behrends lange auch die Flüchtlinge im Amtsbezirk im Auftrag des Diakonischen Werks versorgt.

Die Amtsvertretung nahm am 28. Oktober 1946 zunächst Kenntnis von der Verfügung des Regierungspräsidenten, Siedlungsland an Flüchtlinge zu verteilen.

In den ersten Jahren des Mangels mußte sich auch die Amtsvertretung mit vielen Kleinigkeiten befassen. So hatte sie über die Verteilung von zwei Fahrrädern, einiger Fahrraddecken und -schläuche und eines Radios zu beschließen. Je ein Fahrrad erhielten die Gemeinden Fiestel und Fabbenstedt. Die Decken sollten nicht bevorzugt an Flüchtlinge, sondern an diese und Einheimische gleichmäßig verteilt werden; und zwar zwei in Gestringen, eine in Hedem, eine in Lashorst, eine in Vehlage. Schläuche erhielten: Fabbenstedt, Vehlage, Gestringen und Lashorst je vier, Alswede einen und Hedem drei. Je eine Fahrradlampe erhielt Vehlage und Alswede. *„Lashorst soll bevorzugt werden, weil es so abgelegen ist. Das Radiogerät soll an die Ostflüchtlinge verlost werden."*

Nach den Oktoberwahlen 1948 wählte die Amtsvertretung mit 6 Stimmen Otto zum Amtsbürgermeister gegen 4 Stimmen für Telkemeyer. 1950 wurde Telkemeyer mit 6 Stimmen gegen 5 Stimmen für seinen Vorgänger Otto zum Amtsbürgermeister gewählt. Stellvertreter wurde Amtsvertreter Meier.

Während der Stellvertreter Hülsmeier des Amtsbürgermeisters Otto 1948 noch einstimmig durch Zuruf gewählt worden war, wurde 1951 auf Empfehlung des Deutschen Gemeindetages Westfalen nach strengeren Vorschriften geheim gewählt. Jeder Amtsvertreter bekam eine Liste aller Amtsvertreter als Stimmzettel; und zwar gesondert für die Wahl des Amtsbürgermeisters und seines Stellvertreters. Telkemeyer wurde 1951 und 1952 wiedergewählt.

In der Kommunalpolitik Espelkamps und seiner damaligen Nachbargemeinden spielten die Parteien eigentlich nur bei den Bürgermeisterwahlen und bei der Besetzung der Ausschüsse eine Rolle. In der kommunalen Tagespolitik gab es zwar in Espelkamp nicht immer einstimmige Beschlüsse, aber auch keinen Fraktionszwang. Der Aufbau des Gemeinwesens, das erst sieben Jahre nach unserer Berichtszeit zur Stadt wurde, stand bei den Beratungen im Vordergrund, und die Meinungsverschiedenheiten verliefen quer durch das Parteienspektrum. Wer als Zuschauer oder Reporter an den Sitzungen des Gemeinderats teilnahm, konnte nur an der Sitzordnung, nicht an den Rede-Beiträgen erkennen, welcher Partei der betreffende Gemeindevertreter angehörte.

Im Gasthaus »Waldfrieden« fanden die ersten Gemeinderatssitzungen statt. Unser Bild zeigt das jetzt abgerissene Haus in den 80er Jahren.

Die Verwaltungsspitze des Amtes Hüllhorst: Amtsdirektor Dr. Heuvemann und Amtsoberinspektor Karl Kohrs.

2. Hüllhorst von Erich Holzmüller und Gerd Milkereit

Zeitabschnitt vor den ersten Wahlen

Der demokratische Neubeginn nach dem Zweiten Weltkriege kam auch in der Gemeinde Hüllhorst nur zögernd in Gang. Viel zu sehr waren die Bürger noch mit der Bewältigung äußerer Probleme befaßt (Wohnraummangel, Unterbringung von Flüchtlingen und Vertriebenen, Rationierung der Lebensmittel usw.), als daß sich ihr politisches Interesse alsobald ausgewirkt hätte. Die Besatzungsmächte hatten die örtliche Verwaltung bestehen lassen, um die Fortführung der administrativen Aufgaben zu gewährleisten. In Hüllhorst wurde Amtsbürgermeister Dr. Heuvemann mit allen anderen Mitarbeitern der Verwaltung im Amt belassen.

Erste Bürgermeister nach 1945

Die Bürgermeister allerdings, die dieses Amt bis 1945 innehatten, wurden fast alle entlassen, da die meisten von ihnen Mitglied der NSDAP waren. Für diese Personen berief die Militärregierung vorwiegend solche Männer, die schon aus der Zeit vor 1933 Erfahrungen für dieses Amt mitbrachten.

In den damals neun selbständigen Gemeinden (den heutigen Ortsteilen) nahmen folgende von der Besatzungsmacht eingesetzte Bürgermeister die örtlichen Aufgaben wahr:

In Schnathorst wurde Wilhelm Huchzermeier, Schnathorst Nr. 20, zum Bürgermeister ernannt, der diese Funktion bereits in den Jahren 1921 bis 1933 als Vorsteher innehatte.

In Bröderhausen war es Wilhelm Meyer, Bröderhausen Nr. 5, der vom damaligen Amtsbürgermeister Dr. Heuvemann auf Anordnung der Militärregierung verpflichtet wurde. Auch Meyer war schon von 1924 bis 1933 als Vorsteher tätig gewesen. Leider verstarb er am 9. September 1946, wenige Tage vor der ersten Kommunalwahl. Sein Nachfolger wurde Heinrich Kuhlmeier, Bröderhausen Nr. 7.

Auch in Holsen trat man an einen erfahrenen Bürger heran: Karl Becker, Holsen Nr. 2, hatte schon von 1922 bis 1933 das Amt des Vorstehers innegehabt.

In der Gemeinde Tengern wurde Heinrich Horst, Tengern Nr. 9, der bisherige 1. Beigeordnete, mit dem Amt des Bürgermeisters betraut. Noch im selben Jahr, am 12. September 1945, berief der Landrat den Zigarrenarbeiter Heinrich Horstmann, Tengern Nr. 21, zu seinem Nachfolger.

In Huchzen wurde der erst einmal entlassene Bürgermeister Karl Brosend, Huchzen Nr. 3, am 21. September 1945 zum kommissarischen Bürgermeister ernannt. Sein Nachfolger wurde – noch im selben Jahr – Heinrich Kleffmann, Huchzen Nr. 11, der vorher schon zeitweise die Dienstgeschäfte geführt hatte.

Im westlichen Teil des alten Amtes Hüllhorst wurden von der Militärregierung folgende Personen in das Amt des Bürgermeisters berufen:

Hüllhorst: Landwirt und Auktionator Karl Kottkamp, Hüllhorst Nr. 92

Ahlsen-Reineberg: Landwirt Friedrich Knollmann, Reineberg Nr. 9

Wilhelm Huchzermeier, Schnathorst Nr. 20
Bürgermeister in Schnathorst

Wilhelm Meyer, Bröderhausen Nr. 5
Bürgermeister in Bröderhausen

Heinrich Kuhlmeier, Bröderhausen Nr. 7 – Bürgermeister in Bröderhausen ab Oktober 1946

Karl Becker, Holsen Nr. 2
Bürgermeister in Holsen

Heinrich Horst, Tengern Nr. 9
Bürgermeister in Tengern bis Herbst 1945

Heinrich Horstmann, Tengern Nr. 21
Bürgermeister in Tengern ab September 1945

Karl Brosend, Huchzen Nr. 3
Bürgermeister in Huchzen
bis September 1945

Heinrich Kleffmann, Huchzen Nr. 11
Bürgermeister in Huchzen
ab September 1945

Friedrich Knollmann, Reineberg Nr. 9
Bürgermeister in Ahlsen-Reineberg

Heinrich Küffmeier, Oberbauerschaft
Nr. 5 – Bürgermeister in Oberbauerschaft seit 1924

Heinrich Ebeler, Reineberg Nr. 24
erster Amtsbürgermeister des
Amtes Hüllhorst nach 1945

Karl Kottkamp, Hüllhorst Nr. 92
Bürgermeister und
Amtsbürgermeister in Hüllhorst

Büttendorf: Maurer Karl Brosend, Büttendorf Nr. 99

Oberbauerschaft: Landwirt Heinrich Küffmeier, Oberbauerschaft Nr. 5 (seit 1924 ununterbrochen im Amt des Bürgermeisters)

Nach den Akten des Amtsarchivs Hüllhorst lassen sich folgende Einzelheiten zu den damaligen Geschehnissen anführen:
Gemäß einer Verfügung des Landrats vom 23. April 1945 müssen auf Anordnung der Militärregierung alle ehrenamtlichen Gemeindebürgermeister und Beigeordneten fristlos entlassen werden, wenn sie vor dem 30. Januar 1933 der NSDAP beigetreten sind. Diese Anordnung wird also schon etwa zwei Wochen vor der Kapitulation des Deutschen Reiches am 8. Mai 1945 von der Militärregierung getroffen, knapp drei Wochen nach Einmarsch der Alliierten in den damaligen Kreis Lübbecke am 3./4. April 1945.

Schon am 27. April 1945 wird von Schnathorster Bürgern in einem Schreiben an Amtsbürgermeister Dr. Heuvemann als neuer Bürgermeister Wilhelm Huchzermeier, Schnathorst Nr. 20, vorgeschlagen, der auch schon vor 1933 das Amt eines Ortsvorstehers innehatte. Das Schreiben trägt die Unterschriften von Eduard Kirchhoff und Gustav Gröne.

Einen Tag später überträgt der Amtsbürgermeister – ab März 1946 führt er die Dienstbezeichnung „Amtsdirektor" – dem Landwirt Wilhelm Huchzermeier für Schnathorst und dem Lehrer in Ruhe August von Aschen für Hüllhorst die Führung der Gemeindegeschäfte. Am 2. Mai 1945 erfolgt dann die Berufung Huchzermeiers zum Bürgermeister und am 4. Mai die Berufung von Aschens zum 2. Beigeordneten der Gemeinde Hüllhorst durch den Landrat des Kreises Lübbecke, Dr. Watermann.

In allen Gemeinden wird nach verantwortungsbewußten Bürgern gesucht, die möglichst schnell die fristlos entlassenen Bürgermeister ersetzen können. Gerade in dieser Zeit des Zusammenbruchs sind viele Entscheidungen bezüglich der Beschaffung von Nahrung, Kleidung und Wohnraum zu fällen.

Nicht überall allerdings verläuft die Übertragung von Dienstgeschäften ohne Schwierigkeiten. In der damaligen Gemeinde Büttendorf z. B. werden bis zur endgültigen Besetzung des Bürgermeisteramtes mehr als 20 Schriftsätze notwendig, bis schließlich eine Person gefunden werden kann, die dieses Amt zu übernehmen bereit ist – und dieses nach den Anordnungen der Militärregierung auch übernehmen darf.

Am 16. Juni 1945 teilt nämlich der Präsident der Zivilverwaltung des Regierungsbezirks Minden, Dr. Zenz, in einem Schreiben an die Landräte des Bezirks mit, daß alle Bürgermeister abzulösen seien, die überhaupt Mitglied der NSDAP waren. *„Solche Personen sind als Ortsbürgermeister nicht erwünscht, auch wenn sie erst später Mitglieder geworden sind und sich in der Partei und ihren Gliederungen nicht besonders betätigt haben. In allen Gemeinden dürften geeignete Personen vorhanden sein, die nicht Mitglied der Partei waren und sich auch sonst für das Amt des Bürgermeisters eignen."*
Dadurch ist der Kreis der in Frage kommenden Personen wesentlich eingeschränkt.

Die Situation in Büttendorf stellt sich nach den Unterlagen im Archiv der Gemeinde Hüllhorst in verkürzter Form etwa so dar:
Der Bürgermeister ist im April 1945 fristlos entlassen, da er schon vor dem 30. Januar 1933 Parteimitglied der NSDAP war.

Der 1. Beigeordnete Poggemöller führt die Geschäfte weiter, da kein geeigneter Gemeindebürgermeister gefunden werden kann. Er bittet aber schon am 1. Juli 1945 darum, von seinem Amt entbunden zu werden. Da sich kein Bürger Büttendorfs bereit erklärt, diesen Posten zu übernehmen, auch nicht nach persönlichem Bemühen Dr. Heuvemanns, kann der Bitte des 1. Beigeordneten auf Entlassung aus seinem Amt nicht entsprochen werden.

Am 21. September teilt der Landrat dem Amtsbürgermeister mit, es sei bei einer erneuten Überprüfung aufgefallen, dieser Beigeordnete habe nicht nur der NSDAP als Mitglied angehört (seit 1. März 1937), sondern sei auch als Kassenwalter der NSV tätig gewesen. (Hierbei handelt es sich um eine verhältnismäßig unbedeutende Funktion, in der lediglich Gelder zu verwalten waren.) In dem Schreiben heißt es dann: *„Da der Genannte somit nicht weiter tragbar sein dürfte, bitte ich, mir eine andere Persönlichkeit, die für das Amt des Gemeindebürgermeisters geeignet erscheint, namhaft zu machen."* Am 2. Oktober schreibt dieser Beigeordnete: *„Ich bitte den Herrn Amtsbürgermeister, auf Grund meines Gesundheitszustandes mich mit sofortiger Wirkung als Vertreter des Gemeindebürgermeisters zu entlassen. Krankmeldung und ärztliches Gutachten lege ich bei."* Nach weiteren vergeblichen Bemühungen, einen Ersatzmann zu finden, meldet der Amtsbürgermeister dieses an den Landrat weiter und erklärt die Schwierigkeiten: *„Eine andere geeignete Person konnte in Büttendorf nicht ausfindig gemacht werden, da ein Teil der Landwirte in der Partei gewesen war und der größte Teil der Arbeiter täglich außerhalb arbeitet. Wenn diese in den Abendstunden zu Hause sind, müssen sie noch häuslichen Arbeiten nachgehen."*

Karl Bökenkröger, Hüllhorst Nr. 210
Bürgermeister der Gemeinde Hüllhorst
1946–1947/1956–1961/1964–1969

Wilhelm Eimertenbrink, Oberbauerschaft Nr. 133
Bürgermeister der Gemeinde Oberbauerschaft
bis 1960

Als auf die wiederholte Bitte des Beigeordneten, einen Vertreter zu bestellen, nichts geschieht, schreibt er am 22. Oktober 1945 nur noch zwei Sätze an den Amtsbürgermeister: *„Auf Grund meines dort vorliegenden ärztlichen Attestes lege ich mein Amt nieder. Infolge meines angegriffenen Gesundheitszustandes bin ich nicht mehr in der Lage, die Amtsgeschäfte weiterhin zu führen."*

Daraufhin wird er vom Amtsbürgermeister darüber aufgeklärt, daß er von sich aus sein Amt nicht niederlegen kann, sondern auf seine Abberufung warten muß.

Also verfaßt er am 25. November 1945 wieder ein Gesuch, diesmal um „Entbindung von seinen Amtsgeschäften". Der Amtsbürgermeister leitet dieses an den Landrat in Lübbecke weiter mit dem Vermerk: *„Bis jetzt ist es aber nicht gelungen, eine andere Person zu gewinnen. In Büttendorf stößt man überall auf einen ablehnenden Standpunkt."*

Endlich, am 28. November 1945, kann Poggemöller dem Amtsbürgermeister mitteilen, daß er einen Vertreter für sein Amt aufgespürt habe, der allerdings auch 1937 der NSDAP beigetreten sei. *„Eine andere Person ist nicht zu finden."* Als der Landrat diesen benannten Bürger, wenn auch mit Bedenken, zum 2. Beigeordneten bestätigt, glaubt Poggemöller, jetzt wäre er glücklich von seinem Amte befreit. Aber auch auf seine wiederholte Bitte am 10. Januar 1946 wird ihm mitgeteilt, er möge sich noch gedulden.

Am 21. Januar 1946 kann dann zum Schluß die erfreuliche Nachricht an den Landrat gesandt werden: *„Es hat sich nunmehr eine Person gefunden."* Der 1. Beigeordnete Poggemöller ist damit nach mehr als sechs Monaten von der Last seines Amtes befreit worden.

Erste Gemeindevertretungen

Um den demokratischen Grundsatz der Mehrheitsentscheidung anwenden und verwirklichen zu können, waren alsbald auch Gemeinderäte zu bilden. Als Gemeinderatsmitglieder wurden gleichfalls nur solche Männer von der Militärregierung berufen, die als politisch unverdächtig galten, in jedem Falle aber durften sie nicht Mitglied der NSDAP gewesen sein. Sie mußten durch ihre Einstellung und durch ihr Ansehen in der Bevölkerung erwarten lassen, ein solches Amt zum Wohle aller auszufüllen.

Nach der Gemeindestruktur waren die Bewerber unter Berücksichtigung von Berufsgruppen vorzuschlagen. Die Vorschlagslisten enthielten deshalb auch den Beruf des jeweiligen Kandidaten. Für jeden Ort waren die Quoten für die Berufsgruppen „Landwirt", „Gewerbetreibende" und „Arbeiter" vorgegeben.

Gemeinde Ahlsen-Reineberg

Landwirt Karl Dücker, Ahlsen 1
Landwirt Friedrich Meier, Reineberg 18
Landwirt Heinrich Heidenreich, Reineberg 3
Werkmeister Karl Struckmeier, Ahlsen 57
Arbeiter Heinrich Kröger, Ahlsen 44
Arbeiter Wilhelm Wellpott, Ahlsen 65
Arbeiter Heinrich Bollmann, Ahlsen 25
Arbeiter Karl Lütkemeier, Ahlsen b. 1

Gemeinde Bröderhausen

Landwirt August Stühmeier, Bröderhausen 19
Landwirt Heinrich Struck, Bröderhausen 3
Landwirt Heinrich Schlinger, Bröderhausen 17
Arbeiter Wilhelm Struck, Bröderhausen 71
Arbeiter Fritz Gießmann, Bröderhausen 54
Arbeiter Karl Kröger, Bröderhausen 52

Gemeinde Büttendorf

Landwirt Friedrich Holzmeier, Büttendorf 4
Landwirt Karl Ostermeier, Büttendorf 2
Landwirt Wilhelm Brakmann, Büttendorf 33
Werkmeister Heinrich Engelke, Büttendorf 69
Arbeiter Christian Biermann, Büttendorf 76
Arbeiter Wilhelm Rahe, Büttendorf 66
Arbeiter Wilhelm Mettenbrink, Büttendorf 65
Arbeiter Karl Stallmann sen., Büttendorf 84

Gemeinde Holsen

Landwirt Friedrich Dücker, Holsen 11
Landwirt August Stühmeier, Holsen 24
Landwirt Heinrich Böker, Holsen 4
Landwirt Heinrich Kollmeier, Holsen 92
Tischlermeister Karl Kreft, Holsen 37
Arbeiter Karl Knollmann, Holsen 57
Arbeiter Friedrich Sielermann, Holsen 73
Arbeiter Karl Bösch, Holsen 58

Gemeinde Hüllhorst

Landwirt Karl Reitmeier, Hüllhorst 15
Landwirt Karl Kuhlmeier, Hüllhorst 65
Landwirt Friedrich Wiele, Hüllhorst 34
Landwirt Friedrich Beeck, Hüllhorst 24
Schneidermeister Heinrich Jostmeier, Hüllhorst 123
Arbeiter Heinrich Marks, Hüllhorst 143
Arbeiter Wilhelm Buchholz, Hüllhorst 183
Arbeiter Heinrich Hüffmeier, Hüllhorst 97
Arbeiter Heinrich Rührup, Hüllhorst 188

Gemeinde Oberbauerschaft

Landwirt Friedrich Kottkamp, Oberbauerschaft 10
Landwirt Heinrich Huchzermeier, Oberbauersch. 24
Landwirt Wilhelm Bröker, Oberbauerschaft 60
Gastwirt Wilhelm Lenz, Oberbauerschaft 63
Müllermeister Heinrich Wittler, Oberbauerschaft 194
Arbeiter Karl Sudeck, Oberbauerschaft 113
Arbeiter Wilhelm Picker, Oberbauerschaft b. 14
Arbeiter Friedrich Alhorn, Oberbauerschaft 186
Arbeiter August Vogt, Oberbauerschaft 104
Arbeiter Otto Bischoff, Oberbauerschaft 74

Gemeinde Schnathorst

Landwirt Christian Lange, Schnathorst 23
Landwirt Heinrich Sander, Schnathorst 14
Landwirt Karl Niedermeier, Schnathorst 2
Zimmermeister Heinrich Knollmann, Schnathorst 212
Architekt Friedrich Droste, Schnathorst 68
Kaufmann Albert Gröne, Schnathorst 96
Arbeiter Christian Kuhlmeier, Schnathorst 56
Arbeiter Wilhelm Hensel sen., Schnathorst 129
Arbeiter Karl Maschmeier, Schnathorst 148

Gemeinde Tengern

Landwirt Gustav Bode, Tengern 12
Landwirt Wilhelm Jungemeier, Tengern 16
Landwirt Wilhelm Rahe, Tengern 59
Tischlermeister Karl Kleine, Tengern 84
Schlossermeister Heinrich Lücking, Tengern 184
Arbeiter Heinrich Rösch, Tengern b. 7
Arbeiter Heinrich Rahe, Tengern 196
Arbeiter Karl Kurlbaum, Tengern 145
Arbeiter Wilhelm Busse, Tengern 228

In dieser Nachweisung fehlt die Gemeinde Huchzen, weil die geringe Einwohnerzahl die Bildung einer eigenen Gemeindevertretung zur damaligen Zeit nicht vorsah.

Erste Amtsvertretung

Zum Jahresende 1945 wurden von den einzelnen Gemeindevertretungen Personen vorgeschlagen, die in die zu bildende Amtsvertretung berufen werden sollten. Insgesamt waren dies neun Einwohner, wie aus einem Bericht der Behörde des Hüllhorster Amtsbürgermeisters vom 31. Dezember 1945 an den Landrat des Kreises Lübbecke zu entnehmen ist. Jeder Ortsteil sollte in der Amtsvertretung seine Stimme haben.

Name	Vorname	Beruf	Wohnort	Mitglied d. NSDAP u. Gliederungen
Knollmann	Friedrich	Landwirt u. Schlosser	Reineberg 9	NSV, NS-Kriegerkameradschaft, kein Amt
Meyer	Wilhelm	Landwirt	Bröderhausen 5	NSV, kein Amt
Biermann	Christian	Maurerpolier	Büttendorf 76	NSV, DRK, kein Amt
v. Wietersheim	Walther	Oberst a. D.	Holsen b. 1	Keine
Huchzermeier	Fritz	Landwirt	Huchzen 13	NSV, kein Amt
Arning	Karl	Bauer	Hüllhorst 6	NSV, kein Amt
Westermann	Karl	Bauer	Oberbauerschaft 27	NSV, kein Amt
Kuhlmeier	Christian	Maschinen-Arbeiter	Schnathorst 56	DAF, NSV, kein Amt
Rösch	Heinrich	Arbeiter	Tengern b. 7	DAF, kein Amt

Der Vorschlag der Amtsverwaltung enthält zu jeder Benennung Ausführungen zur Frage der Mitgliedschaft des Kandidaten in der NSDAP und deren Gliederungen. Es fällt auf, daß die Mehrzahl der benannten Bürger zwar einer Untergliederung der NSDAP, nicht aber der Partei selber als eingeschriebenes Mitglied angehörte. Die Personenauswahl wird sich an diesem Kriterium ausgerichtet haben, wobei es kaum einen Bürger gegeben haben dürfte, der nicht wenigstens einer Untergliederung angehört hätte. Es war darüber hinaus in den Vorschlagslisten anzugeben, ob es sich um bloße Mitgliedschaft oder um Bekleidung eines Amtes in den Untergliederungen gehandelt hatte.

Erster Amtsbürgermeister

An die Seite der Verwaltungsspitze war ein „Politischer Amtsbürgermeister“ zu berufen. Für diesen Posten wurde unter dem Datum vom 2. Januar 1946 der Landwirt Heinrich Ebeler, Reineberg 24, vorgeschlagen, wie sich aus einem Bericht der Verwaltung an den Landrat in Lübbecke entnehmen läßt:

„Als politischer Amtsbürgermeister wird nach Rücksprache mit den einzelnen Gemeindebürgermeistern der Landwirt Heinrich Ebeler, Reineberg 24, geboren am 15. 7. 1878, in Vorschlag gebracht. E. gehörte der Partei nicht an. In der NSV war er nur Mitglied und bekleidete keine Ämter. E. war vom 27. 10. 1923 bis zum 30. 9. 1943 Bürgermeister der Gemeinde Ahlsen-

Reineberg. Er hat dieses Amt damals niedergelegt, weil sein Sohn und Erbe gefallen war.

Für den Fall, daß auch ein Stellvertreter berufen wird, wird als solcher der Bauer und Gemeindebürgermeister Wilhelm Meyer, Bröderhausen 5, vorgeschlagen. M. hat nur der NSV angehört. Irgendwelche Ämter hat er in der NSV nicht bekleidet.

Mitglieder der ersten Kreisvertretung aus dem Amt Hüllhorst

Das Amt Hüllhorst war in der ersten Kreisvertretung des Kreises Lübbecke nach 1945 mit folgenden Personen vertreten:

1. Bauer Wilhelm Meyer, Bröderhausen
2. Maurer Karl Sudeck, Oberbauerschaft
3. Buchhalter Wilhelm Hensel, Schnathorst
4. Kaufmann Gustav Gröne, Schnathorst
5. Bauer Gustav Bode, Tengern

Erste freie Wahlen nach 1945

Die ersten freien Wahlen nach dem Zweiten Weltkrieg fanden im Herbst des Jahres 1946 statt.

Es handelte sich um Gemeinderats- und Amtsvertreterwahlen (Wahltag: 15. September 1946) und um Wahlen zum Kreistag (Wahltag: 13. Oktober 1946).

Kennzeichnend für diese ersten Wahlen ist die Tatsache, daß die Kandidaten weniger oder gar nicht nach parteipolitischen, als vielmehr nach Gesichtspunkten ihrer Vertrauenswürdigkeit und ihres Bekanntheitsgrades in der Bürgerschaft aufgestellt waren. Eine Vielzahl der Bewerber war parteilos, andere waren bestehenden Parteien bereits zugeordnet, was insbesondere von der SPD gilt. Auch die KPD war in den Ortsteilen Oberbauerschaft und Büttendorf mit Bewerbern vertreten.

Alle Bewerber um ein Mandat in die Vertretungen auf Gemeinde- und Kreisebene mußten der Militärregierung gegenüber eine Erklärung über ihre etwaige bestandene Mitgliedschaft in nationalsozialistischen Organisationen abgeben. Gegebenenfalls hatte der Bewerber auszuführen, aus welchen Gründen er sich trotz bestandener Mitgliedschaft geeignet betrachte, an dem Aufbau demokratischer Einrichtungen in Deutschland mitzuwirken. Als Beispiel eines solchen Selbstbekenntnisses sowie der Empfehlung des Entnazifizierungsausschusses geben wir die Erklärung des Bürgers Friedrich Gießmann, Bröderhausen Nr. 54, wieder. Erst nach Vorlage und Prüfung einer solchen Erklärung erfolgte die Verfügung des Military Governments über die Zulassung des Betreffenden zur Kandidatur.

Wahl von Gemeindevertretern am 15. September 1946

Bei den ersten Wahlen zur Gemeindevertretung waren in allen Gemeinden zwar verantwortungsbewußte Männer bereit, sich für die notwendigen Aufgaben zur Verfügung zu stellen, die Bereitschaft, politischen Parteien beizutreten, war jedoch verständlicherweise noch nicht bei allen vorzufinden.

Nur in drei von neun Gemeinden des damaligen Amtes Hüllhorst, nämlich in Holsen, Hüllhorst und Oberbauerschaft, waren die Bewerber bereit, für bestimmte Parteien zu kandidieren. Sie waren entweder eingeschriebene Mitglieder in den Parteien, oder ließen sich lediglich von ihnen aufstellen. In den übrigen sechs Gemeinden, und zwar in Ahlsen-Reineberg, Bröder-

Am 15. September 1946 gewählte Gemeindevertretungen

Die mit einem Kreuz versehenen Personen gehörten schon vorher den von der Militärregierung ernannten Gemeindeausschüssen an. Die Bürgermeister sind mit einem Stern versehen.

Ahlsen-Reineberg

Milchverteiler Heinrich Brinkhoff		unabhängig
Bauer Karl Dücker	x	unabhängig
Landwirt Friedrich Knollmann *	x	unabhängig
Arbeiter Karl Lütkemeier	x	unabhängig
Landwirt Friedrich Meier	x	unabhängig
Landwirt Friedrich Möller		unabhängig
Landwirt Heinrich Niedringhaus		unabhängig
Arbeiter Wilhelm Wellpott	x	unabhängig
Hilfsweichenwärter Friedrich Westerholt		unabhängig

Bröderhausen

Zigarrensortierer Friedr. Gießmann	x	unabhängig
Maurer Karl Kröger	x	unabhängig
Landwirt Heinrich Schlinger	x	unabhängig
Landwirt Heinrich Struck	x	unabhängig
Postfacharbeiter Wilhelm Struck	x	unabhängig

Die Wahl des Gemeindebürgermeisters kann noch nicht erfolgen, da die Bestätigung eines Vertreters durch die Militärregierung noch aussteht. Die Bürgermeistergeschäfte werden zur Zeit von dem Beigeordneten Bauer Linneweber, Bröderhausen 25, geführt.

Büttendorf

Zigarrenarbeiter Hermann Biermann		unabhängig
Landwirt Wilhelm Brackmann	x	unabhängig
Zigarrenfabrikant Heinrich Engelke	x	KPD
Landwirt Friedrich Holzmeier	x	unabhängig
Maurerpolier Wilhelm Mettenbrink	x	unabhängig
Landwirt Karl Ostermeier	x	unabhängig
Maurer Karl Brosend *	x	unabhängig
Maurer Friedrich Heidenreich		unabhängig
Zigarrenarbeiter Wilhelm Rahe	x	unabhängig

Holsen

Arbeiter Friedrich Korff		CDU
Bauer Karl Becker *	x	CDU
Landwirt Friedrich Kottmeier		CDU
Bauer August Stühmeier	x	CDU
Landwirt Heinrich Brakmann		CDU
Landwirt Heinrich Sielermann		CDU
Arbeiter Hermann Struck		SPD
Facharbeiter Heinrich Poggemöller		CDU

Die Wahl des Bürgermeisters kann erst nach Zuwahl eines Vertreters erfolgen, da von der zu berücksichtigenden Partei keine ausreichende Zahl von Kandidaten auf der Reserveliste benannt war.

Huchzen

Landwirt Heinrich Huchzermeyer		unabhängig
Landwirt Fritz Huchzermeier		unabhängig
Schneidermeister Heinrich Kleffmann *		unabhängig
Tischlermeister Karl Knollmann		unabhängig
Arbeiter Gustav Meier		unabhängig
Zigarrenarbeiter Karl Möller		unabhängig

In Huchzen bestand eine Gemeindeversammlung; von der Militärregierung berufene Gemeindevertreter gab es also vorher noch nicht.

Hüllhorst

Tischler Karl Bökenkröger *		SPD
Landwirt Karl Kottkamp	x	CDU
Zigarrenarbeiter Chr. Gerfen		SPD
Kohlenhändler Wilhelm Wehmeyer		SPD
Bäckermeister Karl Holzmeyer		SPD
Zigarrenarbeiter Karl Kottmeier		SPD
Müller August Struckmeier		SPD
Schmiedemeister Heinrich Buschmann		CDU
Landwirt Heinrich Knicker		SPD
Zigarrenarbeiter Wilhelm Buchholz	x	CDU
Landwirt Heinrich Brockmeier		CDU
Arbeiter Karl Knefelkamp		SPD

Oberbauerschaft

Maurer Wilhelm Eimertenbrink *	x	SPD
Landwirt Karl Kröger		CDU
Tiefbauarbeiter Friedrich Struckmeier		CDU
Landwirt Heinrich Oevermann		CDU
Bauer Gustav Uppenbrock		CDU
Stellmachermeister Heinrich Hellweg		CDU
Landwirt Heinrich Feesmeier		CDU
Bäckermeister Wilhelm Lenz	x	CDU
Händler Karl Vogt		SPD
Kraftfahrer Wilhelm Titkemeier		SPD
Arbeiter Christian Eimertenbrink		SPD
Invalide Wilhelm Voß		KPD

Schnathorst

Architekt Fritz Droste	x	unabhängig
Angestellter Wilhelm Hensel	x	unabhängig
Landwirt Wilhelm Huchzermeier *	x	unabhängig
Zimmermeister Heinrich Knollmann	x	unabhängig
Arbeiter Karl Klipker		unabhängig
Maschinenarbeiter Chr. Kuhlmeier	x	unabhängig
Landwirt Chr. Lange	x	unabhängig
Arbeiter Karl Maschmeier	x	unabhängig
Landwirt Karl Niedermeier	x	unabhängig
Klempnermeister Karl Niehus		unabhängig
Landwirt Heinrich Sander	x	unabhängig
Maurer Karl Steinhauer		unabhängig

Tengern

Bauer Gustav Bode	x	unabhängig
Maschinenarbeiter Wilhelm Busse	x	unabhängig
Landwirt Heinrich Heitmeier		unabhängig
Zigarrenarbeiter Heinrich Horstmann *	x	unabhängig
Bauer Wilhelm Jungemeier	x	unabhängig
Tischlermeister Karl Kleine	x	unabhängig
Maurer Karl Kurlbaum	x	unabhängig
Mechanikermeister Heinrich Lücking	x	unabhängig
Landwirt Wilhelm Rahe	x	unabhängig
Maurer Heinrich Rahe	x	unabhängig
Arbeiter Heinrich Rösch	x	unabhängig
Zigarrenarbeiter Wilhelm Zelle		unabhängig

hausen, Büttendorf, Huchzen, Schnathorst und Tengern, traten die Kandidaten parteilos auf; in der Rubrik „Parteizugehörigkeit“ stand das Wort „Unabhängig“. In diesen sechs Ortschaften fand keine Wahl statt. Am 3. September 1946, also nur zwölf Tage vor dem festgesetzten Wahltermin, gab Amtsdirektor Dr. Heuvemann als zuständiger Wahlleiter durch Aushang in diesen sechs Gemeinden bekannt, „daß kein Wahlakt stattfindet“, da nur gerade so viele Personen vorgeschlagen, wie als Gemeindevertreter zu wählen waren. Mangels Auswahlmöglichkeit für den Wähler bedurfte es keiner Wahlhandlung. Alle vorgeschlagenen Personen galten „demzufolge als Vertreter für den genannten Wahlkreis gewählt“.

Wahl zur Amtsvertretung

Die gleichzeitig mit der Gemeindewahl am 15. September 1946 vorgesehene Amtsvertreterwahl mußte für den Wahlbezirk II (Kirchspiel Schnathorst) verschoben werden, weil einer der Kandidaten, Bauer Wilhelm Meyer, Bröderhausen Nr. 5, kurz vor dem Wahltermin überraschend verstarb. Die Wahl wurde dann im Zusammenhang mit der Kreistagswahl am 13. Oktober 1946 durchgeführt.

Die Amtsvertretung setzte sich dann nach den Wahlen in den Bezirken I und II folgendermaßen zusammen:

Maurerpolier Christian Biermann, Büttendorf	x SPD
Bauer Karl Arning, Hüllhorst	x CDU
Zimmermeister Friedr. Brakmann, Hüllhorst	CDU
Bauer Karl Westermann, Oberbauerschaft	x CDU
Landwirt Heinrich Ebeler, Reineberg	x CDU
Stellmachermeister Heinr. Hellweg, Oberb.	CDU
Bauer Wilhelm Huchzermeier, Schnathorst	x CDU
Bauer Gustav Bode, Tengern	CDU
Zimmermann Heinrich Knollmann, Schnath.	CDU
Landwirt Gustav Balke, Tengern	CDU
Bauer August Kuhlmeier, Bröderhausen	CDU
Bauer Friedrich Korff, Holsen	CDU
Arbeiter Heinrich Rösch, Tengern	x SPD
Kohlenhändler Wilhelm Wehmeier, Hüllhorst	SPD
Tiefbauarbeiter Karl Bekemeier, Oberb.	SPD
Landwirt Karl Vogt, Hüllhorst	SPD
Kaufmann Helmut Wieghardt, Tengern	SPD
Werkmeister Karl Struckmeier, Ahlsen	CDU

Kommunalwahlen 1948

Am 17. Oktober 1948, kurz nach der Währungsreform, fanden erneut Kommunalwahlen statt. Zu wählen waren die Vertreter für den Gemeinderat, die Amtsvertretung und den Kreistag.

Bemerkenswert ist bei dieser **Gemeinderatswahl,** daß in der Gemeinde Hüllhorst die FDP erstmalig vertreten war und 138 Stimmen erzielen konnte, während die KPD nur noch in der Gemeinde Oberbauerschaft kandidierte und dort lediglich 38 Stimmen erreichte. In Tengern und Huchzen kandidierten bei dieser Wahl ausschließlich unabhängige Bewerber.

Die hinter den Ortsnamen eingefügte und in Klammern gesetzte Zahl stellt den Prozentsatz der Wahlbeteiligung dar. Die hinter den Stimmzahlen der Parteien eingesetzten, gleichfalls eingeklammerten Zahlen bedeuten die Zahl der errungenen Sitze. Wo durch die Reserveliste Sitze erlangt wurden, sind diese besonders aufgeführt und mit einem „R“ gekennzeichnet.

Hüllhorst: (72,96), SPD 221 (4 R), CDU 343 (6), FDP 138 (2 R).

Ahlsen-Reineberg: (69,01), SPD 159 (2), CDU 166 (1, 1 R).

Holsen: (56,82), SPD 160 (2, 1 R), CDU 214 (4).

Huchzen: (73,75), Unabhängige 51 (3).

Bröderhausen: (79,54), SPD 55 (1 R), CDU 100 (2), Unabhängige 81 (1).

Stimmzettel

für die Wahl der Vertreter des Amtes Hüllhorst

im Wahlbezirk 4

am 17. Oktober 1948

Der Stimmzettel ist in dieser Spalte anzukreuzen.

1 Huchzermeier
Wilhelm Huchzermeier, Schnathorst 20, Landwirt — CDU

2 Kuhlmeier
Christian Kuhlmeier, Schnathorst 56, Maschinenarbeiter — SPD

Ungültige Stimmzettel aus den Wahlbezirken 4 und 6.

Stimmzettel

für die Wahl der Vertreter des Amtes Hüllhorst

im Wahlbezirk 6

am 17. Oktober 1948

Der Stimmzettel ist in dieser Spalte anzukreuzen.

1 Bode
Gustav Bode, Tengern 12, Landwirt — CDU

2 Rösch
Heinrich Rösch, Tengern b. 7 Arbeiter — SPD

Büttendorf: (72,30), SPD 279 (3), CDU 93 (1 R).
Tengern: (55,59), Unabhängige 386 (6).
Oberbauerschaft: (61), SPD 376 (6), CDU 284 (5 R), KPD 38, Unabhängige 11.
Schnathorst: (65,71), SPD 294 (3), CDU 310 (2).

Amtswahl Hüllhorst: (65), SPD 1.974 (5), CDU 1.642 (4), KPD 45, FDP 163.

Zur Entwicklung der politischen Parteien nach 1945

Unsere bisherigen Ausführungen galten der Bildung der Parlamente in den ersten Nachkriegsjahren. Die folgenden Darlegungen versuchen anhand von Beispielen ein Bild zu zeichnen von der Gründung bzw. Wiederbegründung der politischen Parteien im Amt Hüllhorst. Dabei muß darauf hingewiesen werden, daß die Ausbeute der Nachforschungen nur ein unvollständiges Bild des demokratischen Neubeginns wiedergeben kann. Lediglich wenige Zeitzeugen standen für eine Befragung zur Verfügung; auch das Aktenmaterial der Parteien war außerordentlich fragmentarisch, soweit es für diese frühe Zeit überhaupt vorhanden oder zugänglich war.

Zur örtlichen Parteigeschichte der SPD

In **Schnathorst** entschlossen sich am Anfang des Jahres 1946 einige von demokratischem Geist erfüllte Männer, einen Ortsverein der SPD ins Leben zu rufen. Die Initiatoren der Gründung waren Männer, die schon in der Zeit vor 1933 der Sozialdemokratie nahestanden und beispielsweise aktiv in den Gewerkschaften und im „Reichsbanner Schwarz-Rot-Gold“ waren.

Das Zusammentreffen fand dann am Sonntag, dem 24. Februar 1946, in der Gaststätte Gröne statt. Das Protokoll vermerkt dazu: *„Dieser Tag kann als Gründungstag der Sozialdemokratischen Partei, Ortsverein Schnathorst, angesehen werden. Im Vereinszimmer der Gastwirtschaft Gröne waren etwa 40 Einwohner versammelt, um den Ausführungen des Genossen Strieker, Rahden, zuzuhören. Er gab ein anschauliches Bild von dem Wesen und den Grundsätzen der Sozialdemokratischen Partei, die die älteste der jetzt bestehenden Parteien sei und auch ihren Grundsätzen treu geblieben sei. Anschließend ließen sich mehrere Zuhörer als Mitglieder aufnehmen."*

Unter den Interessenten waren auch – so wissen Rudolf Büscher und Fritz Kölling zu berichten – sieben oder acht ehemalige Nationalsozialisten, die nun aktiv in der SPD mitarbeiten wollten. Sie gaben zu verstehen, daß sie im Grunde ihres Herzens immer schon freiheitlich-demokratischen Idealen und sozialdemokratischen Zielen positiv gegenüber gestanden hätten. Naheliegend war allerdings die Vermutung, daß sich diese Personen in erster Linie einen Vorteil bei den anstehenden Verhandlungen vor dem Entnazifizierungsausschuß in Minden durch eine Mitgliedschaft in der SPD versprachen. Man habe ihnen, um großes Aufsehen zu vermeiden, höflich empfohlen, wieder auszutreten oder den Versammlungen fernzubleiben. Da man um der Sache willen nicht bereit gewesen sei, jeden beitrittswilligen Interessenten auch aufzunehmen, andere wiederum verständliche Scheu zeigten, einer Partei als aktives Mitglied beizutreten, bestand der Ortsverein anfangs lediglich aus 16 Mitgliedern.

Die SPD habe, so berichtet Rudolf Büscher für Schnathorst weiter, durch Aufhängen von Wahlplakaten, Verteilen von Werbezetteln und persönliche Ansprache der Einwohner ihre Kandidaten meistens direkt in den Gemeinderat entsenden können. Von der politisch anderen Seite, der CDU und FDP, sei meistens nur Hermann Bode direkt gewählt worden. Die anderen Ratsmitglieder der rechten Seite seien nur über die Reserveliste in den Rat gekommen. Da aber CDU und FDP stets zusammenhielten, konnten sie auch immer den Bürgermeister stellen. Der SPD sei das in Schnathorst nie gelungen.

Anläßlich des 40. Jubiläums der Gründung des SPD-Ortsvereins Schnathorst wurde ein Foto gemacht, das in der vorderen Reihe diejenigen vier Personen zeigt, die für den Aufbau der SPD in Schnathorst maßgebliche Arbeit geleistet haben: Fritz Kölling, der schon seit 1927 Mitglied der SPD ist. Er leitete nach der Gründung des Ortsvereins die ersten Versammlungen und wurde am 2. März 1946 zum 2. Vorsitzenden des Ortsvereins gewählt.

Karl Maschmeier war schon seit 1930 Mitglied im „Reichsbanner Schwarz-Rot-Gold", einem von Sozialdemokraten gegründeten Wehrverband zum Schutze der Weimarer Republik. Im Dezember 1945 wurde er auf Vorschlag des Bürgermeisters Wilhelm Huchzermeier von der Militärregierung in die Gemeindevertretung berufen. Bei der ersten Kommunalwahl am 15. September 1946 wurde er in den Gemeinderat gewählt, dem er dann vier Wahlperioden lang angehörte. Karl Maschmeier ist das einzige noch heute lebende Mitglied dieses ersten Gemeinderates von Schnathorst.

Christian Kuhlmeier war ein Mann, der auf vielen Ebenen das kommunalpolitische Bild unserer Heimat mitgeprägt hat. Er trat im Jahre 1924 der SPD bei. Schon von 1924 bis 1933 war er Mitglied des Schnathorster Gemeinderates. Während des „Dritten Reiches" wurde er, da er als unliebsamer Gegner des Nationalsozialismus bekannt war, im Jahre 1934 verhaftet und wochenlang festgehalten. Nach dem Kriege berief ihn die Militärregierung in den Gemeinderat, dem er dann – zeitweise als stellvertretender Bürgermeister – von 1945 bis 1969 angehörte. Als Fraktionsvorsitzender und Bürgermeisterkandidat der SPD hat er in maßgebender Weise die Gemeindepolitik in Schnathorst mitgestaltet. Lange Zeit war er Mitglied der Amtsvertretung und außerdem von 1956 bis 1969 als Mitglied des Kreistages in mehreren Ausschüssen tätig. Für sein jahrzehntelanges Engagement wurde Christian Kuhlmeier im Jahre 1975 mit dem Bundesverdienstkreuz am Bande ausgezeichnet. Er verstarb im April 1982 im Alter von 87 Jahren.

Rudolf Büscher war schon seit 1930 in der Gewerkschaft. Er gehört zu den ca. 15 Gründungsmitgliedern, die im Februar 1946 den SPD-Ortsverein Schnathorst ins Leben riefen. Von diesen leben außer ihm heute nur noch Fritz Kölling und Karl Maschmeier. Fast 24 Jahre (1947–1971) war er Vorsitzender des SPD-Ortsvereins Schnathorst und hat auf diese Weise die Kommunalpolitik wesentlich beeinflußt, obwohl er zu keiner Zeit Mitglied des Gemeinderates war. Rudolf Büscher hat immer den Standpunkt vertreten, daß die Aufgaben eines Parteivorsitzenden von so vielfältiger Natur seien, daß er möglichst nicht gleichzeitig in der Gemeindevertretung eingebunden sein sollte. In dieser Zeit seines Vorsitzes erreichte der Ortsverein seinen höchsten Mitgliederstand.

Vorsitzende des SPD-Ortsvereins Schnathorst waren Christian Kuhlmeier, Rudolf Büscher, Horst Hülskämper, Erich Maschmeier, Hartmut Maschmeier, Helmut Post und Reinhard Wandtke.

Auf eine besonders lange Tradition innerhalb der heutigen Gemeinde Hüllhorst kann der SPD-Ortsverein **Tengern** zurückblicken. Schon 1924, vor nunmehr 64 Jahren, wurde er durch fünf Maurer begründet, die in Bielefeld arbeiteten und dort schon gewerkschaftlich organisiert waren: Heinrich Rösch, Gustav Rahe, Wilhelm Niermann, Heinrich Rahe und Heinrich Stremming.

Zur Gründungsversammlung erschien der damalige SPD-Parteisekretär Rodenberg aus Bielefeld. Er fuhr bis Löhne mit dem Zug und mußte von dort seine Reise bis nach Tengern mit dem Fahrrad fortsetzen. Nach Abschluß der Versammlung mußte er dann nachts wieder den gleichen Weg nach Bielefeld zurücklegen.

In den Jahren 1933–1945 war die SPD von den Nationalsozialisten verboten worden. Die Sportgeräte des Arbeitersportbundes in Tengern, der „Freien Turnerschaft Tengern", wurden beschlagnahmt, die Bibliothek vernichtet.

Bei der Neugründung des SPD-Ortsvereins Tengern im Jahre 1946 wurde – wie auch schon 1924 – Heinrich Rösch zum Vorsitzenden gewählt. Nach ihm übernahmen dieses Amt: Gustav Rahe, Heinrich Niermann, Walter Velten, Gerhard Meier und Horst Jording.

Etwa zur gleichen Zeit wie in Tengern fand auch in Oberbauerschaft, schon einige Jahre vor 1933, die erste Gründung eines SPD-Ortsvereins statt.

Der SPD-Ortsverein **Holsen** wurde im September 1949 gegründet. Vor diesem Zeitpunkt waren allerdings schon einige der späteren Gründungsmitglieder der SPD beigetreten. Diese trafen sich mit anderen am politischen Leben interessierten Bürgern in der Zigarrenfabrik Oepping in Holsen, allerdings – so erinnern sich noch alte Mitglieder – unter Aufsicht der britischen Militärregierung. Die Leitung dieser Versammlung hatte der damalige Unterbezirksvorsitzende Rosenbohm. Bei vielen der Zuhörer bestand aber noch keine Neigung, wieder einer Partei als aktives Mitglied beizutreten, – bedingt durch die gerade überstandene nationalsozialistischen Ära.

So konnte dann die Gründung des SPD-Ortsvereins erst am 1. September 1949 stattfinden. Zu den Gründungsmitgliedern gehörten Fritz Kreft, Willi Riemer, Fritz Struck, Karl Struckmeier und Hermann Struck. Erster Vorsitzender wurde Karl Struckmeier. In den Holsener Gemeinderat wurden Fritz Kreft, Willi Riemer und Hermann Struck gewählt, in die Amtsvertretung Fritz Kreft, Karl Lütkemeier und Walter Schröder. Nach Karl Struckmeier folgten als Vorsitzende Fritz Kreft, Kurt Lütkemeier, Walter Schröder, Karl-Heinz Beinke und – seit 1972 – Hans Hamel.

Für die SPD wird in den ersten Jahren nach 1945 (im Ortsteil Oberbauerschaft) immer wieder der Name Wilhelm Oevermann, Oberbauerschaft 191 (Horst's Höhe), genannt.

In Hüllhorst sind im Zusammenhang mit der SPD die Namen Anna Rohlfing, geb. Kahre, und Frisör Hermann Henken in Erinnerung.

Gustav Rahe, Gründungsmitglied des SPD-Ortsvereins Tengern, im Jahre 1924, war nach dem Kriege 20 Jahre lang Mitglied im Gemeinderat und gehörte zahlreichen Ausschüssen an.

Gründungen von CDU-Ortsvereinen und FDP-Ortsvereinen

Während bei der SPD – besonders in Gemeinden mit Mitgliedern aus der Zeit vor 1933 – die Ortsvereinsgründungen nach 1945 mit Eifer und auch voller Stolz und Selbstbewußsein betrieben wurden, vollzog sich bei der CDU und auch bei der FDP ein Zusammenschluß zunächst nur auf Kreisebene.

Für die CDU fand die Gründung der Kreisorganisation im Februar 1946 statt.

Bei der ersten Kommunalwahl im Herbst 1946 fungierte zur Benennung der Kandidaten der CDU in Hüllhorst der Einwohner Christian Tiemeier als Vorschlagführer. Bemerkenswert ist, daß bei den Wahlen auch in den Folgejahren nach 1946 die CDU-Kandidaten oftmals noch keine Mitglieder der Partei waren. Es handelte sich also um reine Persönlichkeitswahlen! Die Kandidaten wurden unter Beteiligung ortsansässiger Parteifreunde im Benehmen mit dem Kreisgeschäftsführer der CDU in Vorschlag gebracht.

Interessant ist in diesem Zusammenhang beispielsweise, daß in Schnathorst der langjährige spätere Bürgermeister Hermann Bode als waschechter Westfale für den BHE (Bund Heimatvertriebener und Entrechteter) aufgestellt wurde, eine Partei, die als reine Interessengruppe der Flüchtlinge galt.

Bedingt durch Meinungsverschiedenheiten, die unter den Landwirten bestanden (aber keinen Zusammenhang mit Bodes Tätigkeit als Bürgermeister hatten), entschlossen sich CDU wie FDP, Hermann Bode nicht als Kandidaten für ihre Partei aufzustellen. Daraufhin erklärte sich Bode bereit, für den BHE zu kandidieren. Er wurde in seinem Stimmbezirk mit überwältigender Mehrheit von der Bevölkerung gewählt. Dies führte dazu, daß außer ihm noch zwei andere Kandidaten des BHE in den Gemeinderat einziehen konnten. So wurde Bode wiederum zum Bürgermeister berufen.

Einer unserer jetzigen stellvertretenden Landräte, Hermann Struckmeier, CDU, der ab 1959 Landrat des Kreises Lübbecke und – nach der kommunalen Neuordnung am 1. Januar 1973 – auch des Großkreises Minden-Lübbecke war, konnte in einem Interview zur Parteigeschichte der örtlichen CDU einige Ausführungen machen:
Er selber war von 1952 bis 1972 Mitglied im Rat der Gemeinde Schnathorst und ab 1969 gleichzeitig Landrat des Kreises Lübbecke. Eingeschriebenes Mitglied der CDU wurde Hermann Struckmeier aber erst im Jahre 1960.

Auch in den übrigen Gemeinden des ehemaligen Amtes Hüllhorst gab es nach 1945 vorerst kaum eingetragene Mitglieder der CDU. Im Norden des Altkreises war die Bereitschaft zum Eintritt in die Partei wesentlich ausgeprägter. Einige Gemeinderatsmitglieder in Schnathorst, die viele Wahlperioden die CDU oder FDP im Rat vertreten haben, sind zu keiner Zeit Mitglied einer dieser Parteien gewesen, so z. B. der Zimmermann Heinrich Knollmann.

Über ein Ereignis aus dem Jahr 1952, das auf besondere Weise die Wahl von Personen und weniger die Wahl von Parteien deutlich macht, berichtet Hermann Struckmeier als damals Beteiligter:
„Nachdem im Jahre 1949 in Schnathorst eine Patt-Situation bei der Bürgermeisterwahl entstanden war – die beiden Bewerber Wilhelm Huchzermeier und Christian Kuhlmeier erhielten in zwei aufeinanderfolgenden Sitzungen des Gemeinderates jeweils die gleiche Anzahl von Stimmen –, machte man sich auf der CDU-Seite Gedanken, wie diese Situation für die Zukunft auszuschließen sei. Um bei der Kommunalwahl 1952 eine Mehrheit gegenüber der SPD zu erreichen, entschloß man sich, in Schnathorst noch eine dritte Kraft hinzuzunehmen: die FDP.
Zur entscheidenden Sitzung, die im Wohnzimmer des alten Bürgermeisters Wilhelm Huchzermeier stattfand, trafen sich einige Zeit vor der Wahl einsatzbereite Männer aus Schnathorst, die der CDU-Politik nahestanden. Dort entschieden sie dann – im gegenseitigen Einvernehmen, aber doch recht willkürlich –, wer jeweils für die CDU und wer für die FDP kandidieren sollte. Ein einziger von ihnen war zur damaligen Zeit

schon eingetragenes Mitglied einer der beiden Parteien, nämlich Karl Niedermeier in der CDU. Die damals vorgenommenen Zuordnungen blieben über eine längere Zeitdauer bestehen, so daß für viele Jahre in Schnathorst Wilhelm Huchzermeier, Heinrich Knollmann, Karl Niedermeier, Willi Obermeier und Hermann Struckmeier für die CDU kandidierten, während es für die FDP Hermann Bode, Willi Scheer und Heinrich Hagemann waren. Durch diese Erweiterung der rechten Seite wurde erreicht, daß die CDU/FDP auch in den folgenden Jahren jeweils die Mehrheit gegenüber der SPD behauptete."

Zur örtlichen Parteiengeschichte der CDU ließ sich folgendes ermitteln:
In einer Aufstellung der CDU-Mitglieder des Kreisverbandes Lübbecke (Mitglieder, die vor dem 30. April 1946 der CDU beigetreten waren), befindet sich unter den 80 aufgeführten Personen kein Einwohner des damaligen Amtes Hüllhorst.

Im Protokoll der Kreisunion Lübbecke der CDU vom 22. September 1949 wird der Arbeiter Wilhelm Wiele, Ahlsen, erwähnt. An der Delegiertenversammlung der CDU-Kreisunion Lübbecke vom 20. Mai 1950 nahm aus dem Amtsbezirk Hüllhorst der Einwohner Teichmann aus Schnathorst teil.

Dem erweiterten Vorstand der Kreis-CDU gehörten im Jahre 1950 aus dem Amt Hüllhorst folgende Bürger an:
Bauer Huchzermeyer, Huchzen Nr. 5
Bauer Bode, Tengern
Gerichtsrat i. W. Meyer zu Kniendorf, Oberbauerschaft Nr. 11

Das Protokoll der Vorstandssitzung der CDU des Kreises Lübbecke vom 9. Januar 1951 gibt folgendes wieder:

Der anwesende Meyer zu Kniendorf wird als Nachfolger des zurückgetretenen Vorsitzenden, Oberlandesgerichtspräsident a. D. Bückendorf, Rahden, vorgeschlagen. Meyer zu Kniendorf verhält sich aber zunächst ablehnend.

Eine Ortsunion auf Amtsebene wurde erst in den 60er Jahren gegründet. Ortsvereine auf örtlicher (Gemeinde-)Ebene entstanden erst Jahre später. Da die örtlichen Unionen ohne feierlichen Festakt ins Leben gerufen wurden, sind ganz genaue Gründungsdaten nicht nachzuweisen. In einer Mitgliederstatistik vom 11. Juni 1947, die der Landesgeschäftsstelle der CDU in Dortmund zugeleitet wurde, werden für den Kreis Lübbecke insgesamt 707 Personen genannt. Aus dem Amtsbezirk Hüllhorst stammten davon lediglich 8 (6 aus Schnathorst, 1 aus Oberbauerschaft, 1 aus Büttendorf).

Hermann Bode,
Schnathorst Nr. 12

Zur Parteiengeschichte der FDP im Amt Hüllhorst

Der erste Ortsverband der FDP in Hüllhorst wurde im Jahre 1973 gegründet. Die Partei als solche war als politische Kraft im Amt Hüllhorst jedoch schon Jahre früher wirksam. So kandidierte beispielsweise bei der Kreistagswahl am 17. Oktober 1948 für die FDP der Drogist Kurt Schlehufer aus Hüllhorst. Bei den Gemeindewahlen trat die FDP dann erstmalig im Jahre 1952 mit eigenen Kandidaten in Erscheinung.

Zur Parteiengeschichte der KPD im Amt Hüllhorst

Die Kommunistische Partei Deutschlands war im Bereich des Amtes durch eine KPD-Amtsgebietsleitung vertreten, wie sich aus einer Erklärung der KPD-Kreisleitung Lübbecke vom 2. September 1946 entnehmen läßt.

In den Gemeinden Oberbauerschaft und Büttendorf hat es nach 1945 von Anfang an bei den Wahlen Kandidaten für die KPD gegeben. So erzielte die KPD in Oberbauerschaft bei der Gemeindewahl am 15. September 1946 immerhin 772 Stimmen. Die KPD gewann sowohl in Oberbauerschaft wie in Büttendorf je einen Sitz im Gemeinderat.

Bei der Wahl zur Amtsvertretung am 15. September 1946 enthielt der Stimmzettel im Wahlbezirk I (Kirchspiel Hüllhorst und Oberbauerschaft) unter 16 Kandidaten 4 Bewerber, die sich für die KPD hatten aufstellen lassen. Diese Kandidaten konnten in den 5 Stimmbezirken 609 Stimmen auf sich vereinigen.

Bei der nächsten Kommunalwahl am 17. Oktober 1948 stimmten in Oberbauerschaft nur noch 38 Bürger für die KPD, in allen anderen Gemeinden des Amtsbezirks stellte die KPD keine Kandidaten mehr.

Ein ungültiger Stimmzettel eines Schnathorster Einwohners, der augenscheinlich lieber eine andere Person zum Bürgermeister gewählt hätte.

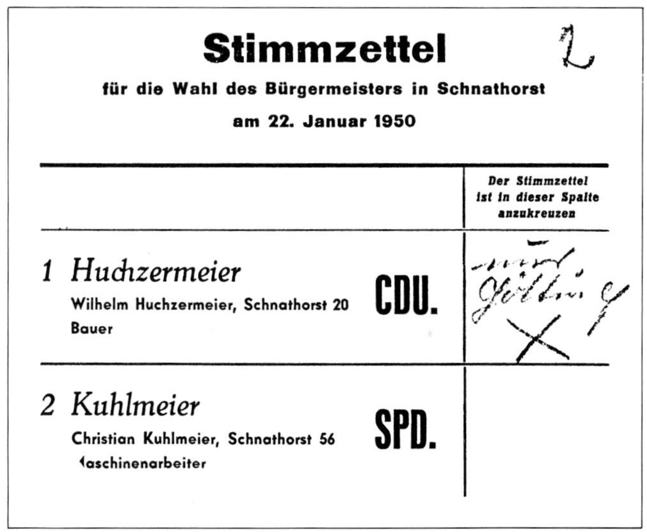
Stimmzettel

für die Wahl des Bürgermeisters in Schnathorst

am 22. Januar 1950

		Der Stimmzettel ist in dieser Spalte anzukreuzen
1 *Huchzermeier* Wilhelm Huchzermeier, Schnathorst 20 Bauer	CDU.	
2 *Kuhlmeier* Christian Kuhlmeier, Schnathorst 56 Maschinenarbeiter	SPD.	

Besonderheit in Schnathorst

Eine kommunalpolitische Besonderheit aus dem Zeitraum 1949/50 sollte nicht unerwähnt bleiben: Eine Urwahl aller wahlberechtigten Bürger aus Schnathorst über die Besetzung des Bürgermeisterpostens. Da es bei uns im heutigen Wahlrecht diesen unmittelbaren Einfluß der Bevölkerung auf Entscheidungen der Ratsgremien nicht mehr gibt, soll die damalige Situation etwas ausführlicher dargestellt werden.

Im Oktober 1949 endete die dreijährige Amtszeit der Bürgermeister, die nach der ersten Kommunalwahl im September 1946 ihr Amt angetreten hatten. In allen Gemeinden mußten also Neuwahlen erfolgen, allerdings nur innerhalb des Gemeinderates. Die damals sechs Gemeindevertreter von Schnathorst – Warum mußte es auch ausgerechnet eine gerade Zahl sein? – verteilten ihre Stimmen gleichmäßig auf die beiden Bürgermeisterkandidaten. Sowohl der bisherige Bürgermeister Wilhelm Huchzermeier von der CDU, als auch sein Gegenkandidat Christian Kuhlmeier von der SPD erhielten je 3 Stimmen. Also mußte die Wahl in der nächsten Sitzung wiederholt werden. Aber auch bei dieser Wahl war die Stimmenverteilung nicht anders, jeder der beiden Bewerber erhielt wiederum 3 Stimmen. Nun mußte die Entscheidung auf eine andere Weise herbeigeführt werden.

Welches Verfahren nun anzuwenden sei, war wohl nicht ganz unstrittig, wie aus einem Aufsatz in dem Informationsblatt »Die Gemeinde 1949« zu erkennen ist. Hierin heißt es, die vor kurzem veröffentlichte Regelung „soll aber schon wieder überholt sein durch eine Vereinbarung zwischen den beiden großen Parteien, wonach bei Stimmengleichheit die Bevölkerung den Bürgermeister unmittelbar wählen soll.“

Die gleiche Situation trat übrigens im gesamten Altkreis Lübbecke nur noch in der Gemeinde Alswede auf.

Die Einwohner von Schnathorst wurden also am 19. Dezember 1949 durch einen Aushang im Gitterkasten der Gemeinde über die Notwendigkeit einer Stichwahl am Sonntag, dem 22. Januar 1950, informiert. Wie wichtig diese Wahl für Schnathorst war, geht aus einem umfangreichen Zeitungsartikel der »Westfalen-Zeitung« vom 21. Januar 1950 hervor, in dem alle persönlichen Vorzüge des bisherigen Bürgermeisters Huchzermeier und die von ihm während seiner Amtszeit ergriffenen Initiativen – beginnend mit dem ersten Schnathorster Markt im Jahre 1927 – aufgezählt wurden. Der Propaganda-Artikel endet: *„Es geht um das Interesse der Gemeinde und damit auch jedes einzelnen Gemeindeeinwohners. Deshalb darf es am Sonntag keine Wahlmüdigkeit geben. Die letzte Frau und der letzte Mann müssen an die Wahlurne: denn Wahlrecht ist Wahlpflicht. Und jede Stimme dem Kandidaten der CDU, dem altbewährten Gemeindebürgermeister Wilhelm Huchzermeier!“*

Dieser Aufruf ist anscheinend beherzigt worden, denn von den 1.032 Wahlberechtigten machten immerhin 74% von ihrem Wahlrecht Gebrauch. Der Wahlvorsteher, der damalige Amtsobersekretär Karl Kracht, gab eine Stunde nach Schließung des Wahllokals das Ergebnis bekannt: Für den Bewerber Huchzermeier wurden 459 Stimmen abgegeben, für den Bewerber Kuhlmeier 288 Stimmen. So hatte die Bevölkerung von Schnathorst durch direkte Stimmabgabe den von ihr gewünschten Bürgermeister Huchzermeier eindeutig gewählt. Kuhlmeier wurde in der nächsten Sitzung der Gemeindevertretung zum stellvertretenden Bürgermeister gewählt.

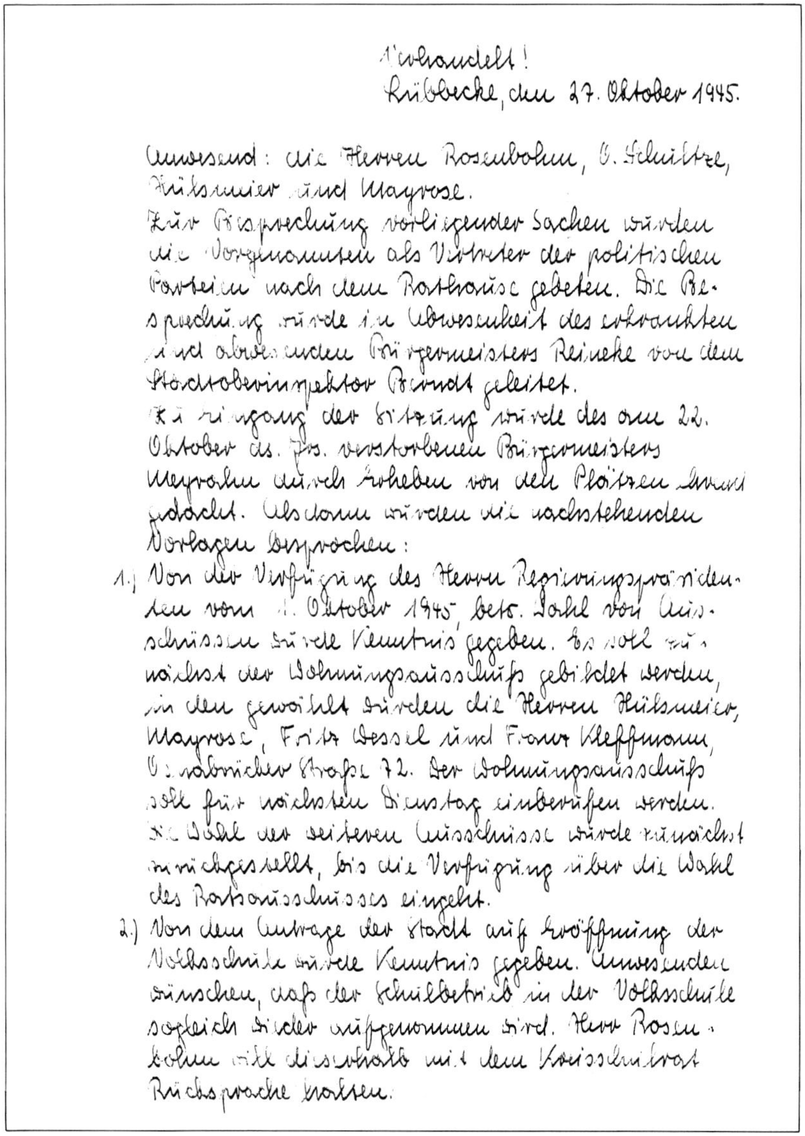

Verhandelt!
Lübbecke, den 27. Oktober 1945.

Anwesend: die Herren Rosenbohm, O. Schultze, Hülsmeier und Mayrose.
Zur Besprechung vorliegender Sachen wurden die Vorgenannten als Vertreter der politischen Parteien nach dem Rathause gebeten. Die Besprechung wurde in Abwesenheit des erkrankten und abwesenden Bürgermeisters Reineke von dem Stadtoberinspektor Brandt geleitet.
Zu Eingang der Sitzung wurde des am 22. Oktober ds. Js. verstorbenen Bürgermeisters Meyrahn durch Erheben von den Plätzen ehrend gedacht. Alsdann wurden die nachstehenden Vorlagen besprochen:

1.) Von der Verfügung des Herrn Regierungspräsidenten vom 1. Oktober 1945 betr. Wahl von Ausschüssen wurde Kenntnis gegeben. Es soll zunächst der Wohnungsausschuß gebildet werden, in den gewählt wurden die Herren Hülsmeier, Mayrose, Fritz Wessel und Franz Kleffmann, Osnabrücker Straße 72. Der Wohnungsausschuß soll für nächsten Dienstag einberufen werden. Die Wahl der weiteren Ausschüsse wurde zunächst zurückgestellt, bis die Verfügung über die Wahl des Rathausschusses eingeht.

2.) Von dem Antrage der Stadt auf Eröffnung der Volksschule wurde Kenntnis gegeben. [Die] Anwesenden wünschen, daß der Schulbetrieb in der Volksschule sogleich wieder aufgenommen wird. Herr Rosenbohm will dieserhalb mit dem Kreisschulrat Rücksprache halten.

Auszug aus dem Protokoll zur ersten Besprechung von Vertretern politischer Parteien in Lübbecke.

3. Lübbecke von Reinhold Wöstehoff

Das Gebiet der heutigen Stadt Lübbecke ist entstanden im Rahmen der kommunalen Gebietsreform aus der früheren Kreisstadt Lübbecke und Teilen der früheren Ämter Gehlenbeck, Preuß. Oldendorf und Alswede. Die Darstellung des demokratischen Neubeginns erfolgt entsprechend in vier Abschnitten.

Die Stadt Lübbecke

Die Verwaltung

Auf der letzten Ratssitzung vor Kriegsende unter der Leitung des Ersten Beigeordneten Eduard Gerlach wurde beschlossen, die Stadt den heranrückenden Truppen kampflos zu übergeben und auch die Panzersperren nicht zu besetzen. Der Einmarsch von alliierten Truppen erfolgte im Laufe des 3. April 1945. Schon am Abend dieses Tages notierte Gerlach in seinem Tagebuch:
„... 11.00 Uhr zum Landratsamt: Übernahme des Bürgermeisterpostens, ...“

Gerlachs Ernennung lag eine handschriftliche Anweisung auf einem Briefbogen des Bürgermeisters der Stadt Lübbecke in deutsch und englisch zugrunde:
„Eduard Gerlach ist hierdurch als Bürgermeister der Stadt Lübbecke ernannt und ist Vertreter der Einwohner. Er erhält die Genehmigung von der Militärbehörde in Vertretung des Oberkommandos der Alliierten Wehrmacht.
Die Militärbehörde“

In der Chronik der Stadt wurde unter dem Datum vom 15. April noch ergänzt:
„... Ihm standen zur Seite die Ratsherren Vogel, Wind und Röwekamp. ... Der Bürgermeister muß täglich die Befehle von der Besatzungsregierung entgegennehmen. ...“

Der Fabrikant Eduard Gerlach war nach der Wahl am 12. März 1933 Mitglied der Stadtverordnetenversammlung geworden und gehörte ihr während der gesamten Zeit des „Dritten Reiches“ an. Vermutlich aus diesem Grund wurde er nach sechs Tagen wieder abgesetzt.

Gerlachs Nachfolger wurde Wilhelm Meyrahn. Nach dessen Tod übernahm Gerhard Reineke im Oktober 1945 kommissarisch das Amt des hauptamtlichen Bürgermeisters. Reineke hatte dieses Amt schon in der Zeit von 1923 bis 1933 ausgeübt. Nach einer Hetzkampagne der Nationalsozialisten war er von Wilhelm Meiring abgelöst worden. Mit dem Datum vom 13. November 1945 übernahm Dr. Erich Martens das Amt des leitenden Verwaltungsbeamten und ist somit als der erste Stadtdirektor von Lübbecke anzusehen. Seine Amtszeit endete am 28. Februar 1946 wegen seiner Wahl zum Amtsdirektor von Ennigloh.

Auf der Sitzung der Stadtvertretung am 17. April 1946 konnte der ehrenamtliche Bürgermeister Welschof dann wieder Gerhard Reineke als kommissarisch gewählten Stadtdirektor begrüßen. Welschof bemerkte, daß durch diese Wahl das ihm von den Nazis zugefügte Unrecht wieder gutgemacht werden sollte. Reineke hat im Sommer 1947 „aus gesundheitlichen Gründen seinen Auftrag in die Hände der Stadtverwaltung zurückgelegt“ (»Westfalen-Zeitung« vom 5. August 1947). Er gab aber neben dem genannten Grund auch „untragbare Auseinandersetzungen mit dem Kreiswohnungsamt“ an (»Freie Presse« vom 6. August 1947).

So wurde auf der Sitzung vom 31. Juli 1947 Dr. Günter Becker zum Stadtdirektor gewählt. Er hatte das Amt des Bürgermeisters schon 1938 übernommen und mußte 1943 andere Aufgaben wahrnehmen. Becker hatte sich nach seiner Entnazifizierung in Lübbecke gemeldet und wurde bis zum Ende seiner ursprünglichen Amtszeit, bis zum 13. Mai 1950, gewählt. Trotz einer großen Zahl von Bewerbern wurde Becker nach der öffentlichen Ausschreibung im April 1950 als Stadtdirektor wiedergewählt.

Die Stadtvertretung

Der Prozeß zur Bildung einer demokratischen Vertretung begann in Lübbecke im letzten Viertel des Jahres 1945. Mit dem Ziel, deutsche Vertreter an der Verwaltung der besetzten Gebiete zu beteiligen, waren Ausschüsse zu bilden. Sie sollten bei der Lösung der dringendsten Probleme mithelfen.

Im Protokollbuch der Stadt Lübbecke ist unter dem Datum von 27. Oktober 1945 eine Besprechung festgehalten. Anwesend waren die Herren Rosenbohm, O. Schultze, Hülsmeier und Mayrose, die als Vertreter der politischen Parteien bezeichnet wurden.

Christian Rosenbohm war schon während der drei Wahlperioden von 1919 bis 1933 Stadtverordneter für die SPD. Er führte einen Tabakwarenladen in der Niedernstraße. Heinrich Hülsmeier war Stadtvertreter von 1924 bis 1933, ebenfalls für die SPD. Er war schon vor 1933 in der Gewerkschaftsarbeit tätig und wurde im Frühjahr 1946 Kreisgewerkschaftssekretär. Beide kann man zusammen mit Fritz Schilling, Stadtverordneter von 1929 bis 1933, als die führenden Personen betrachten, die den Wiederaufbau der Lübbecker SPD nach dem Krieg weitestgehend gestaltet haben.

Otto Schultze, Justizoberinspektor i. R., war Stadtverordneter von 1919 bis 1924. Er trat bei den Kommunalwahlen 1946 als Kandidat der CDU an, gehörte aber zu den Mitbegründern der FDP in Lübbecke und war 1947 ihr Landtagskandidat. Den Namen von Bernhard Mayrose findet man nicht in früheren Akten. Er war im Herbst ebenfalls Kandidat der CDU und gehörte zu ihren Mitbegründern auf Kreisebene.

Dieses Gremium unter der Leitung des Stadtoberinspektors Berndt, in Vertretung des erkrankten Bürgermeisters Reineke, beschloß zunächst nur die Bildung eines Wohnungsausschusses. Durch die Wahl gerade dieses Ausschusses wird deutlich, daß in Lübbecke die Wohnungsfrage besonders dringend behandelt werden mußte, da die Briten innerhalb kurzer Zeit einen großen Teil der Innenstadt beschlagnahmt hatten und somit neben den Flüchtlingen auch die Bürger der Stadt untergebracht werden mußten.

Die Monate November und Dezember wurden bestimmt von der Anweisung der Briten, die Stadtverwaltung zu bilden. Sie verlangten eine Vertretung vieler Interessengruppen. In den Akten sind drei Vorschlagslisten vorhanden. Eine handschriftliche Liste stammt vom SPD-Vorsitzenden Rosenbohm und enthält 15 Vorschläge. Eine Liste ist vom Kreishandwerksmeister Otto Hein erstellt worden und enthält vier Vorschläge.

Der Verfasser der dritten Liste war nicht zu ermitteln. Auch die handschriftlichen Vermerke geben keine exakte Auskunft. Von den genannten Personen könnte man aber darauf schließen, daß diese Liste von Vertretern der späteren CDU erstellt worden ist.

Aus den Vorschlagslisten wurden 14 Personen ausgewählt, die als erste Lübbecker Stadtvertretung am 11. Januar 1946 zusammentraten:

Bürgermeister Franz Welschof, Amtsgerichtsrat i. R.
Heinrich Diekmann, Schuhmacher
Wilhelm Frewert, Landwirt
Anna Haddewig, Hausfrau
Otto Hein, Malermeister
Heinrich Hülsmeier, Zuschneider
Franz Kleffmann, Brauereiarbeiter
Erwin Klute, Werkmeister
Hans Kraus, Fabrikant
Bernhard Mayrose, Buchhalter
Friedrich Niederstadt, Fabrikant
Christian Rosenbohm, Tabakwarenhändler
Willi Scholle, Tischlermeister
Paul Wilke, Landwirt
Franz Kleffmann, Brauereiarbeiter
(Er konnte wegen einer Erkrankung an der Sitzung nicht teilnehmen.)

Teilnehmer an der Ratssitzung waren ebenfalls noch Dr. Watermann als Landrat und Dr. Martens als Bürgermeister, in der Niederschrift schon als Stadtdirektor bezeichnet, und Vertreter von Amtsverwaltungen. Der Repräsentant der Militärregierung, Major How, stellte Franz Welschof als den ernannten Bürgermeister vor (es wird hier noch die Bezeichnung „ehrenamtlicher Bürgermeister" benutzt). Welschof betonte in seiner Rede, daß ein Teil der Vertreter den Wunsch geäußert habe, ihn als Bürgermeister zu bestellen. Er sei diesem Wunsche nur ungern gefolgt, da er infolge seines Alters eigentlich der Ruhe bedürfe.

Franz Welschof, Amtsgerichtsrat a. D., war bei seiner Ernennung schon 76 Jahre alt. Trotz seines Alters wurde er noch 1946 und 1948 von der Stadtvertretung zum Bürgermeister wiedergewählt und wurde erst 1952 von Heinrich Hülsmeier abgelöst, der in den Jahren vorher schon sein Stellvertreter war. Welschof gehörte auch zu den Gründungsmitgliedern der CDU und war von Februar 1946 bis Juli 1947 zweiter Vorsitzender des Kreisverbandes.

Nachdem in der dritten Sitzung der Stadtvertretung am 19. Februar 1946 Franz Kleffmann durch Ludwig Wulf ersetzt wurde, kann man die Bildung der ersten Stadtvertretung als abgeschlossen betrachten. Sie verrichtete ihre Arbeit in insgesamt sieben Sitzungen und wurde im Herbst, nach den Wahlen, durch eine demokratisch legitimierte Stadtvertretung ersetzt.

Neben den Beratungen über formale Fragen, wie Satzungen, Gebührenordnungen, u. ä., über finanzielle Probleme wie den Haushalt, befaßte sich die Stadtvertretung im Sommer 1946 mit Fragen, die man trotz der schweren Zeit als alltägliche Aufgaben der Kommunalpolitik bezeichnen möchte.

Nach der letzten Sitzung am 12. September 1946 berichtete die »Freie Presse« am 14. September 1946:
„Abschließend ergriff Bürgermeister Welschof noch einmal das Wort, um in kurzen Abschiedsworten den Gemeindevertretern für die reibungslos und in gegenseitiger Achtung zum Wohle der Gesamtheit geleistete Arbeit zu danken ... und sprach die Hoffnung aus, daß man sich nach der Sonntagswahl ... an dieser Stätte wiedertreffen möge..."

Diese Aussage macht deutlich, daß in der Anfangszeit der Demokratie weniger die Auseinandersetzung zwischen den Parteien als vielmehr die Lösung von Sachfragen im Vordergrund stand.

Amtsgerichtsrat a. D.
Franz Welschof
Bürgermeister
1946–1952

Heinrich Hülsmeier
stellvertr. Bürgermeister
1946–1952,
dann Bürgermeister

Gerhard Reineke
kommissarischer
Bürgermeister und
Stadtdirektor
1945–1947

Dr. Günter Becker
Stadtdirektor
ab 1947

Wahlergebnisse

15. September 1946

CDU (4.952 / 50,8%)	SPD (4.644 / 47,7%)
Finke, Ernst	Diekmann, Heinrich
Hein, Otto	Oevermann, Karl
Niederstadt, Friedrich	Pollheide, Wilhelm
Welschof, Franz	Klute, Erwin
Hageböke, Karl	Wulf, Ludwig
Schmidt, Karl	Wiermann, Heinrich
Wessel, Fritz	Hopmeier, Friedrich
Mayrose, Bernhard	Rose, Wilhelm
Kalb, Hans	(ersetzt durch
Schultze, Otto	Hülsmeier, Heinrich)

Die KPD konnte mit 147 Stimmen (1,5%) kein Mandat gewinnen. Zum Bürgermeister wurde Franz Welschof wiedergewählt, sein Stellvertreter wurde Heinrich Hülsmeier. Beide wurden in der nächsten Legislaturperiode wiedergewählt.

17. Oktober 1948

CDU (1.777 / 50%) SPD (1.599 / 45%)

9. November 1952

CDU	(982 / 24,0%)	4 Sitze
SPD	(1.836 / 39,7%)	8 Sitze
BHE	(280 / 6,1%)	1 Sitz
FDP	(1.357 / 28,6%)	5 Sitze

Die KPD erreicht mit 80 Stimmen nur noch einen Anteil von 1,4%. Bei der Wahl des Bürgermeisters kam es zu ungewöhnlichen Vorgängen. Im ersten Wahlgang erreichte keiner der Kandidaten die absolute Mehrheit. Karl Schmidt (CDU) erklärte zum 2. Wahlgang seinen Übertritt in die SPD-Fraktion und so wurde Heinrich Hülsmeier als Bürgermeister gewählt und Karl Schmidt zu seinem Stellvertreter.

Im Anschluß teilte die CDU-Fraktion mit, daß auch Wilhelm Schofeld bei der SPD hospitieren wolle. Durch diese Austritte kam es auch bei den Ausschußwahlen zu Differenzen, so daß diese vertagt werden mußten.

In der nächsten Sitzung der Stadtvertretung kam der Vorgang noch einmal zur Sprache. Die CDU teilte mit, jede Zusammenarbeit mit den beiden Herren abzulehnen. Schmidt und Schofeld erklärten, daß sie sich als „Unabhängige" betrachteten, daß diese Tatsache aber im Protokoll falsch vermerkt worden sei. Sie vertraten die Ansicht, daß sie in der CDU „kaltgestellt" werden sollten und nahmen für sich das Recht der „Persönlichkeitswahl" in Anspruch.

Die CDU versuchte, in einer Erklärung den Vorgang zu erläutern. Um Landwirten die Möglichkeit zu geben, ihre Berufsgruppe im Stadtrat zu vertreten, sollte Schmidt direkt kandidieren und Schofeld sollte über den zweiten Platz auf der Reserveliste abgesichert werden. Für den Fall, daß Schmidt gewählt würde, sollte Schofeld zurücktreten. Es stellte sich aber heraus, daß beide Kandidaten in die Vertretung einziehen konnten, keiner von beiden wollte das Amt aufgeben. Die Auseinandersetzungen um diese Absprachen führten zu den geschilderten Vorgängen.

Die Gemeinden des Amtes Gehlenbeck

In diesem Abschnitt werden nur die Gemeinden Gehlenbeck, Nettelstedt und Eilhausen und das Amt Gehlenbeck behandelt, da die Stadt Lübbecke der Rechtsnachfolger ist. Die Entwicklung in den Gemeinden Isenstedt und Frotheim werden in dem Abschnitt über Espelkamp dargestellt.

Die Einsetzung der Bürgermeister und Gemeinderäte

Wie in manchen anderen Orten wurden in den drei Gemeinden des Amtes nicht sofort nach dem Einmarsch der Besatzungstruppen die früheren Bürgermeister aus ihren Ämtern entfernt. Für einige Amtsinhaber kam die zwangsweise Ablösung erst im Herbst 1945.

Über das Verfahren bei der Einsetzung der Bürgermeister im Amt Gehlenbeck konnte der Lübbecker Stadtdirektor a. D., Heinz Tiemeyer, als früheres Mitglied der Amtsverwaltung, Einzelheiten berichten. Die Besatzungsmächte konnten von sich aus kaum Personen auswählen und sie in bestimmte Ämter einsetzen, da sie nicht in jeder Gemeinde über die entsprechenden Informationen verfügten. Sie wandten sich daher an die, zumindest im hiesigen Raum, noch intakten Verwaltungen. Die Amtsleiter bzw. ihre Mitarbeiter überlegten dann, wer in der Gemeinde für diesen Posten in Frage kommen konnte. Die Rolle der Kandidaten vor Beginn der Nazi-Zeit mußte bedacht werden, und sie mußten unbelastet sein. So kamen frühere Sozialdemokraten oder Kommunisten, aber auch Vertreter des konservativen Bürgertums, die nicht mit dem Nationalsozialismus einverstanden gewesen waren, mit in die Überlegungen hinein. Man fuhr dann zu den Betreffenden hin, die „man sich ausgeguckt hatte" und versuchte, sie zur Übernahme des Amtes zu bewegen. An einigen Stellen kostete dies allerhand Mühe, da die Menschen in dieser Zeit nur schwer zur Übernahme von offiziellen Funktionen bereit waren. Die Erfahrungen des „Dritten Reiches" waren noch sehr nahe und engagieren wollte man sich vorläufig nicht.

Im November/Dezember 1945 bekamen die Amtsverwaltungen die Anweisung, Vorschlagslisten für die zu ernennenden Gemeindevertretungen zu erstellen. In den meisten Fällen versuchte der Amtsleiter mit seinen Mitarbeitern und meistens mit dem örtlichen Bürgermeister eine Namensliste zusammenzustellen, die den Auflagen entsprach. Es sollte für eine breite Vertretung möglichst vieler Bevölkerungsgruppen gesorgt werden. Nach der ersten Beratung fuhr man dann zu den Personen hin, um ihr Einverständnis einzuholen. Bei einigen mußte man zwei- bis viermal nachfragen, ehe dann die Bereitschaft erklärt wurde. Auch hier war eine starke Zurückhaltung in der Bevölkerung festzustellen.

So wurden handschriftlich die ersten Listen erstellt, die dann in der Verwaltung vorschriftsmäßig mit der Einteilung nach Berufsbereichen geschrieben wurden. Die vorgeschlagenen Personen mußten Fragebogen ausfüllen, um Mitteilungen über ihre Mitgliedschaft in den verschiedenen NS-Organisationen zu machen. Diese Informationen wurden auf großen Bögen festgehalten und zusammen mit den Vorschlagslisten über die Kreisverwaltung bei der Militärregierung eingereicht. Nach der Prüfung wurden die Gemeinderäte als von der Militärregierung ernannt eingesetzt.

Gehlenbeck

Nach der alten Gemeindeordnung war der Amtsbürgermeister gleichzeitig Bürgermeister der Gemeinde seines Amtswohnsitzes. Sein Vertreter war der 1. Beigeordnete Wilhelm Pohlmann. Er behielt dieses Amt bis zum 18. Oktober 1945. Mit dem Datum vom 19. Oktober 1945 heißt es dann im Protokollbuch:
„Nachdem ich heute in das Amt des 1. Beigeordneten der Gemeinde Gehlenbeck eingeführt worden und auf die gewissenhafte Erfüllung meiner Amtspflichten verpflichtet worden bin, damit also die ständige Vertretung des Bürgermeisters in der örtlichen Verwaltung der Gemeinde Gehlenbeck mit allen Rechten und Pflichten übernommen habe, fasse ich folgende Entschließung:
1.) Entlassung des Gemeindebestellers
2.) Einsetzung eines Gemeindebestellers
3.) Einsetzung von Beiräten in einer zur Unterstützung des Bürgermeisters gebildeten Wohnungskommission
gez. Tiemann

Damit war Heinrich Tiemann, Nr. 56, die örtliche Verwaltung übertragen worden. Erst im Protokoll der Sitzung der ernannten Gemeindevertretung im Januar 1946 wird er dann auch als Bürgermeister bezeichnet. Er übte dieses Amt bis zu den Wahlen im Herbst aus.

Mit dem Datum vom 10. Dezember 1945 berief die Militärregierung folgende Personen zu Gemeindevertretern:
Bauer Wilhelm Fründ, Nr. 4
Bauer Heinrich Werkmeister, Nr. 41
Zigarrenmacher Friedrich Soldato, Nr. 226
Zigarrenmacher Heinrich Finke, Nr. 310
Arbeiter Ernst Müller, b. Nr. 311
Arbeiter Ernst Bruckamp, Nr. 234
Friedhofswärter Friedrich Waßmann, Nr. 168
Schmiedemeister Wilhelm Treseler, Nr. 131
Fuhrunternehmer Heinrich Dümke, Nr. 35
Angestellter Erwin Horstmann, Nr. 332

Wahlergebnisse

15. September 1946

CDU (4.111 / 55%)	SPD (2.841 / 38%)
Wilhelm Treseler	Heinrich Finke
Richard Vetter (K. Siebe)	Friedrich Reese
Heinrich Tiemann	Heinrich Detert
Heinrich Möller	
Wilhelm Fründ	
Friedrich Hölscher	KPD (526 / 7%)
Friedrich Hucke	
Friedrich Backhaus	
Friedrich Waßmann	

Zum Bürgermeister wurde Heinrich Tiemann wiedergewählt, sein Stellvertreter wurde Wilhelm Fründ, Nr. 4.

17. Oktober 1948

CDU (412 / 39,4%)
SPD (549 / 52,5%)
KPD (85 / 18,0%)
Neuer Bürgermeister wurde Wilhelm Möhle, Nr. 272, Stellvertreter wurde Heinrich Finke, Nr. 310.

9. November 1952

CDU (1.429 / 25%) 3 Sitze
SPD (3.084 / 55%) 5 Sitze
KPD (290 / 5%) 1 Sitz
FDP (837 / 15%) 2 Sitze

Wilhelm Möhle wurde als Bürgermeister wiedergewählt und sein Stellvertreter wurde nach der Unterbrechung wieder Wilhelm Fründ.

Nettelstedt

In Nettelstedt fand die letzte Sitzung der Gemeindevertretung vor Kriegsende am 9. März 1945 statt. Sie wurde geleitet vom Bürgermeister Nedderhoff. Beratungspunkte waren, wie in den beiden anderen Gemeinden auch die Haushaltsrechnung für 1942/43 und die Hand- und Spanndienstordnung. Nedderhoff wurde am 23. April abgelöst durch den 1. Beigeordneten Schnepel, der das Amt am 22. September 1945 an Hermann Kottkamp abgeben mußte. Dieser übernahm zu Beginn noch die Leitung der Sitzungen der ernannten Gemeindevertretung. Auf der Sitzung am 26. Januar 1946 wurde Heinrich Schwarze, Nr. 110, zum neuen Bürgermeister gewählt. Nach der Kommunalwahl wurde er wiedergewählt und übte das Amt bis zum Herbst 1948 aus.

In einem Gespräch hat sich Heinrich Schwarze zu dem Verfahren seiner Ernennung als Bürgermeister geäußert. Nach seiner Aussage war er während der NS-Zeit nicht in der Partei gewesen, und er hatte sich in seiner Jugend auch nicht für Politik interessiert.
„Eigentlich wollte ich mit der Politik auch nichts zu tun haben, aber als man mich dann vorgeschlagen hat, wollte ich mich auch nicht drücken. Irgendwie mußte es ja weitergehen und wenn sich alle gedrückt hätten, was wäre dann geworden?"

Seiner Erinnerung nach wurde er schon auf der ersten Sitzung zu einer Art Vertreter des Bürgermeisters Kottkamp bestimmt. *„Dieser meldete sich schon nach kurzer Zeit krank, und ich wurde zum Vorsteher gemacht."* Das Beispiel von H. Schwarze zeigt auch, daß viele der ernannten Bürgermeister in den Fragen der Kommunalpolitik recht unerfahren waren. So erzählte er:
„Eigentlich hatte ich ja für diese Sache keine Zeit und keine Ahnung. Bürgermeister in dieser Zeit zu sein war nicht einfach. Aber ich hatte durch meinen Onkel eine große Hilfe. Er hatte bei der Stadtverwaltung gearbeitet und machte den schriftlichen Kram. Er kümmerte sich auch um die Leute, die etwas vom Bürgermeister wollten, ich wußte doch nicht, wie man mit den Leuten umgeht. So konnte ich meine Arbeit auf dem Lande weitermachen und wenn das Haus voll war, mußte er mit den Leuten fertig werden."

Folgende Personen wurden von der Militärregierung am 10. Dezember 1945 zu Gemeindevertretern berufen:
Bauer Friedrich Coors jun., Nr. 1
Landwirt Heinrich Schwarze, Nr. 110
Spinnereiarbeiter Heinrich Westerhoff, Nr. 252
Tischler Heinrich Tiemann, Nr. 227
Steinbrucharbeiter Hermann Oestreich, Nr. 122
Zigarrenmacher Heinrich Grothe, Nr. 272
Zigarrenmacher Heinrich Hucke, Nr. 280
Schmiedemeister Wilhelm Oewermann jun., Nr. 142
Kaufmann Erwin Hucke, Nr. 203
Werkmeister Heinrich Oevermann, Nr. 223

Wahlergebnisse

15. September 1946

CDU (3.554 / 52%)	SPD (3.240 / 48%)
Hermann Pohlmann	Friedrich Kottkamp
Heinrich Schwarze	Heinrich Grote
Wilhelm Möhlmann	Heinrich Oevermann

Heinrich Hucke	Christian Hormann
Friedrich Tiemann	Heinrich Tiemann
Heinrich Ellerhoff	
Heinrich Krüger	

Heinrich Schwarze übte das Amt des Bürgermeisters weiterhin aus. Sein Stellvertreter wurde Friedrich Kottkamp, Nr. 209.

17. Oktober 1948

CDU (381 / 41%)	SPD (550 / 59%)

Zum Bürgermeister wurde Friedrich Schwarze, Nr. 179, gewählt, sein Stellvertreter kam ebenfalls aus den Reihen der SPD: Christian Hormann, Nr. 134.

9. November 1952

CDU	(1.906 / 32%)	3 Sitze
SPD	(3.974 / 67%)	6 Sitze

Zu ergänzen sind noch 27 Stimmen für unabhängige Kandidaten und 21 Stimmen für die KPD. Die politische Führung der Gemeinde wurde wiedergewählt.

Eilhausen

In der kleinsten Gemeinde des Amtes fand die letzte Sitzung des Gemeinderates am 15. März 1945 statt. Die Leitung hatte Bürgermeister Fritz Aschemeyer. Der Text des Protokolls stimmt mit den Eintragungen von Nettelstedt und Gehlenbeck überein. Zusätzlich zur Beratung des Haushalts und der Hand- und Spanndienstordnung gab es noch einen dritten Tagesordnungspunkt:
„3. Erhaltung der Leistungsfähigkeit der Bullenhaltergenossenschaft Eilhausen"

Fritz Aschemeyer blieb im Amt bis zum 21. September 1945 und wurde abgelöst von Wilhelm Bode, Nr. 18. Dieser übergab den Posten am 2. November 1945 an Ernst Gerdom, Nr. 6.
Zur ernannten Gemeindevertretung vom 10. Dezember 1945 gehörten:
Bauer Heinrich Bringewatt, Nr. 13
Arbeiter Wilhelm Kammann, Nr. 17
Arbeiter Friedrich Selle, Nr. 68
Arbeiter Heinrich Schütte, Nr. 74
Stellmacher Ernst Brinkmann, Nr. 38
Fuhrunternehmer Ernst Grote sen., Nr. 4

Wahlergebnisse

In Eilhausen fand 1946 kein Wahlakt statt, da die Zahl der Kandidaten mit der Zahl der zu wählenden Vertreter übereinstimmte. 5 der Mitglieder gehörten schon der ernannten Vertretung an. Nur Heinrich Bringewatt wurde durch Wilhelm Bode, Nr. 18, ersetzt. Alle Mitglieder der Gemeindevertretung bezeichneten sich als Unabhängige.

Ein offizieller Hinweis auf eine weitere Änderung der Zusammensetzung konnte in den Akten nicht gefunden werden. So ist es bemerkenswert, daß mit Heinrich Lesemann, Nr. 66, ein Bürgermeister gewählt wurde, der kein Mitglied der Vertretung war.

17. Oktober 1948

CDU (119 / 40%)	SPD (177 / 60%)
Ernst Gerdom	Friedrich Selle
	Heinrich Lesemann

Auch nach der Kommunalwahl 1948 wurde Heinrich Lesemann wiedergewählt. Auf der Sitzung vom 13. Januar 1949 wurde erklärt, daß Lesemann aus beruflichen Gründen von der Kreisverwaltung von seinem Amt entbunden worden wäre. So mußte der Bürgermeisterposten neu besetzt werden. Die Gemeindevertretung wählte Ernst Gerdom. Am 6. Dezember 1949 wurde nochmal gewählt und Bürgermeister wurde jetzt Friedrich Selle; der auch nach den Kommunalwahlen im Herbst 1952 wiedergewählt wurde. Sein Stellvertreter wurde Ernst Grote sen., Nr. 4.

9. November 1952

CDU	(430 / 23%)	1 Sitz
SPD	(1.390 / 75%)	6 Sitze
FDP	(28 / 2%)	

Friedrich Horstmeier
Erster ernannter Amtsbürgermeister
1945–1946

Das Amt Gehlenbeck

Die Vorgänge zur Besetzung der Verwaltungsstellen in den Ämtern sind auch für Gehlenbeck schon im Kapitel 2 dargestellt worden. Der selbständige Zigarrenfabrikant Friedrich Horstmeier, Gehlenbeck Nr. 249, war nach der alten Gemeindeordnung als 1. Beigeordneter Stellvertreter des Amtsbürgermeisters. Aus dieser Funktion heraus wurde Horstmeier von der Militärregierung zum ersten ehrenamtlichen Amtsbürgermeister ernannt. Er berichtete in einem Gespräch über seine Ernennung:

„Das wurde ja alles über das Amt gemacht. Da war der Braun und der ist wohl auf mich gekommen. Ich war nicht in der Partei gewesen, war daher nicht belastet und viele andere waren noch nicht wieder zuhause. Es wurde gesagt, daß so viele nicht wollten, daß wir aber doch nicht alle kneifen könnten. Ich sollte doch nicht auch noch kneifen und so habe ich das Amt dann übernommen."

Die rechtlichen Grundlagen und das Auswahlverfahren zur Ernennung der ersten Amtsvertretung werden im Kapitel 2 ausführlich dargestellt.

Mit dem Datum vom 26. Januar 1946 wurde zur ersten Sitzung der ernannten Amtsvertretung eingeladen, die am Mittwoch, dem 30. Januar 1946, in der Wirtschaft Willer in Gehlenbeck stattfinden sollte. Am gleichen Tage wurde die Militärregierung durch den Landrat über den Termin informiert. Auf der Tagesordnung stand der Erlaß einer Hauptsatzung und einer Geschäftsordnung. Die Sitzung war öffentlich und Bekanntmachungen waren im Amtshaus und in den Gemeinden auszuhängen. Da Friedrich Horstmeier aufgefordert wurde, als ehrenamtlicher Bürgermeister die Sitzung zu leiten, umfaßte die Amtsvertretung insgesamt 11 Personen.

G .d. 29.Dezember 45

20 - 27

1.) An

den Herrn Landrat
in

L ü b b e c k e
.-.-.-.-.-.-.-.

Betr.: Wahl der neuen Amtsvertretung.
\- - -

Verfügung vom 17.12.1945 - K 1 -
\- - -

Zu der neuen Amtsvertretung für das Amt Gehlenbeck, zu der zunächst die Gemeindebürgermeister aller amtsangehörenden Gemeinden gehören sollen, ist von jeder Gemeindevertretung ein zusätzlicher Vertreter je Gemeinde gewählt worden.

Da das Amt Gehlenbeck 5 politische Gemeinden umfaßt, wird die Amtsvertretung Gehlenbeck aus 10 Mitgliedern bestehen.

Diese Mitglieder sind:

1) Bürgermeister Heinrich Tiemann, Gehlenbeck Nr.56,
2) Zigarrenmacher Heinrich Finke, Gehlenbeck Nr.310,
3) Bürgermeister Ernst Gerdom, Eilhausen Nr.6,
4) Bauer Wilhelm Berning, Eilhausen Nr.12,
5) Bürgermeister Hermann Kottkamp, Nettelstedt Nr.45,
6) Zigarrenmacher Christian Hormann, Nettelstedt Nr.134,
7) Bürgermeister Wilhelm Hegerding, Jsenstedt Nr.153,
8) Landwirt Friedrich Hußmann, Jsenstedt Nr.157,
9) Bürgermeister Heinrich Keller, Frotheim Nr. 25,
10) Bauer Wilhelm Meier, Frotheim Nr.44.

++

2.) Z.d.A.

++
D.Abgm.

Mitteilung über die Zusammensetzung der ernannten Vertretung des Amtes Gehlenbeck.

Wahlergebnisse

15. September 1946

CDU (4.133/46%)		SPD (4.488/50%)	
Wilhelm Halwe	G	Heinrich Penning	I
Fritz Horstmeier	G	Wilhelm Hegerding	I
Fritz Hölscher	G	Fritz Hußmann	I
Wilhelm Bartmann	F	Friedrich Kottkamp	N
Wilhelm Meier	F	Friedrich Schwarze	N
Heinrich Schwarze	N	Friedrich Bünemann	F
Ernst Niedringhaus	G	Heinrich Hucke	N
Ernst Pott	F	Christian Hormann	N
		Hermann Schuhmacher	I
		Fritz Kammann	G

Im Wahlbezirk Eilhausen fand keine Wahl statt. Als gewählt wurden erklärt: Ernst Gerdom, Friedrich Selle und Wilhelm Bode. Sie bezeichneten sich als Unabhängige. Zu ergänzen sind noch die 363 (4%) Stimmen für die KPD, die aber kein Direktmandat gewinnen konnte.
Zum Amtsbürgermeister wurde Wilhelm Hegerding gewählt, der auch nach den nächsten beiden Wahlen bestätigt wurde, ebenso wie sein Stellvertreter Wilhelm Meier.

17. Oktober 1948

CDU (1.631/41%)	SPD (2.324/58%)	KPD (20)
7 Sitze	10 Sitze	–

9. November 1952

CDU (28%)	SPD (58%)	FDP (10%)
8 Sitze	15 Sitze	1 Sitz

Bürgermeister Wilhelm Hegerding,
gewählt in Isenstedt am 24. September 1946

Heinrich Stüssel,
Bürgermeister in Blasheim ab 1946

Die Gemeinde Blasheim

Die Gemeinde Blasheim ist erst im Rahmen der kommunalen Neugliederung mit der Stadt Lübbecke und den anderen Gemeinden zum heutigen Stadtgebiet zusammengelegt worden. Sie gehörte bis 1973 zum Amt Preußisch Oldendorf. Die Gesamtgemeinde wurde gebildet von den Bauerschaften Obermehnen, Blasheim und Stockhausen. Sie hatte eine gemeinsame Gemeindevertretung und zusätzlich zum Bürgermeister gab es noch den Bauerschaftsvorsteher in Obermehnen und Stockhausen. In Blasheim gab es eine Art Nebenstelle der Amtsverwaltung Preußisch Oldendorf, man hatte auch einen eigenen Standesbeamten.

Die Geschehnisse in Blasheim in den ersten Jahren nach dem Krieg sind nur schwer nachzuvollziehen. Die alten Amtsakten sind nicht besonders vollständig und das Protokollbuch bis 1949 konnte nicht aufgefunden werden. So blieben für die Erarbeitung nur die Presseberichte aus dieser Zeit.

Wahlergebnisse

Die Mitglieder der ernannten Gemeindevertretung waren nicht mehr festzustellen. Die Vertreter für Obermehnen und Stockhausen sind mit Buchstaben gekennzeichnet.

15. September 1946

CDU (849 / 17%)		SPD (2.417 / 49%)		Unabh. (1.679 / 34%)	
Friedr.-Wilh. Droste	O	Karl Kleffmann		Karl Horstmeier	St
Karl Ossenschmidt	O	Ludwig Henke		Heinrich Vullriede	St
Heinr. Schamann	O	Wilhelm Kleffmann		Karl Grönemeyer	St
		Heinrich Meier			
		Heinrich Stüssel			
		Wilhelm Meier			
		Wilh. Brümmelhorst	O		
		Friedr. Klostermann	O		
		? Tappe	O		

Die erste Sitzung der Gemeindevertretung fand statt am 2. Oktober 1946. Zum Bürgermeister wurde der Werkmeister Heinrich Stüssel, Blasheim Nr. 43, gewählt, sein Stellvertreter wurde Friedrich Klostermann. Das Amt des Bauerschaftsvorstehers übernahm für Obermehnen Karl Ossenschmidt und für Stockhausen Karl Horstmeier. Nach den verschiedenen Ausschußwahlen wurde Heinrich Stüssel auch zum Standesbeamten gewählt.

17. Oktober 1948

CDU (772 / 50%)		SPD (768 / 50%)	
Heinrich Rüting	O	Wilhelm Kampe	O
Martin Böcker		Karl Otte	O
Wilhelm Pelster		Heinrich Stüssel	
Karl Horstmeier	St	Ludwig Henke	
Heinrich Vullriede	St	Walter Weber	

Trotz Stimmengleichheit wurde Heinrich Stüssel als Bürgermeister wiedergewählt, sein Stellvertreter wurde Heinrich Rüting aus Obermehnen. Bauerschaftsvorsteher wurde Wilhelm Kampe in Obermehnen und in Stockhausen behielt Karl Horstmeier das Amt.

9. November 1952

CDU	(478 / 25%)	4 Sitze
SPD	(889 / 48%)	8 Sitze
FDP	(658 / 29%)	6 Sitze

Bei der Bürgermeisterwahl kam es zu einer bemerkenswerten Entwicklung. Nachdem Karl Treseler am 20. November 1952 durch eine Koalition von CDU und FDP zum Bürgermeister gewählt worden war, beantragte die SPD, den Stellvertreter aus der stärksten Fraktion zu wählen. Im darauf folgenden Wahlgang wurde Wilhelm Althoff (SPD) aus Blasheim mit knapper Mehrheit gewählt, die übrigen Stimmen waren aber ungültig gemacht worden. Er bat daher für die Annahme der Wahl um Bedenkzeit und die Sitzung wurde vertagt. Auf der folgenden Sitzung am 4. Dezember 1952 konnte der Amtsdirektor bekanntgeben, daß Althoff die Wahl schriftlich angenommen hätte. Bei den Wahlen der Bauerschaftsvorsteher konnte sich dann jeweils der Block aus FDP und CDU durchsetzen, und es wurde Ernst-Ludwig Klausmeyer für Obermehnen das Amt übertragen. Karl Horstmeier wurde das Amt in Stockhausen wieder übergeben.

Die Gemeinde Alswede

Die Gemeinde Alswede ist ebenso wie das Amt Alswede bei der kommunalen Neugliederung 1973 aufgelöst worden. Der heutige Stadtteil Alswede ist nur ein Teil der früheren Gemeinde, zu der noch Fiestel und Gestringen gehörten. Da die Stadt Espelkamp Rechtsnachfolger des Amtes wurde, wird in diesem Abschnitt Alswede vorrangig von der Arbeitsgruppe Espelkamp behandelt.

Die von der Militärregierung am 13. Dezember 1945 ernannte Gemeindevertretung der politischen Gemeinde Alswede trat zu ihrer ersten Sitzung am 28. Januar 1946 zusammen. Ihr gehörten aus der Bauerschaft Alswede an:

Ludwig Dresing, Nr. 36
Heinrich Gütebier, Nr. 55
Wilhelm Fischgräbe, Nr. 48
Wilhelm Vullriede, Nr. 20

Bürgermeister war Wilhelm Blome aus Gestringen. Nach den Wahlen im September 1946 wurde Friedrich Telkemeyer auf der Sitzung am 27. September 1946 in dieses Amt gewählt. Auf der gleichen Sitzung wurde der Gemeindevertreter Friedrich Haseloh, Nr. 38, zum Bauerschaftsvorsteher gewählt, der dieses Amt bis in die fünfziger Jahre hinein ausübte.

Wahlergebnisse

Die Zahlen beziehen sich auf die gesamte Gemeinde. Eine getrennte Darstellung nur für die Bauerschaft Alswede war nicht möglich.

	CDU	SPD	KPD	
15. 9. 1946	2.991	3.105	–	Stimmen
	49%	51%		
	5	7		Sitze

Aus Alswede gehörten der Vertretung an: Hellmeier (CDU), Haseloh und Buchholz (SPD).

	CDU	SPD	KPD	
17. 10. 1948	399	437	20	Stimmen
	47%	51%	2%	
	5	7	–	Sitze

Alsweder Gemeindevertreter waren Heinrich Gütebier (CDU), Friedrich Haseloh und Friedrich Barlach (SPD).

	CDU	SPD	KPD	
9. 11. 1952	2.107	3.263	50	Stimmen
	39%	61%	1%	
	4	6	–	Sitze

Die Parteien in Lübbecke

Die Christlich-Demokratische Union

Über die in Kapitel III geschilderte Entwicklung zur Gründung der CDU auf Kreisebene hinaus waren auf örtlicher Ebene kaum Unterlagen aus der Anfangszeit zu finden. Den mangelnden Organisationsgrad bestätigte der neue Kreisgeschäftsführer Hunke in einer Bestandsaufnahme nach der Übernahme seines Amtes. In einem Schreiben an die Landesgeschäftsstelle vom 11. Juni 1947 stellte er fest, daß kaum Mitgliederversammlungen gewesen wären. *„Auch fehlt allgemein der Zusammenschluß innerhalb der Gemeinden zu Ortsparteien."*

In einer nach Gemeinden aufgeschlüsselten Mitgliederstatistik werden im gleichen Schreiben für die Stadt Lübbecke 43 Mitglieder angegeben. Die Gründung einer Lübbecker Ortspartei konnte nicht nachgewiesen werden. Die erste Pressenotiz über die Tätigkeit der CDU im Stadtgebiet fand sich im »Lübbecker Kreisblatt« vom 15. Mai 1947:

„Am Montagabend fand bei Berndes am Markt die Monatsversammlung der CDU-Ortspartei Lübbecke statt. Kreisgeschäftsführer Hunke stellte nach einem Überblick über die allgemeine Lage den Wert solcher Monatsversammlungen heraus und behandelte anschließend organisatorische Fragen. Die monatlichen Versammlungen sollen in Zukunft auch unter Mitwirkung der von der CDU herausgestellten Gemeindevertreter kommunalpolitischen Aussprachen dienen. Ferner wurde auf die Notwendigkeit der Gründung der ‚Jungen Union' im Kreise Lübbecke, eines sozialpolitischen Ausschusses und eines Frauen-Ausschusses hingewiesen. Für die ‚Junge Union' findet vorläufig an jedem Freitag von 20 bis 22 Uhr in der Kreisgeschäftsstelle, Niedernstraße, ein öffentlicher Sprechabend statt."

Es kann daraus geschlossen werden, daß es auch schon früher Veranstaltungen dieser Art gegeben hat. Auch weil mehrere führende CDU-Repräsentanten auf Kreisebene aus Lübbecke kamen, ist anzunehmen, daß die Ortspartei schon früher gegründet worden war. Eine Person als Vorsitzender der Ortsunion Lübbecke kann für die ersten zwei Jahre nicht angegeben werden. Erst in einem Artikel vom 24. April 1948 wurde der Fabrikant Eduard Gerlach als Vorsitzender der Ortsunion Lübbecke genannt. Dieses Amt bekleidete er bis in die fünfziger Jahre hinein.

Zu den führenden Gründungsmitgliedern der CDU aus dem Lübbecker Bereich sind Bernhard Mayrose, Willi Brands und Franz Welschof zu zählen. Zu den ersten Mitgliedern, die vor dem 30. April in die CDU eingetreten sind, zählen noch Heinrich Lammermann, Tereschen Meyrose, Cäcilie Wahle und Herbert Freitag. Von 1947 bis 1949 war Friedrich Schamann aus Obermehnen Vorsitzender der Kreispartei. Von 1950 an war Heinrich Grothus aus Lübbecke stellvertretender Kreisvorsitzender. Dem engeren Vorstand der Partei gehörten zu dieser Zeit Eduard Gerlach, Carl Gerlach und Joachim Selmke an. Zum Parteiausschuß gehörten Heinrich Kämper (Renkhausen), Wilhelm Blaue (Stockhausen), Walter Hardt (Lübbecke) und Heinrich Grummert (Blasheim).

Über Aktivitäten der CDU in den Ortsteilen konnten keine schriftlichen Quellen gefunden werden. Die Aufstellung vom 11. Juni 1947 zeigt auch, daß es im Amt Gehlenbeck (3 Mitglieder aus Gehlenbeck und 9 aus Isenstedt und Frotheim) und in der Gemeinde Blasheim (6 Mitglieder) in der ersten Zeit kaum ein-

HIER SPRICHT DIE CDU

An die Lübbecker christliche Frauenwelt!

Mehr denn je ist es notwendig, daß die christliche Frauenwelt von Lübbecke über alle häuslichen Sorgen hinweg ihr Interesse auch den öffentlichen Dingen zuwendet. Gerade die Frauen sind es, die die furchtbaren Folgen des unseligen Krieges am meisten verspüren, mit denen fertig zu werden sie vor eine Riesenaufgabe gestellt sind. Inwieweit sie die schwierigen Verhältnisse zu meistern imstande sind, hängt in hohem Maße von ihnen selbst ab. Nur ein starker Zusammenschluß aller auf christlich-demokratischem Boden stehenden Frauen von Lübbecke kann bewirken, daß sie auf die Gestaltung der Verhältnisse den ihnen zukommenden Einfluß nehmen können.

Gelegenheit zum Zusammenschluß bietet der Frauenausschuß der Christlich-Demokratischen Union der in unserer Stadt Lübbecke schon erfreuliche Vorarbeit geleistet hat. Es geht um mehr als das tägliche Brot, darüber sollte sich jede christlich denkende Frau im klaren sein.

Der Frauenausschuß der Christlich-Demokratischen Union ladet daher alle Lübbecker Frauen zu einer Versammlung für Donnerstag, 30. Oktober, 17 Uhr, ins Gesellschaftszimmer der Konditorei Finkensiep, Langestraße, herzlich ein.

Lübbecker Frauen! Legt einmal für ein Stündchen eure Hausarbeit beiseite. Erscheint nicht nur selbst, sondern bringt auch eure erwachsenen Töchter mit. Besprecht euch mit gleichgesinnten Freundinnen und Verwandten und veranlaßt sie, ebenfalls zu erscheinen. Neben wichtigen, alle interessierenden Fragen steht die Wahl der ersten Vorsitzenden und ihrer Stellvertreterin auf der Tagesordnung.

Nochmals ladet euch herzlich ein.

Der Frauenausschuß
der Christlich-Demokratischen Union
I. A.: Frau Lenchen Kalb.

Durch den Krieg war der Anteil der Männer in der Bevölkerung zurückgegangen. Diese Tatsache hat man in der Lübbecker CDU deutlich erkannt. Dies wird dokumentiert in einem Aufruf der Partei.

geschriebene CDU-Mitglieder gegeben hat. Nur in Alswede-Fiestel-Fabbenstedt war die CDU mit 30 Mitgliedern stärker vertreten.

Heinrich Schwarze, der erste Bürgermeister von Nettelstedt, berichtete in einem Gespräch über seine Kontakte mit der CDU-Führung:

„Im Sommer 1946 war ich auf dem Lande am pflügen und dort bekam ich Besuch von Niermann aus Schröttinghausen und Brands aus Lübbecke. Beide meinten, einer müßte auch in Nettelstedt etwas für die Partei tun. Eigentlich wollte ich mit den Parteien nichts zu tun haben, und ich hatte ja auch keine Zeit für so etwas. Aber nach diesem Gespräch habe ich mich dann entschlossen, mitzuarbeiten. Man konnte auf diese Art vielleicht doch mehr für die Gemeinde tun, und die SPD hatte sich ja auch schon organisiert. Ich bin dann auch Mitglied der CDU geworden. Im Herbst standen dann die Wahlen an, und viele wollten als Parteilose kandidieren. Ich war der Meinung, daß man so nichts erreichen könnte und auch nicht genug Stimmen bekommen würde. Ich bin dann zu vielen Leuten hingewesen und habe manchmal lange reden müssen, damit sie sich als Kandidaten aufstellen ließen. Die wollten doch alle mit Parteien nichts zu tun haben."

Von einem ähnlichen Besuch berichtete auch Fritz Horstmeier aus Gehlenbeck, der von einer parteipolitischen Bindung aber nichts wissen wollte. Die Schilderung von Heinrich Schwarze über die Kandidatenaufstellung im Jahre 1946 erscheint daher typisch für das Vorgehen der CDU bei der ersten Wahl. Die Führung der Kreispartei organisierte die Parteiarbeit und als Kandidaten versuchte die CDU überwiegend örtlich bekannte Persönlichkeiten für sich zu gewinnen.

Die Sozialdemokratische Partei Deutschlands

Schon gleich nach der Wiedergründung der SPD auf Kreisebene im Dezember 1945 muß sich ein selbständiger Ortsverein in Lübbecke gebildet haben. Am 23. April 1946 wurde in der »Freien Presse« über eine Mitgliederversammlung der SPD berichtet.

„Am Ostersonnabend eröffnete der Vorsitzende Schilling die ordentliche Mitgliederversammlung mit einem Rechenschaftsbericht der Arbeiterwohlfahrt. Er knüpfte ein Band von der so schmachvollen und verbrecherischen Auflösung dieser nur zum Wohle der arbeitenden Bevölkerung dienenden Organisation im Jahre 1933 zu der jetzt so segensreichen und notlindernden Tätigkeit bei den Flüchtlingen und Evakuierten. In überzeugenden Worten richtete Schilling einen dringenden Appell an die Frauen, sich freiwillig und selbstlos zur Verfügung zu stellen.
Rosenbohm berichtete über die letzte Kreistagssitzung, die nach Bekanntgabe der Mitglieder der einzelnen Ausschüsse in der Wahl des neuen Oberkreisdirektors ihren Höhepunkt fand.
Anschließend folgte der Bericht Hülsmeiers über die Stadtverordnetenversammlung am 17. April. Alle drei Berichte wurden mit großem Interesse verfolgt und in der sich anschließenden Aussprache einer fruchtbaren Kritik unterzogen.
Es folgte die Wahl der Delegierten zum Bezirkskongreß am 27. und 28. April in Bielefeld. 5 Jungsozialisten und 5 ältere Parteigenossen wurden als Teilnehmer von der Ortsgruppe Lübbecke gewählt.

Im Punkte Verschiedenes wurde die Ausgestaltung des 1. Mai durch die Gewerkschaften besprochen und zur Teilnahme an der Kundgebung auf dem Marktplatz aufgefordert. Nach einer aufklärenden Debatte über das furchtbare Los der Flüchtlinge fand die Versammlung ihren Abschluß."

Auch in den früher selbständigen Gemeinden der heutigen Stadt Lübbecke kam es schon 1946 zur Wiederaufnahme der Arbeit. So gab es Ortsvereine in Nettelstedt (Vorsitzender Heinrich Oevermann), in Gehlenbeck (Vorsitzender Fritz Kammann), in Blasheim (Vorsitzender Karl Otte, Obermehnen) und in Alswede (Vorsitzender Wilhelm Vullriede).

Besonders erwähnt werden soll noch die enge Verbindung der SPD mit der Arbeiterwohlfahrt, deren Vorsitzende Anna Schilling in Lübbecke war. In einem Bericht an die Kreisverwaltung vom 17. Januar 1947 wurde der Zweck der Organisation angegeben mit der Betreuung aller Hilfsbedürftigen. Durch diese enge Verbindung wird die soziale Funktion der wiedergegründeten Partei deutlich.

Zu den Funktionsträgern der SPD im Lübbecker Bereich gehörten:
Fritz Jahns, Willi Pollheide, Walter Schrewe, Erwin Klute aus Lübbecke im Unterbezirksvorstand und Minna Westerholt (Lübbecke) und Heinrich Oevermann (Nettelstedt) im erweiterten Vorstand. Zu Funktionären in den Ortsvereinen gehörten neben den Vorsitzenden Wilhelm Schlingmann (Blasheim), Fritz Soldato (Gehlenbeck) und Wilhelm Schütte (Nettelstedt).

Die Trauerfeier für Christian Rosenbohm, die Zentralfigur der „ersten Stunde" in der SPD und eine Persönlichkeit, die die Kontinuität der Ziele der SPD aus der Zeit vor 1933 symbolisierte, war ein besonderes Ereignis für die SPD. Die »Freie Presse« berichtete in einem regionalen Leitartikel am 16. Juni 1948 über diese Feier.

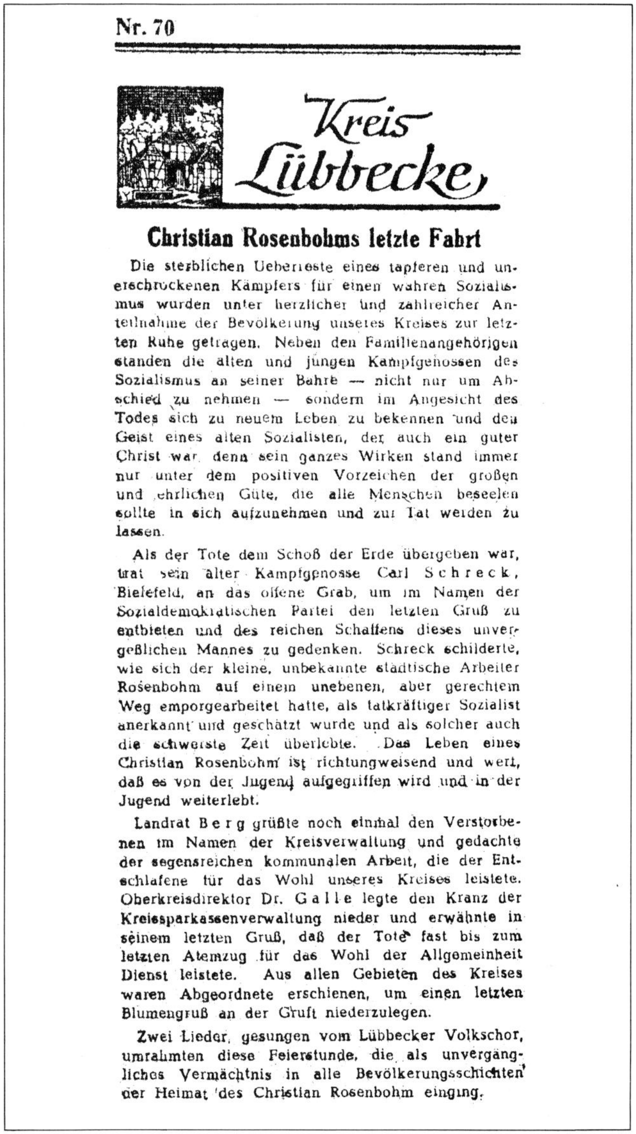

Nr. 70

Kreis Lübbecke

Christian Rosenbohms letzte Fahrt

Die sterblichen Ueberreste eines tapferen und unerschrockenen Kämpfers für einen wahren Sozialismus wurden unter herzlicher und zahlreicher Anteilnahme der Bevölkerung unseres Kreises zur letzten Ruhe getragen. Neben den Familienangehörigen standen die alten und jungen Kampfgenossen des Sozialismus an seiner Bahre — nicht nur um Abschied zu nehmen — sondern im Angesicht des Todes sich zu neuem Leben zu bekennen und den Geist eines alten Sozialisten, der auch ein guter Christ war, denn sein ganzes Wirken stand immer nur unter dem positiven Vorzeichen der großen und ehrlichen Güte, die alle Menschen beseelen sollte in sich aufzunehmen und zur Tat werden zu lassen.

Als der Tote dem Schoß der Erde übergeben war, trat sein alter Kampfgenosse Carl Schreck, Bielefeld, an das offene Grab, um im Namen der Sozialdemokratischen Partei den letzten Gruß zu entbieten und des reichen Schaffens dieses unvergeßlichen Mannes zu gedenken. Schreck schilderte, wie sich der kleine, unbekannte städtische Arbeiter Rosenbohm auf einem unebenen, aber gerechtem Weg emporgearbeitet hatte, als tatkräftiger Sozialist anerkannt und geschätzt wurde und als solcher auch die schwerste Zeit überlebte. Das Leben eines Christian Rosenbohm ist richtungweisend und wert, daß es von der Jugend aufgegriffen wird und in der Jugend weiterlebt.

Landrat Berg grüßte noch einmal den Verstorbenen im Namen der Kreisverwaltung und gedachte der segensreichen kommunalen Arbeit, die der Entschlafene für das Wohl unseres Kreises leistete. Oberkreisdirektor Dr. Galle legte den Kranz der Kreissparkassenverwaltung nieder und erwähnte in seinem letzten Gruß, daß der Tote fast bis zum letzten Atemzug für das Wohl der Allgemeinheit Dienst leistete. Aus allen Gebieten des Kreises waren Abgeordnete erschienen, um einen letzten Blumengruß an der Gruft niederzulegen.

Zwei Lieder, gesungen vom Lübbecker Volkschor, umrahmten diese Feierstunde, die als unvergängliches Vermächtnis in alle Bevölkerungsschichten der Heimat des Christian Rosenbohm einging.

Die Freie Demokratische Partei Deutschlands

Über das Wirken der FDP in den ersten Jahren auf lokaler Ebene konnten kaum Erkenntnisse gewonnen werden (vgl. Kap. III). Bei den Kommunalwahlen 1946 und 1948 gab es keine Kandidaten der Partei im Lübbecker Bereich. Kandidat der FDP bei den Landtagswahlen 1947 war Otto Schultze aus Lübbecke. Der Justizoberinspektor a. D. war bei der Wahl 1946 als Kandidat der CDU Stadtvertreter geworden. Die Schwerpunkte im Auftreten der Partei lagen in den ersten Jahren in anderen Gebieten des Kreises.

Erst bei den Kommunalwahlen 1952 wurde die Veränderung des Parteienspektrums durch die FDP deutlich, die sich national-liberal, aber auch konservativ darstellte, wie der frühere Landrat v. Borries sich selbst bezeichnete. Unter der Führung des Kreisvorsitzenden Carl Lamcke aus Lübbecke konnte die Partei beachtliche Gewinne verzeichnen. Die Redner auf den Wahlversammlungen, z. B. im Oktober 1952 in Gehlenbeck unter der Leitung von Herrn Hirry (Lübbecke) oder in Blasheim im September unter der Leitung von Lamcke, betonten das Bemühen der Partei, die Gegensätze und Spannungen der einzelnen Schichten des Volkes zu überbrücken. Man wollte die Nichtwähler, insbesondere aus den bürgerlichen Kreisen, wieder an die Wahlurnen führen.

Die »Westfalen-Zeitung« berichtete am 4. November 1952 über eine Wahlkundgebung in Lübbecke:
„Die Wahlkundgebung der Freien Demokratischen Partei am Sonntagabend im Schützenhaus wurde vom Kreisvorsitzenden Lamcke eröffnet und geleitet. Zwei Redner des Abends stellte er vor, Landrat a. D. von Borries und Nationalrat Dr. Fritz Stübner (Wien). Landrat von Borries legte dar, warum er sich dem

politischen Leben in den Reihen der FDP zur Verfügung gestellt hatte, wandte sich aber gegen jeden Parteiegoismus, wie er auch im Lübbecker Kreisparlament zutage getreten sei. Er setzte sich für die alten preußischen Tugenden der unbedingten Sachlichkeit, der Sauberkeit, Sparsamkeit und Gerechtigkeit ein.
Den Vorwurf der Zersplitterung des nichtmarxistischen Lagers durch die FDP wies er zurück; sie wolle für alle Stände und Gruppen eine Partei der nationalen Sammlung sein. Er wandte sich gegen die im Kreise Lübbecke geübten Methoden der Entnazifizierung und rief alle, die bisher verbittert abseits gestanden hätten, zur Wahl auf, damit die Geschicke des Kreises Lübbecke nicht von der SPD bestimmt würden."

Die Kommunistische Partei Deutschlands

Lübbecke und Gehlenbeck gehörten zu den Orten im Kreis, in denen die Arbeit der früheren Ortsvereine wieder aufgenommen wurde. Die beachtlichen Wahlergebnisse, z. T. bis zu 5% der Stimmen, konnten aber kaum in kommunalpolitische Erfolge umgesetzt werden. Nur in Gehlenbeck konnte Friedrich Rabeneck, Nr. 317, für die KPD 1948 und 1952 über die Reserveliste in die Gemeindevertretung einziehen. Ohne die Möglichkeit, sich öffentlich zu profilieren und durch die antikommunistische Stimmung in der Bevölkerung zu Beginn der fünfziger Jahre verlor die KPD schon vor ihrem Verbot 1958 an Bedeutung. Aus diesen Gründen waren auch über die schon im Kapitel III dargestellten Entwicklungen keine weiteren Informationen zur Arbeit der Partei auf örtlicher Ebene zu bekommen.

Der Block der Heimatvertriebenen und Entrechteten

Nach der Festschreibung der beiden großen Blöcke und dem Beginn des „Kalten Krieges" stellte sich für viele Vertriebene die Frage nach einer eindeutigen politischen Vertretung ihres Zieles, in ihre Heimat zurückzukehren. Diese Frage stellte sich auch Otto Ungar, der Gründer des BHE im Kreis Lübbecke. Er berichtete in einem Gespräch:
„Meiner Ansicht nach waren die Bekenntnisse der beiden großen Parteien zu den deutschen Ostgebieten nur noch Lippenbekenntnisse. Die CDU und die SPD haben in dieser Frage versagt. Ich suchte nach einer politischen Plattform, von der ich annehmen konnte, daß das Heimatrecht als Rechtsanspruch noch wirklich vertreten wurde. In einem Zeitungsartikel im Sommer des Jahres 1950 las ich über die Erfolge des BHE in Schleswig-Holstein und schrieb W. Kraft, dem Vorsitzenden dieser Partei, einen Brief."

Nach einer Zeit der Prüfung entschied sich Otto Ungar für die Mitarbeit in dieser Partei. Zum 10. März 1951 lud er die Vertriebenen im Kreisgebiet ein zu einer „Besprechung zwecks Gründung des BHE, Kreisgruppe Lübbecke/Westf". Die Versammlung fand im Lokal »Westfälischer Hof« in Lübbecke statt und die Gründung wurde beschlossen. Erster Vorsitzender wurde Otto Freimark aus Lübbecke und Otto Ungar wurde der Geschäftsführer.

Einen Erfolg konnte der BHE auf kommunalpolitischer Ebene schon zur Wahl 1952 erzielen. Der Schwiegervater von Otto Ungar, Emil Staschik, konnte über die Reserveliste in das Lübbecker Stadtparlament einziehen. Otto Ungar selbst kandidierte 1954 bei der Landtagswahl für den BHE im Wahlkreis Lübbecke.

Preußisch Oldendorf, Spiegelstraße.

4. Preußisch Oldendorf von Rudolf Bolte und Dieter Besserer

Preußisch Oldendorf im Jahr 1945

Mit dem Jahreswechsel 1944/45 dämmerte auch dem letzten „Volksgenossen“ in Preußisch Oldendorf, daß der Krieg verloren und die Besetzung durch die Alliierten nur noch eine Frage der Zeit war. Mit Bangen sah man dem Einmarsch entgegen, denn die Nazi-Propaganda hatte trotz der vielen Opfer, die dieser Krieg gefordert hatte, nur bei wenigen den Gedanken an eine Befreiung aufkommen lassen. Die Bevölkerung war auch in großer Angst wegen einer möglichen Sprengung des am Nordhang des Wiehengebirges liegenden Lufttanklager mit seinen riesigen Treibstoffvorräten. Hinzu kamen die starken nächtlichen Truppenbewegungen auf der Reichsstraße 65; meist versprengte deutsche Einheiten, die sich auf dem Rückzug befanden. Vereinzelt suchten einzelne Panzer das Lufttanklager auf, um sich mit Treibstoff zu versorgen.

Der letzte Panzer, der in Preußisch Oldendorf tankte, wurde in Holzhausen von den vorgedrungenen britischen Panzerspitzen durch einen Volltreffer in den Motor außer Gefecht gesetzt. Die Besatzung konnte ihr Fahrzeug jedoch früh genug verlassen.

In jenen Tagen war es den Oldendorfer Bürgern vergönnt, die „Wunderwaffen des Führers“ in Augenschein zu nehmen. Zurückflutende deutsche Truppen brachten V2-Raketen auf Spezialtransportern durch Preußisch Oldendorf in rückwärtige Gebiete. Das letzte Fahrzeug der Wehrmacht verließ nur Minuten vor dem Einmarsch der Alliierten Preußisch Oldendorf. Es waren die Soldaten des Sprengkommandos mit ihrem Opel-Blitz-1,5-Tonner. Sie hatten im Tanklager in dem Augenblick die Sprengladungen gezündet, als die britischen Panzerspitzen die Grenze zur Provinz Hannover überschritten. Die von der Bevölkerung befürchtete Katastrophe blieb jedoch aus, da nur noch geringe Mengen an Treibstoffen im Lufttanklager lagerten. Schon Stunden nach dem Einmarsch der Engländer wurden die Gebäude und die Einrichtungen des Lufttanklagers von der Zivilbevölkerung auf Brauchbares untersucht. Noch vorhandene Lebensmittel und technische Einrichtungen wurden auf Karren und Handwagen beiseite geschafft. Vom Knäckebrot bis zur Drehbank fanden sich schnell Abnehmer. Nach einigen Tagen wurde diese private Art der Demontage durch die von der Besatzungsmacht eingesetzte Hilfspolizei unterbunden, die fortan das Lufttanklager bewachte.

In den ersten Tagen nach der Besetzung wurden die politischen Leiter der NSDAP verhaftet und interniert. Alle Gemeinden, und insbesondere die Stadt Preußisch Oldendorf, hatten schwer unter der Einquartierung zu leiden. Besonders die Häuser bekannter Nationalsozialisten wurden von der Besatzungsbehörde beschlagnahmt.

In Preußisch Oldendorf wurden die ersten britischen Soldaten schon vier Tage nach dem Einmarsch in den Baracken der Bauleitung des Lufttanklagers untergebracht. Es waren britische Infanteristen, die in den Tagen zuvor im Großraum Bremen noch schwere Kämpfe zu bestehen hatten.

Mit den deutschen Nachbarn bestand bald ein gewisser Kontakt. Manches deutsche Nachbarskind kam mit einem langentbehrten Riegel Schokolade nach Hause. Als Gegenleistung für das Waschen der Soldatenwäsche erhielten die Hausfrauen gute, lange vermißte Kernseife.

Als jedoch die englischen Soldaten abrückten, um Platz für russische Fremdarbeiter zu machen, die hier zusammengezogen wurden, war es mit dem guten Einvernehmen vorbei. Die Russen feierten ihre Befreiung – nach jahrelanger Unterdrückung und Gefangenschaft – mit viel Alkohol, und es kam zu Übergriffen gegen die deutsche Zivilbevölkerung. Als nach einigen Wochen das Lager von der britischen Militärpolizei geräumt wurde und die Russen nach Lahde-Windheim abtransportiert wurden, boten die Baracken ein Bild der Verwüstung. Allein über 80 Fahrräder wurden sichergestellt, die gestohlen oder ihren deutschen Besitzern mit Gewalt auf der Straße abgenommen worden waren.

Weihnachten 1945 wurden die Baracken für längere Zeit mit, im Dienst der Briten stehenden, deutschen Soldaten belegt. Es war die Kraftfahrzeugeinheit 336. Mancher dieser Soldaten hat in Preußisch Oldendorf seine endgültige Heimat gefunden.

Mit dem Zusammenbruch des nationalsozialistischen Staates war ein parteipolitisches Vakuum entstanden. Die alten Machtstrukturen waren mit der Kapitulation der Deutschen Wehrmacht und der Auflösung des Parteiapparates der NSDAP beseitigt, wenn auch die Verwaltungen ihre Arbeit im Auftrag der Militärregierung fortsetzen konnten. Ihre Aufgabe wurde durch Verordnungen der Residentoffiziere auf Kreisebene vorgegeben und kontrolliert. Von einer Selbstverwaltung konnte 1945 noch keine Rede sein.

Am 12./13. Dezember 1945 traten in allen Gemeinden des Amtes Preußisch Oldendorf die von der Militärregierung in Lübbecke ernannten Gemeindeausschüsse, in Anwesenheit eines Offiziers der Besatzungsmacht, zu einer ersten Zusammenkunft zusammen. Ein erster Versuch der Besatzungsbehörde, die Selbstverwaltung wieder einzuführen. In diesen Sitzungen hatten die Gemeindeausschüsse, unter dem Vorsitz eines von der Besatzungsbehörde ernannten Bürgermeisters, eine Hauptsatzung zu verabschieden. Diese Männer der ersten Stunde waren in Preußisch Oldendorf Hermann Hohmeyer, der bisherige Amtmann, in Hedem Heinrich Glauert, in Lashorst Friedrich Hägemeister, in Schröttinghausen Heinrich Koch, in Börninghausen Wilhelm Weitkamp, in Holzhausen Karl Voß, in Harlinghausen Heinrich Vortriede, in Getmold Heinrich Schröder, in Offelten Ernst Osterholz und in Engershausen Wilhelm Redecker. Diese Gemeindeausschüsse unter dem Vorsitz des Bürgermeisters hatten, in wechselnden Zusammensetzungen, bis zur ersten Kommunalwahl im Herbst 1946 schwierigste Arbeit, wie die Versorgung der vielen Flüchtlinge mit Wohnraum, die Organisation der Lebensmittelversorgung usw. neben der eigentlichen Gemeindearbeit zu leisten.

In den Gemeindeausschüssen unseres Amtes waren folgende Bürger tätig:

Ab 12. Dezember 1945 in Preußisch Oldendorf

Hermann Hohmeyer als Bürgermeister
Richard Schulz
Gustaf Wilhelmy
Wilhelm Koch
Heinrich Freek
Fritz Marten
W. Stegelmeyer
Wilhelm Brinkmeier
Karl Wellnitz

Dr. Niermann
Wilhelm Schütte
Niemeyer, gen. Reinking
Wilhelm Pelster

Ab 13. Dezember 1945 in Holzhausen

mit Karl Voß als Bürgermeister
Gottlieb Diekmeyer
Heinrich Nierhaus
Heinrich Schierbaum
Karl Lange
Fritz Lohmeyer
Wilhelm Middelbüscher
Wilhelm Söhte
Heinrich Niemeier
Ernst Grummert
Karl Knickmeier
Albert Neumann
Wilhelm Busche

Ab 13. Dezember 1945 in Engershausen

mit Redecker als Bürgermeister
Kottmeier
Dammeyer
Unland
Pelster
Schweinefuß
Helmich
Krone

Ab 13. Dezember 1945 in Getmold

mit Heinrich Schröder als Bürgermeister
Wickemeyer, 1. Beigeordneter
Mittelkrämer, 2. Beigeordneter
Heinrich Vortmeyer
Friedrich Pieper
Heinrich Fangmeier
Friedrich Kleine Spreen
Karl Wärmker
Wilhelm Lammersiek

Ab 12. Dezember 1945 in Hedem

mit Glauert als Bürgermeister
Heinrich Telkemeier Nr. 17
Wilhelm Hüffmann Nr. 61
Wilhelm Möller Nr. 9
Walter Tegeler Nr. 81
Heinrich Niemeier Nr. 55
August Sander Nr. 21

Ab. 12. Dezember 1945 in Lashorst

mit Fritz Hägemeister als Bürgermeister
Heinrich Maschmeier Nr. 14
Heinrich Schmidt Nr. 34
August Püffke Nr. 58
Friedrich Viermann Nr. 6
Heinrich Coors Nr. 49
Friedrich Pohlmann Nr. 47

Ab 28. Dezember 1945 in Börninghausen

mit Weitkamp als Bürgermeister
Steinmeier
Rüter
Meyer
Lercher
Kettler
Kniepkamp
Wittkötter
Vinop
Krukemeier
Tiemann
Seckfort
Stapel
Fischer
Meyer

Ab 13. Dezember 1945 in Harlinghausen
mit Heinrich Vortriede als Bürgrermeister
Ernst Hippe
Friedrich Kuhlenkasper
Heinrich Jobstfinke
Karl Dunker
Franz Oberkrämer
Ernst Hülsmann
Wilhelm Krone
Wilhelm Hoppe

Ab 13. Dezember 1945 in Offelten
mit Ernst Osterholt als Bürgermeister
Karl Dreier Nr. 3
Fritz Füller Nr. 78
Willi Hüffmeier Nr. 41
Heinrich Savert Nr. 40
Willi Schnelle Nr. 18
Hermann Strahtmann Nr. 49
Walter Wilkenobering Nr. 22

Ab 12. Dezember 1945 in Schröttinghausen
mit Wilhelm Koch als Bürgermeister
Wilhelm Koring
Wilhelm Bokämper
Stasing
Jobstfinke
Lohrie

Erster ernannter Amtsbürgermeister wurde Wilhelm Lammersiek. Zur Amtsvertretung gehörten die Gemeindebürgermeister und zusätzlich die Amtsvertreter Koch (Preußisch Oldendorf), Sawert (Offelten), Dammeyer (Engershausen), Hippe (Harlinghausen), Niermann (Schröttinghausen), Niehaus (Heddinghausen), Steinmeyer (Börninghausen) und Tiemeyer (Obermehnen). Der bisherige Amtsbürgermeister Hermann Hohmeyer war von der britischen Besatzungsbehörde in seinem Amt als Leiter der Amtsverwaltung und nunmehriger Amtsdirektor bestätigt worden. Er war zwar Mitglied der NSDAP gewesen, galt aber als unbelastet und Mitläufer. Da er schon über die Pensionsgrenze im Amt verblieben war, ging er Anfang 1946 in den Ruhestand.

Die Amtsvertretung wählte daher am 8. März 1946 den Zigarrenfabrikanten Wilhelm Koch aus Preußisch Oldendorf zum neuen Amtsbürgermeister, als seinen Stellvertreter den Zigarrenarbeiter Heinrich Niehaus aus Holzhausen.

Als neuer Amtsdirektor wurde der Bücherrevisor W. Schauhoff aus Lemförde gewählt, der, wie es im Protokoll hieß, „der NSDAP und ihren Gliederungen nicht angehört hat."

Die Arbeit der Kommunalparlamente im Amt Preußisch Oldendorf stand vor kaum lösbaren Problemen. Die schon herrschende Wohnungsnot wurde in den Gemeinden durch die Zuweisung von Flüchtlingen immer größer. Zusätzlich waren von der Besatzungsbehörde, insbesondere in Preußisch Oldendorf und Holzhausen, Gastwirtschaften, Säle und Privathäuser beschlagnahmt worden und lange Zeit von ihnen benutzt. Unter diesen Umständen war die Wohnraumbeschaffung sehr schwierig. Ähnliches galt für die Versorgung der Bevölkerung mit Lebensmitteln und Heizmaterial und die Sicherstellung der öffentlichen Sicherheit und Ordnung.

Im Juni 1946 befaßte sich die Amtsvertretung u. a. mit der Aufstellung eines Selbstschutzes, um Felder, Gärten und Höfe zu schützen und vor Diebstahl von

Lebensmitteln und Gegenständen des täglichen Bedarfs zu bewahren. Die für den Selbstschutzdienst vom Kreis zur Verfügung gestellten Nachtausweise für 100 Personen wurde von der Anzahl her als nicht ausreichend angesehen. Wie groß die Notwendigkeit eines Selbstschutzes war, ist aus dem Standpunkt der Amtsverwaltung zu ersehen, daß zum Selbstschutz die gesamte männliche Bevölkerung zwischen 18 und 50 Jahren auf ehrenamtlicher Basis herangezogen werden sollte.

Bürgermeister Hilling.

Konstituierung der Parteien

Die aus 1945 und Anfang 1946 überlieferten Namen der von der Besatzungsmacht ernannten Gemeinde- und Amtsvertreter belegen, daß die Parteien in dieser Zeit schon präsent waren.

Im August 1945 richtete der ehemalige sozialdemokratische preußische Innenminister Carl Severing eine Rundfunkansprache an das deutsche Volk. Seine Rede enthielt u. a. den Satz: *„In der Demokratie wollen wir uns zusammenschließen, weil die Demokratie die würdigste Staatsform eines mündigen Volkes ist."* Diesem Aufruf folgten auch im Amt Preußisch Oldendorf zahlreiche Männer und Frauen, die sich den verschiedenen Gründerkreisen anschlossen.

Die SPD hatte schon vor 1933 eine intakte Organisation; es bestanden Ortsgruppen in Preußisch Oldendorf und Holzhausen. Die Sozialdemokraten in Preußisch Oldendorf trafen sich bereits im November 1945, um die organisatorischen Vorbereitungen für die Wiedergründung zu treffen. Offizieller Wiedergründungstag wurde der 1. Januar 1946. Vorsitzender wurde Richard Schulz, Mitglied der SPD schon vor 1933. Eine Beitragsabrechnung vom 28. Februar 1946 trägt bereits seinen Namen. Kurze Zeit nach der Wiedergründung, am 19. Januar 1946, wurde Ludwig Hilling als Vertreter der SPD in Preußisch Oldendorf Bürgermeister, später auch Mitglied des Kreistages und ab 1949 stellvertretender Landrat. Weitere Gründungsmitglieder waren u. a. Willi Brinkmeyer, Willi Bühnagel, Karl und Fritz Marten, Heinrich Freek, Heinrich Schnittker, Heinrich Rahe.

In Börninghausen hatte Andreas Bonika, SPD-Mitglied seit 1906, am 7. Oktober 1945 zu einer Versammlung der SPD in der alten Turnhalle eingeladen. Diese

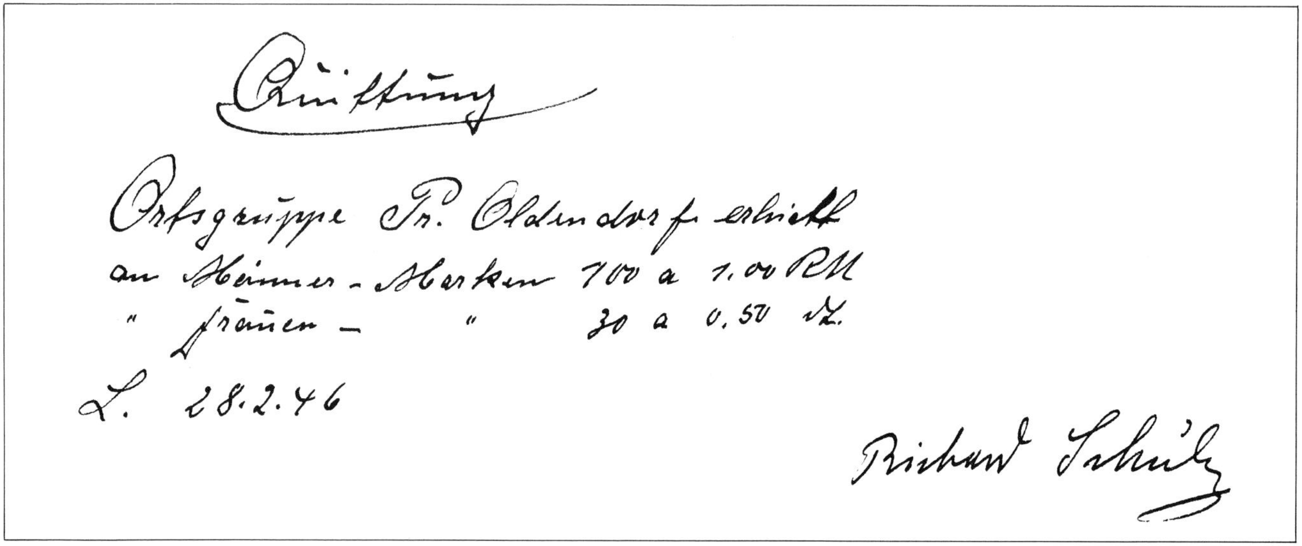
Quittung

Ortsgruppe Pr. Oldendorf erhielt
an Männer-Marken 100 à 1,00 RM
" Frauen – " 30 à 0,50 "
L. 28.2.46

Ältestes Dokument vom SPD-Ortsverein Preußisch Oldendorf.

Zusammenkunft wurde Grundlage für die Gründung des SPD-Ortsvereins Börninghausen im Februar 1946. Erster Vorsitzender wurde Julius Vermöhlen. Die weiteren Gründungsmitglieder waren u. a. Wilhelm Hölscher, Franz Zeug, Wilhelm Backhoff, Karl Bonika, Hermann Rabe, Wilhelm Stolte, Wilhelm Lercker.

Sowohl bei der Wiedergründung der SPD in Preußisch Oldendorf, als auch in Börninghausen war auch Heinrich Strieker, der spätere Kreisgeschäftsführer beteiligt, dem im wesentlichen der Aufbau der SPD-Kreisorganisation zu verdanken ist. Besonders deutlich wird dies am Beispiel des SPD-Ortsvereins Holzhausen. Hier hatte schon vor 1933 eine Ortsgruppe der SPD unter dem Vorsitz von Heinrich Niehaus bestanden. Heinrich Strieker und Heinrich Hüffmeyer, der spätere Kreisgeschäftsführer nach Strieker, sorgten in Holzhausen im März 1946 für die Einberufung einer Gründungsversammlung, in der der SPD-Ortsverein Holzhausen wiedergegründet wurde. Die Männer der ersten Stunde waren Heinrich Niehaus, Heinrich Hüffmeyer, Fritz Grewe, Karl Lange, Wilhelm Busche und Gustav Segnitz. Vorsitzender wurde Heinrich Niehaus, der 1947 von Heinrich Hüffmeyer abgelöst wurde.

Für die anderen Parteien war der Beginn ungleich schwieriger. Die CDU als neue, konfessionell ungebundene christliche Partei, wurde auf Kreisebene am 19. Februar 1946 gegründet. Ihr erster Vorsitzender wurde Wilhelm Niermann aus Schröttinghausen, ein in der Arbeit der Christlich Nationalen Bauern- und Landvolkpartei vor 1933 schon erfahrener Mann.

WIR VERTRETEN DIE WAHRHEIT, DIE GERECHTIGKEIT, DIE MENSCHLICHKEIT, DEN FRIEDEN UND DIE WOHLFAHRT DER NATIONEN
AUGUST BEBEL

Als ehrende Anerkennung

FÜR DIE SEIT DEM
Jahre 1905
BEWIESENE TREUE UND MITARBEIT
DEM GENOSSEN
Andreas Bonika
IN DANKBARKEIT GEWIDMET AM
5. Februar 1950

SOZIALDEMOKRATISCHE PARTEI DEUTSCHLANDS
BEZIRK

1. VORSITZENDER

UNTERBEZIRK
Lübbecke
1. VORSITZENDER

ORTSVEREIN
Börninghausen
1. VORSITZENDER

SPD

Richard Bonika im Jahre 1954.
Begründer des SPD-Ortsvereins nach dem Zweiten Weltkrieg; SPD-Mitglied sei 1905.
Links: Seine Ehrenurkunde für 45jährige Mitgliedschaft.

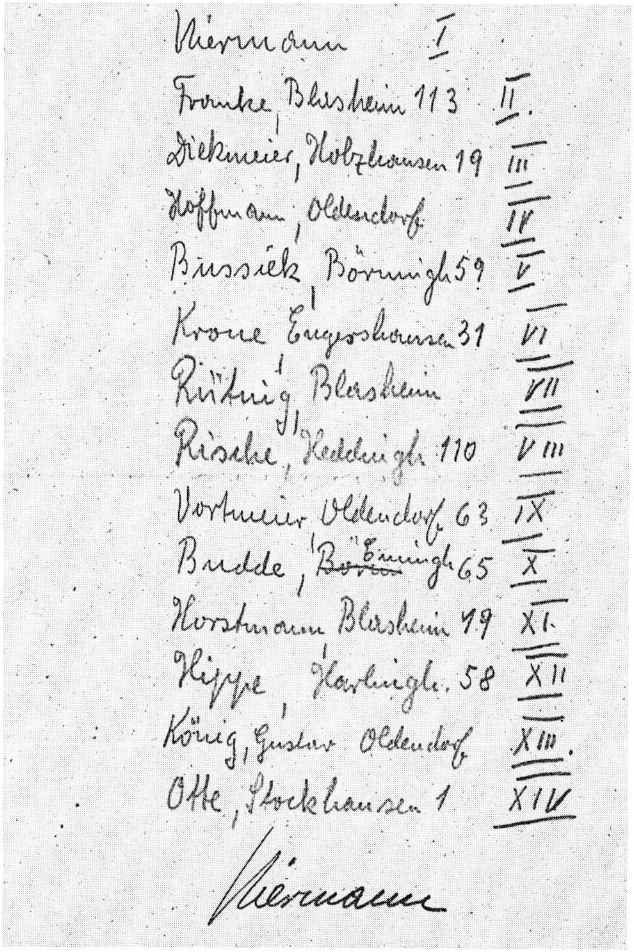
Niermann I
Franke, Blasheim 113 II.
Diekmeier, Holzhausen 19 III
Hoffmann, Oldendorf IV
Bussiek, Börningh. 59 V
Krone Engershausen 31 VI
Rüting, Blasheim VII
Rische, Heddingh. 110 VIII
Vortmeier Oldendorf 63 IX
Budde, ~~Börn~~ Einingh. 65 X
Horstmann Blasheim 19 XI.
Hippe, Harlingh. 58 XII
König, Gustav Oldendorf XIII.
Otte, Stockhausen 1 XIV

Niermann

Reserveliste der CDU Amt Preuß. Oldendorf zur Wahl am 17. Oktober 1948, aufgestellt von Wilhelm Niermann.

Obwohl ursprünglich beabsichtigt, kam es im Amt Preußisch Oldendorf zu keiner Gründung von Ortsgruppen der CDU, lediglich auf Amtsebene bestand ein lockerer Zusammenschluß unter Führung von Wilhelm Niermann, der insbesondere vor Wahlen bei Erstellung der Reservelisten in Aktion trat. Dies lag unter anderem auch an den geringen Mitgliederzahlen der Partei. Am 11. Juni 1947 hatte die CDU im Amt Preußisch Oldendorf 49 Mitglieder, davon in Preußisch Oldendorf 4, in Engershausen 3, in Harlinghausen 1, in Schröttinghausen 34, in Eininghausen 1 und in Stockhausen 6 Mitglieder, in den nicht genannten Gemeinden überhaupt kein Mitglied. Die verhältnismäßig hohe Anzahl von 34 Mitgliedern in Schröttinghausen deutet auf die Aktivität von Wilhelm Niermann hin.

Bei der FDP hatte der Vermessungsrat Carl Leipziger (Klein-Engershausen) Anfang 1946 eine Amtsgruppe der FDP gegründet, der u. a. auch Wilhelm Rössmann und Wilhelm Deeke aus Preußisch Oldendorf und Wilhelm Reinkenobbe aus Engershausen angehörten. Leipziger starb jedoch kurze Zeit später und Wilhelm Rössmann übernahm die Leitung der Amtsgruppe und führte etwas später auch die Geschäfte des FDP-Kreisvereins. Er war auch Mitglied des FDP-Bezirksvorstandes.

An führender Stelle in der FDP stand auch der Dentist Albert Kunzemann aus Preußisch Oldendorf. Er war 1948 Kreisvorsitzender der FDP und später auch Amtsbürgermeister.

Eine Ortsgruppe der KPD hat es in Preußisch Oldendorf nicht gegeben. Als Ansprechpartner der Kreisgruppe der KPD wird in einer Notiz vom 21. September 1949 Rafalski genannt.

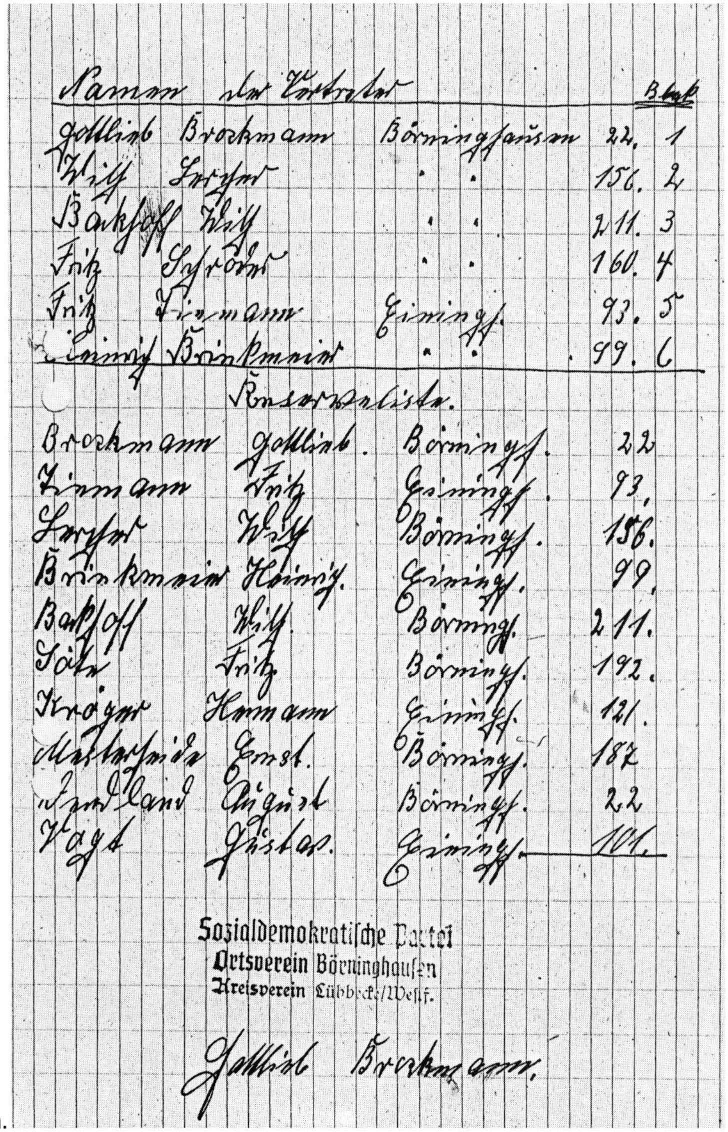

Namen der Vertreter — Blatt

Gottlieb	Brockmann	Börninghausen	22.	1
Wilh.	Seyfer	" "	156.	2
Backhoff	Wilh.	" "	211.	3
Fritz	Schröder	" "	160.	4
Fritz	Zimmann	Einingh.	93.	5
Heinrich	Brinkmeier	" "	99.	6

Reserveliste.

Brockmann	Gottlieb.	Börningh.	22
Zimmann	Fritz	Einingh.	93.
Seyfer	Wilh.	Börningh.	156.
Brinkmeier	Heinrich.	Einingh.	99.
Backhoff	Wilh.	Börningh.	211.
Sölter	Fritz	Börningh.	192.
Kröger	Hermann	Einingh.	121.
Mettenmeier	Ernst.	Börningh.	187
Friedland	August	Börningh.	22
Vogt	Gustav.	Einingh.	101.

Sozialdemokratische Partei
Ortsverein Börninghausen
Kreisverein Lübbecke/Westf.

Gottlieb Brockmann.

Kandidatenliste vom SPD-Ortsverein Börninghausen.

Die Arbeit der Parteien

Nach der Zeit der Wieder- und Neugründungen begann die Zeit der politischen Arbeit in den einzelnen Parteien. Jede Partei ging ihren eigenen Weg. Die SPD durch ihre aus der Weimarer Zeit überkommene und neugegründete Gliederung in Ortsvereine, Unterbezirke, Bezirke usw. war schnell vor Ort präsent. Der im wesentlichen von der Kreisebene her organisierten CDU gelang es nicht, parallel zur SPD im Amt Preußisch Oldendorf Ortsverbände zu gründen. Als Folge waren viele Kandidaten der CDU und FDP bei den Kommunalwahlen am 15. September 1946 nicht Mitglieder der Partei, für die sie kandidierten. Bei der SPD war dies weniger stark der Fall.

Zur Kommunalwahl am 15. September 1946 wurden öffentliche Kundgebungen und Versammlungen von allen Parteien abgehalten. Es fand ein regelrechter Wahlkampf statt mit Plakaten, die auch damals nicht immer an den richtigen Stellen geklebt wurden.
Es galt, den Bürger mit dem Wesen der Kommunalvertretungen vertraut zu machen und die Programme der Parteien zu erläutern.

Die Arbeit der demokratischen Parteien war sehr umfangreich. Es waren Programme zu erarbeiten und zu diskutieren, politische Bildung und Rhetorik mußten vermittelt werden. Wahlveranstaltungen wurden in einer Vielzahl, die heute sehr hoch erscheint, abgehalten; denn es gab kein Fernsehen, kaum Radio und wenig Presse. Die Leistungen im Wahlkampf sind um so höher einzuschätzen, wenn man berücksichtigt, daß 1946-1947 viele Redner und Zuhörer ihre Wege mit dem Fahrrad zurücklegten. Für Delegierte, die an Konferenzen auf Bezirks- oder Landesebene teilzunehmen hatten, wurden die Fahrt und Verpflegung zu einem großen Problem. Wenn man die auf einer kleinen Schreibblockseite eingereichten Wahlvorschläge und die mit Schreibmaschine geschriebenen Stimmzettel betrachtet, so mag es uns doch ein wenig die Schwierigkeiten der damaligen Zeit vor Augen führen.

Nach den Wahlen 1946 stellte die SPD mit Ludwig Hilling in Preußisch Oldendorf den Bürgermeister, in den Gemeinden stellte jedoch die CDU die Bürgermeister, die jedoch in vielen Fällen nicht deren Mitglieder waren. Die ersten frei gewählten Bürgermeister waren:

Preußisch Oldendorf: Ludwig Hilling, SPD
Offelten: Heinrich Heuer, CDU
Engershausen: Wilhelm Redecker, CDU
Harlinghausen: Franz Fahrmeyer, CDU
Getmold: Heinrich Nobis, FDP
Schröttinghausen: Willi Koring, CDU
Holzhausen-Heddinghausen: Karl Voß, CDU
Börninghausen: Ludwig Steinmeyer, CDU
Hedem: Heinrich Telkemeyer
Lashorst: Fritz Hägemeister

Ihnen zur Seite standen die gewählten Gemeindevertreter.

In Preußisch Oldendorf

Friedrich Detering
Heinrich Potthoff
Richard Schulz
Wilhelm Brinkmeier
Fritz Marten
Heinrich Schnittker
Wilhelm Pelster
Heinrich Freek
Friedrich Peitz
Wilhelm Redecker
Wilhelm Rößmann

In Holzhausen

Gottlieb Diemeyer
Wilhelm Busche
Heinrich Hippe
Karl Knickmeier
Heinrich Niehaus
Karl Lange
Heinrich Behring
Heinrich Niemeier
Wilhelm Kleine-Beek
Fritz Grewe
Struckmann

In Börninghausen-Eininghausen

Friedrich Krukemeier Nr. 136
Fritz Meier Nr. 208
Wilhelm Kniepkamp Nr. 39
Fritz Meyer Nr. 2
Gottlieb Brockmann Nr. 22
Heinrich Wittkötter Nr. 181
Wilhelm Stapel Nr. 31
Wilhelm Bussiek Nr. 53
Heinrich Möhlmeyer Nr. 22
Friedrich Seckfort Nr. 7
Friedrich Tiemann Nr. 93

In Getmold

Heinrich Fangmeyer Nr. 5
Wilhelm Lammersiek Nr. 79
Heinrich Vortmeyer Nr. 24
Wilhelm Wickemeyer Nr. 9
Friedrich Pieper Nr. 92
Kleine Spreen Nr. 18
Karl Wärmker Nr. 28
Heinrich Mittelkrämer Nr. 5

In Lashorst

Heinrich Burkamp Nr. 11
Heinrich Maschmeier Nr. 14
Heinrich Schmidt Nr. 34
Friedrich Pohlmann Nr. 47
Friedrich Viermann Nr. 6

In Hedem

Carl Kröger Nr. 62
Fritz Unger Nr. 48
Wilhelm Lohmeier Nr. 80
Wilhelm Möller Nr. 9
August Sander Nr. 21
Heinrich Niemeier Nr. 55
Wilhelm Hüffmann Nr. 61
Heinrich Barlach Nr. 19

In Schröttinghausen

Wilhelm Unger Nr. 39
Wilhelm Bokämper Nr. 24
Karl Franke Nr. 21
Heinrich Jobstfinke Nr. 41
Friedrich Koch Nr. 85
Wilhelm Koch Nr. 13
Heinrich Koch Nr. 30
August Fricke Nr. 65
Heinrich Volbert Nr. 18

In Engershausen

Finke
Pelster
Unland
Huge
Kottmeier

In Harlinghausen

Hermann Freek Nr. 103
Ernst Hippe Nr. 58
Heinrich Krone Nr. 74
Franz Oberkrämer Nr. 62
Heinrich Jobstfinke Nr. 99
Ernst Hülsmann Nr. 36
Karl Spreen Nr. 77
Heinrich Tegeler Nr. 34

In Offelten

Karl Dreier Nr. 3
Fritz Füller Nr. 78
Willi Hüffmeier Nr. 41
Heinrich Sawert Nr. 40
Willi Schnelle Nr. 18
Hermann Strahtmann Nr. 49
Walter Wilkenobering Nr. 22

Die erste freie Wahl zur Amtsvertretung 1946 brachte folgendes Ergebnis:

Hilling	Voß
Krone	Hippe
Hippe	Busche
Lammersiek	Althoff
Niermann	Blomeyer
Stapel	Bartelheimer
Steinmeier	Gräwe
Krukemeier	Hampe
Pelster	Horstmeyer
Potthoff	Wittkötter

Sie wählten aus ihrer Mitte Wilhelm Koch aus Preuß. Oldendorf zum Amtsbürgermeister.

S t i m m z e t t e l

für die Wahl der Vertreter
der Gemeinde Pr.Oldendorf
im Wahlbezirk 3 am 17.Oktober 1948

Der Stimmzettel ist in dieser Spalte anzukreuzen

1 B r i n k m e i e r
Willi Heinrich Friedrich Brinkmeier, Pr.Oldendorf, Bremerstr.35 – Maler — SPD

2 D r. L ü c k e r
Paul Emil Erwin Lücker jr., Pr.Oldendorf, Bremerstr.40 – Arzt — CDU

Stimmzettel in einfacher Ausführung.

Für Christentum und Demokratie!

Zahlreiche Wahlversammlungen der CDU im Kreise Lübbecke

Am Dienstag nach Ostern eröffnet die CDU-Kreispartei Lübbecke den Wahlkampf. Die nächsten 14 Tage werden dann im Zeichen zahlreicher Wahlversammlungen in allen Teilen des Kreisgebietes stehen. In einer Reihe von Versammlungen wird der von der CDU für den Kreis Lübbecke aufgestellte Landtagskandidat Universitäts-Professor Dr. S t i e r (Münster) sprechen und die Bevölkerung zum Einsatz für eine von den Gedanken des Christentums getragene Demokratie aufrufen. Der gleiche Gedanke wird Ausdruck finden in vielen anderen Versammlungen, die besonders für die Ostvertriebenen bestimmt sind. Hier werden Ostvertriebene zu Ostvertriebenen sprechen und ihnen sagen, wie sehr sich die CDU für ihre Belange eingesetzt hat und sich auch im künftigen Landtag mit aller Kraft dafür einsetzen wird, Forderungen übrigens, die auch auf der letzten Tagung des Zonen Flüchtlings-Ausschusses der CDU in Recklinghausen beredten Ausdruck gefunden haben. Schließlich werden noch außer den nachstehend bekanntgegebenen öffentlichen Versammlungen M i t g l i e d e r v e r s a m m l u n g e n mit geladenen Gästen stattfinden. Und nun der Versammlungsplan:

D i e n s t a g , 8. April, 20 Uhr,
in Haldem: bei Gastwirt Rosengarten; Redner: Prof. Dr. Stier (Münster);
in Varl: bei Gaswirt Hanau; Redner: Ostvertriebener Schriftleiter Alfred Walter.

M i t t w o c h , 9. April, 20 Uhr,
in Oppendorf: bei Gastwirt Klinge; Redner: Prof. Dr. Stier (Münster);
in Varlheide: bei Gastwirt Winkelmann; Redner: Ostvertriebener Schriftleiter Alfred Walter.

D o n n e r s t a g , 10. April, 20 Uhr,
in Pr.-Ströhen: bei Gastwirt Bergmann; Redner: Prof. Dr. Stier (Münster);
in Kleinendorf: bei Gastwirt Berg; Redner: Ostvertriebener Schriftleiter Alfred Walter.
in Schnathorst: bei Gastwirt Gröne; Redner: Rektor i. R. Walter Hardt.

F r e i t a g , 11. April, 20 Uhr,
in Rahden: im Hotel Braun; Redner: Prof. Dr. Stier (Münster);
in Levern: bei Gastwirt Meier; Redner: Ostvertriebener Schriftleiter Alfred Walter.

S o n n a b e n d , 12. April, 20 Uhr,
in Destel: bei Gastwirt Lohkamp; Redner: Ostvertriebener Schriftleiter Alfred Walter.

S o n n t a g , 13. April,
in Lübbecke, nachmittags 17 Uhr: Aula der Aufbauschule (Geistwall); Red.: Prof. Dr. Stier (Münster);
in Pr.-Oldendorf um 20 Uhr: in der Schule; Redner: Prof. Dr. Stier (Münster);
in Pr.-Ströhen nachm. 17 Uhr: bei Gastwirt Bergmann; Redner: Ostvertriebener Schriftleiter Alfred Walter;
in der Kolonie Espelkamp um 20 Uhr: Redner: Ostvertriebener Schriftleiter Alfred Walter.

M o n t a g , 14. April, 20 Uhr,
in Fiestel: bei Gastwirt Spreen; Redner: Professor Dr. Stier (Münster).

D i e n s t a g , 15. April, 20 Uhr,
in Gehlenbeck: bei Gastwirt Blase; Redner: Prof. Dr. Stier (Münster);
in Vehlage: bei Gastwirt Rose; Redner: Ostvertriebener Schriftleiter Alfred Walter.

M i t t w o c h , 16. April, 20 Uhr,
in Hüllhorst: bei Gastwirt Eggstein; Redner: Prof. Dr. Stier (Münster);
in Frotheim: bei Gastwirt Albersmeier: Redner: Ostvertriebener Schriftleiter Alfred Walter.

D o n n e r s t a g , 17. April, 20 Uhr,
in Nettelstedt: bei Gastwirt Duffe; Redner: Ostvertriebener Schriftleiter Alfred Walter;
in Büttendorf: bei Gastwirt Meier; Redner: Landtagsabgeordneter Walter Hardt.

F r e i t a g , 18. April, 20 Uhr,
in Holzhausen: bei Gastwirt Kleimann; Redner: Prof. Dr. Stier (Münster);
in Obermehnen: bei Gastwirt Gröne; Redner: Ostvertriebener Schriftleiter Alfred Walter.

S o n n a b e n d , 19. April, 20 Uhr,
in Destel: bei Gastwirt Lohkamp; Redner: Professor Dr. Stier (Münster);
in Pr.-Oldendorf: in der Schule; Redner: Ostvertriebener Schriftleiter Alfred Walter.

Große Aktivitäten des politischen Parteien.

FDP Freie Demokratische Partei
Kreisgruppe Lübbecke

Wir laden alle Mitglieder und Freunde am Dienstag, dem 7. 6. 1949, um 20.15 Uhr im Gasthaus Deeke, Pr.-Oldendorf, zur

Mitgliederversammlung ein.

Tagesordnung: Neuwahl des Vorstandes, Verschiedenes.
Der Vorstand.

Eine Zeit großer Probleme und Aufgaben lag nun vor den demokratisch gewählten Vertretern der Bürgerschaft.

Durch das Ansteigen der Bevölkerungszahlen aufgrund der stark zunehmenden Zahl der Flüchtlinge und Vertriebenen herrschte eine große Wohnungsnot. Zudem galt es, Probleme im schulischen Bereich zu lösen. So wurde zum Beispiel in Preußisch Oldendorf zeitweise in der Kantine der Verwaltung des Lufttanklagers unterrichtet. Die durch den langen Krieg stark vernachlässigten öffentlichen Einrichtungen bedurften einer dringenden Instandsetzung. Das Straßennetz wurde durch den Krieg und den Einmarsch der britischen Panzer stark geschädigt und mußte ausgebessert werden.
In Preußisch Oldendorf versuchte Bürgermeister Hilling mit seinen Ratsmitgliedern, eine zentrale Wasserversorgung zu installieren. All diese Dinge ließen sich nur unter großen Schwierigkeiten verwirklichen. Die Materialbeschaffung für diese Arbeiten ließ sich nicht immer auf legale Weise realisieren, so daß Material auf dem „Schwarzen Markt" beschafft wurde. Hierbei waren die Bauerndörfer vielleicht im Vorteil; sie hatten Kartoffeln und andere wertvolle Tauschwaren. In Preuß. Oldendorf gelang es Bürgermeister Hilling, Material für den Bau der Wasserleitung aus Beständen des Lufttanklagers in den Besitz der Stadt zu bringen.

Gemeinderäte, Verwaltung und Amtsvertreter mußten in dieser Zeit des Mangels versuchen, die wenigen Dinge, die zur Verfügung standen, gerecht zu verteilen.

Eine Protokollnotiz vom 18. Dezember 1948 besagt, daß die Volksküche in der alten Turnhalle in Preuß. Oldendorf sofort aufgrund mangelnder Gelder zu schließen sei. Im gleichen Protokoll wird zwei Kriegerwitwen der Antrag auf Freistellen an der städtischen Mittelschule gewährt.

Die Parteien konnten in den zwei zurückliegenden Jahren ihre Organisation verbessern und neue Mitglieder gewinnen. So wurde die Kommunalwahl 1948 eigentlich die erste Wahl in der die Parteien die dominierende Rolle spielten. In den Zeitungen der damaligen Zeit sind die gewählten Vertreter alle einer Partei zugeordnet, wobei nicht alle gewählten Mitglieder der Partei waren, für die sie kandidierten.

Es wurde langsam besser.

Kulturelle Veranstaltungen der SPD

Gelungene Abende der Ortsvereine Oldendorf und Hüllhorst

Pr. Oldendorf. Der Ortsverein der SPD Oldendorf kann voll Befriedigung auf seine kulturelle Veranstaltung zurückblicken, die am Sonnabend im Driemeyerschen Saale stattfand. Den Bemühungen des Vorsitzenden Richard Schulz war es zu danken, daß den zahlreichen Gästen im ersten Teile des Abends ein reichhaltiges Programm vorzüglicher Darbietungen vorgeführt werden konnte. Die Vortragsfolge bot in ihrer bunten Abwechslung jedem Besucher etwas, so daß es nur ein Urteil gab: Der Abend war in jeder Hinsicht tadellos aufgezogen und ein voller Erfolg, der die kulturellen Bestrebungen des Ortsvereins dokumentierte.

Nach Darbietungen ernsterer Art, bei denen das Volkslied dominierte, kamen beschwingte Weisen zu Gehör. Eine launige Ansage schaltete die Stimmung auf Heiterkeit ein und schuf eine Atmosphäre, die alle Herzen auflockerte, so daß alles Gebotene freudig aufgenommen und mit dankbarem Applaus quittiert wurde. Ob das nun in Oldendorf schon seit mehr als Jahresfrist bekannte Sängerensemble „Olidos" oder die Solisten und Solistinnen v. Reth, Bünnagel, Balfanz, Konrad und Budde oder die niedlichen Ballettänzerinnen auf den „Brettern, die die Welt bedeuten", auftraten, immer wieder wurde die Aufmerksamkeit der Hörer gefesselt.

Es wurde das erreicht, was der Vorsitzende Richard Schulz bezweckt hatte, wie er in seiner Begrüßungsansprache zum Ausdruck brachte, daß der werkschaffende Arbeitsmann und die sorgende Hausfrau ein Stück Freude mit in die Tagesarbeit hinübernehmen könne.

Der zweite Teil des Abends war dem Tanz und der frohen Geselligkeit gewidmet. Der Kreisvorsitzende Schilling (Lübbecke), der als Gast erschienen war, nahm die Gewißheit mit, daß im hiesigen Ortsverein ein festes Gemeinschaftsgefühl alle Mitglieder sowohl im Werktags- wie auch im Feiertagsgewande verbindet.

*

Hüllhorst. Der hiesige Ortsverein veranstaltete bei Eggstein ein Winterfest mit öffentlichem Tanz, an dem die Jugend lebhaften Anteil nahm. Zur allgemeinen Ueberraschung hatte der Bundestagskandidat des Bezirkes Lübbecke-Minden, Dr. Bleiß, der Einladung des Ortsvereins Folge geleistet, der dann herzliche Worte der Begrüßung fand. Er erwähnte kurz die politische Situation, nahm allerdings unter Hinweis auf die Mindener Protestkundgebung zu den jüngsten Ereignissen im Bundestag Abstand von einer Stellungnahme zu diesen Vorgängen.

Die Bürgerinnen und Bürger unserer Gemeinden wählten am 17. Oktober 1948 folgende Rats- und Amtsvertreter.

Amt Preußisch Oldendorf

Heinrich Potthoff	Pr. Oldendorf	Nr. 15	SPD
Ludwig Hilling	Pr. Oldendorf	Nr. 12	SPD
Karl Dreyer	Offelten	Nr. 3	CDU
Ernst Hippe	Harlinghausen	Nr. 58	CDU
Wilhelm Lammersiek	Getmold	Nr. 79	CDU
Heinrich Niemeyer	Holzhausen	Nr. 91	SPD
Wilhelm Busche	Holzhausen	Nr. 119	SPD
Gottlieb Brockmann	Börninghausen	Nr. 28	SPD
Heinrich Tiemann	Eininghausen	Nr. 93	SPD
Karl Bartelheimer	Obermehnen	Nr. 183	SPD
Wilhelm Althoff	Blasheim	Nr. 179	SPD
Karl Horstmeier	Stockhausen	Nr. 18	CDU
Wilhelm Niermann	Schröttingh.	Nr. 2	CDU
Friedrich Franke	Blasheim	Nr. 113	CDU
Gottlieb Diekmeyer	Holzhausen	Nr. 19	CDU
Wilhelm Hoffmann	Pr. Oldendorf	Nr. 44	CDU

Stadt Preußisch Oldendorf

Heinrich Potthoff	Nr. 15	SPD
Wilhelm Pelster	Nr. 254	CDU
Dr. Paul Lücker jun.	Nr. 40	CDU
Heinrich Huge	Nr. 279	CDU
Ludwig Hilling	Nr. 12	SPD
Otto König	Nr. 8	CDU
Wilhelm Brinkmeier	Nr. 35	SPD
Friedrich Peitz	Nr. 29	SPD

Gemeinde Offelten

Friedrich Füller	Nr. 78	CDU
Ernst Osterholz	Nr. 6	CDU
Karl Dreyer	Nr. 3	CDU
Wilhelm Hüffmeyer	Nr. 41	CDU
Wilhelm Stockhaus	Nr. 30	CDU
Hermann Strahtmann	Nr. 49	CDU

Gemeinde Engershausen

Heinrich Thies	b. Nr. 10	FDP
Karl Finke	Nr. 49	CDU
Heinrich Unland	Nr. 39	CDU
Wilhelm Reinkenobbe	Nr. 6	FDP
Friedrich Huge	b. Nr. 3	SPD

Gemeinde Harlinghausen

Hermann Freek	Nr. 103	SPD
Heinrich Vortriede	Nr. 20	CDU
Karl Spreen	Nr. 77	SPD
Fritz Fahrmeyer	Nr. 43	CDU

Gemeinde Schröttinghausen

Heinrich Koch	Nr. 30	CDU
Werner Pollert	b. Nr. 9	CDU
Wilhelm Koring	Nr. 23	CDU
Heinrich Hüsemann	Nr. 1	CDU
Heinrich Niemeyer	Nr. 44	CDU
Heinrich Herbers	Nr. 100	CDU

Gemeinde Getmold

Heinrich Nobis	Nr. 80	CDU
Heinrich Mittelkrämer	Nr. 5	CDU
Heinrich Lohmeyer	Nr. 75	CDU
Franz Weiss	Nr. 91	CDU
Friedrich Grote	b. Nr. 7	CDU
Wilhelm Frobieter	Nr. 16	CDU

Gemeinde Holzhausen

Heinrich Niemeyer	Nr. 91	SPD
Karl Priesmeyer	Nr. 136	SPD
Gottlieb Diekmeyer	Nr. 19	CDU

Heinrich Hüffmeyer	Nr. 168	SPD
Karl Voss	Nr. 12	CDU
Wilhelm Busche	Nr. 119	SPD
Bruno Alschner	Nr. 173	CDU

Gemeinde Börninghausen-Eininghausen

Gottlieb Brockmann	Nr. 22	SPD
Wilhelm Lercher	Nr. 156	SPD
Wilhelm Backhoff	Nr. 211	SPD
Wilhelm Kniepkamp	Nr. 39	CDU
Heinrich Brinkmeyer	Nr. 99	SPD
Fritz Tiemann	Nr. 93	SPD
Wilhelm Stapel	Nr. 31	CDU
Wilhelm Bartelheim	Nr. 32	CDU
Heinrich Schürmeyer	Nr. 68	CDU

Gemeinde Hedem

Heinrich Telkemeier	Nr. 17	
Wilhelm Lohmeier	Nr. 80	
Heinrich Niemeier	Nr. 55	CDU

Gemeinde Lashorst

Heinrich Schmidt	Nr. 34
Wilhelm Brosent	Nr. 9
Friedrich Viermann	Nr. 6

Die gewählten Bürgermeister bei der Kommunalwahl 1948

Amtsbürgermeister:	Ludwig Hilling	SPD
Schröttinghausen:	Wilhelm Koring	CDU
Engershausen:	Karl Finke	CDU
Getmold:	Heinrich Nobis	CDU
Börninghausen:	Gottlieb Brockmann	SPD
Hedem:	Heinrich Telkemeier	CDU
Harlinghausen:	Heinrich Vortriede	CDU
Holzhausen:	Wilhelm Busche	SPD
Preußisch Oldendorf:	Ludwig Hilling	SPD
Offelten:	Ernst Osterholz	CDU
Lashorst:	Heinrich Schmidt	CDU

Verschiedentlich kam es bei Kommunalvertretern zu einem Wechsel von der FDP zur CDU und umgekehrt; ein Zeichen der Suche nach der Bestimmung des politischen Standortes im bürgerlichen Lager. Die SPD hatte sich der Versuche der KPD zur Unterwanderung zu erwehren.

Zu einer parteipolitischen Polarisierung in den Kommunalparlamenten im Amt Preußisch Oldendorf, wie auf Kreisebene, kam es nicht. So war es möglich, daß in Preußisch Oldendorf ein Stadtrat der CDU einen Kollegen der SPD als Bürgermeisterkandidat vorschlug, der dann auch einstimmig gewählt wurde. Ein aus heutiger Sicht undenkbarer Vorgang.

Kulturelle Veranstaltungen, die der Festlegung des Gemeinschaftsgefühls dienten, signalisierten eine leichte Besserung der Lebenssituation.

Wenn heute auf über 40 Jahre demokratisches Gemeinwesen zurückgeblickt wird, so sind wir denen, die in schwieriger Zeit diese Demokratie aufgebaut haben, zu großem Dank verpflichtet. Sie waren es, die den Grundstein legten für ein Gemeinwesen, das dem einzelnen Bürger Freiheiten und Rechte garantiert, die es in unserem Land nie zuvor gegeben hat. Schützen und bewahren wir diese Demokratie und die sie tragenden Parteien! Wir sind es uns, unseren Kindern und den Gründern der demokratischen Parteien schuldig!

Fotografien von einigen Männern der ersten Stunde können wir Ihnen aus der damaligen Zeit präsentieren.

Es sind verdiente Bürgermeister und Parteigründungsmitglieder, u. a. Bürgermeister Hilling, Heuer etc. Besonders zu erwähnen ist Andreas Bonika (Ortsverein Börninghausen), der über 60 Jahre SPD-Mitglied war. Voller Stolz ehren alle politischen Gruppen heute ihre verdienten Mitglieder, die 40 Jahre und mehr Parteiarbeit geleistet haben, wie es die Aufnahmen belegen.

Bürgermeister Koch, Schröttinghausen.

Bürgermeister Heuer, Offelten.

Überreichung der Ehrenurkunde für »40 Jahre Mitgliedschaft in der CDU« an Heinrich Maschmeyer, Lashorst, im Jahre 1986 durch Hans Dieter Morgenstern.

Überreichung der Ehrenurkunde für »40 Jahre Mitgliedschaft in der CDU« an Ernst Pollert in Schröttinghausen durch Hans Dieter Morgenstern im Jahre 1986.

Gasthof Deeke, Preuß. Oldendorf,
FDP-Tagungslokal 1946-47.

Gasthof Stapel (1947),
SPD-Versammlungslokal.

50 Jahre SPD-Mitglied
Richard Schulz, Preuß. Oldendorf.

50jähriges Jubiläum des
SPD-Ortsvereins Holzhausen
1986.

Christian Niedermeyer,
1945 kommissarischer Amtsbürgermeister,
1946 zum Amtsdirektor gewählt.

Günther Dettmer,
erster ernannter Bürgermeister
der Gemeinde Rahden, 1945/46.

Friedrich Franke,
der erste 1946 gewählte Bürgermeister
der Gemeinde Rahden.

Landrat Heinrich Berg.

5. Rahden von Reinhold Spönemann

Die Verwaltung

Einleitung

„Wir sind noch einmal davongekommen!" – diese Stimmung herrschte auch in den ersten Apriltagen im Rahdener Land vor, nachdem die britische Armee Rahden am 4. April besetzt hatte. Nach Gerüchten, die von der deutschen Presse noch gehörig aufgeheizt worden waren, hatte man das Schlimmste befürchtet. Gewiß kam es zu einzelnen Übergriffen, als die eigentlichen Kampftruppen weitergezogen waren. Aber sie sind kaum erwähnenswert, wenn man das Unheil bedenkt, das über die Menschen in Ost- und Mitteldeutschland hereingebrochen war. So fand man sich überraschend schnell mit der Besetzung und der Besatzung ab. Dazu trug gewiß auch bei, daß jetzt nach und nach das Ausmaß wirklicher NS-Verbrechen bekannt wurde, z. B. an den Juden. Tat man es zunächst als „Feindpropaganda" trotzig ab, so mußte man sich doch bald von den Tatsachen überzeugen lassen. Und da das deutsche Volk bis zuletzt nahezu einhellig hinter Hitler gestanden hatte, war es nicht verwunderlich, daß es nun zunächst pauschal dafür verantwortlich gemacht wurde, auch wenn die überwältigende Mehrheit nicht daran beteiligt gewesen war. Besonders für die Frontsoldaten, die tapfer und mit Opferbereitschaft gekämpft hatten, für diese mißbrauchte, verratene Generation war es eine niederschmetternde Erkenntnis, einer schlechten Sache gedient und für sie geblutet zu haben.

Nach mehr als vier Jahrzehnten darf man feststellen, daß die Deutschen sich überhaupt schnell und endgültig von Hitler und der NS-Ideologie freigemacht haben. Es zeigt sich, daß dieses „Gedankengut" keine Wurzeln geschlagen hatte, wie z. B. der Maxismus oder Sozialismus. Fast scheint es, als sei die Verbrennung der Hitlerbilder und seines Buches »Mein Kampf« – das ohnehin kaum jemand richtig gelesen hatte – auch symbolisch zu bewerten.

Entnazifizierung

Die erste Maßnahme der Besatzung im frisch eroberten Gebiet war nun, die Ortsgruppenleiter in allen Gemeinden des Amtes Rahden zu verhaften und in die bekannten Internierungslager zu bringen. Von ihnen ist übrigens keiner aus dem Amt Rahden zu Gefängnisstrafen verurteilt worden, sie wurden alle freigelassen, als ihre Überprüfung abgeschlossen war. Außer den Ortsgruppenleitern wurde nur der Amtsbürgermeister Stender drei Wochen nach der Besetzung für ein paar Wochen festgenommen und nach seiner Freilassung nicht wieder eingestellt.

Anfang Februar 1947 meldete der Amtsdirektor dem Kreis, von 5 Beamten und 27 Angestellten seien 4 Beamte und 26 Angestellte der Amtsverwaltung noch nicht durch den Hauptausschuß überprüft. Das gelte auch für einen Beamten und 8 Angestellte der Amtssparkasse. Bei dieser Gelegenheit sollen gleich noch einige Bemerkungen zum Ablauf der Entnazifierung hier in Rahden angeführt werden.

Die Reichsbahn hatte eine eigene Spruchkammer in Münster, bei der die Entnazifizierung angeblich strenger als im Kreise Lübbecke gehandhabt wurde. Hier hatte sich ein Beamter im gehobenen Dienst aus Rahden zu verantworten, der „alter Kämpfer" war, also schon vor 1933 der Partei beigetreten war, was als besonders verwerflich galt. Vor der Spruchkammer begründete er seinen frühen Beitritt so: Bei einem Umtrunk auf dem Rahdener Markt habe sich der 1937 verstorbene Ortsgruppenleiter Apotheker Ludwig Köchling von ihm 20,– RM geliehen. Als er sie nach einiger Zeit angemahnt habe, habe der Ortsgruppenleiter gesagt: *„Ich habe das Geld in unsere Parteikasse getan und Sie dafür in die Partei aufgenommen."* Dabei sei es dann geblieben. Er blieb schließlich im Amt.

Hier zeigt sich, wie unsinnig es war, die Entnazifizierung schematisch nach Eintrittsdaten zu handhaben, statt das Recht auf Irrtum anzuerkennen und zu fragen, ob der Betroffene sich persönlich schuldig gemacht habe. So verlor die Bevölkerung schnell das Vertrauen in die ganze Sache, zumal man bald sah, daß man die wirklich Schuldigen meistens gar nicht erfaßte. Da die Betroffenen auch aus dem wirtschaftlichen Leben entfernt werden sollten, wurde der Rahdener Gemeindevertretung noch am 28. März 1947 folgendes vorgelegt: *„Antrag von Elfriede N., ... auf Übernahme einer Schuhverkaufsstelle. Bedenken in politischer Beziehung wurden nicht erhoben, doch sollte Frl. Nobbe zur Einreichung des einfachen politischen Fragebogens veranlaßt werden."*

Eine ähnliche Bescheinigung wird auch auf Antrag des Schuhmachermeisters August F., Rahden, erteilt.

Und am 7. Mai 1947 lesen wir: *„Bescheid auf Erteilung eines Wandergewerbescheines zum Handeln mit Vieh: In politischer Hinsicht werden Bedenken nicht erhoben. D. hat in der Partei Ämter nicht bekleidet und hat sich auch nicht besonders eingesetzt."*

Das empfand man auch damals schon als grotesk, so wie man nicht einzusehen vermochte, warum ein Lokomotivführer – der ja auch Beamter war – keine Lokomotive mehr fahren sollte, wenn er vor einem bestimmten Datum im Jahre 1937 Mitglied der NSDAP geworden war.

Überhaupt legte sich der erste Schrecken bald, als man erkannte, daß auch bei der Entnazifizierung nichts so heiß gegessen, wie es gekocht wurde. Alles in allem verlief die Entnazifizierung hier wie das berühmte „Hornberger Schießen". Ähnliche Probleme entstanden durch das schematische Vorgehen und durch die pauschale Verurteilung der Waffen-SS, die ja im Nürnberger Prozeß zur „verbrecherischen Organisation" erklärt worden war. Diese Männer konnten zum großen Teil nicht in ihre Heimat in die sowjetische Zone zurückkehren, als der Krieg vorbei war, und sie kehrten nach Rahden zurück, wo sie vor ihrem letzten Einsatz gelegen hatten. Viele blieben endgültig hier und wurden hier seßhaft.

Die Besatzungsmacht regelte auch in den ersten Tagen das Problem der Feuerwehr. Auch in der Rahdener Feuerwehr gab es 1945 keinen ausgesprochenen Neuanfang. Während des Krieges waren viele Feuerwehrleute zur Wehrmacht eingezogen, und die Lücken mußten Mädchen ausfüllen, die auch für Brandeinsätze ausgebildet waren. Etliche Feuerwehrleute hatten im Kriege ihr Leben verloren, andere blieben noch jahrelang in Kriegsgefangenschaft.

Natürlich mußte auch die Feuerwehr politisch überprüft werden, und so wurden schließlich etwa zwei Wochen nach der deutschen Kapitulation die Brandmeister Spengemann, Rahden, und Schmidt, Sielhorst, zur Militärregierung beordert. Da sie von allem Verdacht frei waren, Nazis zu sein, wurden sie mit dem Wiederaufbau der Amtswehr beauftragt. Es dauerte nicht lange, und am Hause Spengemann prangte das

Schild „Fire-Point“ (Feuer-Meldestelle). Zum Glück konnte man einen ausgedienten Sanitätswagen der Wehrmacht erwerben und ihn zu einem Mannschaftswagen umbauen, der die Motorspritze zog. So hatte die Feuerwehr bald ihre alte Schlagkraft wiedererlangt. Auch die neue Amtsvertretung setzte die alte Rahdener Tradition fort, die Feuerwehr nach Kräften zu fördern. So wurde schon 1951 ein Tanklöschfahrzeug angeschafft. Es war das erste im Kreise Lübbecke.

Arbeit der Verwaltung bis zur Einsetzung der Vertretung

Wenn wir uns nun dem „Neuaufbau der Verwaltung“ zuwenden, so ist zunächst einmal festzustellen, daß er in Rahden gar nicht nötig war: sie arbeitete am 6. April auf Anordnung der Besatzungsmacht einfach in der Besetzung so weiter, wie sie am 4. April – dem Tag des Einrückens der Briten – bis zum Mittag tätig gewesen war. Im Amt blieb auch zunächst der Amtsbürgermeister Stender, der dieses Amt seit 1938 bekleidete. Er war alter Berufssoldat, war dann in die Verwaltungslaufbahn eingetreten und war aus Brackwede nach Rahden gekommen. Abgelöst hatte er 1938 den Amtsbürgermeister Wilhelm Waidner, einen ehemaligen Schlosser, Inhaber des „Goldenen Parteiabzeichens“. Waidner war Nachfolger des Amtmanns August Berg – so lautete bis 1933 die Dienstbezeichnung des Hauptverwaltungsbeamten – eines alt-preußischen Beamten von echtem Schrot und Korn, der hier seit 1907 Dienst getan hatte.

Heinrich Stender, ein korrekter Mann, der sehr beliebt war, wurde am 24. April entlassen und zwei Tage später unter entwürdigenden Umständen verhaftet, nach wenigen Wochen jedoch wieder freigelassen.

Für ihn setzte die Besatzungsmacht Christian Niedermeyer ein. Der Reserveoffizier aus dem Ersten Weltkrieg war Justizinspektor geworden, als aktiver Offizier in die Deutsche Wehrmacht eingetreten und war zuletzt Oberstleutnant. Er verwaltete sein Amt hier in Rahden zunächst kommissarisch und wurde 1946 von der Amtsvertretung zum Amtsdirektor gewählt. Es ist nicht erkennbar, was die Militärregierung veranlaßt hat, diesen aktiven Offizier einzustellen, sie wich hier von ihrem Grundsatz ab, „Militaristen“ auszumerzen.

Er konnte sich auf bewährte Verwaltungsbeamte stützen wie die Inspektoren Friedrichsmeyer, Dunker, Henne und eine Reihe weiterer, gut ausgebildeter Kräfte. Ihnen standen während des Krieges eingestellte Dienstkräfte zur Seite, die nach und nach durch die aus der Gefangenschaft entlassenen ehemaligen Soldaten ersetzt wurden.

Schon am 6. April wurden die Bediensteten der Amtsverwaltung wieder an ihre Arbeitsplätze gerufen. Neben den üblichen Verwaltungsaufgaben galt es, sofort ein besonderes Problem zu lösen: die Unterbringung von 74 Serben und ihre Verpflegung. Natürlich war es schwierig, sie in Privatquartieren unterzubringen, und es gab harte Auseinandersetzungen, zumal man mit den Bürgern nicht mehr so verfahren konnte wie in den zurückliegenden Jahren.

Weiter galt es Raum zu schaffen für die Besatzungsmacht. In Anspruch genommen wurden von ihr: die Volksschule, Mittelschule, das Ev. Gemeindehaus, das Zentralhotel Braun, das Hotel Wolter, ferner die Privathäuser Friedrich Detering und Wilhelm Dunker in der Langen Straße und das Haus Büssemarker in der Gerichtsstraße. Sitz der Kommandantur war das

Zentralhotel Braun. Als die Engländer hier die Salutgewehre des Kriegervereins fanden, geriet die Familie Braun in die größten Schwierigkeiten und hatte Mühe, die Soldaten von der Harmlosigkeit dieser Gewehre zu überzeugen.

Der Ortskommandant richtete sich im Hause Detering ein, auch die Autowerkstatt Plate wurde in Anspruch genommen. Es liegt auf der Hand, daß die Verwaltung mancherlei Beschaffungswünsche der Besatzung an Möbeln, Radiogeräten und verschiedenen anderen Dingen zu erfüllen hatte. Dazu sollten übrigens vorweg die Familien der „wichtigsten Parteifunktionäre" herangezogen werden.

Überhaupt war die Beschaffung und die Verwaltung des vorhandenen Wohnraums eigentlich das wichtigste Problem. Das Wohnungsamt hatte die schwierigste Aufgabe in der Amtsverwaltung. Es ist oben schon gesagt, daß Rahden bei der „Eroberung" ziemlich glimpflich davongekommen war, so schmerzlich es für die Betroffenen auch war. In Rahden waren 7 von 430 vorhandenen Wohnhäusern zerstört. Mit den teilweise zerstörten Häusern waren insgesamt 32 Wohnungen verlorengegangen. Sie galt es also wiederaufzubauen, was unter den damaligen Schwierigkeiten, z. B. der Baustoffbeschaffung, nahezu unmöglich war.

Ein anderes Problem geht schon aus der Einwohnerstatistik hervor. Die Gemeinde Rahden hatte am 1. September 1939 2.260 Einwohner. Am 1. April 1945 – 3.048 Einwohner, davon waren 400 umquartierte Verwandte aus kriegszerstörten Gebieten, 327 aus Gelsenkirchen evakuierte Personen, 98 aus Köln evakuierte Personen, 82 aus den Ostgebieten vertriebene Personen und 28 Soldaten, die nicht in ihre Heimat zurückkehren konnten.

Diese 935 „ortsfremden" Personen waren also schon untergebracht. Und nun begannen ja erst die größten Schwierigkeiten: Millionen Vertriebene aus den deutschen Gebieten jenseits der Oder-Neiße-Linie strömten ins Land. Es war nicht leicht, sie unterzubringen, aber es gelang. Und zur Ehre der Menschen aus dieser Gegend ist festzustellen, daß die Fremden zwar zunächst nicht freudig aufgenommen wurden, aber sie hatten es nicht besonders schwer, Zugang zu den Einheimischen zu finden.

Eine wichtige Aufgabe konnte vorerst nicht in Angriff genommen werden: die Schulen wieder in Gang zu setzen. Auch hier gilt die Gemeinde Rahden wieder als Beispiel. Schon im Herbst 1944 war die Mittelschule von der Waffen-SS in Anspruch genommen worden. Die Briten belegten auch die benachbarte Volksschule. Geräumt wurden beide Schulen am 30. August 1945. Natürlich befanden sie sich in einem schlimmen Zustand, und es bedurfte großer Anstrengungen, um sie einigermaßen wieder herzurichten. Ab 1. Oktober 1945 war es endlich so weit, daß der Unterricht in Rahden mit den beiden Lehrern Lindemann und Jäger in der Unterstufe wiederaufgenommen werden konnte. Es versteht sich, daß es kaum Lehr- und Lernmittel gab. Die übrigen Lehrer konnten nach und nach ihren Dienst wieder aufnehmen. Die Mühlen der Entnazifizierung mahlten auch hier besonders langsam.

Auch hier in Rahden wurde eine vorläufige Hilfspolizei aufgestellt. In den Dörfern bildeten sich spontan nachbarschaftliche Selbsthilfegemeinschaften, vor allem gegen die Raubzüge der rücksichtslos und brutal vorgehenden Polen. In Wehe kam es zu einem Handgemenge, und zwei Polen wurden dabei getötet. Schließlich schützten die britischen Soldaten gegen die Plünderer.

Die Sperrstunden mußten auch hier in Rahden streng eingehalten werden. Sie schränkten das gesellige Leben natürlich stark ein. Erstaunlich schnell kam besonders in der jüngeren Generation die Lust zum Vergnügen und Tanzen wieder auf. Da es noch keine öffentlichen Tanzvergnügungen gab, lebte eine alte Sitte wieder auf: die „Holskenbälle". In den Dörfern wurden sie ganz zwanglos auf den Bauerndielen veranstaltet, und jedermann hatte Zutritt. Die nötige Stimmung brachte der selbstgebrannte Rübenschnaps, der hier überall und in großen Mengen – natürlich illegal – gebrannt wurde.

Keinerlei Beschränkungen war das kirchliche Leben unterworfen. In dieser Zeit wandten sich viele Menschen wieder der Kirche zu, und der Gottesdienstbesuch war so rege wie in ganz alten Zeiten. Mit den Evakuierten, Flüchtlingen und Vertriebenen kamen viele Katholiken in die früher nahezu rein evangelische Gegend. Für ihre Gottesdienste stellte ihnen die Evangelische Kirche echt brüderlich ihre Kirche zur Verfügung.

Nachdem die Besatzungsmacht im Herbst 1945 entschieden hatte, in den Ämtern und Gemeinden zunächst Ausschüsse zu ernennen, um das demokratische Leben wieder in Gang zu setzen, geschah dies auch in Rahden. Nach Beratungen mit dem Fotografen Hermann Tielbürger reichte der Amtsbürgermeister Niedermeyer schließlich eine Liste von seiner Meinung nach geeigneten Männern ein, von denen für die Gemeinde Rahden die folgenden Männer berufen wurden und am 11. Dezember 1945 zu ihrer ersten Sitzung zusammentraten und eine Mustersatzung beschlossen: Hermann Wiegmann, Hermann Schierbaum, Wilhelm Wiegmann, Hermann Pott, Christian Schiermeyer, Friedrich Franke, Wilhelm Priesmeier, Heinrich Strieker, Heinrich Donzelmann, Heinrich Langhorst sowie der Bürgermeister Rudolf Ummelmann.

Der war schon in der Weimarer Zeit und während der ganzen NS-Zeit Gemeindebürgermeister in Rahden gewesen. Am 20. Februar 1946 schied er aus, und an seine Stelle wurde der Landwirt und spätere Standesbeamte Günther Dettmer zum Gemeindebürgermeister gewählt.
In Kleinendorf: Bürgermeister Wilhelm Lübbe und Redecker, Krämer, Rehling, Kersten, Brettholle, Giehlow, Fieseler, Berg, Stuke.
In Varl: Bürgermeister Starke und Rehburg 161, Sassenberg 164, Bremer 2, Meier 234, Dieckröger 119, Meier 111, Röhe 165, Döpke 139, Meier 12 und Schwettmann 19.
In Sielhorst: kommissarischer Bürgermeister Lehrer Ewald Twiestel und August Ahrens 55, Fritz Spreen 43, Hermann Rose 4, August Mönkedieck 138, Heinrich Schmalgemeier 34, Wilhelm Knost 116, Hermann Burmester 8, Heinrich Hohnstätt bei 3. Im Februar 1946 wurde der Bauer Wilhelm Krämer zum Bürgermeister gewählt.
In Wehe: stellvertretender Bürgermeister Strieker und Lusmöller, Meier, Schwarze, Windhorst, Volkmann, Winkelmann, Lampe, Wehebrink. Ein Bürgermeister wird nicht genannt.
In Tonnenheide: Bürgermeister Möhring und Rüter, Bergsieker, Döpke, Ahrens, Winkelmann, Schmidt, Detering, Wöstehoff, Bollhorst, Hartmeier. Am 18. Februar wurde Möhring, der das Amt während der ganzen NS-Zeit ausgeübt hatte, durch Wilhelm Schmidt Nr. 251 als Bürgermeister ersetzt.
In Preußisch Ströhen: Bürgermeister Bollhorst und Langhorst, Estermann, Döpke, Spreen 2, Spreen 22, Niemann, Schlechte, Schwarze.

Die ernannte Amtsvertretung setzte sich zusammen aus Amtsbürgermeister Tirre (Espelkamp), den Gemeindebürgermeistern Dettmer (Rahden), Bremer (Kleinendorf), Krämer (Sielhorst), Starke (Varl), Bollhorst (Preußisch Ströhen), Strieker (Wehe), Schmidt (Tonnenheide) sowie den Amtsvertretern Feddermann (Rahden), Koors (Espelkamp), Knollmann (Kleinendorf), Wagenfeld (Varl), Spreen (Sielhorst), Aukamp (Preußisch Ströhen), Döding (Wehe) und Spreen (Tonnenheide).

Sie trat am 6. März 1946 zum erstenmal zusammen, wählte den Amtsbürgermeister Tirre und zu seinem Vertreter den Amtsvertreter Koors.

In dieser ersten Sitzung wurde ein wichtiger Beschluß gefaßt: das Rahdener Amtspflegehaus, Leitender Arzt Dr. Waltke, soll um einen septischen Operationsraum erweitert werden. In einer weiteren Sitzung im August 1946 wurde beschlossen, das Haus in „Amtskrankenhaus“ umzubenennen. Zum Chefarzt war Dr. Huchzermeyer bestellt worden, der Bruder des späteren Oberkreisdirektors Dr. Huchzermeyer. Mit der Namensänderung wurde die Folgerung aus der Funktionsänderung gezogen: aus dem alten Pflegehaus mit einigen Krankenbetten sollte ein reines Krankenhaus werden. Das war schon 1939 geplant, konnte aber dann wegen des Krieges nicht ausgeführt werden. Im Mai 1946 wurde begonnen, die 35 „Pfleglinge“ anderweitig in Altersheimen unterzubringen. Die Pflegesätze wurden im Dezember 1946 wie folgt festgelegt:

1. Klasse: 1-Bett-Zimmer	7,00 Reichsmark
2. Klasse: 2-Bett-Zimmer	5,50 Reichsmark
3. Klasse: Mehrbettzimmer	4,10 Reichsmark
Pfleglinge	2,90 Reichsmark

Für die Planung des Um- und Ausbaus wurde der Architekt Voss gewonnen. Die Firma H. Wlecke & Co. führte die Arbeiten aus. Die Ortsbauernführer wurden zusammengerufen, um mit ihnen zu erörtern, wie Bauholz zu beschaffen sei.

In dieser Sitzung wurde auch nach einer Elternbefragung beschlossen, „es bei der bisherigen Einrichtung der Gemeinschaftsschule zu belassen“ und keine konfessionellen Schulen einzurichten.

Es wurde auch ein Amtswohnungsausschuß gewählt, in den jede Gemeinde ein Mitglied entsenden sollte. Aus Rahden und Kleinendorf wurde zusätzlich noch je ein weibliches Mitglied dazugenommen. Das ist das erste Mal, daß hier Frauen in einer Vertretung oder einem Ausschuß auftauchen. Es war und blieb im übrigen im wesentlichen das Feld der Männer.

Daß bei der ersten Wahl im Oktober 1946 auch eine Frau in die Gemeindevertretung gewählt worden war, blieb eine Ausnahme im Amt Rahden. Es drängte damals die Frauen nicht in die Politik. Sie hatten andere Sorgen als heute. Im übrigen sind die Protokolle äußerst dürftig und zeigen, daß die Amtsvertretung damals sich hier wie überall mit den Fragen beschäftigt hat, die auf den Nägeln brannten: Essen, Wohnen, Flüchtlinge.

Das gilt auch für die Sitzungen der ernannten Gemeindevertretungen. Am 15. Mai 1946 faßt die Gemeindevertretung Rahden einen für die damalige Zeit typischen Beschluß: *„Um die hier schon anwesenden Flüchtlinge richtig unterbringen zu können, soll die Wohnungskommission die Wohnungen der alten Parteimitglieder der NSDAP, SA und SS nochmals überprüfen, um im Bedarfsfall die Flüchtlinge einzuweisen.“* In dieser Sitzung wurde auch beschlossen: *Von dem hinter der Bahn gelegenen Grundstück sollen* *drei Morgen gekündigt werden. Dieses Land soll den Flüchtlingen als Gartenland zur Verfügung gestellt werden."* Was die Dürftigkeit der Protokolle angeht, so gilt das in noch stärkerem Maße für die übrigen Gemeinden. Hier ist neben den damals drängenden Fragen häufig der Satz zu lesen: *„Ferner wurden verschiedene Gemeindeangelegenheiten behandelt."*

Diese ernannten Vertretungen blieben nur ein knappes Jahr im Amt, denn im Herbst 1946 fanden die ersten Kommunalwahlen statt. Es gilt also das zu würdigen, was diese „Männer der ersten Stunde" geleistet haben. In der damaligen Zeit der allgemeinen Not dachten die Menschen in ihrer überwältigenden Mehrheit in erster Linie an sich, wie man sich und seine Familie durch die schlimme Zeit bringen könnte. Wer war schon bereit, öffentliche Verantwortung zu übernehmen?

Das galt natürlich ganz besonders für das Bürgermeisteramt. Wir stellen uns heute nicht vor, was auf den Mann damals alles zukam. Am schwierigsten war die Unterbringung der Ost-Vertriebenen, die damals in großen Scharen ankamen. Und immer hatte der Bürgermeister mit gutem Beispiel voranzugehen. Aber es gab auch genug andere Probleme, angefangen vom Feuerholz bis zur Entnazifizierung, für die er natürlich auch in Anspruch genommen wurde. Für den Herbst 1946 waren nun die ersten freien Wahlen angesetzt: am 15. September die Wahlen zur Gemeinde- und Amtsvertretung und am 13. Oktober für den Kreistag.

Die ersten gewählten Vertretungen und ihre Arbeit

Am leichtesten fiel es hier in Rahden den Sozialdemokraten, Kandidaten zu finden, da sie ja schon über einen festen Mitgliederstamm verfügten. Das galt auch für die KPD, wenn deren Auswahl natürlich nicht groß war. Schwierigkeiten gab es für die CDU, da sie nur über wenige Mitglieder verfügte, in etlichen Gemeinden über gar keine.

So ist es zu verstehen, daß in etlichen Gemeinden der Gedanke aufkam, sich auf Einheitslisten zu einigen, die nach „berufsständischen Gesichtspunkten" aufgestellt werden sollten. Dann brauchte gar nicht gewählt zu werden, und man entging vielen Schwierigkeiten. Dieses stieß sofort auf den schärfsten Widerstand der SPD. Sie wollte, daß bei den anstehenden Wahlen „eine klare Entscheidung herbeigeführt werden solle". Die Sozialdemokratie sehe sich nicht veranlaßt, „diese Entscheidung zu umgehen oder ihr auszuweichen". Und Heinrich Strieker, der SPD-Kreissekretär, schrieb am 4. September 1946: *„Menschen, die ein derartiges Ansinnen an uns stellen, beweisen damit, daß sie aus den letzten 12 Jahren nicht das geringste gelernt haben, sondern auch heute noch glauben, in ihrem politischen Denken und Handeln dort wieder anfangen zu können, wo sie 1932 aufgehört haben."* Das waren deutliche Worte, und es gab also keine Einheitslisten.

Die CDU stellte ein Gremium von „Vertrauensmännern" aus den einzelnen Gemeinden zusammen, mit dem der erste Vorsitzende der Kreispartei, Bauer Niermann, Schröttinghausen, die anstehenden Fragen für die bevorstehenden Wahlen erörterte. Es kandidierten nur die drei oben genannten Parteien im Amte Rahden. So erlebten die Leute hier auch den ersten Wahlkampf seit März 1933, an den sich damals noch viele erinnerten. „Parteienkampf soll fair geführt werden", so war zu lesen. Und wenn man die Zeitungen von damals durchblättert, zeigt es sich, daß dieses im großen und ganzen auch der Fall war, wenn es allerdings heute erstaunt, wie einseitig die »Freie Presse« die SPD und die »Westfalen-Zeitung« die CDU vertrat. Auch über Veranstaltungen der „anderen Seite" wurde so gut wie gar nichts geschrieben. Am eifrigsten betrieb die SPD den Wahlkampf hier im Amt Rahden, den Presseberichten nach. Der Hauptredner in allen Wahlversammlungen in den Gemeinden war Heinrich Strieker. Der Mann aus der ersten Rednergarnitur der SPD, Karl Severing, sprach natürlich nicht in Rahden. Auch die CDU hielt im Amt Rahden Versammlungen ab, so in Rahden, Kleinendorf, Sielhorst und Preußisch Ströhen. Hier sprach der Bezirksvorsitzende Wilhelm Lindner, während die damals viel gefragte Maria Sevenich in Lübbecke eine Kundgebung abhielt.

Für die neuen Gemeindevertretungen wurden die folgenden Männer und eine Frau gewählt:

Gemeinde Rahden:
Friedrich Franke (CDU)
Wilhelm Grotemeier (CDU)
Wilhelm Bente (CDU)
Wilhelm Priesmeier (CDU)
Hermann Wiegmann (CDU)
Wilhelm Wiegmann (CDU)
August Detering (CDU)
August Hohnstädt (CDU)
Friedrich Hollendiek (CDU)
Heinrich Kolkhorst (CDU)
Heinrich Ortgies (CDU)
Heinrich Rödenbeck (CDU)
Heinrich Donzelmann (SPD)
August Fleddermann (SPD)

Die neue Gemeindevertretung gibt in etwa einen Querschnitt durch die Bevölkerung wieder. Der überwältigende Erfolg der CDU ist auf das an anderer Stelle erläuterte Wahlsystem zurückzuführen. Es fällt auf, daß die unabhängigen Kandidaten hier nicht zum Zuge kamen. Die Bevölkerung wollte hier offenbar genau wissen, wo der Kandidat politisch stand. So wurde der ernannte Bürgermeister Dettmer nicht gewählt. Auch die KPD erhielt kein Mandat.

Gemeinde Kleinendorf
Wilhelm Bremer (CDU)
Paul Gielow (CDU)
August Redeker (CDU)
Wilhelm Rehling (CDU)
Wilhelm Knollmann (CDU)
Wilhelm Rüter (CDU)
Wilhelm Berg (SPD)
Wilhelm Fieseler (SPD)
Christian Lampe (SPD)
Wilhelm Kolwes (CDU)
Heinrich Diekmann (CDU)
Ein Vertreter mußte noch nachgewählt werden. Es war Hermann Bock (CDU). Auch hier in Kleinendorf gab es eine klare Überlegenheit der CDU.

Gemeinde Wehe:
Wilhelm Borcherding (CDU)
Heinrich Bohnhorst (CDU)
Wilhelm Strieker (CDU)
Wilhelm Wehebrink (CDU)
Wilhelm Windhorst (CDU)
Christian Meyer (CDU)
Christian Döding (CDU)
Hermann Kamann (SPD)
Karl Schwarze (SPD)
Heinrich Trentelmann (CDU)
Hermann Haake (CDU)
Heinrich Detering (CDU)
Auch in Wehe ergab die Wahl eine große Mehrheit für die CDU.

Gemeinde Varl:
Heinrich Diekröger (SPD)
August Döpke (unabhängig)
Heinrich Meyer (unabhängig)
Wilhelm Meyer (SPD)
Heinrich Rehburg (unabhängig)
Fritz Rüter (CDU)
Heinrich Sassenberg (SPD)
August Starke (unabhängig)
Heinrich Wehebrink (CDU)
August Schlechte (CDU)
Wilhelm Tielbürger (CDU)
Wilhelm Röhe (SPD)
In Varl war die CDU-Mehrheit durch das Auftreten der Unabhängigen nicht so eindeutig.

Gemeinde Sielhorst:
Hermann Burmester (CDU)
Wilhelm Knost (CDU)
Heinrich Schmalgemeier (CDU)
Friedrich Spreen (CDU)
Hermann Thielemann (CDU)
Christian Willer (CDU)
Wilhelm Krämer (CDU)
Hermann Rose (CDU)
August Knost (CDU)
Es wird nicht oft vorgekommen sein, daß sich eine Gemeindevertretung nur aus Vertretern einer Partei zusammensetzte.

Gemeinde Preußisch Ströhen:
Friedrich Bollhorst (CDU)
Wilhelm Bollhorst (CDU)
Heinrich Döpke (CDU)
Friedrich Hartlage (SPD)
August Rehburg (CDU)
August Schlottmann (CDU)
Friedrich Schwarze (CDU)
Friedrich Spreen (CDU)
Hermann Spreen (CDU)
Wilhelm Langhorst (CDU)
Heinrich Langhorst (CDU)
Heinrich Hartlage (CDU)
Auch in Preußisch Ströhen war die CDU-Mehrheit erdrückend.

Gemeinde Tonnenheide:
Wilhelm Bergsieker (CDU)
Heinrich Hartke (CDU)
Wilhelm Hartmeier (CDU)
Wilhelm Rehling (CDU)
Wilhelm Rohlfing (unabhängig)
Wilhelm Schomäker (CDU)
Heinrich Steinkamp (CDU)
Wilhelm Stratmann (CDU)
Heinrich Wöstehoff (CDU)
Wilhelm Schmidt (CDU)
Fritz Schmitz (CDU)
Christian Wöstehoff (CDU)

Amtsvertretung:
Wilhelm Grotemeier, Rahden (CDU)
Friedrich Franke, Rahden (CDU)
Heinrich Rödenbeck, Rahden (CDU)
Wilhelm Bremer, Kleinendorf (CDU)
Wilhelm Tirre, Espelkamp (CDU)
Wilhelm Knollmann, Kleinendorf (CDU)
Friedrich-Wilhelm Fenker, Sielhorst (CDU)
Wilhelm Tirre, Espelkamp 246 (CDU)
August Wagenfeld, Varl (CDU)
Friedrich Aukamp, Preußisch Ströhen (CDU)
Friedrich Bollhorst, Preußisch Ströhen (CDU)
Wilhelm Borcherding, Wehe (CDU)
Christian Meyer, Wehe (CDU)
Wilhelm Schmidt, Tonnenheide (CDU)

Heinrich Wöstehoff, Tonnenheide (CDU)
Hermann Wiegmann, Rahden (CDU)
Friedrich Schwarze, Preußisch Ströhen (CDU)
Heinrich Wehebrink, Varl (CDU)
Heinrich Strieker, Rahden (SPD)
August Thiele, Espelkamp (SPD)
Heinrich Kersten, Kleinendorf (SPD)
In ihrer ersten Sitzung nach der Wahl wählte die Amtsvertretung den bisherigen Amtsinhaber Wilhelm Tirre zum Amtsbürgermeister und als seinen Stellvertreter Knollmann aus Kleinendorf.

Die ersten Sitzungen in den Gemeinden nach der Wahl im Oktober:

Gemeinde Rahden
In der ersten Sitzung wurde der Landwirt Friedrich Franke zum Bürgermeister gewählt. Zu seinem Stellvertreter bestimmten die Gemeindevertreter den Drogisten Wilhelm Grotemeier.

Gemeinde Kleinendorf
Zum Bürgermeister wurde in der ersten Sitzung der Landwirt Wilhelm Bremer gewählt. Er wurde am 8. Oktober 1947 durch den Werkmeister Wilhelm Fieseler abgelöst.

Gemeinde Varl
In der ersten Sitzung nach der Wahl wurde der Landwirt August Starke und zu seinem Stellvertreter der Landwirt Friedrich Rüter bestimmt.

Gemeinde Wehe
Zum Bürgermeister wurde der Landwirt Wilhelm Borcherding gewählt und zu seinem Stellvertreter Hermann Kammann.

Gemeinde Tonnenheide
Die Vertretung wählte Wilhelm Schmidt wieder zum Bürgermeister und Heinrich Wöstehoff zu seinem Stellvertreter.

Gemeinde Sielhorst
Die Vertreter wählten zum Bürgermeister Wilhelm Krämer und zu seinem Stellvertreter August Ahrens.

Gemeinde Preußisch Ströhen
Zum Bürgermeister wurde Friedrich Bollhorst und zu seinem Stellvertreter August Rehling gewählt.

Was hat die Gemeindevertretungen in den ersten Wochen nach der Wahl in der Hauptsache beschäftigt?

Die Protokolle sind immer noch äußerst dürftig, und auch die Zeitungsberichte über die Sitzungen der Gemeindevertretungen geben nicht mehr her. Es ging vor der Währungsreform fast immer um die mehrmals dargelegten Probleme, und so fand die Presse wenig zu berichten. Im November 1946 wird in einer Sitzung der Gemeindevertretung über „Zügellosigkeit Jugendlicher" geklagt, die nach Tanzvergnügen nachts allerlei Unfug treiben. So wird sogar die Wiedereinführung der nächtlichen Sperrstunde gefordert, und zum Schluß heißt es dann: *„Eine Einschränkung der Tanzvergnügungen könnte durchaus nicht schaden. Es ist die gleiche Erscheinung, wie wir sie nach dem Ersten Weltkrieg erlebten. Auch damals herrschte eine Tanzwut, die beispiellos war. Dabei war es ein Tanz auf dem Vulkan. Heute ist er es, bei der Lage, in der sich das deutsche Volk befindet, mehr denn je. Gediegene kulturelle Veranstaltungen wären weit wichtiger, und Fortbildung hätten gerade die jungen Burschen und Mädchen nötig. Die Gemeindevertretung war sich einig darüber, daß eine Herabsetzung der Polizeistunde für Jugendliche gefordert werden müßte, wenn die Dinge sich nicht bessern."*

Damals prüfte die Gemeinde, ob ein „Bedürfnis vorhanden" sei, wenn ein Gewerbetreibender sich niederlassen wollte. So wurden 1946 und 1947 von der Gemeindevertretung abgelehnt: eine Zigarren-Verkaufsstelle, eine Näherei und Plätterei, ein Großhandelsbetrieb, eine Metallgießerei. In Preußisch Ströhen wurde sogar einem Tanzlehrer die Zulassung verweigert.

Man bemühte sich in Rahden um einen Sportplatz, da der alte bei Hartmann/Stelle mit Baracken für Vertriebene besetzt war.

Im April 1947 konnte die Gemeindebücherei Rahden-Kleinendorf in der Volksschule wiedereröffnet werden. Sie wurde sofort stark in Anspruch genommen, obwohl ihr Bestand durch die Besetzung der Volksschule und durch Diebstahl stark gelitten hatte.

Die Amtsvertretung befaßte sich im Februar 1947 mit den Bestrebungen, das Katasteramt wieder nach Rahden zu holen. Es war jahrzehntelang in Rahden gewesen, zuständig für die Ämter Rahden und Dielingen/Wehdem und war dann während der NS-Zeit im Zuge von Zentralisierungsbestrebungen mit dem Lübbekker Katasteramt „verschmolzen" worden. Es sollte wieder nach Rahden, da diese *„Verlegung für die Einwohnerschaft der beiden Amtsbezirke eine Erschwerung des Geschäftsbetriebes"* bedeutete. Die Bestrebungen hatten Erfolg, und das Katasteramt kam 1950 erst einmal wieder nach Rahden, wurde 1973 wieder nach Lübbecke und 1975 endgültig nach Minden verlegt.

Stark beschäftigt waren die Amtsvertreter mit dem Um- und Aufbau des Amtskrankenhauses, der Fortschritte machte. Allerdings waren Schwierigkeiten der Baumaterialbeschaffung zu überwinden, von denen wir uns heute keine Vorstellung machen. Es fehlte auch an Arbeitskräften.

Ziel der ganzen Maßnahmen war es, 75 Betten in dem Krankenhaus unterzubringen. Die Arbeiten konnten trotz der dargelegten Beschwernisse noch vor der Währungsreform um ein gutes Stück weitergebracht werden.

Obgleich die Bediensteten der Amtsverwaltung im Februar 1947 bis auf einen Beamten und einen Angestellten immer noch nicht durch den Entnazifizierungshauptausschuß überprüft worden waren, wurde im November 1946 ein Amtsinspektor auf Anordnung der Militärregierung wegen seiner Parteizugehörigkeit entlassen. Jetzt trat die Amtsvertretung wie ein Mann für den gemaßregelten Beamten ein: er sei niemals aktiv für den Nationalsozialismus eingetreten, „genieße im weitesten Maße das Vertrauen der Bevölkerung", und einstimmig forderte die Amtsvertretung, die Entlassung zurückzunehmen. Dem schlossen sich auch die Bürgermeister an, die nicht der Amtsvertretung angehörten. Der Amtsdirektor wurde beauftragt, bei der Spruchkammer in Minden und der Militärregierung „vorstellig zu werden". Das hatte schließlich Erfolg, und der Inspektor blieb im Amt.

Schließlich wurden alle Bediensteten der Amtsverwaltung in die Kategorie IV – „Mitläufer" – V – „Entlastete" – eingestuft.

Die Arbeit nach der Währungsreform und der zweiten Wahl

Wie in allen anderen Gemeinden brachte auch in Rahden die Währungsreform den großen Umschwung. Mit der Wiederkehr stabiler Verhältnisse wurden Vorhaben in Angriff genommen, die über die mehrfach erwähnten drängenden Probleme der Sicherung der einfachsten Bedürfnisse hinausgingen. Davon soll später die Rede sein. Für den 17. Oktober 1948 waren wieder Kommunalwahlen angesetzt. Auch im Amt Rahden gab es wieder einen Wahlkampf, mit einer Versammlungswelle in fast allen Gemeinden. Studiert man die Berichte über die Wahlpropaganda der Parteien, so stellt man fest, daß der Ton ein Stück gereizter, stellenweise auch gehässiger geworden ist. Das Ergebnis der Wahlen im Amte Rahden gibt die »Westfalen-Zeitung« vom 21. Oktober genau wieder (siehe nebenstehende Seite).

Bemerkenswert ist hier, daß die FDP nur in Espelkamp zwei Mandate errungen hat und daß die KPD in Sielhorst vertreten ist.

Ins Auge fällt auch die niedrige Wahlbeteiligung:

Rahden	64,83 %
Espelkamp	62,45 %
Kleinendorf	73,37 %
Varl	66,00 %
Sielhorst	70,98 %
Preußisch Ströhen	45,20 %
Wehe	66,63 %
Tonnenheide	65,60 %
Bei der Amtswahl	63,25 %

Alles in allem war die CDU noch tonangebend im Amt Rahden, hatte gegenüber der Kommunalwahl aber fast überall 10-15 % an die SPD verloren.

Bei den Wahlen zum Bürgermeisteramt gab es folgende Veränderungen:

In Kleinendorf:	Landwirt Wilhelm Bremer
Stellvertreter:	Gerbermeister August Stuke
In Varl:	Landwirt Friedrich Rüter (durch Losentscheid)
Stellvertreter:	Landwirt Wilhelm Röhe

In den übrigen Gemeinden blieb alles beim alten.

Im Jahre 1949 war das 50jährige Eisenbahn-Jubiläum zu begehen. Dem umsichtigen und rührigen Rahdener Bahnhofsvorsteher Heinrich Knäuper gelang es, im Dezember 1948 die „Bizonale Fahrplan-Konferenz" nach Rahden zu holen, die unter der Leitung eines hohen Reichsbahnbeamten mit den Reisezug-Dezernenten der Eisenbahn-Direktionen Münster, Hamburg, Hannover, Essen, Köln, Wuppertal und Kassel eine Woche lang im Hotel Braun tagte.

Überhaupt gelang es damals, den Reiseverkehr auf der Strecke Rahden – Bassum, der heute gefährdeten Strecke 105 der Bundesbahn, ganz erheblich zu erweitern. Die Krönung der Bemühungen war, daß ab 15. Oktober 1949 in Rahden die Eilzüge der neu eingerichteten Verbindung Frankfurt – Bremen hielten.

Das 50jährige Jubiläum zum 1. Oktober 1949 wurde in Rahden festlich begangen. Es wurde immer wieder auf die enge Verbindung Rahdens mit der Eisenbahn und vor allem auf die wirtschaftliche Bedeutung für Rahden hingewiesen.

Als Eilzugstation wollte Rahden nicht länger „Dorf" bleiben. So wurden die schon 1719 zum erstenmal gescheiterten Bemühungen, Rahden zur Stadt zu erheben, jetzt wiederaufgenommen. Auch im Jahre 1929 waren alle Bestrebungen, den alten Marktflecken äußerlich aufzuwerten, schließlich im Sande verlaufen. Jetzt wies man hin auf Krankenhaus, Amtsgericht, Realschule und daß man Eilzugstation sei. Es sei nur eine Frage der Zeit, so hieß es auch, daß Espelkamp-Mittwald Rahden überflügelt habe und dann bestimmt „Stadt" werde. Wie stände Rahden dann da? Aber auch dieses Mal blieben alle Be-

In sechs von acht Gemeinden klare CDU-Mehrheit

Die neuen Gemeindevertreter im Amte Rahden

Von den acht Gemeindeparlamenten des Amtes Rahden hat die CDU in sechs Gemeinden bei den Wahlen am letzten Sonntag die Mehrheit erringen können und zwar in Rahden, Kleinendorf, Sielhorst, Wehe, Tonnenheide und Pr.-Ströhen. In Varl halten sich CDU und SPD mit je drei Sitzen die Waage. In Espelkamp ist das Verhältnis der CDU zu den anderen Parteien (SPD und FDP) 4:3:2. In der Amtsvertretung hat die CDU mit elf von siebzehn Sitzen ebenfalls die Mehrheit wie bisher.

Nachstehend bringen wir die Namen der sowohl in den einzelnen Gemeinden als auch für die Amtsvertretung gewählten Vertreter.

Gemeindevertretung Rahden. Gewählt sind 5 Vertreter der CDU und 4 der SPD. Von der CDU Bauer Friedrich Franke, Lederfabrikant Bruno Toussaint (Ostvertriebener), Schneidermeister Heinrich Kolkhorst, Schuhmachermeister Fritz Spengemann und Landwirt Heinrich Ortgies. — Von der SPD Ob.-Lokführer Gustav Heiter, Postsekretär a. D. Friedrich Bohne, Arbeiter August Fleddermann und Angestellter Heinrich Rakien. Sämtliche neun Gemeindevertreter sind aus direkter Wahl hervorgegangen.

Gemeindevertretung Kleinendorf. Sie zählt künftig neun Vertreter statt bisher 12. (6 der Gewählten gehören der CDU, 3 der SPD an.) Von der CDU sind gewählt Steinmetzmeister Rex (Ostvertriebener), Gerbermeister August Stuke, Landwirt Wilh. Bremer, Landwirt Wilhelm Rehling, Landwirt Wilh. Knollmann und Landwirt Wilhelm Redeker (alle in direkter Wahl). — Von der SPD sind gewählt Rentner Wilhelm Fieseler, Maurer Wilhelm Berg 207 und Maurer Wilhelm Vehlber.

Gemeindevertretung Varl. Sie besteht aus nur 6 Vertretern, bisher 12. Drei gehören der CDU, drei der SPD an. Von der CDU Bauer Heinr. Ahlers 37, Landwirt Friedrich Rüter 50 und Landwirt Heinrich Wehebrink; von der SPD Tischler Heinrich Diekröger 110, Landwirt Wilhelm Röhe 163 und Landwirt Wilhelm Drees 235 (alle in direkter Wahl).

Gemeindevertretung Sielhorst. Sie besteht aus nur 4 Gemeindevertretern und zwar dem Landwirt Wilhelm Krämer, Landwirt Christian Schwarze, Landwirt Christian Wille (sämtlich der CDU angehörend) und dem Tischler Erich Martin, der sich der KPD angeschlossen hat und der einzige KPD-Gemeindevertreter des Amtes Rahden ist. Er ist auf der Reserveliste gewählt.

Gemeindevertretung Wehe. Sie zählt künftig auch nur 6 Vertreter, fünf gehören der CDU und einer der SPD an; und zwar von der CDU Bauer Wilh. Borcherding, Bauer Wilhelm Meier, Bauer Wilhelm Wehebrink, Neubauer Wilhelm Haske und Bauer Heinrich Bohnhorst Nr. 129. — SPD.-Vertreter ist Zimmerer Herm. Kamann. Alle gingen aus direkter Wahl hervor.

Gemeindevertretung Tonnenheide. Sie zählt 8 Vertreter und zwar 5 der CDU, 2 der SPD und einen „Unabhängigen". CDU-Vertreter sind Landwirt Wilhelm Hartmeier, Bauer Heinrich Ahrens, Bauer Wilhelm Rehling, Landwirt Wilhelm Schmidt und Landwirt Heinrich Hartke. — SPD-Vertreter sind Landwirt Wilhelm Meier Nr. 41 und Dreher Josef Lehnen Nr. 26. Der „Unabhängige" ist Landwirt Wilhelm Rohlfing. Die beiden SPD-Vertreter sind aus der Reserveliste hervorgegangen, die übrigen 6 direkt gewählt.

Gemeindevertretung Espelkamp. Anzahl der Gemeindevertreter 9. Von ihnen gehören 4 der CDU, 3 der SPD und 2 der FDP an. Von der CDU sind gewählt Landwirt Heinrich Fiene, Landwirt Heinr. Meier Nr. 215, Bauer Heinrich Döpke und Malermeister Heinrich Steinkamp; von der SPD Rentner August Thie, Kesselschmied Wilhelm Bartnik und Landwirt Heinrich Meier Nr. 175. Die beiden FDP-Vertreter sind Stadtkämmerer a. D. Wilhelm Kern und Angestellter Karl-Werner Lindberg. Bartnik, Meier und Lindberg sind auf der Reserveliste gewählt, die übrigen in direkter Wahl.

Gemeindevertretung Pr.-Ströhen. Anzahl der Vertreter 8, 5 von ihnen gehören der CDU, 3 der SPD an. CDU-Vertreter sind Bauer Friedrich Bollhorst Nr. 32, Bauer Wilhelm Bollhorst Nr. 9, Landwirt Heinrich Rose Nr. 84, Zimmerobermeister Schwarze und Landwirt Fritz Aukamp. Als Vertreter der SPD sind gewählt Landwirt Christian Bollhorst Nr. 168, Maschinist Walter Knurr, Landwirt Friedr. Schlottmann Nr. 289. Zwei der SPD-Vertreter sind auf der Reserveliste gewählt.

Die neuen Rahdener Amtsvertreter

Die neue Rahdener Amtsvertretung zählt nur 17 Mitglieder gegenüber bisher 21. Von den Gewählten gehören 11 der CDU und 6 der SPD an. Von der CDU sind gewählt Bauer Friedrich Franke, Rahden Nr. 31; Drogeriebesitzer Wilhelm Grotemeier, Rahden Nr. 78; Bauer Wilhelm Tirre, Espelkamp Nr. 246; Bauer Wilhelm Bremer, Kleinendorf Nr. 85; Landwirt Fritz Rüter, Varl Nr. 50; Bauer Wilhelm Rehling jr., Sielhorst Nr. 51; Bauer Friedr. Bollhorst, Pr.-Ströhen Nr. 32; Landwirt Fritz Aukamp, Pr.-Ströhen Nr. 8; Landwirt und Bäckermeister Christian Meier, Wehe Nr. 81; Landwirt Heinr. Westerhoff, Tonnenheide Nr. 63; Landwirt Wilhelm Schmidt, Tonnenheide Nr. 157. — Von der SPD ziehen in die Amtsvertretung ein: Postsekretär a. D. Friedrich Bohne, Rahden (direkt gewählt mit 196 Stimmen), Parteisekretär Heinr. Strieker, Rahden; Invalide Josef Lehnen, Tonnenheide; Landwirt Wilhelm Drees, Varl Nr. 235; Landwirt Heinrich Meier, Espelkamp Nr. 175 und Rentner Heinrich Langhorst, Kleinendorf Nr. 33 (alle 5 auf der Reserveliste).

Von der alten Amtsvertretung gehörten 18 Mitglieder der CDU und 3 der SPD an.

mühungen vergeblich. Rahden mußte noch bis zur großen Kommunalen Gebietsreform warten: am 1. Januar 1973 war es dann endlich so weit. Aus dem Amt Rahden wurde die Einheitsgemeinde „Stadt Rahden".

Immerhin wurden jetzt Einrichtungen und Maßnahmen getroffen, die wegen des Krieges und der nachfolgenden Notjahre hatten aufgeschoben werden müssen. Das galt zunächst einmal für das Gebiet des Sports. Der Rahdener Verkehrsverein richtete in Kleinendorf an „Bocks Allee" einen Sportplatz ein. Dieses Projekt wurde von den Gemeinden Rahden und Kleinendorf finanziell unterstützt.

Das gleiche gilt für das Freibad. Es war schon 1939 geplant, da das alte Freibad an der Großen Aue in Kleinendorf den Ansprüchen nicht mehr genügte und das Wasser schon damals stark verschmutzt war. Im Sommer 1950 konnte ein für damalige Verhältnisse modernes Freibad übergeben werden.

Der Rahdener Gemeinderat beschloß, nun auch „offizielle" Straßennamen mit durchnumerierten Hausnummern einzuführen. Es wurde eine Kommission gebildet, die Vorschläge erarbeitete, die dann im August 1949 angenommen wurden. Damit war das Hausnummern-Chaos endgültig beseitigt. In diesem Jahr wurde in Rahden ein Wochenmarkt eingerichtet. Der Gemeinderat plante auch eine Müllabfuhr. Die Kanalisation wurde ausgebaut, allerdings flossen die Abwässer vorläufig noch ungeklärt in die Aue. Aber der Kreis hatte die Gemeinde schon aufgefordert, eine biologische Kläranlage zu planen und einzurichten.

Man begann nun auch, Bebauungspläne zu erstellen und das bis dahin „wilde Bauen" und das willkürliche Genehmigen und Ablehnen von Bauten durch eine feste Ordnung zu ersetzen.

Auch der Straßenbau hatte jahrelang völlig stillgelegen und wurde nun wieder in Angriff genommen. Ging es vorläufig erst einmal um längst fällige Ausbesserungen, so wurde doch jetzt schon von einer Umgehungsstraße für Rahden gesprochen. Bis dies spruchreif war, vergingen allerdings noch etliche Jahre. Im Ort Rahden wichen schöne alte Fachwerkhäuser Neubauten oder fielen dem Straßenbau zum Opfer. An Restaurieren oder Erhalten dachte man damals nicht. Anfang 1950 lautete die Überschrift eines Zeitungsartikels, in dem vom Abbruch des aus dem Jahre 1617 stammenden Speichers bei Böversen an der Langen Straße berichtet wird: „Der Straßenverkehr verlangt sein Recht". Es gelang nicht, ihn vorsichtig abzutragen und an anderer Stelle wiederaufzubauen, wie es viele Leute gefordert hatten.

Anfang der fünfziger Jahre tauchten auch schon Pläne auf, ein neues Amtsgericht zu bauen, und die Gemeinde Rahden bemühte sich um einen Bauplatz.

Das Krankenhaus, dessen Aus- und Umbau nun beendet war, sollte um ein Bettenhaus erweitert werden. Dieser Plan konnte aber erst verwirklicht werden, als der Kreis Lübbecke das Krankenhaus übernommen hatte.

Man muß feststellen, daß in den ersten Jahren nach der Währungsreform in Rahden und auch in den übrigen Gemeinden viel unternommen und bewegt wurde. Nach Jahren des Stillstandes wurden die anstehenden Probleme mit großer Energie angepackt.

Radikal änderte sich nach dem Kriege die Zusammensetzung der heimischen Bevölkerung. Und hier trat der Wandel gegenüber den Vorkriegsverhältnissen ein, der am schwersten wog. Waren es während des

Krieges die Evakuierten aus dem Rheinland und Ruhrgebiet, die hier untergebracht werden mußten, so waren es nun die Flüchtlinge und Vertriebenen aus dem deutschen Osten, die ins Land strömten. Die Evakuierten kehrten im großen und ganzen so nach und nach wieder in ihre Heimat zurück. Wie die Bevölkerung des Amtes Rahden sich am 1. Mai 1953 zusammensetzte, gibt der folgende Artikel der »Lübbecker Kreiszeitung« vom 12. Mai 1953 wieder:

Amt Rahden hat fast 19 000 Einwohner

Stärkste Zunahme in Espelkamp / 546 Wohnungsuchende

Rahden (aw). Die Einwohnerzahl des Amtes Rahden hat fast die 19 000er Grenze erreicht. Insgesamt sind aber noch 546 Wohnungssuchende.

Die Einwohnerzahl betrug am 1. Mai 18 872. Die Aufschlüsselung für die einzelnen Gemeinden (Stand: 1. April) ergab folgendes Bild: Rahden 3536, Espelkamp 5053, Kleinendorf 1778, Varl 1706, Sielhorst 915, Pr. Ströhen 2322, Wehe 1718 und Tonnenheide 1884 Einwohner. Innerhalb des Amtsbezirks beträgt die Zahl der ortsansässigen Bevölkerung 13 359, der Heimatvertriebenen 4409, zu denen noch 184 Flüchtlinge der Gruppe B kommen, die Zahl der Evakuierten 867 und die Zahl der Ausländer 144.

Rahden hat 2667 Ortsansässige, 491 Vertriebene, 336 Evakuierte, 35 Flüchtlinge der Gruppe B und 9 Ausländer. Espelkamp 2040 Ortsansässige, 2740 Vertriebene, 136 Evakuierte, 119 Flüchtlinge der Gruppe B und 18 Ausländer. Kleinendorf zählt 1387 Ortsansässige, 234 Vertriebene, 126 Evakuierte, 10 Flüchtlinge Gruppe B und einen Ausländer. Varl 1384 Ortsansässige, 251 Vertriebene, 64 Evakuierte und vier Flüchtlinge Gruppe B. Sielhorst 784 Ortsansässige, 105 Vertriebene, 21 Evakuierte und fünf Flüchtlinge Gruppe B. Pr. Ströhen 1995 Ortsansässige, 276 Vertriebene, 46 Evakuierte und fünf Flüchtlinge der Gruppe B. Wehe 1446 Ortsansässige, 160 Vertriebene, 86 Evakuierte und vier Flüchtlinge Gruppe B und Tonnenheide 1636 Ortsansässige, 152 Vertriebene, 61 Evakuierte und vier Flüchtlinge der Gruppe B.

Von insgesamt 546 Wohnungssuchenden entfallen auf Rahden 145, Espelkamp-Altgemeinde 15, Espelkamp-Mittwald 257, Espelkamp-Kolonie 2, Kleinendorf 35, Varl 19, Sielhorst 5, Pr. Ströhen 20, Wehe 21 und Tonnenheide 26. Trotz der Rückkehr zahlreicher Evakuierter in ihre alte Heimat und der an sich nicht geringen Bautätigkeit ist eine merkliche Abnahme der Wohnungsnot nicht eingetreten.

Ein klares Bild geben die Prozentzahlen der nicht Ortsansässigen:

Amt Rahden	41,9 %
und in den Gemeinden	
Rahden	32,6 %
Espelkamp	67,7 %
Kleinendorf	26,7 %
Varl	23,0 %
Sielhorst	16,7 %
Preuß. Ströhen	16,3 %
Wehe	17,2 %
Tonnenheide	13,2 %

Die Struktur der Bevölkerung änderte sich also ganz erheblich, und die Menschen aus dem Osten waren ein Gewinn für unsere Gegend, natürlich nicht nur, was ihre Zahl betrifft. Den hiesigen Westfalen mit niedersächsischem Einschlag ist die Vermengung und Vermischung mit dem ostdeutschen Element gut bekommen. Und die Menschen hier haben sich nicht groß dagegen gewehrt, denn schon in früheren Zeiten war es nicht schwer, Zugang zur einheimischen Bevölkerung zu finden.

Bevor das Verhängnis über sie hereinbrach, lebten hier in Rahden an die 100 Juden. Sie waren hier seit Jahrhunderten ansässig und spielten im Wirtschaftsleben, auch im kulturellen und geselligen Leben, eine bedeutende Rolle. Nur die beiden Brüder Alfred und Richard Frank haben das Inferno mit einigen ihrer Kinder überlebt, sofern die übrigen nicht schon vorher das Land verlassen hatten. Heute leben keine Juden mehr in Rahden. Das Verschwinden dieses jüdischen Elementes ist ein schmerzlicher Verlust.

In diesen Jahren nach dem Kriege gelang es im großen und ganzen nicht, bedeutende Großbetriebe nach Rahden zu holen, obwohl man sich darum bemühte. Es scheiterte in erster Linie daran, daß kein geeignetes Industriegelände zur Verfügung stand, aber auch an der fehlenden Kanalisation und verkehrsmäßigen Erschließung. Dies gilt natürlich nicht für Espelkamp. Hier wurden so viele bedeutende Betriebe angesiedelt und so viele Arbeitsplätze geschaffen, daß man sich gar nicht vorstellen kann, wo die Menschen dieser Region alle Arbeit finden sollten, wenn Espelkamp nicht entstanden wäre.

Immerhin haben sich im ersten Jahrzehnt nach Kriegsende Handel und Gewerbe im alten Amt Rahden günstig entwickelt, so daß Rahden sich durchaus neben der aufstrebenden Stadt in seiner unmittelbaren Nachbarschaft behaupten konnte.

Wiederbegründung der Parteien in Rahden

Wie in den übrigen Gemeinden des Kreises gab es auch bei den Rahdener Sozialdemokraten 1945 wohl einen Neubeginn, aber er brauchte nicht vom Nullpunkt zu erfolgen. Schon in den ersten Jahren des Jahrhunderts gab es einen Ortsverein der SPD. Obwohl die Mehrheit der Bevölkerung im Rahdener Land damals konservativ eingestellt war und auch so wählte, hatte die SPD in der Weimarer Zeit einen festen Stamm von Anhängern, besonders unter den Zigarrenarbeitern, aber auch unter den Eisenbahnern. Ein Höhepunkt im Parteileben der Rahdener Sozialdemokraten war die Kundgebung mit Karl Severing im Sommer 1931 vor dem Hotel Wolter, zu der man mehrere Hundert Männer vom „Reichsbanner Schwarz-Rot-Gold", der Kampforganisation der SPD, mit Lastwagen herangefahren hatte, die hier auch einen machtvollen Propagandamarsch veranstalteten.

Nach der „Machtergreifung" 1933 hörte natürlich auch

in Rahden jegliches Parteileben der SPD auf. Der führende Mann, der an anderer Stelle mehrfach erwähnte Heinrich Strieker, mußte einige „Hausdurchsuchungen“ über sich ergehen lassen, war auch einmal für zwei Wochen verhaftet, blieb aber im übrigen wie seine Gesinnungsfreunde im großen und ganzen unbehelligt. Die alten SPD-Leute blieben freundschaftlich verbunden, führten auch ein geselliges Leben, das – auch von der Polizei – argwöhnisch beobachtet wurde. Trotz dieses Zusammenhaltes, bei dem man sich auch offen aussprechen konnte, gab es keine „Untergrund-SPD“, die mit anderen Gruppen Verbindung gesucht hätte.

Es gibt Beispiele von bemerkenswertem Bekennermut bei den alten SPD-Mitgliedern. So hat der Rollwagenfahrer Heinrich Hartmeier seine Friedrich-Ebert-Büste während der ganzen 12 Jahre nicht von seinem Küchenschrank genommen, was vielen Leuten damals imponiert hat.

Zum Umfeld der Rahdener SPD gehörte auch der Rahdener GEG-Konsum-Laden im Hause Thane an der Winkelstraße. Er war schon in den zwanziger Jahren gegründet worden, und zu seinen Stammkunden, die in den Wahlkämpfen als „Konsumsbonzen“ beschimpft wurden, gehörten ganz sicher die Rahdener SPD-Leute und ihre Sympathisanten. Dieses Konsumgeschäft wurde vom übrigen Einzelhandel natürlich mit Argwohn beobachtet und hatte im Anfang der NS-Zeit auch einige Belästigungen durch die SA zu erdulden.

Im Dezember 1945 beschloß der alte SPD-Stamm die Wiedergründung eines Ortsvereins. Am 1. Januar 1946 wurde er dann im Saale Berg in Kleinendorf in aller Form gegründet. Erster Vorsitzender wurde Heinrich Strieker, der auch verschiedene überörtliche Funktionen übernahm und großes Ansehen genoß. In Varl-Varlheide hatte es schon seit 1929 einen Ortsverein mit Heinrich Sassenberg als Vorsitzenden gegeben, der 1946 mit demselben Vorsitzenden wiedergegründet wurde. Heinrich Sassenberg war übrigens während der NS-Zeit von der SA regelrecht verfolgt und mißhandelt worden.

Auch in Wehe wurde 1963 ein Ortsverein gegründet, ebenso in Preußisch Ströhen.

Während die SPD auf einen Stamm von Mitgliedern und Sympathisanten zurückgreifen konnte – was natürlich auch für die KPD galt –, war das für andere Parteien hier nicht möglich. Dies galt besonders für die CDU und FDP. Die Deutschnationalen hatten hier in Rahden während der Weimarer Zeit über keine feste Parteiorganisation verfügt, was auch für den „Stahlhelm“ (Bund der Frontsoldaten) galt.

Nach der Gründung des CDU-Kreisverbandes kam es hier in Rahden – wie auch anderswo – nicht zur Gründung von Ortsverbänden. In Rahden ist erst im Jahre 1970 ein CDU-Amtsverband gegründet, dem dann nach und nach Ortsunionen in den Gemeinden folgten. So ist es nicht möglich, von einem Leben in der örtlichen Partei zu berichten. Das gab es ja nicht. Mitglieder gab es seit 1947, aber nur wenige und in den einzelnen Gemeinden unterschiedlich. Wenn an anderer Stelle ganz ansehnliche Mitgliederzahlen für Rahden genannt werden, so müssen sie wohl später wieder ausgetreten sein, denn selbst Ende der sechziger Jahre war die Zahl äußerst gering. Und hier muß man sagen, daß in den ersten Jahrzehnten gar keine planmäßige Mitgliederwerbung getrieben wurde. Etliche CDU-Bürgermeister sind gar nicht Parteimitglieder gewesen, von den Mitgliedern der Amts- und Gemeindevertretungen kaum jemand. Und niemand hat sie zum Parteieintritt aufgefordert. Man hat eben nur für die CDU kandidiert, ohne sich ihr verpflichtet zu fühlen. Einigen CDU-Bürgermeistern war an Mitgliedern nicht gelegen, weil man sich so zur Kandidatenaufstellung nur einige Leute einzuladen brauchte und die ganze Sache so unter sich ausmachen konnte.

Es leuchtet ein, daß so etwas bei der SPD nicht denkbar gewesen wäre. Hier gab es feste örtliche Organisationen, in denen die Mitglieder ein Mitspracherecht hatten und demokratische Entscheidungen trafen. Hier hatten die Mandatsinhaber Rechenschaft abzulegen. Das alles gab es in den ersten Jahrzehnten bei der Rahdener CDU nicht.

Überhaupt ging es damals in den Vertretungen anders zu als heute. Fraktionen gab es nicht, natürlich auch keine Fraktionssitzungen, in denen Vorberatungen erfolgt wären. Man faßte nach längerer Aussprache fast immer einstimmige Beschlüsse. Das kam dem hiesigen Menschenschlag entgegen, der ein gewisses „Harmoniebedürfnis" hat. Man kannte keine „Opposition", die übrigens die Gemeindeordnung auch heute nicht vorsieht. Nach den Sitzungen saß man stundenlang bei „Schluck und Bier" gemeinsam beisammen. Der Bürger wollte hier bei den Wahlen über die Zusammensetzung der einzelnen Vertretungen mitentscheiden, erwartete dann aber, daß man ordentlich zusammenarbeitete. Auch heute noch werden von der Mehrheit der Bevölkerung unnötige Schärfe oder Gehässigkeit in Debatten abgelehnt.

Die ersten Wahlen brachten für die SPD enttäuschende Ergebnisse. Das hatte verschiedene Gründe. Bei vielen galt die SPD – wenigstens hier im Rahdener Land – als ausgesprochene Arbeiterpartei. Bei vielen Wählern hieß hier die Parole: „So weit rechts wie möglich wählen", und da kam damals nur die CDU in Frage.

Geschadet hat es der SPD damals sicher auch, daß sie in der Entnazifizierung für eine schärfere Gangart eintrat, während die CDU mehr eine moderate Haltung einnahm, was den Leuten – hier wenigstens – entgegenkam.

Bei den nächsten Wahlen konnte die SPD aber ganz erheblich aufholen, zumal sie – wie schon gesagt – über die geschlossene Organisation mit disziplinierten, unter sich mit solidarischen Mitgliedern verfügte. Dieses „Wir"-Gefühl ist heute noch die Stärke der SPD. Auch die CDU hat inzwischen eine straffe Organisation geschaffen mit hohem Mitgliederbestand. Nicht zu unterschätzen ist bei den Parteien die Rolle der Zeitungen. Sie bildeten bei ihrer scharfen einseitigen Ausrichtung eine feste Klammer um die Parteimitglieder, was besonders bei der CDU wichtig war. Beim Organisieren von Versammlungen hielten die Parteien hier im Rahdener Land sich die Waage. Hier stand die CDU der SPD kaum nach.

In diesen ersten Jahren nach 1945 trat die FDP hier in Rahden nicht in Erscheinung, das war erst Mitte der fünfziger Jahre der Fall. aber auch da ist es, wie Nachfragen ergeben haben, zu keiner Gründung eines Ortsverbandes gekommen.

Die KPD hat zu den ersten Wahlen im Amt Rahden kandidiert, konnte in Sielhorst einmal ein Mandat über die Reserveliste erringen und ist hier dann auch als Partei im politischen Leben nicht mehr aufgetreten.

Schlußbetrachtung

Das Rahdener Land gehört sicher nicht zu den Gebieten, die in Deutschland vom Krieg und seinen Folgen am schwersten betroffen wurden. Aber wenn es darauf ankam, haben auch hier die Menschen mitgelitten und mitgestritten. In Zeiten der Not und des Elendes offenbaren die Menschen ihre schlechtesten, aber auch ihre besten Eigenschaften. Damals waren die Zeitungen voll von Berichten über Diebstahl, Raub und Mord, die meisten Menschen sorgten nur für sich: Rette sich wer kann!

Voller Pessimismus sahen viele in die Zukunft.

Aber es offenbarten sich auch die besten Eigenschaften: Unverzagtheit, Optimismus, Gemeinschaftssinn, Fleiß, Mut zum Neuanfang. So kann man also mit Stolz auf diese Jahre zurückblicken, als Männer und Frauen sich fanden, die bereit waren, das daniederliegende Gemeinwesen wieder aufzurichten, den demokratischen Neubeginn zu wagen. Die Zeitungen berichten, wie man damals zusammenstand und gemeinsam die Probleme anpackte. Heute geht man im politischen Leben auf allen Ebenen oft mit einer Schärfe und Gehässigkeit, Scheinheiligkeit und Verdrehungskunst miteinander um, daß die Atmosphäre regelrecht vergiftet wird. Und die Medien schüren das noch. Vielfach hat man das Gefühl, in den Parteien stünden sich Feinde gegenüber. Als es den Deutschen wirklich schlecht ging, zeigte sich dies nicht, und wir täten gut daran, uns auf diese Zeiten zu besinnen und auf die Leistungen der damaligen Generation.

Der alte Speicher in der Langen Straße. Besitzer war Böversen; abgerissen im Juli 1953.
Aufnahme um 1950.

MILITÄRREGIERUNG DEUTSCHLAND • BRITISCHES KONTROLLGEBIET

WAHLGEBIET (WAHLKREIS)	**GEMEINDE** Levern
	AMT Levern
	KREIS Lübbecke

Örtliche Wahlen

Hiermit wird bekanntgegeben:

1. **Im ganzen britischen Kontrollgebiet werden die Wahlen der Personen, die sich als Vertreter für Gemeinden, Ämter, Landkreise, Stadtkreise, die Hansestadt Hamburg und das Land Bremen eignen, an den im Anhang genannten Terminen stattfinden, gemäß den Bestimmungen der VO 31 und 32.**
2. **Jede Person, die sich zur Wahl stellen will, muß an oder vor den im Anhang genannten Terminen dem Wahlleiter des Gebietes, in dessen Vertretung sie beabsichtigt gewählt zu werden, in einem vorgeschriebenen Vordruck eine Erklärung abgeben, damit die Militärregierung in der Lage ist, zu entscheiden, ob diese Person sich zum Kandidaten eignet.**
3. **Wenn eine solche Person von der Militärregierung als zum Kandidaten geeignet anerkannt worden ist, muß diese Person zwischen 10.00 und 16.00 Uhr zu den im Anhang genannten Terminen dem Wahlleiter des Gebietes, in dessen Vertretung sie gewählt zu werden beabsichtigt, in einem vorgeschriebenen Vordruck eine Nennungsurkunde abgeben oder ihre Abgabe veranlassen. Die Nennungsurkunde muß von einem Vorschlagsführer, einem Stellvertreter und 20 anderen im Register des Wahlgebietes (Wahlkreises) oder Wahlbezirkes, für den sie gewählt zu werden beabsichtigt, eingetragenen Wählern unterschrieben sein.**
4. **Vordrucke für die Erklärung gem. Ziff. 2 und Vordrucke für die Nennung gem. Ziff. 3 sind bei jedem Wahlleiter erhältlich.**
5. **Alle Einzelheiten über die Personen, die geeignet sind, als Kandidaten benannt zu werden, sind in den Verordnungen Nr. 28 und 31 zu finden.**
6. **Mit Ausnahme der Fälle, wo die Zahl der rechtsgültig benannten Kandidaten für die direkte Wahl die Zahl der direkt zu wählenden Vertreter für ein Wahlgebiet (Wahlkreis) oder Wahlbezirk nicht übersteigt, findet**
   a) **eine Wahl durch geheime Abstimmung statt, sind**
   b) **die Wahlzeiten von 08.00 Uhr bis 18.00 Uhr, ist**
   c) **die Adresse (Adressen), wo die Wahl stattfinden soll, 6 Tage vor dem Wahltage bekanntzugeben.**
7. **Jede andere Auskunft, die sich auf diese Wahl bezieht, ist bei den im Anhang genannten Wahlleitern erhältlich.**

Im Auftrage der Militärregierung

Anhang

	Wahlen für Gemeinden und Ämter	Wahlen für Kreise, Hansestadt Hamburg und Land Bremen
Wahltag	Sonntag, 15. Sept. 1946	Sonntag, 13. Okt. 1946
Letzter Tag für die Abgabe der Erklärung gem. Ziff. 2 oben	Mittwoch, 31. Juli 1946	Mittwoch, 28. Aug. 1946
Letzter Tag für die Übergabe der Nennungsurkunde gem. Ziff. 3 oben	Samstag, 31. Aug. 1946	Samstag, 28. Sept. 1946
Namen und Adressen der Wahlleiter für das Wahlgebiet (Wahlkreis), worauf sich diese Bekanntmachung bezieht		

dass ich zwar Mitglied von (5) NSDAP. in der

Zeit von Mai 1933 bis 1945 gewesen, ~~bin und in dieser Organisation den Rang~~

~~eines~~ .... ~~innehatte~~, mich dennoch als geeignet betrachte,

an dem Aufbau demokratischer Einrichtungen in Deutschland mitzuwirken, und zwar aus folgenden Gründen: (7) Von 1924 – 1933 war ich Gemeindevorsteher der Gemeinde — — — .Nur aus diesem Grunde trat ich Mai 1933 der NSDAP. bei. Als aber noch im selben Jahr ein anderer Gemeindevorsteher gewählt wurde, weil ich der NSDAP. nicht genehm war, habe ich mich um die Partei überhaupt nicht mehr gekümmert. Meine Beiträge wurden wohl noch immer kassiert; doch wurde ich nie verpflichtet, ferner besaß ich nie ein Parteibuch noch ein Parteiabzechen.

Nach dem Zusammenbruch habe ich mich sofort für den demokratischen Wiederaufbau zur Verfügung gestellt. So wurde ich zuerst der Vertrauensmann der Gemeinde; und nach Gründung der Ortspartei der CDU, wählte mich der Vorstand einstimmig zum I. Vorsitzenden der Ortspartei.

Die von mir in dieser Erklärung gemachten Angaben sind wahr. Ich bin mir bewusst, dass ein Verschweigen oder falsche oder unvollständige Angaben ein Vergehen gegen die Verordnungen der Mil.-Reg. darstellen und mich der Anklage und Bestrafung aussetzen.

Datum: 23.7.1946. Unterschrift:

(7) Es sind alle Gründe genaustens anzugeben und irgendwelche Beweise dafür dieser Erklärung beizufügen.

Zum Gebrauch des Entnazifizierungsausschusses

Zur Kandidatur empfohlen (es ist nur „ja" oder „nein" anzugeben): ~~ja~~ nein

Anmerkungen:
~~Die Richtigkeit der oben angeführten Angaben des Herrn Röhling wird hiermit bestätigt.~~ 7/8 gestrichen Mayrose
Weil Mitglied der N.S.D.A.P. gewesen

Datum: (24.7.1946) 7/8.46 Unterschrift: ~~[illegible]~~ Bernard Mayrose

Zum Gebrauch des "Officer for Public Safety"

Die Befürwortung des Entnazifizierungsausschusses wird (4) ~~angenommen~~
(4) abgelehnt

Die hierin genannte Person ist zur Kandidatur (4) ~~zuzulassen~~
(4) nicht zuzulassen

Anmerkungen:

MILITARY GOVERNMENT (Amtssiegel) 903

Unterschrift und Rang: [illegible] P.S.O. IV.

Dienststellung:

Datum:

6. Stemwede von Heinz Redecker

Kurze Zeit nach der Besetzung durch die Alliierten formierten sich auch in den Westzonen Deutschlands wieder die großen demokratischen Parteien aus der Zeit vor 1933.

Nach den Erfahrungen der Vergangenheit gab es nun aber ein gemeinsames Bemühen christlicher Politiker, im Parteileben konfessionelle Unterschiede zu überwinden. Diese Absicht gelang nur teilweise mit der Gründung der CDU im Juni 1945, denn trotz aller Einigungsversuche blieb das Zentrum als Partei des Katholizismus bestehen.

In den evangelisch geprägten Landstrichen wurde die CDU zunächst als Nachfolgepartei des früheren Zentrums angesehen. Im Vergleich zur SPD, die noch ein altes bewährtes Fundament vorfand, konnte die CDU, anfangs noch ohne ein ausgereiftes Konzept, auch in den ländlichen Orten nur mühsam eine solide Basis finden. Es gab zwar in den alten Stemweder Gemeinden starke konservative Kräfte, Mitglieder von Parteien, die in der Weimarer Zeit im Raum Stemwede Bedeutung hatten, aber im NS-Staat untergegangen waren. (Deutschnationale Volkspartei, Zentrum, Mittelstandspartei, Landvolkpartei, Konservative Volkspartei, Ev. Volksdienst usw.)

Wenn die Union auch „Sammelbecken“ für alle konservativen Strömungen wurde, ließ sie sich doch mit keiner der konservativen Parteien aus der Weimarer Zeit vergleichen. Nach den Erfahrungen der NS-Zeit und der Entnazifizierung waren zwar viele bereit, diese Partei zu wählen, aber nur wenige gewillt, Mitglied zu werden. Im Sommer des Jahres 1947, nach der Verabschiedung des Ahlener Programms und vor der Landtagswahl in Nordrhein-Westfalen, sind allerdings nachweisbar in Stemwede viele Bürger der CDU beigetreten.

Trotz eines erheblichen Wählerpotenzials und einer ausreichenden Anzahl von Mitgliedern hat die CDU in den ersten Nachkriegsjahren in den früheren Stemweder Gemeinden keine Ortsverbände gegründet.

Auffallend ist auch, daß nur wenige CDU-Kandidaten für die Kommunalwahlen der Jahre 1946 und 1948 Mitglieder der Christlich-Demokratischen Union waren. Auch verschiedene Bürgermeister, die der Union zugerechnet wurden, gehörten in den ersten Jahren nicht der Partei an.

Vom Vorstand der CDU-Kreisunion kamen 1950 aus der Gemeinde Stemwede:
Engerer Vorstand
Bauer Chr. Kolthoff, Niedermehnen Nr. 15
Bauer Christoph Bick, Wehdem Nr. 16

Erweiterter Vorstand
Bauer Wilhelm Flothmeyer, Haldem Nr. 53
Bauer Friedrich Stothfang, Niedermehnen Nr. 18
Bauer Friedrich Hägemeister, Destel Nr. 25
Bauer Heinrich Nolte, Drohne Nr. 50
Bauer Wilhelm Stegmann, Niedermehnen Nr. 45

Die SPD hatte auch in Stemwede günstigere Startbedingungen und konnte mühelos an die, durch die NS-Zeit unterbrochene, Entwicklung anknüpfen; ja, sie konnte sogar noch nach 12 Jahren der Unterdrückung auf einen alten Mitgliederbestand zurückgreifen. Zwar war der Altbestand durch vielerlei Umstände geschrumpft, aber der Wiederaufbau der alten Orts- und Kreisverbände ließ sich personell durchweg in wenigen Tagen unbürokratisch vollziehen. Im Kreis Lübbecke entwickelten engagierte

Vorkriegspolitiker der SPD bereits im Sommer 1945 organisatorische Aktivitäten.

Die offizielle Gründungsfeier der SPD im Kreis Lübbecke fand am 2. Dezember 1945 statt und wurde im »Bürgerpark Lübbecke« festlich begangen. Vorsitzender der Kreisvereinigung wurde Christian Rosenbohm aus Lübbecke.

Christian Rosenbohm bemühte sich auch im Raum des alten Amtes Levern um das Wiederaufleben und die Gründung von Ortsvereinen. Wahrscheinlich sind auch die 1946 in Dielingen und Oppenwehe entstandenen Ortsverbände seinem Engagement zu verdanken. In einer Zusammenstellung der Ortsverbände im Unterbezirk Lübbecke der SPD vom 6. Dezember 1946 werden aus der Gemeinde Stemwede die Orte Levern, Destel, Dielingen und Oppenwehe genannt.

Bei der SPD fehlte, wie bei allen Parteien, der junge Nachwuchs, denn auch gegenüber der SPD verhielt sich die Kriegsgeneration zunächst skeptisch und abwartend. Über die ersten Mitglieder der SPD liegen leider keine Namenslisten vor. Allerdings ist festzustellen, daß die SPD-Vertreter in den Räten mit wenigen Ausnahmen auch Parteimitglieder waren.

Bis zum 6. Dezember 1946 wurden bei dem Unterbezirk Lübbecke aus der jetzigen Gemeinde Stemwede folgende Ortsvereine als existent angesehen:

Ortsverein Levern
– Vorsitzender Heinrich Rosenstock, Levern Nr. 115

Ortsverein Destel
– Vorsitzender Christian Rosenbohm, Destel Nr. 54b

Ortsverein Dielingen
– Vorsitzender Otto Gülker, Dielingen Nr. 184

Ortsverein Oppenwehe
– Vorsitzender Wilhelm Kröger, Oppenwehe Nr. 16b

Am 8. Februar 1949 werden dann auch die Ortsvereine Haldem, mit dem Vorsitzenden Willi Schulz, und Wehdem unter dem Vorsitz von Heinrich Burkamp genannt.

Ein förmlicher Gründungsakt ist in keinem Falle festzustellen. Es gibt über das Wiederaufleben dieser Ortsvereine auch keine Protokolle oder Notizen. Auch bei den Akten des Unterbezirks Lübbecke finden sich darüber keine Hinweise.

Die FDP trat bei den Kommunalwahlen der Jahre 1946 und 1948 in Stemwede kaum in Erscheinung. Bei den Wahlen zum Kreistag entfielen auf die Kandidaten der in den Stemweder Gemeinden relativ unbekannten Partei nur wenige Stimmen.

Es gab aber bereits 1948 in Stemwede namhafte Persönlichkeiten, die sich der Partei angeschlossen hatten, für die FDP warben und viele Menschen für das politische Programm der Liberalen gewinnen konnten. Bis zur Kommunalwahl 1952 ist in einigen Orten der Gemeinde eine sprunghafte Entwicklung der FDP festzustellen.

Der KPD, die bei den ersten Wahlen der Nachkriegszeit in anderen Gemeinden des Kreises einen erstaunlich hohen Stimmenanteil auf sich verbuchen konnte, gelang es nicht, in Stemwede Fuß zu fassen.

In Destel und Twiehausen hatte die kommunistische Partei zwar einige Anhänger und machte auch schon vor den Wahlen auf sich aufmerksam. Sie stellte aber erst bei der Kommunalwahl 1948 für die Ratsvertretung Destel und die Amtsvertretung Levern Kandidaten auf. Im Amtsbezirk Dielingen-Wehdem entwickelten sich keine nennenswerten Aktivitäten.

Weil die Bevölkerung der KPD ablehnend gegenüberstand, hatte die Partei große Schwierigkeiten, für die Wahlvorschläge die vorgeschriebene Unterstützung der Wähler nachzuweisen. In dieser Hinsicht gab es dann auch wegen einiger Unterschriften Ärger, die in Unkenntnis gewisser Konsequenzen in Destel freundlicherweise geleistet waren. Dieses „verwerfliche Tun" war aus unerfindlichen Gründen ortsbekannt geworden. Als Quelle der Informationen wurde die örtliche Verwaltung vermutet. Der Vorsitzende der kommunistischen Ortsgruppe beschwerte sich bei dem Amtsdirektor als Wahlleiter und verlangte eine Aufklärung des Sachverhalts.

Aus den Wahlunterlagen, Verwaltungsvorgängen und Zeitungen der Nachkriegszeit läßt sich erkennen, daß sich in Stemwede zunächst nur die CDU und SPD erfolgreich profilieren konnten. Vor der ersten Kommunalwahl am 15. September 1946 waren in den alten Ämtern und Gemeinden der jetzigen Gemeinde Stemwede folgende Amtsbürgermeister und Bürgermeister im Amt:

Amtsbürgermeister:
Amtsverband Dielingen-Wehdem
Friedrich Meyer, Dielingen Nr. 15

Amtsverband Levern
Christian Diekhoff, Levern Nr. 4

Bürgermeister der Gemeinden:
Dielingen: Karl Meyer, Nr. 20, Bauer
Drohne: Heinrich Grube, Nr. 45, Bauer
Haldem: Wilhelm Winkelmeier, Nr. 49, Bauer
Arrenkamp: Wilhelm Raabe, Nr. 24, Bauer
Westrup: Karl Buck, Nr. 9, Bauer
Wehdem: Friedrich Schmidt, Nr. 79, Bauer (kommissarisch)
Oppendorf: Friedrich Meier, Nr. 73, Bauer
Oppenwehe: Christian Rümke, Nr. 28, Bauer
Levern: Christian Lowisch, Nr. 17, Bauer
Destel: Friedrich Hahler, Nr. 7, Bauer
Twiehausen: Christian Hartkemeier, Nr. 43, Bauer
Niedermehnen: Friedrich Stothfang, Nr. 18, Bauer
Sundern: Christian Raabe, Nr. 19, Bauer

Die Herren waren nach dem Zusammenbruch von der Militärregierung, im Benehmen mit den Verwaltungen, ernannt worden.

Die Meinungsbildung durch die Parteien

Abgesehen von unbedeutenden und kaum beachteten Diskussionen über Sachfragen in der Kommunalpolitik zwischen Ratsmitgliedern der CDU und der SPD, über die dann auch in der Presse berichtet wurde, hat es in den Stemweder Dörfern zwischen den örtlichen Politikern kaum Auseinandersetzungen im Wahlkampfstil gegeben. Natürlich wurden politische Standpunkte auch in der Öffentlichkeit erörtert und mit Nachdruck vertreten.

In den Ratsvertretungen, die bis 1948, mit wenigen Ausnahmen, in den größeren Ortschaften nur mit konservativen Mitgliedern besetzt waren, konnte es deshalb keinen politischen Zündstoff geben. In den übrigen Orten der Gemeinde waren die sozialdemokratischen Ratsvertreter in einer hoffnungslosen Minderheit und mußten zwangsläufig auf eine wirkungsvolle Opposition verzichten.

Ab 1948 zeichnete sich durch ein verändertes Wahlverfahren ein Wandel ab. Dadurch konnte die SPD in vielen Ratsvertretungen der Stemweder Gemeinden zusätzliche Sitze gewinnen. Die veränderte Situation zwang auch die Vertreter aller Parteien in den Räten

deutlicher Position zu beziehen, zumal sich die Lebensumstände nach der Währungsreform verändert hatten und auch andere Themen aktuell wurden. Die Auseinandersetzungen mit den politischen Gegnern blieben weitgehend den Funktionären und Wahlrednern höherer politischer Ebenen vorbehalten und waren deshalb auch nur bei größeren Veranstaltungen vernehmbar.
Bei den Problemen, die in diesen Veranstaltungen zur Debatte standen, handelte es sich in der Regel auch nicht um Themen von lokalem Interesse, sondern um politische Tagesfragen und Angelegenheiten von regionaler oder staatspolitischer Bedeutung. Die Zeitungen unterlagen in den ersten Jahren noch einer Zensur durch die Besatzungsmächte und hatten zudem einen so dürftigen Umfang, daß für politische Auseinandersetzungen kaum Raum blieb. In der »Westfalen-Zeitung«, die als Presseorgan der CDU anzusehen war, und der »Freien Presse« als Sprachrohr der SPD erschienen aber außer lokalen Nachrichten auch Informationen über die örtliche Arbeit der Parteien.
Die Blätter enthalten auch Hinweise auf Partei- und Wahlversammlungen, sowie ausführliche Berichte über den Verlauf. Der Wahlkampf bei den Kommunalwahlen der Nachkriegszeit wurde relativ fair geführt, Polemik und persönliche Angriffe vermieden, denn noch verbanden Erinnerungen an gemeinsame Widerstandshandlungen in der NS-Zeit die führenden Köpfe der demokratischen Parteien.
Soweit sich rückblickend übersehen läßt, wurden in jener Zeit die dürftigen Möglichkeiten, die für die Meinungsbildung zur Verfügung standen, für die Gewinnung von Wählern voll ausgeschöpft. Wir erinnern uns an Plakat- und Flugblattaktionen, die mit Rücksicht auf den Papiermangel im Umfang zwar begrenzt, dafür jedoch gezielt im Wahlkampf eingesetzt wurden.
In Stemwede gab es bereits in der ersten Nachkriegszeit größere Säle und Versammlungsräume, die für politische Veranstaltungen geeignet waren. Aufgrund dieser Tatsache fanden in den Orten der Gemeinde Stemwede auch überörtliche und bedeutsame Parteiveranstaltungen statt. In den Zeitungen jener Zeit werden bestimmte Lokalitäten bei kleineren und größeren Parteiversammlungen immer wieder genannt.

Vorbereitung der Kommunalwahlen

Die Amtszeit der im Dezember 1945 ernannten Ratsmitglieder war sehr kurz, weil schon am 15. September 1946 die erste Kommunalwahl stattfand. Die Zeit reichte nicht aus, um sich mit den brennenden kommunalpolitischen Problemen der Zeit auseinanderzusetzen.

Bereits Anfang des Jahres 1946 begannen die Wahlvorbereitungen für die ersten Wahlen der Nachkriegsgeschichte. In kurzer Zeitfolge erließ die Militärregierung vier Verordnungen für die Abwicklung der Wahl, dazu Anweisungen und Ausführungsbestimmungen.

Die Hauptverwaltungsbeamten der Ämter Dielingen-Wehdem und Levern waren als Wahlleiter in den Gemeinden und Ämtern für den Ablauf des gesamten Wahlverfahrens verantwortlich. Eine der wichtigsten Aufgaben war die sorgfältige Aufstellung der Wahlregister durch die Meldeämter in Dielingen und Levern.

Nach der Verordnung Nr. 28 konnten Gemeindebürger an der Wahl nicht teilnehmen, wenn sie zu der im Anhang der Verordnung näher beschriebenen Personengruppe der „politisch Belasteten“ gehörten. Der genannte Personenkreis wurde deshalb entsprechend der Anweisung Nr. 71 der Militärregierung auch in Stemwede nicht in die Wählerlisten aufgenommen, wenn Hinderungsgründe bekannt waren.

Zwei Ausfertigungen jeder Wählerliste waren den örtlichen Entnazifizierungsausschüssen vorzulegen, die bereits eine erste Überprüfung vornahmen.

Der Wahlleiter für den Amtsbezirk Levern und die Gemeinden des Amtes teilte am 12. Juli 1946 den örtlichen Entnazifizierungsausschüssen mit: *„In der Anlage erhalten Sie bestimmungsgemäß 2 Wählerlisten Ihres Gemeindewahlbezirks. Diese Liste ist auch für den Amtswahlbezirk Levern gültig."* Im übrigen mußten die von den Meldeämtern aufgestellten Wählerlisten, wie auch heute noch üblich, zu jedermanns Einsicht ausgelegt werden. Um den politisch belasteten Personenkreis sicher auszuschließen, hatte bei der Prüfung der Wählerlisten jeder das Recht, gegen die Eintragung bestimmter Wähler Einwendungen zu erheben.

Nach dem Willen der Militärregierung sollte der Hinweis auf die Auslegung der Listen „in sämtlichen im Wahlgebiet vertretenen Blättern – ohne Rücksicht auf die politische Richtung – erscheinen". Es genügte aber keinesfalls der Hinweis in den Zeitungen, sondern eine umfassende Information der Wähler mußte über einen Plakataushang erfolgen.

Sorgfältiger als die Wähler wurden jedoch die Wahlkandidaten überprüft. Selbstverständlich mußten sie das aktive Wahlrecht besitzen und durften nicht Mitglied von politischen Organisationen gewesen sein, welche die Unfähigkeit zur Bekleidung eines öffentlichen Amtes nach sich zog. Für die Überprüfung war den Wahlleitern in Levern und Dielingen ein Erklärungsfragebogen vorzulegen, der an die Kreis-Denazifizierungskammer weitergeleitet wurde, die eine den Vorschriften entsprechende Vorprüfung vornahm. Die letzte Entscheidung lag bei der Militärregierung, die den Vordruck mit einem Ablehnungs- oder Genehmigungsvermerk versah (s. Seite 252).

Sozialdemokratische Partei, Kreisverein Lübbecke i. W.

Versammlung

Mittwoch, den 20. Februar 1946, um 18 Uhr,
im Lokale Ahrens, gen. Wiedemann, Levern

Sprecher: Heinrich Stricker, Rahden

Rosenbohm, Vorsitzender

Die ersten Kommunalwahlen der Nachkriegsgeschichte in Stemwede

Während in den Gemeinden des alten Amtes Dielingen-Wehdem bei der Wahl am 15. September 1946 noch mehr als 50% der Kandidaten als „Unabhängige" auftraten, stellten sich im Amt Levern nur Kandidaten der Parteien zur Wahl.

Nach den Wahlrechtsbestimmungen war auch die Aufstellung eines Einheitswahlvorschlages möglich, wenn die Anzahl der gültig vorgeschlagenen Kandidaten mit der Anzahl direkt zu wählender Vertreter gleich war. Voraussetzung war zunächst, daß sich alle

parteipolitischen Strömungen des Ortes unter einen Hut bringen ließen und sich mit dem Vorschlag identifizierten. In einer Gemeindeversammlung mußte die Liste präsentiert und mehrheitlich angenommen werden.
In Stemwede machten, wie die nachstehende Übersicht zeigt, die Gemeinden Haldem, Westrup, Oppenwehe, Niedermehnen und Sundern davon Gebrauch.

Die Ergebnisse der Kommunalwahl am 15. September 1946:

Gemeinden mit Einheitswahlvorschlag:

	SPD	CDU	Unabhängige
Haldem		11	1
Westrup			9
Oppenwehe		12	
Niedermehnen		9	
Sundern		9	

Gemeinden ohne Einheitswahlvorschlag:

	SPD	CDU	Unabhängige
Arrenkamp			6
Dielingen	3	4	5
Drohne			9
Oppendorf		12	
Wehdem		6	6
Destel		9	
Levern		12	
Twiehausen	1	8	

Insgesamt erhielt die CDU 92 Mandate, die Unabhängigen 36 und die SPD 4 Mandate.

Auf die CDU entfielen 8.072 Stimmen und auf die SPD 1.419 Stimmen.

Dieses Ergebnis kann aber für die Gemeinde Stemwede in keiner Weise repräsentativ sein, weil sich in vielen Gemeinden nur „Unabhängige“ zur Wahl stellten und die SPD nicht in allen Wahlbezirken Kandidaten aufgestellt hatte.

Die Wahlbeteiligung der stark reduzierten Wahlberechtigten war in den einzelnen Orten unterschiedlich. Der Wahltag verlief, wie nicht anders zu erwarten, im gesamten Kreis Lübbecke sehr ruhig. Nach einem äußerst schwachen Beginn in den Vormittagsstunden des Wahlsonntags steigerte sich die Beteiligung besonders zum Schluß der Wahlhandlung. Im alten Amt Levern gingen etwa 71% der Wahlberechtigten zu den Wahlurnen, im alten Amt Dielingen-Wehdem waren es dagegen nur ca. 65%.

Von den gewählten Vertretern waren 63% bereits in den alten ernannten Ratsvertretungen tätig. Auffällig war der große Wechsel in Levern, wo nur ein gewählter Vertreter dem ernannten Gemeinderat angehört hatte.

Die ersten, in freier Wahl nach dem Kriege gewählten Ratsvertretungen wählten in den konstituierenden Ratssitzungen, ihre Bürgermeister (1. Zeile) und deren Stellvertreter (2. Zeile).

Amt Dielingen-Wehdem

Friedrich Meyer	Dielingen Nr. 15	CDU
Fritz Detert	Dielingen Nr. 23	UA

Amt Levern

Christian Diekhoff	Levern Nr. 4	CDU
Christian Raabe	Sundern Nr. 19	CDU

Gemeinde Arrenkamp

Wilhelm Raabe	Arrenkamp Nr. 24	UA
Wilhelm Feuße	Arrenkamp Nr. 10	UA

Gemeinde Destel

Friedrich Hahler	Destel Nr. 7	CDU
Friedrich Bischoff	Destel Nr. 31	CDU

Gemeinde Dielingen

Karl Meyer	Dielingen Nr. 20	CDU
Fritz Westermann	Dielingen Nr. 57	UA

Gemeinde Drohne

Heinrich Grube	Drohne Nr. 45	UA
Wilhelm Wiese	Drohne Nr. 49	UA

Gemeinde Haldem

Wilhelm Winkelmeier	Haldem Nr. 49	CDU
Heinrich Lübke	Haldem Nr. 48	CDU

Gemeinde Levern

Heinrich Katenbrink	Levern Nr. 80	CDU
Wilhelm Krohn	Levern Nr. 46	CDU

Gemeinde Niedermehnen

Friedrich Stothfang	Niedermehnen Nr. 18	CDU
Wilhelm Hegerfeld	Niedermehnen Nr. 26	CDU

Gemeinde Oppendorf

Friedrich Meyer	Oppendorf Nr. 73	CDU
Wilhelm Gräbe	Oppendorf Nr. 30	CDU

Gemeinde Oppenwehe

Christian Rümke	Oppenwehe Nr. 28	CDU
Heinrich Heitmann	Oppenwehe Nr. 16	CDU

Gemeinde Sundern

Wilhelm Kreienbrock	Sundern Nr. 24	CDU
Wilhelm Hegerfeld	Sundern Nr. 17	CDU

Gemeinde Twiehausen

Christian Hartkemeier	Twiehausen Nr. 43	CDU
Wilhelm Kuhlmann	Twiehausen Nr. 25	CDU

Gemeinde Wehdem

Heinrich Kokemoor	Wehdem Nr. 6	CDU
Heinrich Rosenbaum	Wehdem Nr. 1	CDU

Gemeinde Westrup

Karl Buck	Westrup Nr. 9	UA
Fritz Frickenschmidt	Westrup Nr. 30	UA

Aus den Kreistagswahlen am 15. Oktober 1946 ging die CDU eindeutig als Wahlsieger hervor. Da bei dieser Wahl nur Parteivertreter kandidierten, wurde erstmalig die politische Konstellation auf Kreisebene sichtbar. Die durchschnittliche Wahlbeteiligung betrug zwar nur 62% und war im Süden erheblich stärker als im Norden.

In den Wahlbezirken der Gemeinde Stemwede gab es folgende Ergebnisse:

	CDU / %	SPD / %
Amt Dielingen-Wehdem	6.018/72	2.309/28
Amt Levern	4.119/79	1.099/21

Der neue Kreistag setzte sich aus 42 Mitgliedern zusammen. Davon waren 35 Vertreter der CDU und nur 7 Mitglieder von der SPD. Das offensichtliche Miß-verhältnis zwischen erreichten Stimmen und Sitzen im Kreisparlament war auf das unbefriedigende Wahlverfahren zurückzuführen. Nur in geringem Umfange wurde über die Reservelisten der Überhang bei den Direktmandaten ausgeglichen. Wenn auch nicht so gravierend, war diese Tendenz aber auch bei den Gemeindewahlen erkennbar geworden.

Aus der Gemeinde Stemwede kamen

Christoph Bick	Wehdem	CDU
Christian Diekhoff	Levern	CDU
Wilhelm Flothmeyer	Haldem	CDU
Friedrich Meyer	Dielingen	CDU
Friedrich Röttger	Twiehausen	CDU
Christian Rümke	Oppenwehe	CDU
Christian Rosenbohm jr.	Destel	SPD
Friedrich Stothfang	Niedermehnen	CDU

in den neuen Kreistag.

Die Wahlvorbereitungen, der Verlauf und das Ergebnis der ersten Kommunalwahlen waren von der Militärregierung kritisch und aufmerksam verfolgt worden. Für die Besatzungsmacht war es nach einer Ära der Diktatur in Deutschland ein gelungener Versuch zur Demokratisierung des Gemeindelebens. Major How, der zuständige Kreis-Residenzoffizier in Lübbecke verfaßte für die ersten Ratsversammlungen ein Schreiben, das von den Bürgermeistern zu verlesen war.

Wahlen der Gemeinde-, Amts- und Kreisvertretung 1948

Nach den Landtagswahlen in der britischen Zone und der Übernahme einer begrenzten Regierungsgewalt in den Ländern, beschäftigten sich auch die Landesregierung und der Landtag des Landes Nordrhein-Westfalen mit einem neuen Kommunalwahlgesetz. Am 6. April 1948 wurde das Gesetz nach monatelangen Beratungen in den zuständigen Ausschüssen in zweiter Lesung, gegen die Stimmen der CDU und FDP, verabschiedet.

Als Zeitpunkt der zweiten Kommunalwahl nach Kriegsende wurde der 15. Oktober 1948 bestimmt.

Da es nicht möglich ist, die Namen aller gewählten Ratsmitglieder aus den früheren Stemweder Gemeinden zu veröffentlichen, sind nachstehend nur die Mitglieder der Amtsvertretungen Dielingen-Wehdem und Levern namentlich aufgeführt.

Amtsvertretung Dielingen-Wehdem 1948

Friedrich Meyer	Dielingen Nr. 15	CDU
Fritz Meier	Oppendorf Nr. 73	CDU
Heinrich Wiese	Drohne Nr. 71	CDU
Emil Schulz	Haldem Nr. 11	SPD
Wilhelm Gräber	Arrenkamp Nr. 7	CDU
Fritz Menke	Westrup Nr. 90	CDU
Christian Buck	Wehdem Nr. 5	CDU
Heinrich Röhling	Oppenwehe Nr. 21	CDU
August Langhorst	Oppenwehe Nr. 241	CDU
Heinrich Wiese	Wehdem Nr. 214	SPD
Wilhelm Schnarre	Oppendorf Nr. 134	SPD
Franz Bittner	Haldem Nr. 189	SPD

Beratende Mitglieder

Karl Meyer	Dielingen Nr. 20	CDU
Heinrich Grube	Drohne Nr. 45	CDU
August Benker	Haldem Nr. 27	CDU
Wilhelm Raabe	Arrenkamp Nr. 24	CDU
Karl Buck	Westrup Nr. 9	CDU
Heinrich Kokemoor	Wehdem Nr. 6	CDU
Friedrich Meyer	Oppendorf Nr. 73	CDU

Amtvertretung Levern 1948

Christian Dieckhoff	Levern Nr. 4	CDU
Heinrich Katenbrink	Levern Nr. 80	CDU
Friedrich Hübsche	Destel Nr. 66	CDU
Karl Stegmann	Destel Nr. 52	CDU
Heinrich Bökelmann	Twiehausen Nr. 84	SPD
Friedrich Drees	Twiehausen Nr. 31	SPD
Christian Kolthoff	Niedermehnen Nr. 15	CDU
Friedrich Stothfang	Niedermehnen Nr. 18	CDU
Christian Raabe	Sundern Nr. 19	CDU
Kurt Swatoch	Levern Nr. 241	SPD
Friedrich Jochheck	Twiehausen Nr. 114	SPD

Beratende Mitglieder

Friedrich Hahler	Destel Nr. 7	CDU
Wilhelm Stegmann	Niedermehnen Nr. 45	CDU
Wilhelm Kreienbrock	Sundern Nr. 24	CDU

Die Kommunalwahl hatte in Stemwede folgende Ergebnisse:

		CDU		SPD		Unabh.		Sonstige	insges.
	Wahlbet.	Stimmen	Sitze	Stimmen	Sitze	Stimmen	Sitze	Stimmen	Vertreter
Amtsvertr.Dielingen	72%	2.563	8	1.176	4	556	–		12
Gemeinde									
Dielingen	67%	337	4	221	2	59	1		7
Drohne	80%	305	3	121	1				4
Haldem	71%	273	3	250	3	276	2		8
Arrenkamp	71%	192	3	–	–	–	–	21 FDP	3
Westrup	68%	153	2	117	1	98	–		3
Wehdem	71%	368	6	160	3	58	–		9
Oppendorf	62%	344	6	–	–				6
Oppenwehe	73%	739	6	163	1				7
Amtsvertr. Levern	75%	1.426	7	808	5			21 KPD	12
Gemeinde									
Levern	69%	388	6	229	4				10
Destel	83%	320	2	135	1			23 KPD	3
Twiehausen	78%	225	1	230	2				3
Niedermehnen	72%	300	3	129	1				4
Sundern	81%	205	3	63	1				4

Amtsbürgermeister und Bürgermeister nach den Wahlen am 15. Oktober 1948
(Stellvertreter in der zweiten Zeile)

Amt Dielingen-Wehdem

Friedrich Meyer	Dielingen Nr. 15	CDU
Friedrich Meyer	Oppendorf Nr. 73	CDU

Amt Levern

Christian Diekhoff	Levern Nr. 4	CDU
Christian Raabe	Sundern Nr. 19	CDU

Gemeinde Arrenkamp

Wilhelm Raabe	Arrenkamp Nr. 24	CDU
Wilhelm Hohlt	Arrenkamp Nr. 17	CDU

Gemeinde Destel

Friedrich Hahler	Destel Nr. 7	CDU
Wilhelm Kettler	Destel Nr. 62	CDU

Gemeinde Dielingen

Karl Meyer	Dielingen Nr. 20	CDU
Heinrich Rosenbaum	Dielingen Nr. 14	CDU

Gemeinde Drohne

Heinrich Grube	Drohne Nr. 45	CDU
Heinrich Pohlmeier	Drohne Nr. 18	CDU

Gemeinde Haldem

August Benker	Haldem Nr. 27	UA
Heinrich Borchard	Haldem Nr. 170	SPD

Gemeinde Levern

Heinrich Katenbrink	Levern Nr. 80	CDU
Wilhelm Krohn	Levern Nr. 46	CDU

Gemeinde Niedermehnen

Wilhelm Stegmann	Niedermehnen Nr. 45	CDU
Ludwig Thomsmeyer	Niedermehnen Nr. 9	CDU

Gemeinde Oppendorf

Friedrich Meyer	Oppendorf Nr. 73	CDU
Wilhelm Gräbe	Oppendorf Nr. 30	CDU

Gemeinde Oppenwehe

Heinrich Röhling	Oppenwehe Nr. 21	CDU
Wilhelm Lammert	Oppenwehe Nr. 18	CDU

Gemeinde Sundern

Wilhelm Kreienbrock	Sundern Nr. 24	CDU
Friedrich Koch	Sundern Nr. 23	CDU

Gemeinde Twiehausen

Heinrich Bökelmann	Twiehausen Nr. 84	SPD
Wilhelm Stevener	Twiehausen Nr. 69	CDU

Gemeinde Wehdem

Heinrich Kokemoor	Wehdem Nr. 6	CDU
Friedrich Kokemoor	Wehdem Nr. 28	CDU

Gemeinde Westrup

Karl Buck	Westrup Nr. 9	CDU
Fritz Hohlt	Westrup Nr. 2	CDU

In Verbindung mit den Gemeinde- und Amtswahlen wurde auch der Kreistag gewählt.

Aus der Gemeinde Stemwede kamen:

Christian Diekhoff, Levern	CDU
Heinrich Kruse, Haldem	CDU
Christoph Bick, Wehdem	CDU
Heinrich Röhling, Oppenwehe	CDU

Friedrich Meyer, Dielingen
Amtsbürgermeister des Amtes
Dielingen-Wehdem 1946–55
Mitglied des Kreistages 1946–48

Christian Diekhoff, Levern
Amtsbürgermeister des Amtes
Levern 1946–51
Mitglied des Kreistages 1946–52

Wilhelm Raabe, Arrenkamp
Bürgermeister der Gemeinde
1946–64
Mitglied der Amtsvertretung
Dielingen-Wehdem

Karl Meyer, Dielingen
Bürgermeister der Gemeinde
1945–72
Mitglied der Amtsvertretung
Dielingen-Wehdem

Heinrich Grube, Drohne
Bürgermeister der Gemeinde
1945–72
Mitglied der Amtsvertretung
Dielingen-Wehdem

August Benker, Haldem
Bürgermeister der Gemeinde
1948–1964
Mitglied der Amtsvertretung
Dielingen-Wehdem

Wilhelm Stegmann, Niedermehnen
Bürgermeister der Gemeinde
1948–1955
Mitglied der Amtsvertretung Levern

Wilhelm Kreienbrock, Sundern
Bürgermeister der Gemeinde
1946–1961
Mitglied der Amtsvertretung und
später Amtsbürgermeister des
Amtes Levern

Wilhelm Gräbe, Oppendorf
Bürgermeister der Gemeinde
1950–69
Mitglied der Amtsvertretung
Dielingen-Wehdem

Heinrich Bökelmann, Twiehausen
Bürgermeister der Gemeinde
1948–69
Mitglied der Amtsvertretung und
des Kreistages

Heinrich Kokemoor, Wehdem
Bürgermeister der Gemeinde
1946–61
Mitglied der Amtsvertretung
Dielingen-Wehdem

Die Arbeit der politischen Parteien in den Stemweder Ratsvertretungen

Außergewöhnliche Aktivitäten der politischen Parteien sind in den ersten Nachkriegsjahren in Stemwede nicht zu erkennen.

Als Parteivertreter in den ernannten und gewählten Ratsvertretungen waren alle in verantwortungsbewußter Gemeinsamkeit bemüht, den Schwierigkeiten der Zeit Herr zu werden und die Not zu lindern.

Die Steuerung der parteipolitischen Arbeit, mit Anregungen für das örtliche Wirken, ging erkennbar noch von den Kreisvorständen aus. Der Kreisverband der CDU war noch mit Grundsatzfragen beschäftigt und befand sich zu dieser Zeit in einer Phase der Konsolidierung.

Der geringe Mitgliederbestand der SPD in Stemwede verlor sich in der Fläche, und örtliche Initiativen mußten auch an der starken Front konservativer Kräfte scheitern.

Die politische Kraft der Parteien und eine meßbare Leistung wurde in Stemwede nur in der parlamentarischen Arbeit deutlich. In den Ratsvertretungen der Gemeinden und Ämter traten trotz sachlicher Zusammenarbeit die unterschiedlichen politischen Richtungen zutage. Einzelne Mitglieder vertraten in diesen Gremien sehr engagiert ihre parteipolitische Linie.

Die unabhängigen Ratsmitglieder waren vermutlich durchweg dem konservativen Lager zuzurechnen.

Zur Unterstützung der parlamentarischen Arbeit waren Städte, Ämter und Gemeinden gehalten, für eine Vielzahl von Aufgaben und Lebensbereichen Ausschüsse und Kommissionen zu bilden. Es war den Gemeinden überlassen, ob und in welchem Umfange sie von dieser Empfehlung Gebrauch machen wollten. Bei Prüfung der Notwendigkeit kam es auch auf die Größe, strukturelle Besonderheiten und Probleme der Gemeinden an. Insofern ist auch in den alten Stemweder Gemeinden eine recht unterschiedliche Tendenz festzustellen.

Es gibt in den Protokollbüchern auch eine Vielzahl von Hinweisen über die Wahl und Bestellung von Schiedsmännern, Schöffen und Landschaftspflegern.

Da über die Besetzung dieser Ämter auffällig oft beraten wurde, ist zu vermuten, daß viele nur kurze Zeit ihre Tätigkeit ausübten. Die erfolgreiche Arbeit einzelner Ausschüsse läßt sich nachweisen und soll auch keinesfalls bestritten werden, aber ebenso sicher ist auch, daß einige Kommissionen und Ausschüsse keine Existenzberechtigung hatten.

Im übrigen ist rückblickend festzustellen, daß von den Ratsvertretungen und Ausschüssen unter den Bedingungen der damaligen Zeit eine hervorragende Aufbauarbeit geleistet wurde. Der Arbeitsumfang der einzelnen Ratsvertretungen war natürlich entsprechend der Größe, Struktur und Bedeutung der Orte sehr unterschiedlich. Bei einem Rückblick im Rahmen des Themas auf die Leistungen der Parteien in den Ratsvertretungen der Gemeinden und Ämter ist eine umfassende Darstellung aller Tagesordnungspunkte, Entscheidungen und Beschlüsse nicht möglich. Zumeist wurden in allen Räten etwa gleichzeitig, aufgrund allgemeiner Umstände, inhaltlich gleiche Themen behandelt. Außergewöhnliche oder einmalige Angelegenheiten und Probleme, besonders weitsichtige oder richtungsweisende Entscheidungen, durften in der Betrachtung aber nicht übersehen werden.

Die Renovierung und Instandsetzung gemeindlicher Bauten und Einrichtungen war nach jahrelangen kriegsbedingten Versäumnissen besonders vorrangig, scheiterte vor der Währungsreform aber sehr oft an den erforderlichen Materialien, während die örtlichen Handwerker durchaus bereit waren, für eine Entlohnung in Geld zu arbeiten.

Bei einem erheblichen Nachholbedarf wurden ab 1946 alle Gemeinden im Straßenbau besonders rege. Auch hier zeigten sich große Engpässe bei der Beschaffung von Teer, Schotter und Splitt. Das Material für die Befestigung des Untergrundes konnte aus den Brüchen des Stemweder Berges, die teils gemeindeeigen waren, bezogen werden. In jene Zeit fällt auch der Beginn des Wirtschaftswegebaues. Bei dem Ausbau von Straßen und Wegen hatten die Gemeindebürger, die seit altersher üblichen Hand- und Spanndienste zu leisten, die aber von einigen als Zwangsarbeit verstanden wurde. In der Zeit des wertlosen Geldes wollten viele über eine Ablösung der Verpflichtungen in Geld dieser Belastung ausweichen. In den Ratssitzungen wurde nach geeigneten Gegenmaßnahmen gesucht, weil die Gemeinden in dieser Zeit auf die Dienste nicht verzichten konnten. Auch Strafgelder, in unterschiedlicher Höhe festgesetzt, konnten das Problem nicht lösen. Eine Änderung trat erst nach der Währungsreform ein.

In vielen Gemeinden setzte nach einer gewissen Normalisierung der Verhältnisse ein lebhafter Grundstücksverkehr ein. Wenn auch Grundstücksverkäufe im Hinblick auf die fragwürdige Währung sehr selten waren, so kam es aber im erheblichen Umfange zum Austausch von Flächen, Grenzbegradigungen usw., die für den Grundstückszuschnitt und die Bewirtschaftung interessant waren. Viele Bürger, letztendlich auch die Gemeinden, hatten erkannt, daß deutsches Geld im Zahlungsverkehr zwar weitgehend wertlos geworden war, sich aber bestimmte Leistungen mit der immer noch offiziellen Währung mühelos finanzieren ließen. Die Kosten der Vermessung, für die notarielle Beurkundung und die Berichtigung des Grundbuches waren erheblich, aber in der gegenwärtigen Situation ohne Not zu finanzieren.

Ausgiebig wurde in allen Gemeinden über die Finanzierung des katholischen Religionsunterrichts debattiert. Während die Gemeinden des alten Amtes Levern, wenn auch ungern, die Kosten auf die Gemeindekassen übernahmen, weigerten sich die Gemeinden im Amt Dielingen-Wehdem und verlangten eine Zahlung aus Mitteln der „Flüchtlingsfürsorge“.

Die Feuerwehrangehörigen aller Löschgruppen der Gemeinde Stemwede hatten beantragt, den Mitgliedern im gewissen Umfange den Zeitaufwand für den Feuerwehrdienst auf den Hand- und Spanndienst anzurechnen. Wenn auch mit unterschiedlichen Reaktionen, zeigten aber doch alle Ratsvertretungen Verständnis für dieses Verlangen.

Der Beschluß der Gemeinden, „Tanzlustbarkeiten“ nur unter gewissen Voraussetzungen zu genehmigen, wird sicher heute für viele junge Menschen unverständlich sein. Tanzveranstaltungen waren in der Advents- und Passionszeit, zu Himmelfahrt und selbstverständlich am Volkstrauertag und Totensonntag nicht zugelassen. Aber auch Weihnachten, Ostern und Pfingsten durfte an den ersten Festtagen keine Tanzveranstaltung erlaubt werden. Nach den Sitzungs-

niederschriften war trotz sonstiger parteipolitischer Gegensätze die Beschlußfassung in dieser Sache einstimmig.

In den Gemeinden des Amtes Dielingen-Wehdem wurde hartnäckig und nachdrücklich gegen den Widerstand der Kirchen und anderer Kreise das Schülersingen bei Beerdigungen gefordert. Eine Einrichtung, die noch vor dem letzten Weltkrieg in vielen Landgemeinden bestand. Aus naheliegenden Gründen wollten die Ratsmitglieder eine alte Tradition wieder aufleben lassen. Am 18. März 1948 faßte die Amtsvertretung in der Angelegenheit folgenden Beschluß:

„Die Amtsvertretung nahm erneut Stellung zu dem traditionellen Kindersingen (Schüler und Schülerinnen) bei Beerdigungen unter Leitung der hiesigen Lehrer. Die wiederholten Anträge der Amtsvertretung an den Herrn Kreisschulrat seit dem 1. März 1947 führten bisher zu keinem Ergebnis. Die Amtsverwaltung soll nunmehr versuchen, durch schriftliche Aufforderung bei den Schulleitern des hiesigen Amtsbezirks festzustellen, welche Lehrer freiwillig mit ihren Schülern dieses Leichensingen wieder aufnehmen. In dem Schreiben soll besonders zum Ausdruck gebracht werden, daß es der Wunsch sämtlicher Gemeinden ist, diese alte Sitte wieder aufleben zu lassen."

Neben den unendlich vielen Problemen und Schwierigkeiten, die im Zusammenhang mit der Versorgung der Bevölkerung standen, verdient ein Beratungsthema besondere Beachtung, zumal es sowohl in Levern als auch in Dielingen leidenschaftlich behandelt wurde. Es ging um die Versorgung der Bevölkerung mit Holzschuhen. Auch in diesem Falle soll ein Beschluß der Amtsvertretung Dielingen-Wehdem zitiert werden:

„Die Amtsvertretung kann sich keinesfalls mit dem Bescheid der Kreishandwerkerschaft Herford einverstanden erklären, daß die Holzschuhmacher über die von ihnen gefertigten Holzschuhe selbständig verfügen können. Wenn die Holzschuhmacher schon Holzzuteilungen erhalten, denn Holz unterliegt auch den Bewirtschaftungsbestimmungen, so ist nicht verständlich, warum nur die Holzschuhmacher über die von ihnen gefertigten Holzschuhe allein verfügen können. Ebenfalls dürften die Angaben der Innung nicht zutreffend sein, daß aus einem Fm. Holz nur 30-35 Paar Holzschuhe gefertigt werden können. Erfahrungsgemäß können mindestens 50-60 Paar Holzschuhe verschiedener Art (für Kinder und Erwachsene) daraus gefertigt werden.
Die Amtsverwaltung wird ersucht, in dieser Angelegenheit beim Bezirksbewirtschaftungsamt vorstellig zu werden und eine entsprechende Entscheidung herbeizuführen."

Die Sorge um das Wohl der Bürger kommt auch in einem weiteren Beschluß der Dielinger Amtsvertretung zum Ausdruck. Ein Thema, über das im Amt Levern in den einzelnen Gemeinden beraten und beschlossen wurde.
„Die Versorgung der Gemeinden des Amtes mit Torf von der Schweger-Moor-Zentrale wurde eingehend besprochen. Für die Werbung von freiwilligen Arbeitskräften (Männer und Frauen) für den Einsatz im Schweger Moor erhalten die Bürgermeister ein entsprechendes Schreiben zum öffentlichen Aushang."

Durch die Einrichtung neuer Schulstellen, die nach dem Zustrom der Vertriebenen und die damit verbundene Überfüllung der Klassen erforderlich wurden, entstanden für die Gemeinden zusätzliche finanzielle Belastungen. Nach damaligem Recht hatten die Gemeinden für jede Schulstelle (eingerichtete Klasse)

einen Schulstellenbeitrag an den Staat (Landesschulkasse) zu zahlen, der seinerzeit zwar nur monatlich 140,– RM betrug, aber doch die Gemeinden erheblich belastete. Die Gemeinden wollten nicht einsehen, daß sie für die Kriegsfolgelasten zur Kasse gebeten wurden und erwarteten eine Entlastung durch den Staat, kurzum, eine Finanzierung aus Fürsorgemitteln. Einzelne Gemeinden mußten sich auch mit Problemen von besonderer Eigenart beschäftigen. Aus der Fülle der protokollierten Fälle kann nur über einige Angelegenheiten und deren Lösung berichtet werden.
So wurde in Oppenwehe 1950 und 1951 verschiedentlich über Pläne des Landes zur Aufforstung des Oppenweher Moores beraten und in diesem Zusammenhang auch von der Gemeinde die Bepflanzung aller Dämme und Wege des Moores mit Pappeln beschlossen.
Wehdem hatte in den Vorkriegsjahren Flächen aus dem umfangreichen Grundbesitz des jüdischen Viehkaufmanns Simon Sauer erworben. Die Grundstücke wurden nach Art. III des Gesetzes Nr. 59 der Militärregierung (Rückerstattungsgesetz) von der Jewish Trust Corporation for Germany zur Rückerstattung angemeldet. Nach einem Vergleich vor dem Wiedergutmachungsamt in Bielefeld mußte die Gemeinde noch eine erhebliche Entschädigungssumme zahlen, um Eigentümerin zu bleiben.
Haldem verhandelte mit dem Landschaftsverband wegen des Ankaufs von Grundstücksflächen aus dem Bestand des Gutes, um Bauinteressenten Grundstücke anbieten zu können.
Sorge bereitete der Gemeinde Haldem auch die Ungewißheit über die zukünftige Nutzung des Schlosses, da verschiedene Nutzungszwecke im Gespräch waren. Bis zum Zusammenbruch hatte die gut gepflegte Anlage als Führerschule der Hitler-Jugend gedient.

In Dielingen begründete 1951 die Firma Lemförder Metallwaren ihren Sitz und war bei dem Ankauf von Grundstücksflächen auf eine aktive Unterstützung der Gemeinde Dielingen angewiesen. Durch Kauf, Tausch und die Zusammenlegung von Flächen schuf die Gemeinde die Voraussetzungen für den Aufbau eines großen Unternehmens. Die lebhafte Nachfrage nach Baugrundstücken Anfang der fünfziger Jahre ließ sich nach einem Verhandlungskompromiß mit der Kirchengemeinde über Siedlungsland auf der „Linnert" befriedigen.

Die Zerstörung von 48 Gebäuden in Levern beschäftigte in den ersten Jahren nach der Katastrophe Rat und Verwaltung. Die Verantwortlichen der Gemeinde standen dem Problem relativ hilflos gegenüber, denn die materielle Unterstützung, die den Geschädigten fehlte, konnte auch die Gemeinde nicht geben. Die Gemeinde appellierte an die Solidarität und das Gewissen aller Bürger und forderte die Bewohner, die verschont geblieben waren, nachdrücklich zu Hilfeleistungen auf.

Beim Verkauf der Ackerlandflächen des Meyerhofes am Südhang des Leverner Hügels war die Gemeinde gehalten, eine größere Fläche für eigene gemeindliche Zwecke und als Siedlungsland zu erwerben. Diese Absicht erforderte einen Finanzbedarf, der sich nur mühsam mit Krediten finanzieren ließ.

Trotzdem begann die Gemeinde 1950 mit dem Bau einer Schule, weil die damaligen Schulverhältnisse unerträglich geworden waren und Lehrern und Kindern nicht mehr zugemutet werden konnten.

In Twiehausen wurde 1948 mit der Anlage eines gemeindeeigenen Friedhofes begonnen. Die umfangreichen Bodenbewegungen leistete die Bevölkerung in Eigenarbeit neben den normalen Hand- und Spann-

dienstverpflichtungen. Eine beispielhafte Gemeinschaftsleistung, weil auch der finanzielle Aufwand mit Spenden abgedeckt wurde.

Der Ortskern von Oppendorf war im Dezember 1943 durch den Absturz eines britischen Bombers total zerstört (18 Hofstellen) worden. Am 19. Januar 1944 hatte der damalige Bürgermeister nach Anhörung der Gemeinderäte „eine teilweise Umlegung einiger Gehöfte innerhalb des Gemeindebezirks“ beschlossen und den Antrag auf eine allgemeine Umlegung gestellt. Aus dieser Aktion entstanden Verpflichtungen und Folgemaßnahmen, die von der Gemeinde in den ersten Nachkriegsjahren erledigt und finanziert werden mußten.

Trotz dieser Belastungen beschloß die Oppendorfer Ratsvertretung bereits am 25. März 1949 den Bau eines neuen Schulgebäudes und erwartete für den Neubau eine besondere Förderung des Landes, weil mit den Kriegszerstörungen auch das alte Schulgebäude beschädigt worden war.

Die Veränderungen in der politischen Landschaft durch die Kommunalwahl des Jahres 1952

Mit dem Ende der Legislaturperiode der 1948 gewählten Ratsvertretungen wurde in verschiedener Hinsicht auch eine deutliche Zäsur in der Kommunalpolitik erkennbar. Über ein nunmehr nach deutschen Verhältnissen ausgerichtetes Wahlverfahren kamen auch neue und jüngere Ratsvertreter ins Amt. Die revidierte DGO von 1946 wurde abgelöst durch ein neues Gemeindeverfassungsrecht des Landes, die Gemeindeordnung für das Land Nordrhein-Westfalen vom 28. Oktober 1952.

Bei den von der Besatzungsmacht ernannten Bürgermeistern und Ratsvertretern handelte es sich zumeist um ältere, vor der Jahrhundertwende geborene Herren, die geprägt waren von den Erfahrungen des Ersten Weltkrieges und den politischen Wirren der Weimarer Republik, aber unbelastet die NS-Zeit überstanden hatten. Daß sie nach dem Zusammenbruch bereit waren, ein undankbares Erbe und in einem besetzten Land politische Verantwortung zu übernehmen, muß dankbar anerkannt werden. Wir sehen sie heute als die Männer der ersten Stunde.

Die jüngere Kriegsgeneration, die sich nach dem Zusammenbruch zunächst von der Politik distanzierte und aus vielerlei Gründen über Politik nicht reden wollte, begann Anfang der 50er Jahre über Vergangenheit und Zukunft nachzudenken. Sie erkannte, daß es nach der Hoffnungslosigkeit vergangener Jahre noch eine Zukunft gab. Den Menschen wurde aber auch nach den Anfangserfolgen der jungen Republik bewußt, daß sie ihr Schicksal selbst in die Hand nehmen mußten. Diese Erkenntnis führte dazu, daß mit der Kommunalwahl 1952 in vielen Parlamenten ein Generationswechsel vollzogen wurde.

Die Gemeindewahlen brachten in Stemwede folgendes Ergebnis:

	CDU	SPD	FDP	Gesamtsitze
Amtsvertretung Dielingen-Wehdem	10	4	4	18
Amtsvertretung Levern	8	6	4	18

	CDU		SPD		FDP		UA und Sonstige	insges.
Gemeinde	Stimmen	Sitze	Stimmen	Sitze	Stimmen	Sitze	Stimmen	Vertreter
Dielingen	2.562	6	1.156	3				9
Drohne	1.213	6	361	2	834	4		12
Haldem	2.365	5	960	2				7
Arrenkamp	745	6						6
Westrup	1.709	6	507	2				8
Wehdem	1.904	5	739	2	905	2		9
Oppendorf	1.880	6	313	1				7
Oppenwehe	2.775	6	349	1	1.815	4	226	11
Levern	1.106	3	846	2	2.082	5		10
Destel	949	4	677	3	1.385	5		12
Twiehausen	963	3	1.917	6				9
Niedermehnen	2.231	5	642	2				7
Sundern	1.013	6	384	1				7

Die neuen und stark veränderten Ratsvertretungen wählten vielfach auch andere Bürgermeister.
In Levern erreichte die FDP auf Anhieb 50% der Sitze. Die Entscheidung über die Besetzung des Bürgermeisteramtes fiel erst im dritten Wahlgang.
Aber auch in Drohne, Wehdem und Oppenwehe war die FDP außerordentlich erfolgreich.
In Destel kandidierten nach persönlichen Auseinandersetzungen in der Fraktion frühere CDU-Vertreter für die FDP und erhielten 5 Mandate. Nach einer Absprache zwischen der CDU und SPD wurde dann aber gegen die Stimmen der FDP ein Vertreter der SPD zm Bürgermeister gewählt.
In Twiehausen, einer typischen Landgemeinde, hatte bereits 1948 die SPD die absolute Mehrheit erhalten. Mit einem profilierten Bürgermeister konnte sie sich über mehrere Legislaturperioden behaupten.

Bei den Kommunalwahlen des Jahres 1952 hatte die CDU in Niedermehnen noch ein relativ gutes Wahlergebnis.
In den folgenden Jahren veränderte sich allerdings auch in Niedermehnen die politische Landschaft. Die Gründe sollen an dieser Stelle nicht untersucht werden. Über viele Jahre, bis zur kommunalen Neuordnung, hatte Niedermehnen eine sehr starke FDP-Wählerschicht und einen Bürgermeister der FDP.
Lediglich in Sundern waren die Verhältnisse stabil und die absolute Mehrheit der CDU war zu keiner Zeit gefährdet.
Nach den Kommunalwahlen fanden in allen Stemweder Gemeinden noch im November 1952 die ersten konstituierenden Sitzungen mit den Bürgermeisterwahlen statt, die zu folgenden Ergebnissen führten:
(1. Zeile Bürgermeister, 2. Zeile Stellvertreter)

Amt Dielingen-Wehdem

Friedrich Meyer	Dielingen Nr. 15	CDU
Friedrich Henke	Oppendorf Nr. 108	FDP

Amt Levern

Karl Stegmann	Destel Nr. 52	CDU
Heinrich Bökelmann	Twiehausen Nr. 84	SPD

Gemeinde Arrenkamp

Wilhelm Raabe	Arrenkamp Nr. 24	CDU
Wilhelm Hohlt	Arrenkamp Nr. 17	CDU

Gemeinde Destel

Ludwig Lange	Destel Nr. 110	SPD
Ludwig Kleybrink	Destel Nr. 15	CDU

Gemeinde Dielingen

Karl Meyer-Reiningen	Dielingen Nr. 20	CDU
Heinrich Rosenbaum	Dielingen Nr. 14	CDU

Gemeinde Drohne

Heinrich Grube	Drohne Nr. 45	CDU
Friedrich Buck	Drohne Nr. 38	FDP

Gemeinde Haldem

August Benker	Haldem Nr. 27	CDU
Heinrich Borchardt	Haldem Nr. 170	SPD

Gemeinde Levern

Ludwig Langelahn	Levern Nr. 55	FDP
Wilhelm Krohn	Levern Nr. 46	CDU

Gemeinde Niedermehnen

Wilhelm Stegmann	Niedermehnen Nr. 45	CDU
Friedrich Lahrmann	Niedermehnen Nr. 6	CDU

Gemeinde Oppendorf

Wilhelm Gräbe	Oppendorf Nr. 30	CDU
Wilhelm Wellmann	Oppendorf Nr. 94	CDU

Gemeinde Oppenwehe

Wilhelm Lammert	Oppenwehe Nr. 80	CDU
Heinrich Kruke	Oppenwehe Nr. 208	CDU

Gemeinde Sundern

Wilhelm Kreienbrock	Sundern Nr. 24	CDU
Friedrich Koch	Sundern Nr. 23	CDU

Gemeinde Twiehausen

Heinrich Bökelmann	Twiehausen Nr. 84	SPD
Friedrich Schrimper	Twiehausen Nr. 27	CDU

Gemeinde Wehdem

Heinrich Kokemoor	Wehdem Nr. 6	CDU
Fritz Högemeier	Wehdem Nr. 39	FDP

Gemeinde Westrup

Fritz Hohlt	Westrup Nr. 2	CDU
Karl Rübeck	Westrup Nr. 122	CDU

In den Kreistag wurden aus der Gemeinde Stemwede folgende Kandidaten gewählt:

Karl Kramer	Levern Nr. 30	CDU
Wilhelm Winkelmeier	Haldem Nr. 49	CDU
Gustav Niermann	Wehdem Nr. 9	CDU
Karl Buck	Oppendorf Nr. 3	CDU
Friedrich Menke	Levern Nr. 165	FDP
Oskar Bohnenkämper	Haldem	FDP
Heinrich Bökelmann	Twiehausen Nr. 84	SPD
Kurt Swatoch	Levern Nr. 147	SPD

Auch bei der Kreistagswahl zeigte sich in Stemwede eine sehr starke Veränderung zu Lasten der CDU.

Sicherlich wollen noch einige Leser dieses Buches, die die Jahre 1945 bis 1953 miterlebt und in den Arbeitskreisen zur Erstellung dieser Schrift nicht mitgearbeitet haben, Anregungen zu den einzelnen Kapiteln geben.
Wir bitten diese Anmerkungen weiterzuleiten an die Volkshochschule Altkreis Lübbecke, Wilhelm-Kern-Platz 4, 4992 Espelkamp.

Quellennachweis:

Stadt- und Gemeindearchive im Altkreis Lübbecke; Kommunalarchiv Minden; Staatsarchiv Detmold; Hauptstaatsarchiv Düsseldorf; Konrad-Adenauer-Stiftung; Landesverband der FDP/NRW; Archiv des Unterbezirks Minden-Lübbecke der SPD; Privataufnahmen.

Die Erstellung dieses Buches wurde ermöglicht durch die großzügige Unterstützung folgender Firmen, Institutionen und Kommunen:
Firma adp-Automaten, Espelkamp; Privatbrauerei Barre, Lübbecke; Firma Beco Matratzen GmbH, Lübbecke; Firma Kolbus GmbH & Co. KG, Rahden; Firma Krause, Espelkamp; Firma Gerlach, Lübbecke; die Volksbanken im Altkreis Lübbecke; die Sparkasse Minden-Lübbecke; die Stadtsparkasse Rahden; die Freie Demokratische Partei, Kreisverband Minden-Lübbecke; die Sozialdemokratische Partei Deutschlands, Unterbezirk Minden-Lübbecke; die Christlich-Demokratische Union, Kreisverband Minden-Lübbecke; die CDU-Ratsfraktion Espelkamp; die Gemeinden Stemwede und Hüllhorst sowie die Städte Lübbecke, Espelkamp, Preußisch Oldendorf und Rahden.